春风化雨

——浙江艺术职业学院党建与思政工作研究论文集

马向东 | 主编

光明日报出版社

图书在版编目（CIP）数据

春风化雨：浙江艺术职业学院党建与思政工作研究论文集 / 马向东主编. --北京：光明日报出版社，2022.8

ISBN 978－7－5194－6773－9

Ⅰ.①春… Ⅱ.①马… Ⅲ.①中国共产党—高等职业教育—党的建设—杭州—文集②高等职业教育—政治工作—杭州—文集 Ⅳ.①D267.6-53②G711-53

中国版本图书馆CIP数据核字（2022）第159892号

春风化雨：浙江艺术职业学院党建与思政工作研究论文集
CHUNFENG HUAYU: ZHEJIANG YISHU ZHIYE XUEYUAN DANGJIAN YU SIZHENG GONGZUO YANJIU LUNWEN JI

主　　编：马向东	
责任编辑：郭思齐	责任校对：阮书平
封面设计：中联华文	责任印制：曹　净

出版发行：光明日报出版社

地　　址：北京市西城区永安路106号，100050

电　　话：010－63169890（咨询），010－63131930（邮购）

传　　真：010－63131930

网　　址：http://book.gmw.cn

E － mail：gmrbcbs@gmw.cn

法律顾问：北京市兰台律师事务所龚柳方律师

印　　刷：三河市华东印刷有限公司

装　　订：三河市华东印刷有限公司

本书如有破损、缺页、装订错误，请与本社联系调换，电话：010-63131930

开　　本：170mm×240mm			
字　　数：502千字		印　张：28	
版　　次：2023年1月第1版		印　次：2023年1月第1次印刷	
书　　号：ISBN 978－7－5194－6773－9			
定　　价：95.00元			

版权所有　　翻印必究

编辑委员会

主　任：薛　亮　黄杭娟
副主任：夏开堂　章　轲　徐　芳　沈军甫　支　涛
　　　　马向东　刘　杨
主　编：马向东
委　员：刘秀峰　马笑迎　杜俏俏　吴　颖　周应中
　　　　戴闵青　高澄明　王玲瑛　唐　敏　张　健
　　　　陈　焱　屠灵华　季青媛　施伟强　郑　吟
　　　　谢　青　吴樟华　曹亮红　彭云波　汪　琳
　　　　金银琴　钟　黎　郑园全　陈　毅　吴灌红
　　　　周　安　陈芬芳　吕清华　赵建萍　刘文佳

序

浙江艺术职业学院党委书记　薛　亮

    党的十八大以来，以习近平同志为核心的党中央高度重视高校党的建设和思想政治工作。习近平总书记发表了一系列重要讲话，提出了一系列明确要求，深刻回答了事关高校党的建设和思想政治工作的方向性、根本性问题。习近平总书记强调，高校肩负着学习研究宣传马克思主义、培养中国特色社会主义事业建设者和接班人的重大任务。加强党对高校的领导，加强和改进高校党的建设，是办好中国特色社会主义大学的根本保证①。他还强调，高校思想政治工作关系高校培养什么样的人、如何培养人以及为谁培养人这个根本问题。要坚持把立德树人作为中心环节，把思想政治工作贯穿教育教学全过程，实现全程育人、全方位育人，努力开创我国高等教育事业发展新局面②。习近平总书记的重要讲话体现了党和国家对高校坚持正确的办学方向和对大学生健康成长的殷切期望，深化了我们对办好中国特色社会主义大学的规律性认识，提供了推进高校党的建设和思想政治工作的根本遵循，指出了高校教育工作者肩负的神圣使命。

    浙江艺术职业学院赓续于20世纪50年代始构筑起的艺术教育"黄龙文脉"，秉承"求真、尚美、精艺、修为"的浙艺校训精神，"德艺并育、桃李同春"（贺敬之题词），经过21世纪初至今20年的高等职业教育办学积累，取得了丰硕的办学成果。学校连续三届获国家级教学成果奖，创作的音乐剧《五姑娘》获国家艺术最高奖"文华大奖"、全国精神文明建设"五个一工程奖"、中

---

① 习近平. 坚持立德树人思想引领 加强改进高校党建工作 [EB/OL]. 新华网，2014-12-29.

② 习近平. 把思想政治工作贯穿教育教学全过程 开创我国高等教育事业发展新局面 刘云山讲话 王岐山张高丽出席 [N]. 人民日报，2016-12-09（01）.

国舞蹈"荷花奖"、全国艺术院校"桃李杯"舞蹈大赛金奖、中国校园戏剧节最高奖"中国戏剧奖·校园戏剧奖"等，获评"浙江省示范性高等职业院校"，被列入"浙江省优质高职院校"建设计划，入选"中国特色高水平高职学校和专业建设"计划和浙江省高职"双高计划"高水平学校建设单位，培养出一大批德艺双馨的高素质、高技能文艺人才，涌现出如茅威涛、杨小青、董卿、周迅、山翀、詹永明、吴蛮、何赛飞、夏赛丽、陶慧敏、毛戈平、钟丽燕、章小敏、殷硕、童蕾、曹曦文等杰出的知名校友，成为在浙江艺术教育界独树一帜，在全国艺术职业教育界和文艺界享有知名度和美誉度的综合类高等艺术职业院校。

学校有着重视思想政治工作的优良传统：育人为本，德育为先；学艺先修德，学戏先学做人。新时代以来，学校高度重视党建和思政工作，围绕学生、关照学生、服务学生，不断提高学生的思想水平、政治觉悟、道德品质和文化素养，努力培养学生成为德才兼备、全面发展的文艺人才。与此同时，学校重视党建和思政工作研究，成立党建和思政教育研究会，组织开展理论研究工作，培育和形成了一支具有良好素质的党建和思政工作研究队伍，形成了一批党建和思政工作研究成果，体现了学校"以教学为中心，以科研和创作为两翼"的指导思想。

《春风化雨——浙江艺术职业学院党建与思政工作研究论文集》择优汇编了2016年至2021年浙江艺术职业学院党建和思政工作研究的理论成果。全书由党的建设研究、思政理论探索、教育工作交流、文化校园建设四个部分组成，包括党的政治建设、思想建设、组织建设、作风建设和党风廉政建设，以及思政理论课建设、师生关系构建、文化校园建设、思政队伍建设、校园媒体建设和心理健康教育等内容。这些理论研究成果紧扣新时代艺术职业院校党建和思政工作主题，入选论文选题科学合理，体现研究价值；观点独到鲜明，反映工作实践；论据丰富翔实，展现艺术教育；论证合乎逻辑，可资读者借鉴。研究成果大多围绕艺术职业教育主题，从多方面开展研究探索，反映出教育工作者对艺术教育事业的热爱和追求、对艺术专业学生的关切和责任，体现出教师的职业精神和工作经验，展现出作者对党建和思政工作的较高认识与把握，利于促进艺术高职院校党建和思政工作质量与水平的提升，用党的理论创新成果武装干部教师，推进教书育人。理论成果的结集出版，有助于加强艺术高职院校理论研究的积淀和交流，也有助于增强党建与思政工作研究的应用性。文集收录的论文大多是学校党建和思政工作研究专项课题成果，其中有多篇论文获奖，有多项成果是省、厅研究课题成果，是我校近年来关于艺术类高职院校党建和思政工作研究成果的集中展示。

艺术源于生活，研究源于实践。党建和思政工作研究与艺术教育的融合，是此文集编著的逻辑起点，寄望以此文集促进艺术职业院校党建和思政工作以及研究取得新发展、新成效。我们将全面贯彻习近平新时代中国特色社会主义思想，落实立德树人根本任务，努力培养担当民族复兴大任的时代新人，培养德智体美劳全面发展的社会主义建设者和接班人，为全面建设社会主义现代化国家、全面推进中华民族伟大复兴而团结奋斗。在深入学习宣传贯彻党的二十大精神之际，我们谨以此文集向党献礼，印证我们努力奋斗的足迹，探索新时代浙江艺术职业学院党建和思政工作研究的新天地。

目 录
CONTENTS

第一编 党的建设研究

高校纪委在推动"清廉校园"建设中的履责路径研究
……………………………………………… 徐 芳 单 烨 3

高职院校党风廉政建设和专业建设联动发展路径研究
——以浙江艺术职业学院为例 ……………………………
……………………… 徐 芳 单 烨 汪姚江 金军跃 10

基于关键业绩指标的高职院校教师党支部考评体系研究
——以浙江艺术职业学院为例 ……………………… 胡 芊 18

论构建高职院校师生"两学一做"经常性教育长效机制的影响因素
………………………………………………………… 郑智武 25

高职院校"清廉学校"建设路径研究
——基于浙江部分高职的巡视反馈 ……… 徐 芳 单 烨 刘秋红 31

新时期艺术类高职院校大学生党建工作创新思考和实践研究
——基于浙江艺术职业学院现状调查与分析报告 ……… 汪 琳 40

高职院校学生党建在学风建设中的实践探析 …… 钱杏芬 胡卓群 49

落实高职院校二级单位主体责任研究
——以校内巡察为视角 ……………………………… 刘秋红 56

1

全面从严治党背景下浙江省高职院校内部审计优化研究
　　——以浙江艺术职业学院为例 …………………………………… 单　烨　63

高校"渐进式阶梯状"党课的教学设计 ……………………………… 钱杏芬　69

新时代党建视野下高职院校党务工作者队伍能力提升的探究
　　——以浙江艺术职业学院"双带头人"教师党支部书记培育为例 …………
　　…………………………………………………………………… 施少东　76

新时代背景下艺术院校民主党派社会服务研究
　　——以浙江艺术职业学院为例 …………………………………… 张京京　84

基于跟进式教育理念下的高校党员教育提质途径研究
　　…………………………………………………………… 吴　颖　王育英　90

民主评议党员模式创新研究和探索 ………………………………… 黄思远　96

高校学生党支部开展"两学一做"学习教育常态化制度化的探索
　　——以浙江艺术职业学院某学生党支部为例 ……… 黄思远　谢志勇　103

基于问题导向模式的高职院校院(系)党建整改路径探析
　　………………………………………………………………………… 王筱芽　111

点灯工程：高校基层学生党支部创新建设模式
　　——以浙江艺术职业学院文化管理系党支部为例 ……………………
　　…………………………………………………………… 钱杏芬　胡卓群　117

微信"小"平台助推大党建
　　——从传播学角度解构微信在党建工作中的应用方法 ……………
　　………………………………………………………………… 刘　慧　王　芳　124

"四位一体"推动高校学生党支部建设的实践和探索
　　——以浙江艺术职业学院音乐系学生党支部为例 ………… 黄思远　131

"双高"建设背景下高职院校基层党建质量提升研究 ……… 王筱芽　137

习近平在浙江展现的法治思想引领浙江艺术产权制度建设
　　………………………………………………………………………… 郑智武　145

第二编 思政理论探索

习近平新时代中国特色社会主义思想"三进"在艺术院校的实现路径
……………………………………………………………马向东 孙 彪 155

习近平新时代中国特色社会主义思想进学生头脑长效机制研究
………………………………………………………………………高小伶 163

艺术职业院校课程思政建设的成效与对策
——以浙江艺术职业学院为例………………………………………
………………………………马向东 吕清华 胡卓群 俞珂瑶 170

构建艺术院校课程思政立体模式………………………许 瑛 180

钢琴课程思政教育教学路径研究………窦 瑾 毛 肆 吴婷婷 186

艺术类院校课程思政中的实践育人载体研究…………王园园 191

新形势下高校思想政治教育的新载体
——创新创业教育的探索与研究……………………吴 颖 196

交叉学科视野下艺术院校思想政治教育工作的实践探索
……………………………………………………………许 瑛 202

学分制背景下高职艺术院校思政建设及应用的实践研究
……………………………………………………………王筱芽 207

新时代大学生思想政治教育工作体系制度化建设的探索
……………………………………………………………陈 毅 212

把握"大思政"格局下艺术类高职思想政治理论课教学改革三维度
——以"思想道德修养与法律基础"课程为例………胡卓群 220

艺术类高职院校思想理论教育主体心理环境理论分析与实践应对
——与艺术专业教学的对比考察……………………孙 彪 227

新时代高职思政理论课教学"生活化"模式的构建
——以团队活动化课堂为例…………………………胡 芊 237

团队活动化教学方法在高职思政课实践教学中的应用
　　——以"思想道德修养与法律基础"课程为例 …………… 胡　芊　242
艺术高职院校思政实践教育基地建设的对策与思路
　　………………………………………………… 高小伶　施　程　248
"三全育人"视角下高职院校少数民族学生思政工作探究
　　……………………………………………………………… 沈霄媛　254
体验式教育与艺术类大学生思想政治优化研究 ………… 王芳芳　259
疫情防控期辅导员的使命与担当 ………………… 王育英　吴　颖　264
探析"大思政"视域下高校思想政治理论课教师之职业自觉
　　……………………………………………………………… 胡卓群　268

第三编　教育工作交流

艺术高职院校学生精神生态现状调查及对策研究
　　——以浙江艺术职业学院为例 ………………… 朱海闯　王占霞　279
全真环境下高校学生记者团用人与育人融合培育机制探析
　　……………………………………………………………… 马向东　288
高职艺术院校劳动教育和实践路径 ……………………… 李旭芳　296
师德修养与高职院校青年教师的工作满意度研究 ……… 胡　芊　302
习近平青年观探析 ………………………………………… 王芳芳　308
高职院校图书馆信息素养教育研究
　　——以浙江省为例 ……………………………………… 周　安　314
高职艺术院校"导师型"班主任制度的探索与实践 ……… 赵建萍　319
战"疫"背景下高职艺术院校爱国主义教育的实践探索
　　……………………………………………………………… 许　瑛　325
艺术院校"3+X"实践育人载体建设探析 ………………… 苏珊珊　331
新时代大学生奋斗精神四重维度的实践路径探析 ……… 沈霄媛　336
艺术院校辅导员压力源与应对方式研究 ………………… 钱玉玲　342

第四编　文化校园建设

艺术高职院校"文化校园"建设的问题和对策 …………… 马向东　353
艺术院校学生文化自觉和文化自信培育研究 …………… 王占霞　360
中华优秀传统文化融入大学生核心价值观培育的实施路径研究
　　………………………………………………………… 金银琴　366
工匠精神融入高职院校人才培养的路径探析 …………… 金银琴　372
以传统文化为载体引导艺术类高职院校学生文明修身
　　……………………………………… 陈　毅　宋　煜　胡海影　378
以图书馆空间再造提升校园文化建设
　　——以浙江艺术职业学院为例 ………………………… 周　安　384
新时代运用自媒体做好高校宣传思想工作探析 ………… 吕清华　389
论新媒体内容和渠道合力中的社会主义核心价值观传播
　　——以浙江艺术职业学院"两微一端"为例 ………… 潘艺鑫　393
从新时代媒体融合看高职院校思想政治教育获得感的提升
　　………………………………………………………… 潘艺鑫　398
美育助推新时代高职院校社会主义核心价值观培育研究
　　………………………………………………………… 顾　儒　405
艺术院校有效开展"文明修身"教育的初期探索
　　——以浙江艺术职业学院为例 ………………………… 施少东　411
发掘传统文化源头活水　落实立德树人根本任务
　　——优秀传统文化培育大学生社会主义核心价值观的路径探寻 …
　　………………………………………………………… 杜俏俏　416
高校校园新媒体思政功能的运用 ………………… 俞珂瑶　马向东　422
重大突发事件下高校新闻舆情引导机制研究 …………… 顾　儒　428

第四編 文化と福祉

第一编 党的建设研究

高校纪委在推动"清廉校园"建设中的履责路径研究

徐芳 单烨[*]

摘要：全面从严治党工作推进以来，高校发生了深刻的变化，巡视工作曝光了高校存在的党的建设弱化、招生腐败、师德失范等问题，反映出高校纪委履责偏松偏软的问题，高校纪委履行好监督责任对落实纪检监察体制改革要求、深入推进全面从严治党工作意义重大。本文通过分析在全面推进"清廉校园"建设背景下，提出高校纪委履责的重要意义、工作重点和方式，梳理高校纪委的工作着力点，助推"清廉校园"建设取得新成效。

近年来，中央高度重视高校全面从严治党工作，把高校纳入巡视工作全局进行通盘谋划、整体推进，着力发现高校在政风、校风、教风、学风"四风"建设中存在的问题。"清廉校园"建设是提升高校全面从严治党工作成效的重要途径，也是营造清廉教育生态的基础性工程。"清廉校园"建设从具体业务领域着手推动净化高校政治生态，为提升校园管理水平，建设和谐美丽校园提供重要保障。面对新形势、新任务、新要求，高校纪委明确职责定位，精准开展监督执纪问责，扎实推进"清廉校园"建设。

一、把握"清廉校园"建设重要意义，认清高校纪委落实监督责任的现实使命

"清廉校园"建设是建设风清气正教育生态，推动教育事业健康快速发展的现实需要，也是建设良好师德师风环境、落实立德树人根本任务的必然要求。

---

[*] 徐芳，浙江艺术职业学院党委委员、纪委书记，副研究员；单烨，浙江艺术职业学院纪委办公室干事。

必须站在这个高度，认清高校纪委的使命责任，提高政治站位、落实工作举措、确保工作效果。

（一）纪委落实好监督责任是构建风清气正政治生态的重要保障

政治生态是检验管党治党是否有力的重要标志。党的十九大报告中习近平总书记鲜明提出"全面净化党内政治生态"①，十九届中央纪委二次全会对实现党内政治生态根本好转做出了重要部署。在良好政治生态下培育清廉意识、清廉习惯、清廉作风，是立德树人的题中之义，是教育系统的基本职责，也是打造"清廉浙江"的基础性工程。营造良好的政治生态，是纪委履职工作中的"必答题"，这要求纪检监察机关扎实履责，强化政治监督，做实日常监督、靠前监督、主动监督，把践行监督执纪"四种形态"贯穿于工作全过程。在党委作出决策时，纪委要分析和把握所监督高校的政治生态，向党委提出对策建议，提供工作参考。在具体监督事项中，始终坚持围绕上级重大决策部署开展专项监督工作，做到监督检查全程跟进，确保令行禁止，着力营造有序的发展环境。在研判案件线索环节中，注重定期分析学校形势、研判政治生态，认真开展政治生态问题每月自查、每季一评、半年中评和年度总评工作，分析梳理存在的问题，认真抓好问题整改"后半篇文章"，为开创各项工作新局面提供坚强政治保证。

（二）纪委落实好监督责任是防范和化解廉政风险的必然要求

2017年，十八届中央第十二轮巡视对中管高校党委开展了集中巡视工作，浙江省启动了对高职院校的专项巡视工作，巡视反映出高校纪委"监督执纪问责偏松偏软"问题较为普遍。高校纪委监督乏力下存在全面从严治党不力，落实"两个责任"不到位情况；执行干部选拔任用规定不够严格；整治违反中央八项规定精神问题不够坚决，自查自纠不够彻底；招生考试、职务评聘、基建采购、合作办学、科研经费、校办企业等重点领域存在的廉洁风险的问题直接影响了政风、校风、教风、学风建设。高校纪委落实好监督责任和协调责任，强化"监督的再监督"主体责任，积极主动为推动落实党委主体责任当好参谋助手。结合学校实际情况，提出防范和化解廉政风险的工作方向、重要举措和有效建议。通过整合审计监督、群众监督、审查调查等方面信息，着力发现可能存在的苗头性、倾向性问题，精准研究对策，协助校党委从制度设计、程序

---

① 习近平. 决胜全面建成小康社会 夺取新时代中国特色社会主义伟大胜利——在中国共产党第十九次全国代表大会上的报告［EB/OL］. 新华网，2017-10-27.

规范、强化监督等方面补齐短板，推动压紧压实全面从严治党主体责任的贯彻落实。

（三）纪委落实好监督责任是适应高校纪检监察体制改革的现实需求

2018年，中共中央办公厅印发《关于深化中央纪委国家监委派驻机构改革的意见》，指出要推进中管高校纪检监察体制改革。2019年，浙江省纪委省监委召开推进高校、国企和金融企业深化纪检监察体制改革动员部署会，出台了《关于推进高校纪检监察体制改革的实施意见》，全面推进高校、国企和金融企业纪检监察体制改革。从职能、人员、工作深度融合、纪法贯通、法法衔接等方面对纪委履职提出了具体要求，有利于督促高校进一步强化清廉建设的政治责任；也对高校纪委聚焦主业主责，把制度优势转化为治理效能提出了更高的要求，不断推动纪检监察工作迈上新台阶。高校纪委落实好监督责任，是落实改革决策部署的政治考量和政治要求。纪委要强化目标引领和问题推动作用，坚持在上级纪委监督领导下进行查办案件、干部提名考察、履职考核，建立健全内部管理制度、沟通协调机制，做好协助、监督、管理和服务工作。

二、梳理"清廉校园"建设主要问题，找准高校纪委监督重点

近年来，浙江省高校认真贯彻落实全面从严治党要求和"清廉浙江""清廉教育"的决策部署，扎实推进"清廉校园"建设，为推进高校健康发展提供了坚强保障，并取得了一定成效。但是"清廉校园"建设还存在一些问题和不足，依然需要我们引起重视、认真对待。

（一）主体责任落实层层弱化、虚化、边缘化现象依然存在

少数党员领导干部对党风廉政建设主体责任的认识存在偏差，对贯彻落实党风廉政建设责任制的重要性认识不足，履行"一岗双责"的自觉性不高，主体责任履行还停留在口头上、材料上、会议部署上，主抓直管的意识不够强。少数党员领导干部对党风廉政建设工作中出现的新情况、新问题研究不多，日常工作与党风廉政建设"两张皮"，对如何将党风廉政建设与思政教育相融合，与专业建设、教师发展及学生成长成才的全过程相融合方面，思考不够、办法不多，存在"重日常应对、轻主动作为"的倾向。

（二）评奖评优、资助对象认定等"小微权利"使用仍需规范透明

评奖评优、贫困生资助工作是涉及学生切身利益的最直接问题，也是社会关心的重点问题。有些学校评奖评优标准量化不够，评价主体单一，评价过程相关信息公示不及时；有些高职高专教师参与校外专业培训辅导活动可能影响学校招生考试公平，有些教师课堂上不讲重点，却暗示、推荐学生参加校内外的有偿补课；有些高校在该学院研究生考试复试阶段结束后，调高考生复试成绩并录取。因为权力集中、资源丰富的特性，教育公平原则被少数人异化，成为他们谋求利益的手段。目前，对贫困生的认定标准、认定原则、联动协作上还存在薄弱环节，通常高校的做法是让学生自主申报，如提出申请、提供生源地的证明材料等，但实践过程中，贫困证明却存在生源地监管盲点，学校审核把关"重证明、轻实际"的情况，奖助贷资助动态跟踪和监管不够。

（三）学术不端、师德失范等违反师德师风问题依然存在

2019年，教育部公开曝光4起违反教师职业行为十项准则典型案例，其中暴露出高校存在的学术不端和师德失范问题，不仅严重损害了学校、教师的社会形象和职业声誉，还破坏了群众信赖、教育质量和教育公平。例如，北京某高校翟某被曝博士论文存在严重抄袭，暴露出博士后站点材料审核、面试录用等过程把关不严的现象；南京某高校教师梁某在读期间抄袭、重复发表多篇论文，在职称申报中弄虚作假；郑州某学院辅导员叶某婚后和某学生存在不正当关系。教育部注重强化制度约束，印发了《新时代高校教师职业行为十项准则》《高校教师师德失范行为处理的指导意见》，以"负面清单"的形式进一步规范了教师职业行为。

（四）招生入学、项目招标、选拔选聘等重点领域治理仍需加强

根据中央和浙江省委巡视意见反馈，基建工程、科研经费、校办企业等领域违纪违法易发多发，存在较高的廉政风险。浙江省教育厅印发了《全省各级各类学校小微权力清单和办学行为负面清单》，围绕学校治理和学生学业管理等方面做出具体规范，要求各学校认真梳理编制小微权力清单，规范教育、管理、服务各个环节的标准和要求。如大额维修工程中存在对实际工程量审计监督不足，完工后直接付款，未严格执行"先审计后付款"的要求，另外招投标、发包分包、施工、验收、预决算和工程进度款预付等环节监管也有待加强；学校食堂物资采购环节监管还不到位，实际操作中岗位与职责不明晰，涉餐主要物资的采购工作未严格按规定程序办理，价格公开监督不足——公布方式不透明、公布时间不及时。

三、注重"清廉校园"建设顶层设计，探寻高校纪委履责方式

党章规定"党的各级纪律检查委员会是党内监督专责机关，职责是监督、执纪、问责"。高校纪委要准确把握职责定位，深化转职能、转方式、转作风成

果,注重结合"清廉校园"建设,不断提升监督工作的针对性和实效性。

(一) 以压实责任提升"清廉校园"建设成效

压实责任是推进"清廉校园"建设的首要任务。习近平总书记在十八届中央纪委三次全会上从选好用好干部、纠正损害群众利益行为、从源头上防治腐败、支持执纪执法机关工作、主要负责同志做好廉洁从政的表率五个方面,明确了党委主体责任的具体内容。助推"清廉校园"建设,就是要明确责任清单、强化监督检查、落实责任报告等有效经验,以主体责任履责清单、岗位廉政风险清单、重点工作问题清单"三张清单"为载体,就"三张清单"履行情况与基层党组织主要负责人进行面对面谈话交流,有针对性地开展对学校各党组织履行主体责任情况的督查,层层传导管党治党责任压力,打通责任落实的"最后一公里"。始终把党的领导融入学校发展各环节,党建工作要求体现到办学治校各方面。紧紧围绕上级决策部署贯彻执行情况、意识形态工作情况、内部审计发现问题等开展监督检查,坚决纠正"上有政策、下有对策"等行为,将推进党风廉政建设与育人工作融合、与教育教学融合、与学校改革发展融合,推动全面从严治党向基层延伸。梳理中央、省委的重大决策和部署以及校党委会、校长办公会做出的重要工作安排,选择重点项目开展专项督查。围绕巡视整改成效的巩固和政治生态自查工作,健全能用、管用、实用的长效机制。

(二) 以防范风险补齐"清廉校园"工作短板

防范廉政风险是推进"清廉校园"建设的核心内容。要推进监督工作项目化管理,强化精准监督、精准问责制度。树立精准意识,旨在抓好聚焦问题多发领域和信访反映较多问题监督。实行监督项目化管理,旨在准确把握监督着力点,有针对性地开展重点项目监督,强化全程跟踪式监督,用好监督执纪"四种形态",发现并督促解决存在的突出问题。通过推动出台行之有效的制度,有力管理中间地带,有效填补监督空白,动真碰硬,跟踪问效。紧紧围绕教职工关心的热点、难点问题,梳理学校预算管理、资产管理、项目管理、合同管理等领域业务和岗位职责的廉政风险。通过实地调研了解、查阅工作台账、谈话提醒等方式,开展合同管理、设备采购等廉政风险防范领域的专项检查。全面加强资产采购、基建工作、专项经费使用管理、校办企业管理等重点领域环节的监管,着力发现反映党员领导干部问题线索,延伸监督触角,消除监督死角,有的放矢抓好监督和规范。充分发挥内部审计防患于未然的作用,实行"问题清单""整改清单""销号清单"对接机制,通过审计压实责任、督促整改。通过认真处理信访举报,严格分类处置问题线索,及时开展谈话提醒、约谈函询等方式，做到早发现、早提醒、早报告、早处置。用好内部审计、问题线索处置成果，剖析典型案例，追根溯源，倒查制度与管理上的漏洞。严格执行招投标、采购验收、招生招聘等有关制度，加强此类关键环节的监督工作。

（三）以优化作风助推"清廉校园"建设浓厚氛围

优良的作风是推进"清廉校园"建设的内在动力。注重巩固深化作风建设成果，始终发扬"钉钉子精神"，持之以恒落实中央八项规定及其实施细则精神和省委36条办法以及学校具体实施办法。紧盯重要时间节点和"关键少数"，密切注意"四风"问题新动向和新表现，加强教育提醒，加大集中检查、重点督查和明察暗访力度，达到"发现一起、处理一起、教育一片"的效果。实施新教师入职宣誓制度，要求全体教师签署师德承诺，引导教师以身示范。注重完善作风建设长效机制，构建学校党委牵头抓总，校纪委和党委工作部门及各二级教学单位等协同配合的工作格局，各行政主要负责人与书记共同抓好本部门的作风建设，加强校园廉政文化阵地建设，积极打造校园廉政文化品牌，切实发挥基层党组织纪检委员和党风廉政建设监督员对所在部门党员干部进行一线监督的优势。

（四）以落实考核促进"清廉校园"有序推进

考核督促是推进"清廉校园"建设的治本之举，也是坚持标本兼治、综合治理，提高"不敢""不能""不想"一体推进水平的具体要求。以清明政风、清净校风、清正教风、清新学风"四风"建设情况为一级指标；以学校和二级教学单位两级责任清单建设、廉政文化阵地建设、职能部门工作效率等具体类别为二级指标；以党风廉政建设情况分析会、廉政文化品牌建设、"最多跑一次"工作情况等项目为三级指标。通过设置自选特色加分栏目将主观考评与客观考核相结合、平时考核和年终考核相结合、规定项目考评和自选项目考评相结合，全面评价"清廉校园"建设实施情况，深化信息公开，畅通师生职工参与民主管理、民主监督渠道。建设"清廉校园"是一项系统工程，需要汇聚学校各方智慧和力量，更需要严格落实各方责任；强化协调推进，学校党政部门要各司其职、各尽其责，全校师生要广泛参与，形成工作合力。

参考文献

[1] 李锦斌. 扛起主责抓好主业当好主角 推动全面从严治党向纵深发展[J]. 机关党建研究，2019（4）.

[2] 连社会，汪素霞，涂欢. 高校二级纪委履行监督责任过程中的困难及

对策研究——以浙江省属本科高校为例［J］．法制博览，2019（12）．

［3］陈静源．高校纪委协助党委落实主体责任工作的定位及原则［J］．管理观察，2016（19）．

［4］金荣蓉，顾建跃，胡宏亮．新常态下高校纪委落实党风廉政监督责任路径探析［J］．开封教育学院学报，2018，38（10）．

［5］王晓兵．当前高校纪委工作认识误区的几点澄清［J］．长春大学学报，2019，29（5）．

［6］张磊．高校纪委履行监督责任的意义与困境［J］．湖北函授大学学报，2016（10）．

［7］周建松．试论高校纪委书记职能作用的有效发挥［J］．学校党建与思想教育，2015（7）．

［8］王洪玉，崔来成．纪委多任务性对高校纪委监督履职能力的影响——基于全国184所高校调查数据的分析［J］．辽宁大学学报（哲学社会科学版），2018，46（4）．

高职院校党风廉政建设和专业建设联动发展路径研究

——以浙江艺术职业学院为例

徐 芳 单 烨 汪姚江 金军跃*

摘要： 本文以浙江艺术职业学院为例，通过分析高职院校党风廉政建设工作的情况，阐述党风廉政建设与专业建设联动发展的必要性，厘清党风廉政建设与专业建设联动发展中存在的问题，结合工作实际，提出高职院校党风廉政建设与专业建设联动发展的实践路径。

高职院校党风廉政建设是党的纪律建设的重点内容，专业建设则是高职院校品牌建设的核心内容。高职院校党风廉政建设和专业建设联动发展，对于保障高校人才培养质量，促进高校科学发展、和谐发展、健康发展，建设人力资源强国，具有十分重要的现实意义。

一、联动发展的主要内涵及意义

高职院校党风廉政建设的内容主要包含教育、监督、惩处三项，专业建设的内容主要包含课程体系、人才培养、师资队伍、实验实训条件等，这些要素都和高校人才培养质量密切相关。高职院校党风廉政建设和专业建设需要在二者的内涵中找到结合点和平衡点，按照职业教育的特点和规律，将党风廉政建设与专业建设有机结合，以党风廉政建设扎实推动专业建设，让专业建设为党风廉政建设提供活力：党风廉政建设与专业建设联动发展。

---

* 徐芳，浙江艺术职业学院党委委员、纪委书记，副研究员；单烨，浙江艺术职业学院纪委办公室干事；汪姚江，浙江艺术职业学院退休干部；金军跃，浙江艺术职业学院退休干部。

（一）党风廉政建设和专业建设联动发展是贯彻党的教育方针的客观要求

党风廉政建设和专业建设联动发展着眼于重点项目、重点岗位、重点环节，围绕职业教育和高等教育内涵式发展，根据专业特性和岗位特征排查廉政风险，落实立德树人根本任务和推进"双一流"建设等系列战略任务。由于高职院校的学生入学年纪较小，教职工的正确引导对于学生成长成才更具意义，而教职工传道授业解惑的前提是自己首先要明道、信道。党风廉政建设和专业建设联动发展从发挥教职工示范引领作用出发，督促广大教职工坚持以德立身、以德立学、以德施教，在专业建设中贯穿德育为先的教育方针。

（二）党风廉政建设和专业建设联动发展是培养高素质人才的有力保障

人才培养是高职院校的立校之本，推动党风廉政建设与专业建设联动发展，发挥专业建设的主渠道作用，将廉政教育融入思政理论课、综合素质课和专业教育课之中。充分遵循大学生发展规律，探索在网络教育、微信宣传、校园文化、社会实践、艺术创作等活动中加入党风廉政建设的内容，关注师生学术规范、毕业生职业道德、新生校史校训教育等，提升师生在党风廉政建设中的参与度，增强党风廉政建设的实质性、针对性和有效性。

（三）党风廉政建设和专业建设联动发展是打造"清廉校园"的有效举措

"清廉校园"建设要以全面从严治党为主线，立足学校实际，全面贯彻党的教育方针，落实立德树人根本任务，以党风促校风，以校风正学风。党风廉政建设和专业建设联动发展，紧紧围绕"清廉校园"的建设目标，抓住办学治校的根本，找准党风廉政建设与专业建设二者内涵中的共通点，压紧压实主体责任和监督责任，以专业建设丰富的资源为着力点，进一步推进依法治校，保障师生群众有序的政治参与。

二、高职院校党风廉政建设与专业建设联动发展的现状

本文以浙江艺术职业学院教职工为调查对象，共发放问卷105份，收回问卷105份。调查样本中，科级以上中层干部26人，占24.76%，基层党组织纪检委员和党风廉政建设监督员11人，占10.48%，教师（含教辅人员、专技教师）68人，占64.76%。同时，我们通过实地走访开展深度调研和党风廉政建设情况分析会成果，聚焦课题内容，从"学校党风廉政建设与专业建设的实际情况""制度了解情况""党风廉政建设与专业建设联动发展中存在的主要问题""经

常参加或接触的党风廉政建设方面的活动""基层党组织纪检委员、部门党风廉政建设监督员的监督渠道"这几个方面对调查样本进行调研，分析如下：

（一）教职工普遍支持联动发展

通过调查（见图1）得知，绝大多数教职工认为党风廉政建设为专业建设提供了很好的廉政保障，专业建设为党风廉政建设提供了具体的内容和关注的对象，二者是相互促进的关系；但也有部分教职工认为党风廉政建设要求过严，一定程度上制约了专业建设发展，党风廉政建设与专业建设没有直接关系，二者最好各自独立开展。结合校党风廉政建设情况分析会反映的情况，可以发现落实党风廉政建设责任制存在层层递减现象。在推进党风廉政建设过程中，有的院属部门紧密联系本系部实际，但采取有针对性的措施较少。如何将党风廉政建设与思政教育相融合，融入专业建设、学生成长成才的全过程，做到全方位育人还需深挖。

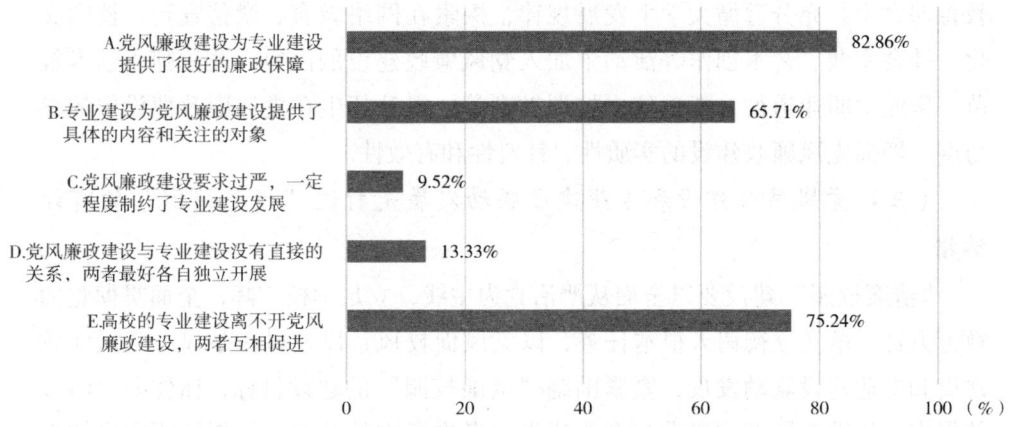

图1　学校党风廉政建设与专业建设的实际情况

（二）教职工对制度了解程度有待加强

党风廉政建设和专业建设都是学校的重要工作，目前已有系部党政联席会议、"三重一大"制度实施办法、纪检监察监督事项预先报备、项目采购流程实施细则、督查工作等制度，体现党风廉政建设与专业建设在制度上的互动。通过调查（见图2）发现，教职工对现有制度了解还不够，仅51.43%的调查对象了解"三重一大"制度实施办法，15.24%的教职工对制度不了解，系部党政联席会议、纪检监察监督事项预先报备等制度的知晓率偏低，导致教职工主动参与监督的意识不强、能力不足。

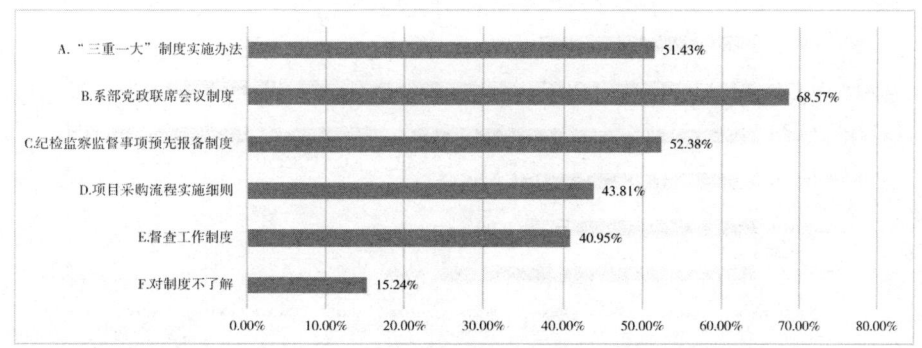

图 2　制度了解情况

(三) 缺乏有效的协调联动平台

个别党组织负责人和系部主任及处室负责人忽视党风廉政建设与专业建设的结合工作,在推进党风廉政建设过程中,内容形式单一、制度执行不力等问题依然存在(见图3),61.9%的调查对象认为"内容形式单一"是党风廉政建设与专业建设联动发展中存在的主要问题,分别有48.57%和52.38%的调查对象认为缺乏工作制度和机制、制度执行不力也是联动发展的主要问题。教职工经常参加或接触的党风廉政建设方面的活动中以本部门会议传达学习上级精神占比最高(见图4)。实地参观学习、影音作品播放也是教职工参加或接触较多的党风廉政建设方面的活动。作为艺术类高职院校,通过"艺术创作展演"加强党风廉政建设的占比却最低,仅31.43%的调查对象了解这一途径。

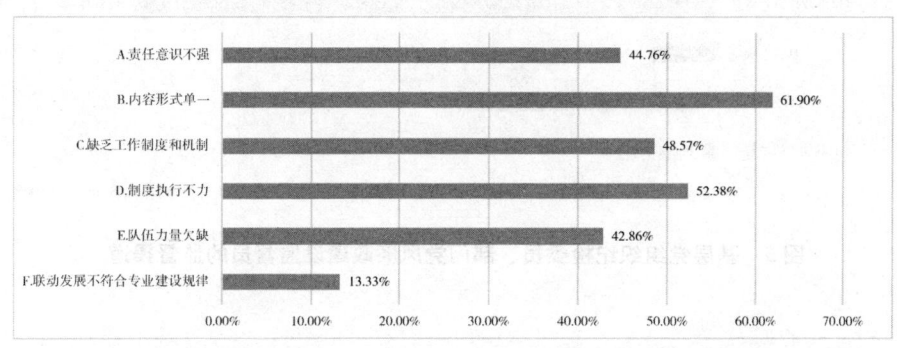

图 3　党风廉政建设与专业建设联动发展中存在的主要问题

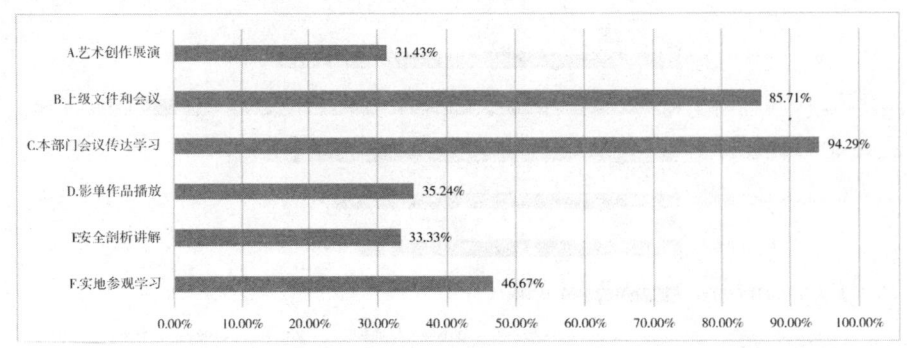

图4 经常参加或接触的党风廉政建设方面的活动

（四）基层纪检干部作用发挥不够

基层纪检干部参与部门事务监督的方式和程序有待进一步明确，党组织纪检委员、各部门党风廉政建设监督员的监督渠道较有限（见图5），列席党政联席会议、参与党风廉政建设分析会是基层纪检干部参与监督的主渠道。围绕阳光招生、学术研究、演出交流等重点专业建设环节，基层纪检干部没能发挥应有作用，18.1%的调查对象并不了解监督渠道，甚至有少数人认为学校对监督渠道没有规定，二级部门的一线监督虚化现象较为突出。

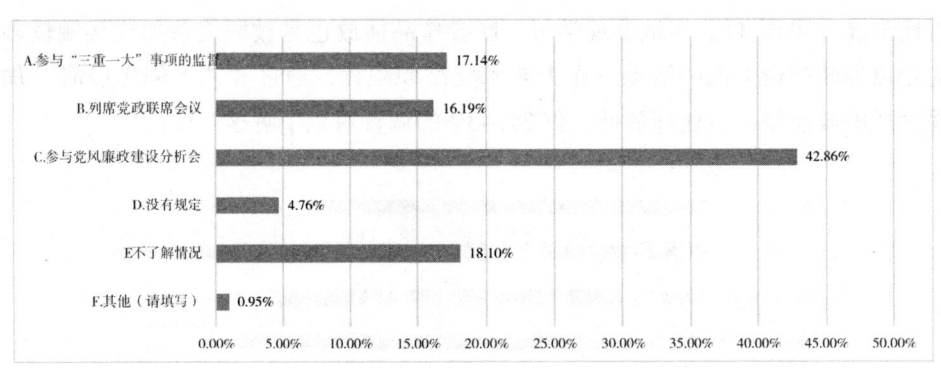

图5 基层党组织纪检委员、部门党风廉政建设监督员的监督渠道

三、联动发展路径研究

从实践看，党风廉政建设与专业建设联动发展的契合点不足，两者在实际工作中的融合度不够。作为艺术类高职院校，其工作的专业性和特殊性可以为推动党风廉政建设提供更具特色的实践方法。

（一）落实责任，强化自我监督，为联动发展提供动力

党风廉政建设与专业建设联动发展的关键在于明确责任，只有将党风廉政建设责任落细落实，层层传导责任压力，才能推动责任向纵深延伸，压力就是联动发展的动力。推动党风廉政建设的关键在于落实党风廉政建设主体责任，各级党政班子中的主要负责人为本部门党风廉政建设第一责任人，其他领导班子成员按照"一岗双责"的要求，把党风廉政建设目标任务和要求融入分管业务工作之中，强化基层党组织的自我监督责任，自觉地在建设专业的同时推进党风廉政建设，做到既抓业务又抓党务。浙江艺术职业学院通过制定责任清单、签订责任书、召开党风廉政建设工作会议、校系两级领导班子党风廉政建设情况分析会、全校科级以上干部会议、部门专题工作会议等方式，不断健全党委主抓直管工作机制，真正做到明责与担责，压实党委"主体责任"和领导干部"领导责任"。

（二）构建框架，强化制度执行，为联动发展提供保障

制度建设是党风廉政建设的重要内容，也是新形势下建立健全党风廉政建设与专业建设联动发展的基础环节和重要保障。通过建立联动发展的制度体系，发挥制度本身特有的规范力，在制度明确的领域内对行为进行约束，对失范行为进行惩处；围绕规范决策行为、办学行为、干部人事管理的目标，推进有关职能部门加强对图书材料、设施设备、招生招聘、校办企业、提拔任用、职称评定等重点领域和环节的制度约束；严格执行"三重一大"制度，加强对重点项目、重点岗位、重点环节的防范与监督，把权力关进制度的"笼子"里。目前浙江艺术职业学院已有的重要制度包括系部党政联席会议、"三重一大"制度实施办法、纪检监察监督事项预先报备、项目采购流程实施细则、督查工作等，通过教师参与监督、规范业务程序、加强过程监管等方式，防控办学治校过程中的廉政风险，体现党风廉政建设与专业建设的互动。实践中，不少教职工对制度的了解不够，对党风廉政建设情况不明确，需要建立专门的考核考评机制，组织专业人员参与监督，避免压力传达中出现的"虚化、弱化"的情况。

（三）挖掘优势，强化平台建设，为联动发展拓宽空间

将专业建设的活力全面体现在党风廉政建设中，充分发挥学生的专业特长及党员教师的先锋模范作用，教师根据专业特色和学生特点，将党风廉政建设的内容与艺术创作和课堂教学有机结合，强化专业建设为主导载体，不断丰富融合模式，将党风廉政建设的内容融入戏剧、舞蹈、书画、音乐等媒介中，采取理论授课与案例教学相结合、传统媒体与新兴媒体传播相结合、创作展出与

演讲辩论相结合的方式,不断在演出排练教学中渗透廉洁教育。同时立足学校实际,充分发挥系部党政联席会议、学术委员会、创作委员会等机构的作用,始终坚持民主集中制,加大民主管理监督力度。浙江艺术职业学院现有27个专业,其中9个专业被评为"十三五"高校省级优势、特色专业,正式挂牌并运行全国首家省级公共文化管理学院,参与"千名文艺工作者赴基层剿灭劣V类水"采风巡演等活动,这些教育交流平台为高职院校,特别是艺术类高职院校党风廉政建设与专业建设提供了丰富的宣传载体和实践载体。校舞蹈系原创作品《红船》获得了浙江省大学生艺术节一等奖第一名的好成绩。承办的中韩日戏剧节中的以京剧方式展现的《麦克白》戏剧也对艺术创作方式的内涵和外延进行了有效拓展。

(四)整合力量,优化人才队伍,为联动发展提供活力

教师的专业素质和教学水平对学生的专业技能发展有直接影响,在教学和生活中所体现的人格魅力则潜移默化地影响学生的价值观建设。高职院校教育特别是艺术类教学有特殊的教学模式,很多都是采取师徒制的小班制教学,专业教师在学生心中的地位较其他教师更加重要,紧密的教学互动让专业教师与学生的感情基础更为深厚。推动党风廉政建设与专业建设联动发展,要优化教师队伍,强化师风师德建设。要把好教师的入口关,严格干部选任程序,从公布岗位、民主推荐、资格审查、竞聘演讲、群众测评、组织考察等过程,做到程序公开透明、执行严格规范。如在新教师入职前加强廉政教育,并为青年教师配备联系结对的党员老教师,发挥党员老教师的传帮带作用。要加强学校纪检监察干部队伍建设,浙江艺术职业学院建立了由3名校纪委委员、13名基层党组织纪检委员和15名各部门党风廉政建设监督员组成的纪检监察干部队伍,注重发挥三支队伍的作用,建立多层次、多形式的干部教育培训机制,不断提升纪检干部的履职能力,探索纪检监察干部参与监督的有效渠道,通过正风肃纪、内部审计、纪律审查等方式查找问题,注重抓早抓小抓苗头,推动学校党风廉政建设工作。

参考文献

[1] 李炜,俞会新,杨雪.关于高校反腐倡廉建设的调查研究[J].思想理论教育导刊,2014(3).

[2] 孟庆宁."全面从严治党"背景下大学生对中国共产党认同研究——以浙江省13所高校为例[J].社科纵横,2016(7).

［3］韦宏思，成娟娟. 全面从严治党新常态下构建高校廉政文化教育模式的思考［J］. 池河学院学报，2016（8）.

［4］李桂红，何露丹，梁霄. 全面从严治党新常态下高校廉政文化建设研究［J］. 高等农业教育，2017（1）.

［5］韦春莲. 广西高校艺术生廉洁教育研究［D］. 桂林：广西师范大学，2015.

基于关键业绩指标的高职院校教师
党支部考评体系研究

——以浙江艺术职业学院为例

胡 芊*

摘要： 高职院校教师党支部是高校基层党支部的重要组成部分，是党联系广大教职工的桥梁和纽带，进一步加强和改进高职院校教师党支部的设置，创新支部运行机制、评价体系，有助于发挥基层党支部战斗堡垒作用。高职院校教师党支部的作用如何体现与衡量，需要对每个党支部进行合理有效的评估。本书以浙江艺术职业学院为例，运用问卷调查和实地访谈法，引入管理学的绩效评估方法，结合高职院校教师以及高职院校教师党支部的特点、目前面临的困境，使之应用于党支部评价体系的设计，从设计原则、关键绩效指标考核技术等方面探索高职院校教师党支部评价体系的构建，通过评估、反馈、改进高职院校教师党支部工作的方式推进高职院校的党建工作。

基层党支部是中国共产党在高职院校中的基层组织单位，是对党员进行教育管理的重要阵地和载体。党的十八大报告对我国全面提高党的建设科学化水平做出重要部署，要求建设学习型服务型创新型的马克思主义执政党，这是对党的建设理论的新发展。党的十八大报告指出，创新基层党建工作，夯实党执政的组织基础。在高校党建第二十三次工作会议上，习近平总书记强调："全面推进党的建设各项工作，有效发挥基层党组织战斗堡垒作用和共产党员先锋模范作用。"① 高职院校教师党支部是高校基层党支部的重要组成部分，是党联系广大教师的桥梁和纽带，是党在高等学校教学、科研、管理第一线的战斗堡垒。因此，进一步加强和改进高职院校教师党支部的设置，创新支部运行机制、评

---

* 胡芊，浙江艺术职业学院马克思主义学院讲师。
① 习近平. 坚持立德树人思想引领 加强改进高校党建工作［EB/OL］. 新华网，2014-12-29.

价体系，有助于发挥基层党支部战斗堡垒作用。

为适应新形势下基层党建工作的需要，提升基层党组织工作的标准化和规范化水平，使党建工作更好地推动发展、服务教学、凝聚人心、促进和谐，本文特以浙江艺术职业学院为例，对高职院校教师党支部展开研究。

一、建立和完善高职院校教师党支部考核评价体系的重要意义

高职院校教师党支部是我党一切工作能否得到校园重要主体认可的组织保障，集党的思想、组织、作风、制度建设于一体，体现了丰富的干部队伍建设内容。此外，高职院校教师党支部具备党和国家赋予的政治权利，承担着监督、管理、教育党员干部的重要职能，体现着党和国家的意志，也是检验我们党执政效果的晴雨表。

一方面，我党发展党员坚持个别吸收的原则，而教师中的许多党员就是通过基层党组织了解党、认识党的；另一方面，高职院校教师党支部生活于广大师生群众之中，是最能够把握学校发展脉搏、最能够了解师生需求、最能够反映民情民意的主要基层组织。高职院校教师党支部的重要地位决定了加强其建设，尤其是完善其考核评价体系的必要性和紧迫感。

目前，许多高职院校按照《普通高等学校党建工作基本标准》建立了较完善的党建工作体系，教师按学科、部门等设置教工党支部，学生按专业或年级设立党支部。大部分教师党支部设置科学，符合高职院校的工作实际且组织体系较严密。但是，在实际运行过程中，由于种种原因，一些教师党支部建设与落实科学发展观的要求，与高职院校党委领导下的院校长负责制的要求与期望相比，还存在一定的差距。

二、当前高职院校教师党支部现状

（一）当前高职院校党员教师的基本特点

随着我国经济、科技、教育事业迅速发展，教师党员队伍的思想观和行为方式发生了重要变化，具体表现在以下四个方面：

1. 思想层面

高职院校教师思想活跃，追求人格独立，民主意识强，批判精神强。各种社会思潮对高校的影响越来越直接，社会各种变化在高校的反映越来越迅速，教师思想活动的独立性、选择性、多变性、差异性进一步增强，党员教师群体的价值取向呈多元化。

2. 认知层面

高职院校教师大多学历高、见识广、思想活跃，是各种观点和理念碰撞的交汇点，他们有较强的自信心、独立性和自制力，较多关注自己的精神世界而不是集体意识。有些教师和教师党员认为，知识分子传统上属于脑力劳动、个人劳动，不喜欢也不适合集体的思想意识，遇事更喜欢个人思考，较少采用谈心、沟通和汇报的方式。

3. 岗位特点层面

高职院校教师岗位要求自主性和合作性。目前我国高职院校实行绩效考核制度，教师岗位要求高、压力大，教学工作、教师职业技能、学术科研工作等方面的考核机制使教师的工作性质既有独立自主性又有合作性。作为党员教师要有党性修养，在教师中发挥模范带头作用。党员教师在教学工作、日常事务工作、科研和学术追求以及奉献精神等方面具有多重标杆作用，因此，需要其不断增强自主性和团队合作意识。

4. 职业性质层面

高校教师的工作因为其特殊性和独立性，不需要工厂式的大协作劳动，所以党的精神表现不充分、不具体。在工作时间上，教师没有坐班要求，可以在家办公或者在外学习，其工作时间和空间的自由度较高。一方面养成了教师自由工作的习惯，另一方面相互见面的机会较少，不利于党组织活动的开展。

(二) 高职院校基层教师党支部建设现状与问题

1. 支部书记选配困难，多为兼职

由于没有专门从事党建工作的人员编制和岗位设置，教研室党支部的成员大多是专业教师兼职。以我院为例，我院6个系共有10个教师党支部，有8个为专业教师兼任。因为教师本身具有较繁重的教学科研任务，所以投入支部工作的精力就很有限。支部书记和支委的工作是出于对党的信仰和奉献热情，属于兼职和奉献的性质。此外，支部工作较为烦琐，占用时间多，且较难看出成绩和效果，导致热爱支部工作的党员教师投入专业建设的时间相对减少，影响自身专业和学术发展。

2. 中青年教师入党积极性不高

长期以来，高校党建和党员发展工作，主要的着力点和工作中心在学生党支部上，即通过学工辅导员和团委系统，注重大学生党员的培养和发展，相对而言，对中青年教师入党的重视程度不够。一方面，在日常考核中，高校较多地关心其教学任务和完成的科研量，对中青年教师的培养关注不多。另一方面，部分中青年教师片面认为入党以后,较多的活动和会议会影响自己的学习和生活时间,因而不愿意提出入党申请,特别是部分高职称、高学历的教师,热衷加入民盟、民进等民主党派来提高自己的身份和地位。

3. 支部工作缺乏活力,活动形式较为单一

部分高职院校教职工基层党支部也想着力提高支部组织生活的质量,但是由于其工作认识有限,出现了方法呆板、质量不高、效果不佳等问题。以我院为例,大部分教师党支部在开展活动频率上表现积极,如 10 个教师党支部中,有 76.2%的党支部每月进行一次组织生活,有 19%的党支部每两个月进行一次组织生活,仅有 4.8%的党支部不定期进行组织生活。但是,支部组织生活仅限于民主生活会、批评与自我批评等传统的活动形式,创新意识和超前意识较弱。

4. 缺乏强有力的组织文化

当前,无论是一个企业还是一所高校,都有其自身的组织文化。虽然高职院校教师党支部是我党的基层组织,有着共同的共产主义信仰,但是在实际生活中,基层党支部及党员同志往往在思想意识上没有一种强有力的"组织文化"约束。例如,当前高职院校中的部分教师党支部尽管没有严重的腐败行为,但是支部组织凝聚力及战斗力不足的现象仍然存在。以我院为例,有 31%的教师党员认为教师党支部要解决的主要问题是凝聚力问题,有 33.3%的教师党员认为是信仰问题,也有 28%的教师党员认为是评价体系问题。

三、运用关键业绩指标法构建高职院校教师党支部考核评价机制

针对现阶段高职院校教师党员的特点和教师党支部目前存在的问题,需要制定一套科学合理、切实有效的考评体系评估、反馈、改进教师党支部的工作,抓好高职院校教师党支部的党建工作。

(一) 运用关键业绩指标法构建考评体系的功能

绩效管理,是一种以业绩、绩效和结果管理为主的管理,指基于事实,有组织地、客观地评估组织内每个人的特征、资格、习惯和态度的相对价值。确定其能力、业务状态、工作适应性的过程。公共政策学家安德森提出,按照公共政策学的基本观点,公共政策过程包括公共政策的制定、执行和评估三个环节和过程,不同环节和过程在公共政策过程中具有不同的地位和作用。

首先,甄别功能。一套科学的考评体系对参与考评的教师党支部有着甄别功能。这是考核评价机制最常用的,也是最基础的功能。简言之,就是对评价对象作出区分辨别的功能。其次,引导功能。现代管理理论认为,评价的终极

目的是对未来发展的指导，而不是对现实表现优劣的甄别。通过对教师党支部的评价，参与评价的党支部认识到自身的优点和不足，从而发扬优点、改正缺点。最后，激励功能。在参与考评的教师党支部中，每个党支部都有自身的特色。通过对每个党支部的评价，各党支部之间相互学习、相互促进，实现共同进步。

（二）高职院校教师党支部工作绩效评估的设计原则

1. 客观性原则

设计绩效考核标准时要以团队职责的特征为依据，也就是要根据高职院校教师党支部工作的客观情况来构建考核评价体系。如果考核评价指标体系条目过多、标准过细，则很难具有一定的普适性；相反，抓住教师党支部工作的共性要求，才能将考核评价指标体系设计得更加合理。

2. 明确性原则

设计的绩效考核标准要明确具体，即对高职院校教师党支部各项考评范围内工作的数量和质量、责任的轻重、业绩的高低做出明确的界定和具体的要求。

3. 可操作性、可比性原则

考评体系中的各个指标既要概念完整、意义明确，还要杜绝歧义；评价标准的尺度应当易于掌握；根据指标获得的数据应较为稳定可靠，能够进行横向和纵向的比较与分析；考评标准不宜定得过高，应最大限度地符合实际要求。

4. 公平公正原则

对教师党支部的评价考核不仅是考评小组的责任，也是全体党员的责任，是组织内各级管理者及其下属员工共同的责任，每个人都应该承担相应的考核职责；对各教师党支部进行考评时，必须做到公平公正的原则，每一个责任范围内的人都应参与考评，做到处处有监督，争取得到党内和党外的一致认可。

（三）运用关键业绩指标法构建高职院校教师党支部考核评价机制的内容体系

关键业绩指标法（KPI，即 Key Performance Indicator）是指设计那些足以反映考核对象本质特征和行为的绩效指标，用以评估组织绩效的一种方法。它通过设计关键业绩指标对绩效进行管理，使得各级目标（包括团队目标和个人目标）不会偏离组织战略目标，考核的不只是结果，更注重关键工作过程，可以更好地衡量团队绩效以及团队中个体的贡献，起到很好的价值评价和行为导向的作用。

在初步提出团队 KPI 时，首先确定 KPI 的数量，一般主指标不能追求全面。

以为把团队的工作做得面面俱到，数量越多越好；以为 KPI 多了，看似详尽，能全面反映一个团队的真实业绩；事实上是眉毛胡子一把抓，既失去了工作重点，又不符合帕累托原则。

1. KPI 的设定

KPI 的设定应以科学发展观为指导，以项目化管理为主要形式。针对党组织的工作产出，设定考核教师党支部的关键绩效指标是：党支部的组织建设指标、党员在实际工作中先锋模范性指标、党支部工作日常规范指标、党员的教育指标、满意度指标、支部创新指标等。每个指标又可以细化为几个分指标，如党支部的组织建设指标细化为：系部党建工作资料袋是否规范化、所在系部党员教师对党建工作的评价如何、组织发展是否有计划、是否有培养记录、程序是否规范、资料是否齐全等指标。党员在实际工作中先锋模范性指标细化为：贯彻上级党组织要求的能力，在关键事件中起模范带头作用，对党员自身周围的同事、同学有良性影响，整体精神面貌是否符合标准等指标。党支部工作日常规范指标细化为：支部书记会议到会情况，支部分工明确、职责清楚、团结协作，坚持一月一次的支部例会以及到会情况，开展批评与自我批评情况，引导党员发挥模范带头作用，做好党员教室联系寝室、联系社区等指标。党员的教育与管理指标细化为：党支部负责人有无参加新业务的培训、有无对本教师党支部的业务进行培训及指导、围绕社会热点问题的支部论坛是否有效、党的理论知识的学习是否有效等指标。参与党支部活动指标细化为：民主生活会情况、传达学院党委思想的工作意图情况等指标。满意度指标细化为：一般群众对支部的满意度以及入党申请人、入党积极分子、预备党员、党员对支部的满意度等指标。通过这样的指标设计可以保证高职院校教师党支部工作绩效落到实处，多重维度地对党支部做出绩效评估。

2. KPI 的运用评价

关键业绩指标法（管理学的"二八"定律）表明，对事物总体结果起决定性作用的是少量的关键因素，"木桶理论"也认为少量的"瓶颈"因素对事物的结果起决定性作用，这就是关键绩效指标考核体系的理论基础。该 KPI 体系通过研究我院教师党支部内部工作流程以及对各方面的综合调查，从中发掘关键参数，把完成的关键指标进行量化设计，使之变成切实可行的 KPI，因而 KPI 体系的优势在于：一是把绩效考核建立在量化的基础上，体现了公正公平的原则；二是设计的量化指标都是有效的考核指标，符合可操作性、可比性的原则；三是把教师党员培养发展的总体目标层层分解到各教师党支部，真正发挥绩效考核的牵引和导向作用，并易于实现效益和质量的兼顾发展；四是考核的不只是结果，更注重从关键工作流程选择关键指标，教师党员的质量可以得到足够的保证。

由于本次调查抽取样本数目有限，本套体系存在一些不足之处：支部工作的特殊、特色工作等难以轻易地用数字来衡量；每个被考核的支部都存在特殊性，因而 KPI 指标的设立是一个艰难过程；KPI 体系的完善是一个循序渐进、把握主脉的动态过程，而目前高职院校教师党支部 KPI 的考核体系尚无固定的模式可供参考，因此本体系功能的发挥还有待检验。

参考文献

[1] 许铁军. 高职院校教师党支部建设中存在的问题及其对策 [J]. 科教文汇，2009（03）.

[2] 詹姆斯·E. 安德森. 公共政策 [M]. 北京：华夏出版社，1990.

[3] 曹荣. 绩效考评与激励管理 [M]. 北京：世界知识出版社，2008.

[4] 王燕华. 基于 KPI 的高校教师绩效评价体系的构建 [J]. 宜宾学院学报，2009（02）.

[5] 川邵军，王俊生. 新的企业业绩评价体系——平衡计分卡 [J]. 企业经济，2003（10）.

[6] 郭漳陵. 教师考核与评价在绩效管理中的双重作用 [J]. 福建高教研究，2006（04）.

[7] 李幼平，高建华. 论高校学生党建评价及其体系构建 [J]. 学术论坛，2006（05）.

论构建高职院校师生"两学一做"经常性教育长效机制的影响因素

郑智武*

摘要： "两学一做"经常性教育是高职院校思想政治建设的重要内容，建立师生经常性教育的长效机制是保障高职院校党建工作效果的重要方式。构建该机制，不仅需要处理好理论与实践教育、集中与经常教育、普遍与差异教育、教育形式与效果等矛盾，还要厘清教育对象、目标、内容、载体等因素。分析这些制约因素，对长效机制的建立、推进高职院校"两学一做"学习教育具有重要意义。

新形势下，高职院校党建工作发生了很多变化，而师生是"两学一做"活动的主体。构建高职院校师生经常性教育长效机制是高职院校的历史使命，是高职院校提升自身内涵建设的客观选择，是高职院校占领思想教育阵地的使命要求。但是，由于机制的不健全，高职院校师生经常性教育活动实践中出现了一些问题，导致教育实践活动不同程度地出现"两张皮"现象。十九大报告中提出"推进'两学一做'学习教育常态化制度化"，高职院校需要结合新形势下教育改革要求，根据学校党建的实际，完善"两学一做"经常性教育长效机制。本文试图从完善机制的维度，探索制约构建高职院校师生经常性教育长效机制的因素，促进高职院校"两学一做"活动的有效开展。

---

* 郑智武，浙江艺术职业学院文化管理与教育学院教工党支部书记，教授。

一、构建高职院校师生"两学一做"经常性教育长效机制,需要处理好四大矛盾

(一) 理论学习与实践教育的矛盾

建立高职院校师生经常性教育长效机制,既要从理论上探索机制目标、机制内容、基本原则、实施方案;又要在实践中发现师生经常性教育的内在规律、有益经验、发展瓶颈,以实践成果完善理论体系。简言之,建立这一机制,既要使师生学好理论知识,又要使党员用好理论知识。基于科学的认识源于长期学习的积累这一事实,需要密切注意师生思想变化,需要对党员开展经常性的认识教育;师生实际关注的重点是学校教育发展及自身利益,需要对党员开展将两者结合的经常性的使命教育;党员作为学校一员,其言行举止对普通师生具有重要的示范效应,需要对党员开展经常性的党性教育;做合格党员主要是师生用先进教育理念、前沿发展信息、高超艺术技能,带头建设学校、服务社会、培养人才、成就人才,当好学校建设的排头兵,需要对党员开展经常性的能力教育。

当然,理论教育都要以解决实际问题为着力点,按照教育部要求,"结合实际,把'两学一做'学习教育各项要求落到实处";"关键在做",建立高职院校师生经常性教育长效机制。习近平总书记对"两学一做"活动的批示中指出:"要突出问题导向,学要带着问题学,做要针对问题改,把合格的标尺立起来,把做人做事的底线划出来,把党员的先锋形象树起来,用行动体现信仰信念的力量。"[①]为此,坚持思想教育与行动落实的内在统一,坚持认识问题与解决问题相互促进,做到知行合一、以知促行、以学促做;通过学习掌握理论核心要义的方式,指导实践、推动艺术教育工作;以做践学,通过争做合格党员实践的方式,深查细照自己的学习成效;"学"和"做"都要联系艺术教育实际,在扎实做好规定动作的同时,突出自选动作,实现艺术教育目标。

此外,"学"与"做"的基点是"做合格党员",而"合格党员"标准具有时代特征;做"合格党员"的目的是解决实际问题,"加强党员经常性教育,必须突出问题导向;带着问题学,针对问题改",把问题导向贯穿教育始终并解决这些问题,教育实践才能彰显成效,新形势下高职院校师生经常性教育长效机制才能回应时代呼唤。

(二) 集中性教育与经常性教育的矛盾

中共中央印发的《关于在全体党员中开展"学党章党规、学系列讲话,做合格党员"学习教育方案》指出:"两学一做"是推动党内教育"从集中性教育向经常性教育延伸的重要举措"。教育部的教党〔2016〕11号文件要求,学习教育"要突出常态化教育的特点,不搞一次活动","要抓实抓好规定动作","结合实际开展学习教育","不断完善党内经常性教育机制,推进高校党的思想政治建设抓在日常、严在经常"。

集中性教育与经常性教育是我们党逐步形成的多种教育形式,集中性教育是必要形式,而经常性教育是集中性教育形式的延伸,两者适用各有侧重,对一些突出的、专门性、紧急问题,集中性教育成效较好;而对信仰问题、"四风"问题、日常性建设问题,经常性教育更显优势。建立高职院校师生经常性教育长效机制,可以实现两种教育方式相互转换,即保障集中性教育后,经常性教育跟进,把集中性教育的成果运用到经常性教育工作中,巩固集中性教育成果;同时,在开展经常性教育中,可以就某些问题进行集中性教育,从而形成新形势下党内经常性教育实践的新思路。

(三)一般性教育与差异化教育的矛盾

构建高职院校师生经常性教育长效机制,需要处理一般性教育及差异化教育两者关系。在高职院校,师生是一个整体,一般性教育需要教学方式模式化、教育主题统一化、教育活动大众化。另外,教师党员与学生党员存在差异,即使同一类型党员也存在专业背景、学历、知识结构、人生阅历等差异,需要针对不同类型党员的特点,推动教育具体化、差异化、精准化。其中,"离退休党员的经常性教育要与老有所为相结合,着力解决'革命精神有所衰退'的现象"。学生党员的教育内容与成长成才结合,加强理论学习,增强他们党性观念;拓展教育手段,提升党性教育效果;将党性教育与日常实践结合,争创建文明校园。

在学习形式上,技术岗位教师党员可以方式灵活多样,管理岗位教师党员应多些集中教育方式,学生党员可用集中视频教学,流动党员进行网络指导,离退休党员适当集中教育。在保证教育质量的前提下,创新教育方式方法,结合一般性教育及差异化教育活动,有效提升教育效果。在教育内容上,教师党员的教育内容与教书育人相结合,加强师德师风教育,引导他们强化"传道授业解惑"的职业精神;关心爱护教师利益,凝心聚才,健全人才培养机制;发挥教师教书育人的主导作用,树立为人师表的效应。

(四)教育形式与教育效果的矛盾

构建高职院校师生经常性教育长效机制,要正确处理继承与创新的关系,突出表现在教育形式与效果的关系上。教育部〔2016〕11号文件要求,党员教育坚持"学用结合""注重实效"。长期以来，高职院校师生经常性教育已形成一套教育形式并取得了一定实际效果；但是由于不断变化的新形势和新任务，原有教育形式难以实现教育效果。因此，高职院校师生经常性教育需要结合"两学一做"内容要求，创新多样化教育方式，实现"学有所用"的教学效果，增强学习的社会实效性。

追求教育效果，当然需要合适的教育形式，教育形式多样化，可以通过：减少"灌输式"以增强受教育者的主动性，减少"说教式"以增强教育的生动性，减少"封闭式"以延伸课堂教育外延。如开展情景模拟、案例分析、辩论演讲、专题调研等动态教学模式，提高学习效果；通过网络在线学习等形式，让"教师在身边"；引导党员走出校门实践锻炼，增强学习的社会实效性。

二、制约构建高职院校师生经常性教育长效机制，需要厘清的影响因素

（一）教育对象

师生经常性教育对象确定，实际是界定教育对象的外延，是构建高职院校师生经常性教育长效机制的先决条件，这对开展具体的教育活动方式有直接影响。中共印发的《关于在全体党员中开展"学党章党规、学系列讲话，做合格党员"学习教育方案》指出："两学一做""是面向全体党员深化党内教育的重要实践，是推动党内教育从'关键少数'向广大党员拓展"。对高职院校而言，"全体"含义包括教师与学生两大类党员。全体教师党员，包括在编党员、档案留校党员、全聘人事的党员、外聘在校工作的党员、离退休党员、流动在校党员等；全体学生党员，包括在校学生党员、毕业但档案关系仍在学校的党员、流动在校的学生党员等。

（二）教育目标

目标是方向，是动力，高职院校师生经常性教育长效机制目标，首先是实现中央与教育部的目标要求：中央〔2006〕21号文件规定的三大目标，即提高党员思想政治素质、增强党员工作能力、发挥党员先锋模范作用；教育部〔2016〕11号文件指出的目标是"四个进一步"，即进一步坚定理想信念，进一步增强四个意识，进一步树立政治规矩，进一步强化宗旨观念。其次，要达到学校自身的目标——更科学地教书育人，为文化强国和文化强省建设提供文艺人才与智力支持。为此，经常性教育长效机制需要制定适度目标，切合时代、所在地、学校的实际情况；目标具有可行性，细化学习目标、教科研目标、育人目标、社会服务目标、组织建设目标等，并且落实到岗到人；强化目标的动

态管理，根据"两学一做"内涵的深化而与时俱进，同时保持教育目标与学校运行状态相协调；目标评价的多角度、多方位，使学校师生经常性教育不断取得切实成效。

（三）教育内容

结合实际，确定高职院校师生经常性教育长效机制的重点内容。首先，从机制本身来看，需要根据时代形势的要求，建立"两学一做"的理论学习机制，确定学习内容；需要确立教师业务培训机制，学生专业相关的学习机制，形成与"两学一做"内容密切的主题活动制度；需要完善激励约束机制与"两学一做"教育成果运用机制。其次，从具体内容来看，首先要完成国家规定的内容，如中央的中发〔2010〕15号文件第十七条规定的中国特色社会主义理论体系的教育，党的基本路线、基本纲领和党的基本知识教育，科学文化知识和专业技能教育，政治和业务素质教育；中央的中办发〔2006〕21号文件规定的思想教育、党的基本知识教育、理想教育、党的纪律教育、市场经济知识教育、法律知识教育；教育部的教党〔2016〕11号文件规定的党内法规，习近平总书记系列讲话与关于教育工作的重要论述，毛泽东同志《党委会的工作方法》，做合格党员教育等。最后，要特别突出实际需要，将前述规定的教育内容与实际结合，按照"干什么学什么、缺什么补什么"的原则，围绕学校发展和人才培养需要，根据师生等不同群体的特点和需求，合理确定教育内容，防止出现假大空、一锅煮、陈词滥调的现象。

（四）教育活动载体

构建高职院校师生经常性教育长效机制，经常性教育的载体是重要因素。理论教育方面的载体，如"三会一课"、办培训班、上党课、举行报告会和组织专题研讨等集中教育载体；结合专业需要、工作岗位，借助传统媒体与新媒体进行师生自主学习；开展读书活动和知识竞赛，交流学习成果，评选表彰学习标兵等交叉方式；讲党课、微型视频党课、作形势报告、教育培训等展示学习。实践教育方面的载体，如主题实践、党员责任区、党员先锋岗、党员承诺、结对帮扶、志愿者服务等；新形势下，网络教育是大学生党员喜闻乐见的载体，教育阵地，如革命纪念场馆和科技示范基地等，同样是很好的教育平台。高职院校师生经常性教育长效机制建立，需要不断优化传统教育载体，创新拓展新兴载体样态，否则师生经常性教育就可能成为"镜中花、水中月"。

三、结束语

"两学一做"经常性教育是全面从严治党向基层延伸的需要，高职院校作为思想政治建设的重要阵地，对师生开展经常性教育是其党建的一项基础性、系统性工作，也是一项巨大工程。为建设好这一工程，要"严在经常"，教育"不分批次、不划阶段、不设环节"，"推动党的思想政治建设常态化制度化"。实践中，面对高职院校师生经常性教育出现的"两张皮"现象，需要根据学校的实际，分析制约因素，完善"两学一做"经常性教育长效机制。完善这一机制，首先需要处理好重要矛盾，如理论学习与实践教育、学习理论知识和用好理论知识、集中性与经常性教育、一般性与差异化教育、教育形式与教育效果等矛盾。需要厘清主要影响因素，如师生经常性教育对象、教育的目标、教育内容、教育载体等。处理好制约因素，促进完善高职院校师生"两学一做"经常性教育长效机制，对保障和促进高职院校的党建工作具有时代性重大意义。

参考文献

［1］习近平在中国共产党第十九次全国代表大会上的报告［EB/OL］.新华网，2017-10-18.

［2］陈振锋.建设新高职院校党员干部队伍经常性教育体制的思考［J］.课程教育研究（中），2014（17）.

［3］高建生."两学一做"是党内经常性教育的重大创新——中国共产党党内经常性教育的历史经验与启示［J］.前进，2016（06）.

［4］宁吉喆.把"两学一做"学习教育抓紧抓好、抓出实效［J］.人民论坛，2017（06）.

［5］吕娟，陈丹敏.关于加强高职院校党员经常性教育的思考［J］.才智，2013（27）.

［6］伍处文.加强党员经常性教育 着力提高高校党员政治素质和业务能力［J］.学校党建与思想教育，2011（16）.

高职院校"清廉学校"建设路径研究

——基于浙江部分高职的巡视反馈

徐 芳 单 烨 刘秋红[*]

摘要：十八大以来，教育部党组及地方各级省委对所属高校开展专项巡视工作，聚焦高校坚持和加强党的全面领导、落实新时代党的建设总要求和深入推进全面从严治党等方面，坚持问题导向和效果导向，着力查找政治偏差。巡视监督已经成为推进高校深化全面从严治党工作的重要途径、助推高校"清廉学校"建设的有效抓手。本文通过分析浙江省18所高职院校的巡视反馈意见，了解掌握高职院校全面从严治党工作中存在的主要问题，梳理突破点和工作着力点，助推"清廉学校"建设取得新成效。

党的十九大对加强党的建设做出了新部署，为全面从严治党确立了新坐标。浙江省第十四次党代会做出了建设"清廉浙江"的决策部署，为全面从严治党指明了方向，省教育厅党委出台了《全面推进清廉教育建设的实施意见》和《加快建设清廉学校的指导意见》，为建设"清廉学校"提供了具体思路。2017年9月，浙江省启动了对高职院校的专项巡视工作，巡视监督是对高职院校进行的全面"政治体检"，督促各高职院校重视标本兼治，"清廉学校"建设已成为高校推动全面从严治党向纵深发展的重要抓手，推进优化办学治校体系的重要载体。

一、充分认识巡视监督对推进"清廉学校"建设的重要意义

近年来，随着中国高等教育的快速发展，涉及高校教育不公、学术不端、

---

[*] 徐芳，浙江艺术职业学院党委委员、纪委书记，副研究员；单烨，浙江艺术职业学院纪委办公室干事；刘秋红，浙江艺术职业学院纪委办公室巡察主管。

贪污腐败等方面的问题备受社会关注。建设"清廉学校"，提升办学治校水平，推进全面从严治党向纵深发展成为题中之义，开展巡视监督工作对建设"清廉学校"具有重要意义。

（一）巡视监督为"清廉学校"建设明确了政治方向

坚持正确的政治方向是建设"清廉学校"的前提和基础。巡视监督最重要的政治原则是紧扣党对高校的全面领导、维护党中央权威。巡视监督聚焦被巡视党组织贯彻落实中央和省委重大决策部署情况，学习贯彻习近平新时代中国特色社会主义思想情况，选人用人和基层党组织建设等情况，着力发现问题，推动解决党的领导弱化、党的建设缺失、全面从严治党不力等问题，督促高校各级党组织严格落实管党治党主体责任。

（二）巡视监督为规范"清廉学校"建设保驾护航

巡视监督的本质是上级党组织对下级党组织进行监督，是强化学校权力制约和监督体系的重要举措，不同于学校内部监督，巡视监督具有更高的独立性和权威性。推进"清廉学校"建设，目的是督促高校党委落实全面从严治党主体责任，加强党的全面领导，落实"立德树人"根本任务。巡视监督从外部监督与强化内部规范两个不同的角度入手，进一步规范高校内部治理工作，推动高校落实好"立德树人"根本任务，为高校深化教学改革，稳步推进人才培养、科研创作、社会服务、文化传承创新、国际交流合作等提供有力保障。

（三）巡视监督为"清廉学校"建设营造了风清气正的育人环境

巡视监督从招生考试、合作办学、继续教育、基建后勤、选人用人等问题多发易发环节指出普遍性问题；坚持精准思维，查找重点领域、重大事项和重要环节的廉政风险点和工作薄弱环节，通过发现问题，督促解决问题，形成震慑、倒逼整改；推动高校落实党的领导，完善管理制度，规范权力运行，强化内控管理和工作监督，从源头上有效防范风险和预防腐败，为教师潜心育人、学生安心读书、干部放心干事创业提供良好的基础环境。

二、高职院校"清廉学校"建设面临的主要问题

从浙江省委巡视组已公开的18所高职院校巡视情况反馈来看，高职院校党风廉政建设的形势严峻复杂，在加强党的领导、夯实基层党建、落实中央八项规定精神等方面依然存在问题和不足。

（一）党的领导弱化，党委领导核心作用发挥不够充分

从巡视反馈的情况来看，党的领导弱化是一个普遍的问题，具体表现为：

落实意识形态工作责任制不够有力,党委领导下的校长负责制执行不够到位,党委领导核心作用发挥不够充分,贯彻落实上级决策部署不够到位,谋大局抓大事能力不强,执行民主集中制不到位(见图1)。

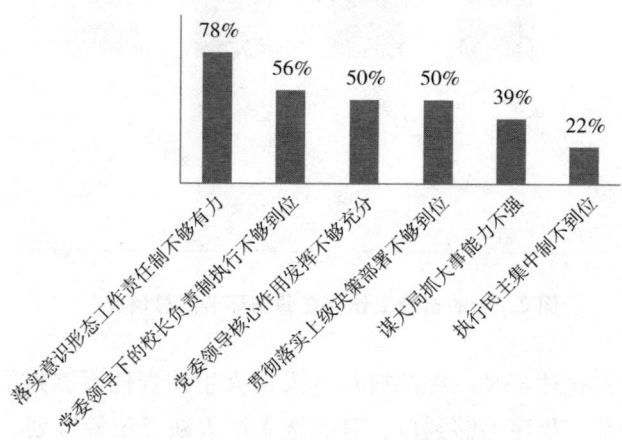

图1 党的领导弱化汇总情况

如图1所示,落实意识形态工作责任制不够有力和党委领导下的校长负责制执行不到位两项最为突出,分别占比达78%和56%。意识形态方面的问题在各高职院校较为普遍,其原因主要表现在有的高校党组织对意识形态领域工作重视不够,阵地意识不强;有的高校对老师和学生的思想引领不够,思想政治教育针对性不强。党委领导下的校长负责制执行不到位,主要表现为部分领导班子成员政治纪律和政治规矩意识淡薄。执行民主集中制不到位,存在党政分工合作的工作机制不够健全、党政班子职责边界不清、班子的整体合力和战斗力不够强等问题。

(二)党的建设工作存在薄弱环节,基层党建责任落实层层递减

巡视反映,高职院校普遍存在党的建设工作薄弱的问题。一是党委抓党建的意识不强,基层党组织建设薄弱,组织生活不规范、不严肃,基层党支部"三会一课"制度执行不到位;二是履行党建工作责任制不到位,党建基础工作不够扎实;三是选人用人缺乏统筹谋划,执行干部选拔任用规定和程序不够严格,执行出(入)境管理制度规定不够规范,领导干部存在违规兼职现象。在巡视反馈的18所高职院校中,存在党内政治生活不规范的有12所,占比60%,存在干部选用程序不规范的有15所,占比83.3%。

如图2所示,选人用人不规范在各高职院校中普遍存在,而其中干部选用

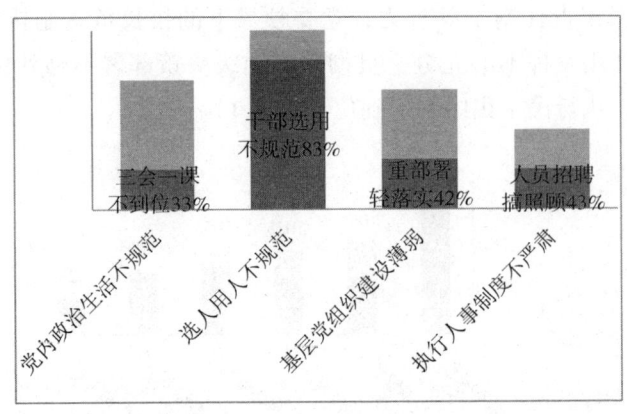

图2　党的建设工作存在薄弱环节汇总情况

问题最为突出，占比达83%。有的履行选人用人主体责任不够到位，讨论决定干部事项不够规范，程序不够到位；有的选人用人缺乏统筹谋划，存在"近亲繁殖"的现象；有的未严格落实编制相关政策规定，违反规定选任干部。抓基层党建责任层层递减，基层党建工作存在"重部署、轻落实"情况，"三会一课"制度执行不到位等问题突出，制度执行力建设有待加强。

（三）执纪问责宽松软，重点领域监管乏力

巡视反映，高职院校党委和纪委履行全面从严治党主体责任不到位，执纪问责宽松软，运用"四种形态"欠缺的问题依然突出。一是执纪问责不到位，存在"高高举起、轻轻放下"的情况。对"小金库"、超标准公务接待、办公用房超标准、违规发放礼卡和津补贴等问题执纪问责不力，有的领导干部涉嫌以权谋私。二是重点领域和薄弱环节治理仍需加强。项目招投标和房产出租不规范，基建工程领域监管不够严格，中标单位存在"老面孔"现象，廉政风险较大。对培训中心管理不严，俱乐部的问题较多。三是财经纪律执行不严，资产资金管理有漏洞。资产管理存在"盲区"和"死角"，资金项目管理不规范，专项经费存在超预算、挤占、挪用等现象。

如图3所示，执纪问责存在宽松软现象、两个责任落实不到位与执行中央八项规定精神不到位的问题在各高职院校中反映较为普遍，分别达50%、72%和83%。主要表现为全面从严治党措施不够有力、监督执纪意识不强、监督作用发挥不充分。巡视反映，各高职院校资产资金管理存在风险占比达62%，经费使用规范性须加强。

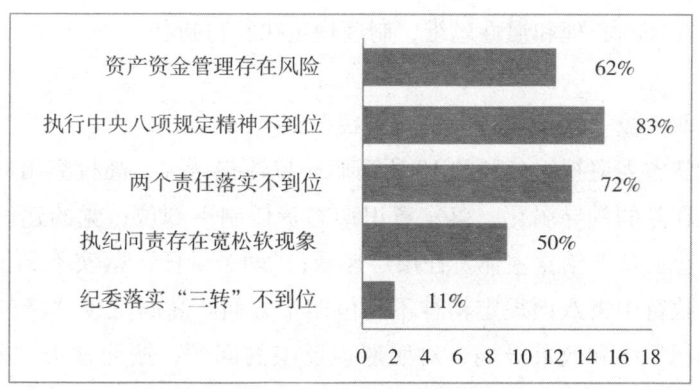

图 3　全面从严治党主体责任落实不力具体反映

（四）中央八项规定精神执行不到位，"四风"问题时有发生

巡视反映，高职院校依然存在执行中央八项规定精神不到位的问题。如存在办公用房超标，公款购买酒水、公款吃喝，违规配备独立值班室等情况。

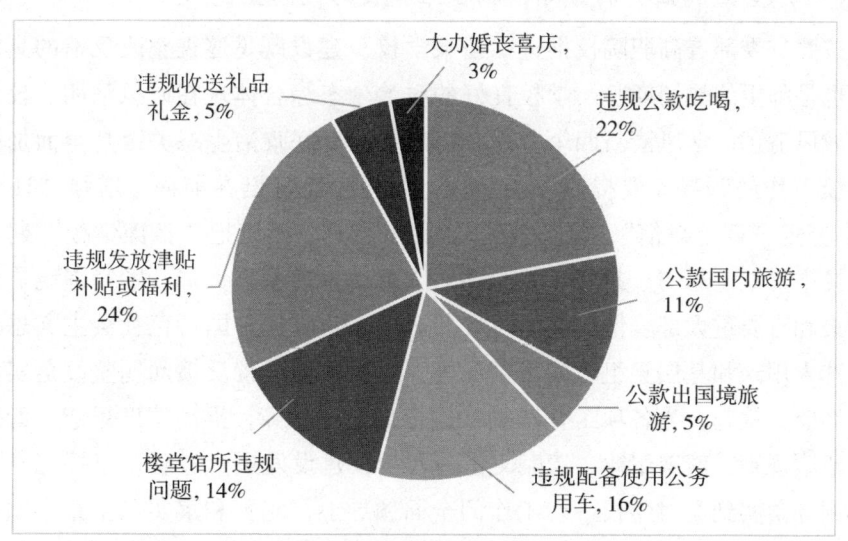

图 4　执行中央八项规定精神不到位的问题具体反映

图4显示，执行中央八项规定精神不到位的问题主要反映在违规发放津贴补贴或福利、违规公款吃喝、违规配备使用公务用车和楼堂馆所违规问题四个指标上，分别占比24%、22%、16%和14%，总占比达76%，说明"四风"问题易发多发问题较为集中。其中，违规发放津贴补贴或福利和违规公款吃喝占

比达到46%，吃喝玩乐、吃拿卡要的情况依然存在，其主要原因还是有的高校党员干部存在侥幸心理和惯性思维，制度规定执行打折扣。

三、高职院校"清廉学校"建设路径研究

基于浙江省委巡视组公开的18所高职院校巡视情况，高校突出的廉政风险点主要体现在党的领导弱化，落实意识形态责任制不到位；党的建设工作存在薄弱环节，全面从严治党主体责任层层递减；"两个责任"落实不到位，执纪问责宽松软；执行中央八项规定精神不到位四个方面。高职院校"清廉学校"建设应坚持问题导向和效果导向，对照巡视反映的问题，按照建设"清廉浙江""清廉教育""清廉学校"的总体要求，坚持从讲政治、讲全局的高度全面审视被巡视单位党组织工作，以全面从严治党为主线，坚持社会主义办学方向，立足学校实际，努力把握新时代建设"清廉学校"的特点和规律，挖掘学校自身丰富的教育资源和实践载体，积极发动全校干部师生全员全程参与，努力打造"清廉学校"。

（一）全面加强党的领导，构建维护良好政治生态

按照省委部署高职院校推进"清廉学校"建设既是巡视整改反馈的具体要求，也是师生的热切期盼。学校良好的政治生态综合体现在政风清明、校风清净、教风清正、学风清新四个方面，构建维护良好政治生态关键是全面加强党对学校工作的领导。要提高政治站位，始终把监督挺在前面，增强"四个意识"，坚定"四个自信"，坚决做到"两个维护"。始终把"清廉学校"建设放在大局中谋划、思考、推进，自觉融入大局，主动服务大局，紧紧围绕贯彻落实中央和省委重大部署情况，学习贯彻习近平新时代中国特色社会主义思想情况，选人用人和基层党组织建设情况等，对照省委巡视反馈问题整改落实情况等开展监督检查，为各项工作顺利推进提供纪律保障，推动清廉思想、清廉制度、清廉规则、清廉纪律、清廉文化融入学校建设发展全过程。坚持把党对学校的领导落实到党对学校一切工作的全面领导上，完善和落实民主集中制各项制度，认真执行党委领导下的校长负责制，制定"三重一大"事项清单，不断细化决策事项，把党的领导融入学校发展各环节，使党建工作要求体现在办学治校各方面。严肃党内政治生活，认真开展"不忘初心、牢记使命"主题教育，党员领导干部带头落实"三会一课"和双重组织生活制度，筑牢意识形态阵地。扎实开展学校政治生态建设状况季评、中评和年度总评工作，实时分析政治生态建设状况，推动积极健康的党内政治文化建设，严格落实意识形态工作责任

制。党委书记与党总支书记、部门负责人签订《年度目标责任书》，将意识形态工作与学校党建工作同落实、同督查，实行"一票否决"。

（二）深化全面从严治党，不断压紧压实主体责任

从浙江省委巡视组公开的18所高职院校巡视情况看，全面从严治党主体责任落实不到位、层层传导压力弱化虚化、管校治校存在宽松软现象等是共性问题。要注重压力传导，以高度的自觉全面推动主体责任落实。立足学校实际，紧紧围绕建设"清廉学校"的总体要求，抓好责任落实，明确建设目标、任务和路线图，理顺党的领导体制、管理体制和工作机制，不断规范办学行为，推进师德师风和学风校风建设，把全面从严治党要求贯彻落实到教育教学和管理服务的各个方面。全面落实责任分解、责任清单、约谈提醒、责任追究报告和通报等制度，不断压紧压实主体责任。通过召开年度全面从严治党工作会议、校系两级党风廉政建设情况分析会、全校科级以上干部会议等形式，组织签订年度党风廉政建设责任书，督促校系两级党组织主要领导强化责任意识，严格带头履责。领导干部特别是主要负责同志严格履行第一责任人责任，班子成员履行好"一岗双责"，定期与干部开展经常性谈心谈话，加强教育引导和管理监督，视情开展约谈提醒，做好廉政谈话相关记录，不断提升各相关责任人履行全面从严治党主体责任的思想自觉和行动自觉意识。通过实地调研了解、谈话提醒等方式，加强对学校各党组织履行全面从严治党主体责任情况的监督检查，推动管党治党责任全面覆盖、层层传导。严格执行党内问责条例和省委实施办法，严格追责，以问责倒逼责任落实，既追究主体责任、监督责任，也追究领导责任。

（三）始终强化精准思维，积极拓宽标本兼治路径

在18所浙江省高职院校关于巡视整改情况的通报中，基建管理、政府采购、合同管理、科研经费使用管理、校办企业等领域制度建设和执行不力，存在廉政风险的问题也较为普遍，对学校健康有序发展造成了不良影响。针对巡视反映出的问题，各高职院校党委要坚持问题导向，强化精准思维，深挖问题根源，全面加强资产采购、基建工作、专项经费使用管理、校办企业管理等重点领域环节的监管，注重在人才培养、社会服务、科学研究上再谋新招。严肃纠正和查处违规办班收费、违规使用公车、违规发放津补贴等顶风违纪行为，以内部审计、信访调处、内部控制自我评价工作为切入点，梳理排查堵塞廉政风险点。发挥审计监督在落实监督执纪"第一种形态"中的作用，及时掌握情况，发现问题，通过开展谈话提醒、约谈函询等方式，全力推动"清廉学校"

建设。对审计发现问题的整改实行"销号制"管理，立足"抓早抓小抓苗头"，实现关口前移的目标。认真处理信访举报，严格分类处置问题线索，做到早发现、早提醒、早报告、早处置。综合运用组织处理和纪律处分等方式，让"红红脸、出出汗"成为常态。加强对内部控制建设制度执行力的监督，完善评价方法和措施，保证内控建设在单位管理中取得实效。用好内部审计、内控自我评价成果，剖析典型案例，追根溯源，倒查制度与管理上的漏洞，并严格执行招投标、采购验收、招生招聘等有关制度，加强此类关键环节的监督。

（四）时刻紧盯"四风"动向，坚持巩固拓展作风建设成果

坚持"常长、严实、深细"，驰而不息地抓好中央八项规定精神贯彻与作风建设。严格落实《新时代高校教师职业行为十项准则》，组织开展师德师风、学术道德方面的专题培训，加大师德师风宣传教育和监督考核力度，落实基层党组织的师德师风建设责任，强化师德师风评价在基层党组织考核结果中的运用。紧盯重要时间节点和隐形变异的"四风"问题，注重纠正和查处违规办班收费、违规使用公车、违规发放津补贴等顶风违纪行为，对推进"最多跑一次"改革情况中的形式主义、官僚主义问题亮剑，着力发现问题，加强教育提醒，加大集中检查、重点督查和明察暗访力度，点名道姓通报曝光发现的问题，做到以点带面、一抓到底。认真梳理编制主体责任履责清单、岗位廉政风险清单、重点工作问题清单和小微权力清单，规范教学、服务、管理各个环节。实施新教师入职宣誓制度，要求全体教师签署师德承诺，引导教师以身示范。注重完善作风建设长效机制，构建学校党委牵头抓总、校纪委和党委工作部门及各二级教学单位等协同配合的工作格局，各级行政主要负责人与书记共同抓好本部门的作风建设，同时切实发挥基层党组织纪检委员和党风廉政建设监督员对所在部门党员干部进行一线监督的优势。

（五）着眼长效机制建设，全员发动"清廉学校"建设

"清廉学校"建设是一项系统工程，需要汇聚学校各方智慧和力量，更需要严格落实各方责任。强化协调推进，学校党政办公室、组织部、宣传部、学工部和人事处等部门要形成工作合力，"项目化"推进"清廉学校"建设，做到见人、见事、见结果。要深入挖掘高职院校丰富的教育资源和实践载体，充分发挥师生的专业特长及党员教师的先锋模范作用，积极发动全校干部师生全员参与，使昂扬向上、风清气正的校风校貌体现在学校建设发展的各环节，推动学校综合改革进一步深化，实现人才培养质量新提升、人才培养模式新突破、专业结构布局新优化、办学空间资源新拓展，开创管党治党、办学治校工作新

局面。全面实施信息公开"阳光工程",深化党务政务信息公开,畅通师生职工参与民主管理、民主监督渠道。加强学生学业管理,建立完善各学段的学业标准,研究制定课程标准、专业标准、人才培养标准等教学质量标准,推广"轻负高质"课堂教学,不断提高教学效率。更多地关爱教师、尊重教师,形成尊师重教的良好风尚,对教师多倾听、多关心、多尊重,进一步增强教师的归属感。全面完善教师培养培训、进修提升、评价激励机制,构建教师职业发展平台,创造更多有利于各类人才施展才华、干事创业的机会。强化对教师的人文关怀和组织关爱,让广大教师在岗位上有幸福感、事业上有成就感、社会上有荣誉感。

参考文献

[1] 宋伟.建设廉洁高校:基于巡视监督的视角 [J].广州大学学报(社会科学版),2015(3).

[2] 金多.中国共产党巡视制度研究国内外借鉴 [J].经济视野,2016(3).

[3] 吴海燕,林靖.高校党建工作领域"病灶"审视与祛除路径探析 [J].湖州职业技术学院学报,2016(4).

[4] 吕华."清廉校园"建设益处多多 [J].人民论坛,2017(201).

[5] 万春梅,王鹏程.巡视制度视角下高校内部治理法治化的思考 [J].安徽警官职业学院学报,2017(5).

[6] 陈有明.高校全面从严治党向纵深推进的若干问题探析 [J].党建研究,2017(6).

[7] 陈刚.高校纪检监察部门推动全面从严治党向纵深发展路径研究——以安徽省属高校F校为例 [J].黑河学院学报,2017(8).

新时期艺术类高职院校大学生党建工作创新思考和实践研究

——基于浙江艺术职业学院现状调查与分析报告

汪 琳*

摘要： 加强高校大学生党建工作，是贯彻落实党的教育方针的重要环节，同时也是落实中共中央关于高校党建工作会议精神的要求。本文通过问卷和访谈的方式，以浙江艺术职业学院为研究对象，调查当前艺术类高职院校学生和党员的思想状况以及党建知识水平，了解基层党组织活动开展情况。根据调查情况对当前艺术类高职院校党建工作的特点及凸显的问题进行分析总结，有针对性地为艺术类高职院校在新形势下开展好基层党建工作，进一步健康稳定发展提出建议。

一、研究背景

习近平同志在会见第十八次全国高校党建工作会议代表时强调："全面加强和改进新形势下高校党的建设，为高校培养优秀人才提供根本政治保证。做好新形势下高校党建工作，要做好抓基层、打基础工作，健全高校党的各级组织，明确职责任务，加强指导督促，充分发挥基层党组织的战斗堡垒作用和党员的先锋模范作用。"① 当下，高校的思想政治教育工作面临着各种挑战，由于艺术类学生具有鲜明的性格特征，使得此类院校学生面临的思想教育问题更加复杂和突出，为此，做好艺术类高职院校的基层党建工作，尤其是加强党员发展和管理的探索实践，是新时期加强和改进高校党建工作的重要保障。

---

* 汪琳，浙江艺术职业学院设计学院党总支书记。
① 习近平. 坚持立德树人思想引领 加强改进高校党建工作 [EB/OL]. 新华网，2014-12-29.

二、调研基本情况

为了对不同层面、不同层次对象进行调查,多角度评价和了解该校党员、党的基层组织、党建工作开展的状况、整体评价以及存在的问题,本次调查设计了三份调查问卷:卷一针对普通学生,主要了解普通学生对该校党员、党建活动的了解与评价等;卷二针对学生党员,主要调查学生党员关于党的理论知识水平,参加基层党组织活动情况以及对该校党员、基层党组织的评价和看法等;卷三针对基层党务干部,主要调查对党支部负责人的评价,对该校党建活动的参与情况与评价,对该校发展党员工作的评价以及对基层党组织存在问题的看法等。

调查主要采用分类随机抽样的方法,使抽样更具合理性;同时,在抽样过程中也注意了男女生比例和党团员比例方面,使样本更加科学、全面、合理。为了弥补和修正调查对象在填写问卷时出现态度不认真、误填等情况,随机对部分调查对象进行走访,这样有助于提高调查的可信度和有效度。

调查随机发放问卷共 250 份,回收问卷 235 份,有效问卷 224 份,其中普通学生 117 人,学生党员 65 人,基层党务干部 42 人(见图 1)。

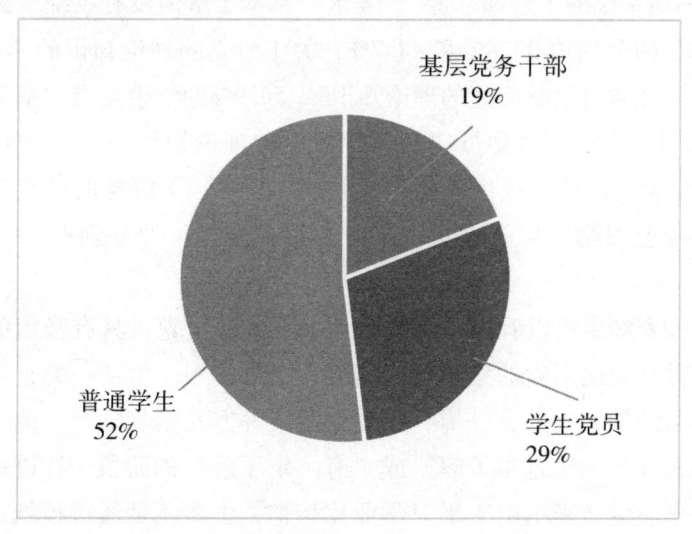

图 1　调查对象比例情况

三、调查反映的学生党支部建设工作情况

对回收的有效问卷进行数据的搜集和整理。就调研具体情况说明如下。

(一) 该校党员思想状况和党员与群众整体关系的评价

1. 党员形象和作用的评价情况

调查反映，对学生党员关于"党员（包括教师和学生党员）的整体素质"的调查中，83.1%的受调查者表示"满意"，15.4%的受调查者表示"基本满意"，只有1.5%的受调查者表示"不满意"；对普通学生关于"党员发挥的模范带头作用"的调查中，35.0%的受调查者认为"满意"，认为"一般"或"不清楚"的分别占45.3%和15.4%，只有4.3%的受调查者认为"不满意"。

从以上调查结果可以看出，该校党员的整体素质得到了大多数党员和学生的肯定，党员的模范带头作用让大多数人感到满意。进一步访谈发现，绝大多数受访学生认同学生党员在个人素质、专业知识和思想境界方面比一般同学更高，他们认同学生党员是同学中佼佼者的观点。

2. 党员思想及理论水平情况

调查中，98.5%的学生党员表示对共产主义理想"有坚定的信仰"，96.9%的学生党员认为党的思想教育工作与具体学习、生活之间的关系是"相辅相成、相互促进"的；关于对党的思想理论体系的了解程度，21.5%的学生党员认为"有比较全面而系统的了解和掌握"，表示"基本了解但没有系统掌握"和"有一定的了解"的分别占33.8%和44.7%；关于对党的理论知识的学习，41.6%的学生党员"经常自己学习党的理论知识"，56.9%的学生党员"偶尔学习党的理论知识"，1.5%的学生党员"从不学习党的理论知识"；关于学习的方式，73.8%的学生党员通过"报纸、杂志、电视、网络"了解党的理论，通过"专门培训""专业书籍"以及表示"平时忙很少涉猎"的分别占13.8%、6.2%和6.2%。

从以上调查结果可以看出，该校绝大多数的学生党员具有坚定的共产主义理想信念，并自觉运用党的思想理论指导自己的学习、生活。关于党员的理论知识，大多数的学生党员通过传统媒体和网络等方式偶尔学习，他们对党的思想理论体系总体处于"基本了解"或"有一定了解"的阶段。在进一步的走访中，受访的学生党员表示由于平时学业比较忙，主要还是通过报纸、网络等方式了解党的重大活动和重要政策。大多数学生党员认为唯物主义理论、马克思主义思想等在实际学习和生活中有相当重要的指导作用。

3. 党建联系和帮扶群众情况

调查中，对遇到困难时周边党支部和党员的态度，9.4%的普通学生选择"主动帮助我"，54.8%的普通学生选择"寻求时给予帮助"，还有29.0%和

6.8%的普通学生选择"不清楚"和"不闻不问";对向党员寻求帮助的情况,38.4%和34.2%的普通学生表示"从来没有"或"很少有",而21.4%和6.0%的普通学生表示"偶尔有"或"经常有";对党员与群众的主动交流的情况,30.8%和38.4%的普通学生表示"从来没有"或"很少有",20.5%和10.3%的普通学生表示"偶尔有"或"经常有"。就党员内部的情况,对党员遇到困难时周边党支部和其他党员的态度,分别有76.9%和23.1%的受调查者认为支部负责人"主动帮助我"和"寻求时给予帮助",无人选择"不闻不问"或"不清楚"。

从以上调查结果可以看出,该校大多数(54.8%)的党员在遇到求助时会给予帮助,但在主动性方面还比较差,主动与群众交流或提供帮助的党员只占10%左右,因此,造成了普通学生向身边党员寻求帮助的意愿偏低。与之相反,党员之间的帮助则相当紧密,所有受访的党员都表示遇到困难时得到了一定程度的帮助。

(二)该校党建工作开展情况

1. 对基层党组织的评价情况

调查中,分别有67.6%和26.2%的学生党员认为所在党组织"很好地发挥了战斗堡垒作用,群众很信任""较好地发挥了作用,能够维护群众利益",仅有6.2%的学生党员认为"发挥作用一般,跟党员群众联系较少";对所在党组织制度建设的评价,87.7%的学生党员认为"制度健全,得到了贯彻落实",只有9.2%和3.1%的学生党员认为"虽然有制度,但没有很好贯彻落实"或"制度的具体规定不甚清楚"。对基层党务工作者的调查中,分别有78.6%和16.7%的受访者认为所在党支部的工作"到位""基本到位";在调查支部现有工作制度的完善情况方面,分别有69.0%和31.0%的受访者认为制度"健全""比较健全"。

从以上调查结果可以看出,无论是学生党员还是基层党务工作者,对该校基层党组织(党支部)的评价都较高,绝大多数人认为,该校党支部的制度基本健全,能够较好地发挥战斗堡垒作用,维护群众的利益。

2. 基层党组织活动开展情况

调查中,90.8%的学生党员认为所在党支部的思想政治教育活动"效果较好";关于"党组织在重大事件上能否做到让党员先知道、先讨论、先行动"的问题上,分别有75.4%和23.1%的学生党员认为党支部"能做到""基本做到"。在对基层党务干部的调查中,分别有71.4%和28.6%的党务干部对所在支部组织生活的质量感到"满意""基本满意";此外分别有54.8%和38.1%的党务干部认为,党支部的组织活动针对性"强""较强";在党支部对党员的教育方面,分别有85.7%和14.3%的党务干部认为"经常有针对性地进行""偶尔有针对性地进行"。

从以上调查结果可以看出,大多数的党员和党务干部对所在党支部的组织活动感到满意,认为对党员的教育活动针对性强且效果明显,特别是在重大事件政策上党组织能及时通知党员,组织党员学习并贯彻落实。

3. 党员发展工作情况

调查中,分别有53.9%和37.6%的普通学生认为该校学生党员发展和转正工作"规范,程序正常""比较规范,程序简化";认为"不太规范"和"不规范,程序不清楚"的仅占1.7%和6.8%。在对基层党务干部的调查中,分别有88.1%和11.9%的党务干部认为发展党员的工作程序"规范""比较规范";92.9%的党务干部认为支部在发展党员工作上"态度积极,工作到位,效果明显";分别有76.2%和21.4%的党务干部认为该校在发展党员、吸收优秀教师和优秀学生方面做得"好"或"较好"。

从以上调查结果可以看出,大多数普通学生和基层党务干部,都认为该校在发展党员工作上程序规范、工作到位、效果明显,能做到着重吸收优秀学生入党。进一步访谈交流了解到,少部分学生提出,建议基层党组织在发展党员时注重彰显公平、公正、公开原则,加大对入党积极分子、预备党员考察等环节的透明度,切实做好公示等告知工作。

四、该校大学生党建工作存在的主要问题

(一)党员理想信念还需加强

关于当前党员思想上存在的问题,此次调研分别对普通学生和基层党务工作者做了调查,结果显示,除了在服务宗旨观念角度上存在差异(党的为人民服务的宗旨中,普通学生是服务客体,基层党务工作者是服务主体,不同受访者对此项内容的主观选择有差异),除此之外,两类受调查群体在党员思想上存在问题的看法还是比较一致的。按照两类受调查群体的综合百分比计算,21.4%的受调查者认为"理想信念动摇"是该校当前党员思想上存在的最突出问题。实际上,党的基本理论知识的学习是共产党员加强党性修养、保持共产党员先进性的重要保障,但当前部分学生党员政治理论学习的自觉性不强,导致部分党员的素质下降、政治观念淡化、政治敏锐性下降,最终表现为理想信念不坚定、党员意识淡薄。

(二) 党的制度还需落实完善

调查发现，该校还存在党的制度落实不到位的问题，如对基层党务工作者关于"当前该校基层组织存在的主要问题"的调查发现，42.9%的基层党务工作者选择了"坚持制度不够"。在对学生党员调查"一些地方制度无法落实的最重要原因"时，选择"制度缺乏针对性""制度之间有冲突""缺乏有效的监督"和"制度执行人缺乏责任心"的分别占44.6%、16.9%、30.8%和7.7%。进一步的访谈了解到，一些党务工作者认为上级和学校已经出台了不少好的政策和制度，但是由于该校党务工作执行力相对薄弱，造成一些政策和制度得不到及时贯彻或者落实不到位。

(三) 深入基层群众还需加强

在党组织活动开展方面，该校党组织活动还存在不够贴近基层群众的问题。在对普通学生关于"是否收到过党组织发展学生党员的活动（党课）的邀请"的调查中，53.8%的学生表示"从来没有过"，表示"经常收到"的只有15.4%；对普通学生关于"是否了解身边的党员同志都在做些什么，党支部都在开展哪些活动？"的调查中，分别有66.7%和13.7%的学生表示"不太了解"或"完全不了解"。说明该校基层党组织开展活动时，局限于党内的活动较多，主动深入普通学生的活动较少，造成普通学生对党组织活动比较陌生。

(四) 党员发展工作还需强化

在对基层党务工作者的调查中，关于"发展党员的主要障碍"的问题，71.4%的人选择了"信仰问题"。进一步的访问发现，一些党务工作者认为，由于当前大学生的信仰和思想信念日趋多样，个性普遍较强，特别是就业选择机会的增加，使一些学生入党的意愿更加减弱，这成为该校学生党员发展工作的难点。

五、关于艺术类高校党建工作的创新性思考及建议

(一) 提升党员理想信念，坚定政治立场

在对党务干部关于"当前党员思想上存在的突出问题"的调查中（此项为多项选择），选择"理想信念动摇"的最多，占42.9%，选择"宗旨观念淡薄""迷信""组织纪律观念淡薄""个人主义严重"的分别占21.4%、7.1%、33.3%和28.6%；在对党务干部关于"发展党员的主要障碍"的调查中（此项为多项选择），同样选择"信仰问题"的最多，占71.4%，选择"党组织没有吸引力""党员作用没发挥好"和"其他问题"的分别占11.9%、19.0%和7.1%。可见,"理想信念动摇"已经成为当前党员思想最突出的问题。

1. 建立完善多层次的思想教育培训体系

要建立完善"入学启蒙教育—班级党章学习小组—系党校学习班—学校党校培训班"多层次的思想教育培训体系,对全体新生、入党申请人、入党积极分子、发展对象和党员开展有针对性的、渐进式的理想信念教育和党性培训。对新生的启蒙教育要重在"早",踏入校门第一件事就是开展理想信念教育,积极引导新生早写入党申请书;班级党章学习小组由各系学生党支部组织,重点遴选综合素质优秀、入党积极性高的学生;系党校学习班由各系党总支组织,培训已经通过班级党课学习并被团组织推优的入党积极分子,重在教育引导和筛选;学校党校发挥主导作用,主要将列为重点培养对象的入党积极分子作为培训对象,同时对学生党员开展定期的思想强化教育。

2. 强化端正党员教育的方法途径

在方法上,要改变传统的机械式说服教育模式,不要把党员教育的视野局限在书本、教材和资料中,也不要把视野局限在校园内,而是要充分调动社会力量和资源,扩大党员教育的途径和平台,让普通学生和学生党员能对共产党员的信仰和价值有深刻的了解和体会;在途径上,要充分利用现代多媒体技术平台,开展网络党建教育宣传活动,通过微博、微信等网络平台,及时传播党的理论,使党的理论学习化整为零、化繁为简、化滞后为即时;在内容上,把党的理论学习与中央精神的学习贯彻结合起来,与经济、政治、文化、社会、法律等方面的知识学习结合起来,与重大理论问题和社会热点问题的探讨结合起来,从而极大地丰富党建教育宣传内容。

(二)深入群众开展活动,创新党组织活动模式

调查中,该校党支部负责人作为党组织在基层的"毛细血管",其作用和工作得到了较高认可,受调查者普遍对党支部负责人"对党员的关心程度"和"对党务工作的熟悉程度"给予较高评价,认为党支部负责人是党员群众值得信赖的"贴心人"。在访谈阶段,不少受访的党员表示基层党务工作任务繁重、工作难度不小,"上面千条线、下面一根针"。因此,创新加强基层党组织的队伍建设和组织活动建设,是强化艺术类高职院校党建工作的强劲助推力。

1. 工作重心要更深入基层

要确立"重心下移、起点前移"的工作机制。"重心下移"是指教育培训、培养考察等党建活动要深入基层党组织、贴近普通学生,要把党建工作延伸到

学生生活最基层的学生宿舍中去,延伸进第二课堂、"三下乡"活动和社团活动中去。"起点前移"是指党建活动要从入学教育抓起,使新生踏进校园的第一天就能接受和参与党的思想政治教育,从而形成积极正确的世界观、人生观和价值观。

2. 工作方式要更灵活多样

要采取大集中小分散、上讲台下基层、引进来走出去等形式开展党组织活动。如:各系党总支除了集中安排的党组织活动外,还要积极引导教师在课堂上引入社会主义核心价值观等理论,使高尚的理想信念和崇高艺德品格的文艺修养成为艺术类高职院校独特的党性教育内容。要充分发挥教学实践基地的作用,通过"走出去、引进来"的方式尝试与学校周边相关社区、实践基地党支部结对,相互学习,共同提升,从而使学生党员感受到有"组织"的归属感。

(三) 强化党员发展工作,提高党员队伍素质

1. 严把发展党员的标准,优化党员队伍结构

在党员发展工作中,要始终把政治标准放在首位,同时结合学校自身的特点,综合考察其在专业学习、班团工作、日常生活、志愿服务、社会实践等方面的表现,要注重把学生的一贯表现和在关键时期的表现、自我评价及群众评议结合起来,防止单一地把学习成绩作为发展党员的主要条件。

2. 严格发展党员的程序,保障党员发展质量

按照《中共浙江艺术职业学院委员会发展党员工作细则》,逐步建立健全推优制、备案制、预审制、记实制、公示制、票决制和责任追究制7项制度,实行"五公示、四票决、四备案"机制,从接到入党申请,到确定入党积极分子、接收预备党员、预备党员转正时都要进行公示。支部大会确定入党积极分子、发展对象、接收预备党员和同意预备党员转正要实行无记名票决。确定入党积极分子和发展对象时要向党委备案,接收预备党员后要及时向上级党组织备案。

3. 严肃发展党员的纪律,严肃党员发展纪律

要建立健全发展党员全程记实制度,党支部要按照"一人一档"的要求规范管理;严肃发展党员的纪律,把党员发展工作列入二级党组织党建工作考核内容,将党员发展工作情况作为具体的考核指标,进一步严格规范党员发展工作的全过程。同时,在各教学单位配备富有经验的专职组织员,在学生的思想政治教育、党员发展程序的指导、接收预备党员的谈话等方面发挥作用。

六、结语

通过此次调研发现,浙江艺术职业学院的大多数学生对党员和基层党组织

的评价是客观和积极的；该校党员的整体形象是与先锋模范作用相吻合的；基层党组织负责人具有较强的责任心和事业心；该校的基层党组织结构比较健全，党务工作开展深入扎实，党员发展标准严格、程序科学规范。

在新形势下，浙江艺术职业学院和其他高职院校一样，面临新的挑战，特别是针对当前党建工作中存在的薄弱环节和问题，下一步要采取有针对性的措施，进一步统一思想重视基层党建工作的开展，进一步健全制度保障党建工作的深入，进一步探索实践引领党建工作的创新，从而为发挥此类学校党组织的战斗堡垒作用和党员的先锋模范作用做出更大的贡献。

参考文献

[1] 廖镇卿，胡颖蔓. 浅论高职院校学生党员发展工作创新 [J]. 学校党建与思想教育，2007（6）.

[2] 吴节军. 关于高职院校学生党员发展工作探索与实践的若干思考 [J]. 九江职业技术学院学报，2005（1）.

[3] 赵广高. 浅析高校基层党组织在学生管理中的作用 [J]. 经营管理者，2011（19）.

[4] 杜佳. 高职院校学生党员发展工作的现状及建议 [J]. 科技信息，2007（3）.

[5] 傅青梅. 论大学生党员发展中的主要问题及相应对策 [J]. 中国轻工教育，2008（2）.

[6] 李鑫. 运用微博与微信创建基层党建工作探析 [J]. 新西部（理论版），2014（12）.

[7] 朱广丽. 高职院校艺术类学生的特色德育教育研究 [J]. 现代教育科研论坛，2011（4）.

[8] 薛蓉. 新时期高校学生党员发展工作研究 [D]. 武汉：华中师范大学，2004.

高职院校学生党建在学风建设中的实践探析

钱杏芬　胡卓群*

摘要：高职院校学生党建工作对推进优良学风的形成和传承起着引领和导向作用。严格党员发展关，使培养对象的成长过程成为学风建设的推进过程；严肃党员管理关，使学生党员成为学风建设的先锋模范和中坚力量；规范组织建设关，使学生党支部成为学风建设的政治核心和坚强保障。这是高职院校学生党建在学风建设中的具体实践的三个关键所在。同时要处理好学习成绩与综合素质、个人提升与集体进步、起点能力与过程成长三个方面重要关系。

习近平总书记在第二十次全国高等学校党的建设工作会议上强调，高校是教育培养青年人才的重要园地，也是用社会主义核心价值体系武装青年的重要思想阵地。高校党的建设要紧紧围绕培养中国特色社会主义事业合格建设者和可靠接班人这个根本任务，为建设能够培养高质量大学生的社会主义大学提供坚强的思想、政治和组织保证。随着我国高等教育的发展，高等职业教育经过十多年的稳步建设发展迅速，已逐步成为整个高等教育的"半壁江山"。据《2012中国高等职业教育人才培养质量年度报告》统计，2011年我国高职学校的招生总数占全国高校的47.7%。高职院校的学生已经成为大学生的重要群体。高职院校呈现出良好的发展态势，已由规模扩张进入内涵提升的新阶段，学风建设成为各高职院校关注的"重点工程"，其学生党建工作在学风建设中具有独特的功能和深远的意义，承担着以党风促校风，以教风带学风的重要任务，对推进优良学风的形成和传承起着引领和导向作用。

---

* 钱杏芬，浙江艺术职业学院手工艺学院组织员，高级讲师；胡卓群，浙江艺术职业学院马克思主义学院副院长，副教授。

一、明确高职院校学生党建在学风建设中的三大意义

(一) 是应对学生特性的积极举措

高职院校学生呈现鲜明的群体特征：他们既具有当代大学生普遍具有的比较鲜明的特性，包括思维活跃、视野开阔、自尊自信，对未来充满希望，能迅速获取新信息、掌握新知识；又具有高职院校学生的独有特点，如动手能力强，比较注重现实感受，群体效应比较明显。但在部分学生身上也存在一些令人担忧的问题，在学习风气上尤为集中，主要有：第一，学习目的功利，学习动力不够。高职院校学生基础相对薄弱，有些迫于父母压力，学习被动，把学习看作"敲门砖"，带有较强的功利主义色彩。第二，学习纪律松懈，学习毅力欠缺，容易受兴趣和氛围左右。迟到、早退、"翘课"现象时有出现；上课"人到心不到"现象存在普遍；抄袭作业、考试作弊屡见不鲜。第三，学习方法欠妥，对学习信心不足，缺乏意志力和坚持力。做好高职学生党建工作，对于发挥大学生"自我服务、自我管理和自我教育"的自主意识，促进学生成为德智体全面发展的社会主义事业的合格建设者和接班人，具有十分重要的作用。

(二) 是提升学校内涵的重要抓手

学风是一所学校的读书之风、治学之风，本文特指学生在长期的学习过程中形成的相对稳定的学习风气和学习氛围。学风建设是全面推进素质教育，为社会培养高素质人才的关键，是提升办学内涵的重要指标，是高职院校学生工作的重点。目前，高职院校一方面办学历史短，办学经验与模式尚在摸索之中，在学风建设中存在一些薄弱环节；另一方面教育学制短、学生的学习习惯和行为规范等方面差强人意，学风建设的任务繁重，提升学风质量愿望迫切，尤其需要抓手。学生党建工作可以发挥思想政治工作的特殊功能，通过深化理想信念教育，调动学生学习的内在积极性，将思想政治素质、科学文化素质、创新能力素质等各方面表现优秀的学生吸引到党组织中，并加以锻炼和培养，使之成为学生中的先锋模范，成为党的事业的接班人。高职院校学生的党建工作，是提升学校内涵、推进学风建设的有力抓手。

(三) 是加强学生党建的内在要求

学生党建是指在学生中的党的建设工作，包括学生党员的教育管理与服务，学生党员的培养与发展，学生党组织的建设与创新等主要工作。近年来，高职院校加大在青年学生中发展党员的力度，学生向党组织递交申请书的人数逐年增加，学生党员队伍不断壮大，高职院校学生党建工作取得相当成绩。但是也

面临一些问题,如学生入党动机复杂。进入高职院校的新生中,极少有已经入党的;写过入党申请书和接受中学党校培训的也只占少数。现在的学生是伴随改革开放成长起来的,直接感受到改革开放政策带来的优越,对党有着深厚的感情,但由于各种因素,他们对政治进步和政治信仰等考虑得比较少。进入大学后,他们既有理想主义的色彩,又有功利主义的因素,甚至把入党当成日后找工作的敲门砖。这些现象严重制约了高校党建工作的整体水平。党员发展工作规范性缺乏,重视组织发展计划,忽视学生党员的培养教育,对学生党员的教育管理缺乏长效性与实效性机制;学生党支部和党员的作用发挥不够,不能在学风建设中起到积极表率作用,党建工作与学风建设紧密结合的程度不够。通过抓学生党建促进学风建设,以党建工作为龙头,以学风建设为核心,注重发挥学生党员的先锋模范作用,是高职院校学生党建工作的内在要求。

二、把握高职院校学生党建在学风建设中的三个关键

学生党建工作和学生学风建设工作同为高职院校德育工作的重要组成部分,在育人这一总目标上是完全一致的。高职院校学生党建工作应当在学风建设中发挥积极的导向作用,使党组织培养和确定的学生党员、学生考察对象成为学风建设的排头兵、先行者。

(一)严格党员发展关,使培养对象的成长过程成为学风建设的推进过程

第一,学风状况是党员发展的核心内容。新生入学之初的始业教育,需要融入党的基本知识的教育,告知党员的标准和入党的程序;尤其是要明确,对于在读学生而言,学习是学生的本职工作,只有那些学习目标明确、学习态度端正、学习作风踏实、学习纪律严明、学习成绩优良的学生,才能成为党组织的培养对象;只有那些在学风建设中起模范带头作用的学生,才能被党组织批准为正式党员。第二,"六个是否"是党员发展的重要指标。成为一名合格的大学生党员,在学风建设中的表现毫无疑问是一个重要的衡量指标。培养对象是学风建设的积极推进者还是学风建设的负面影响者,这是一块真假大学生党员的"试金石"。培养对象要发展成为预备党员,在学风建设这个问题上,需要做到"六个是否",即"是否把学习当作自己在学校的第一要务?是否能够做到不迟到、不早退、不随意缺课?是否做到课前课后主动学习,上课不使用手机,作业不抄袭、不敷衍、不拖拉?是否做到尊师重教、不轻易放过一个疑难问题?是否做到学习始终处于进步状态?是否做到不仅自己带头做而且带动身边的人也成为学风建设的自觉促进者?"第三,"五次推荐"是党员发展的必要程序。

从一名普通学生成长为一名合格的大学生党员，必须在群众中经得起考验，学生党员的成长成熟，不仅是个人学风的建设，更应是带动团队学风建设的过程。培养对象只有在班风、系风和校风建设中发挥带动作用，才能在群众中得到公认。入党过程"五次推荐"是一套行之有效的方法，即学生向党组织递交入党申请书之后，五次由团组织、班级或院系师生等推荐："能否推荐成为党校学员接受党的基本知识的培训？能否成为团组织向党组织推荐的入党对象？能否推荐成为党组织确定的考察对象？能否通过一年的培养推荐成为党支部的发展对象？能否经过一年的预备期教育推荐成为一名正式中共党员？"

（二）严肃党员管理关，使学生党员成为学风建设的先锋模范和中坚力量

重发展轻管理，这是目前高职院校在学生党建工作中普遍存在的问题。入党不是目的，入党只是一个起点，一个对自己有更高的自我要求的起点。中国共产党的宗旨是："全心全意为人民服务。"对一名高职院校的大学生党员而言，首先是树立"为身边同学服务"的意识，担当起引领学风建设的排头兵，在学风建设中发挥先锋模范作用，成为学风建设的中坚力量。高职院校的大学生党员应当是"自我教育、自我管理和自我服务"的生力军，是学生干部和学生社团的主力军，是学风建设的身体力行者和保驾护航者。如团学组织中的纪检部门应当切实保障学习纪律，为广大学生各类学习活动的开展营造井然肃静的氛围；宿管部门应当切实有效维护好宿舍区的整洁有序状态，为广大学生休息和生活提供宁静温馨的环境；体育部门经常举行一些健身活动和赛事，让广大学生体验顽强拼搏、不断超越和挑战自我的快乐，既能保证良好的身体素质，又有利于增强班级凝聚力和集体荣誉感；社团组织应当充分考虑广大学生的多元需求，尽可能地创设适应当代大学生锻炼的平台，最大限度地开发高职院校学生的潜力，提升他们的综合素质。在对大学生党员的管理中，实行"一票否决制"是切实有效的办法。"一票否决"包括：考试作弊，学习纪律松懈（如经常迟到、早退或旷课），成绩严重下滑，脱离班（系）集体，不愿履行为同学服务的义务，没有在学风建设中起到推进作用等。

高职院校党组织还应着重从"四看四重"方面对发展对象进行考核，即看思想品德是否高尚，重点看言行是否一致；看学习成绩是否优良，重点看学习态度是否端正；看工作成绩是否突出，重点看工作态度是否积极；看日常生活中能否起模范带头作用，重点看平时是否严于律己。在考察过程中采取"六不"措施：没有通过团学组织民主推荐的不予重点考察；政治思想素质、学习成绩和平时表现不达标的不予考虑；考察时间不够的不予讨论；党的基础知识考核

不合格的不予发展；材料不全的不予上报；手续程序不合规范的不予通过。

（三）规范组织建设关，使学生党支部成为学风建设的政治核心和坚强保障

高职院校大学生党员在学风建设中的作用发挥如何，关键要看学生党组织建设是否规范。党章指出："党的基层组织是党在社会基层组织的战斗堡垒，是党的全部工作和战斗力的基础。"高职院校要高度重视学生党组织的建设规范，充分发挥学生党组织在学风建设中的政治核心和战斗堡垒作用。

高职院校大学生党组织建设可分四个阶段：新生刚进校时，着重建好党章学习小组和青年志愿者协会。可与团总支的组织部共同建设，设置党务助理岗位作为党支部的助手和党团组织的桥梁；大二年级发展第一批学生党员后，着重建好学生党小组。培养最基层的学生党务干部——学生党小组长；大三年级有了正式党员后，着重建好学生党支部，严格规范党支部的日常活动；毕业实习或离校前后，着重抓好大学生流动党组织建设。这样做有利于优良学风的传承和学长学姐近距离地"传帮带"，从而形成具有院系特色的学风建设的长效机制。要坚持在新生入学教育期间便对他们进行党的基本知识教育，使他们明确大学生要求入党是政治进步的表现，让新生初步了解党的基本知识，确立政治进步、业务成才目标。同时组织高年级学生党员与新生座谈，谈理想、谈体会，并指导新生班级组建党章学习小组，激发他们追求进步的热情。每逢开学初，学生党支部要开展专题研究团学组织推优情况的工作，并指导各班党章学习小组制订学习计划。要求入党积极分子通过分散学习、集中交流和定期选择一些专题进行讨论等形式，活跃学习气氛，强化学习效果。并根据实际情况，分期、分批选派入党积极分子到学校党校学习。对于确定为入党积极分子的同学，还要给他们在学习上定目标、工作中压担子、活动中交任务、日常生活中定要求，并要求党支部成员经常与他们交心谈心，从而帮助这些积极分子尽快成熟起来。

三、处理高职院校学生党建在学风建设中的三种关系

由于高职院校生源的特殊性，要使学生党建工作切实担负起引领学风建设的重任，在培养实践过程中，还必须处理好以下几个关系：

（一）学习成绩与综合素质的关系

学习成绩是学生党员培养制度中的重要指标。首先，在递交入党申请书后推荐进入党校学习时把学习成绩是否优良作为必要条件；最后，在确定入党积极分子为发展对象和决定发展时把学习成绩是否优良作为必要条件；再次，把

预备党员预备期内的学习成绩是否优良作为能否按期转正的必要条件。但是这里所指的学习应是广义的，应该包括"思想意识和行为习惯的培养、知识和技能的获得、智力和能力的提高"。特别是在当下的高职院校，很少有既学习成绩突出又综合素质优秀的学生，他们中的绝大多数学生在高考阶段因为某些薄弱的环节，无法进入心仪已久的理想高校，只能选择就读高职院校。所以在选拔引领学风建设的带头人时，千万不能求全责备，设置太高的门槛。学习优良，就是"在学习成绩的要求上，综合成绩必须在班级中上水平，允许有个别偏科现象，但要限定底线"。入党积极分子学习上不可以放任自己的惰性，要自动加压，要把压力变成努力学好各门功课的动力，采取多角度、多方位的学习方法，使自己的成绩得到最大限度的提高；在确定为党组织培养对象期间，对于特别薄弱的课程必须下决心攻克，使之处于不断进步的状态，在被党组织确定为发展对象前必须在及格线以上；而对于部分学习成绩特别优秀的学生，允许综合素质有所侧重，如组织协调能力较弱或体育技能欠缺等，但必须要求勇于挑战自我、突破自己、超越自我，坚持锻炼大胆尝试，拓展身心素质，从而完善综合素质，健全人格，提高学习和生活的效率和质量，影响、帮助同学们自觉而积极地为将来发展，主动锻造自身并鼓励和带动身边的同学乃至一个班、一个系。

（二）个人提升与集体进步的关系

在严格学生党员培养制度的基础上，多方面拓展学生发挥作用的渠道，使其积极参与学风建设。党员的先进性就在于先锋模范作用，即一个人的提升，能在集体中产生示范作用，成为其他人看齐的"标杆"；一个人的提升，能激励身边的人，带动广大学生的共同进步。学生党员一般成绩较好，具有较高的政治素质和群众威望，并大多担任学生干部职务，他们需要树立"为身边同学服务"的理念，树立他人意识、大局意识和责任意识；通过学校和老师的引导和指导，学生党员率先示范、带头做到，有意识地创造良好的学习氛围与环境，然后鼓励、鞭策，有时甚至是想尽办法带动一批同学一起做到（有时还要承受暂时的误解和委屈）。如：自己模范遵守学习纪律的同时，督促身边同学一起遵守；自己刻苦学习的同时，叫上身边的同学一起努力，甚至发起你追我赶的成绩比赛；自己带头履行寝室卫生和纪律时，也教会同学养成良好的生活和卫生习惯；发动和带动同学努力学习的热情和积极性，为集体争创佳绩努力；等等。学生党建工作能充分发挥党员的模范作用，在学生中形成辐射，以党员带动团员再带动普通同学的方式，落实各项学习任务、提升各项素质技能，从而形成良好的集体学习风气和氛围。

（三）起点能力与过程成长的关系

高职院校的学生，由于个体之间的差异比较大，尽管都过了十八周岁的"成人礼"，有了一定的成人意识，但人生观、价值观和世界观以及学习习惯、做人做事的态度方法都具有较大的可塑性，有待进一步磨炼和完善。高职院校的大学生在就读的三年期间，如果能够好好珍惜、努力拼搏，将会对今后的生活和事业乃至整个人生产生深远的影响。因此，判断一个学生是否优秀，不能光看他进校时的起点高低，还应该看他是否把从跨进高职院校大门的那一刻当成人生的一个新的出发点，是否开始新的努力、新的奋斗、新的成长，而且坚持不懈、不言放弃、越战越勇。感悟并沉淀奋斗的过程比注重收获的结果更重要。收获分数、荣誉、名声固然令人欣慰，但这毕竟是眼前的，更重要的是对人的一生的事业成功和人生价值都具有至关重要的影响的品质，那就是毅力、胸怀、境界、自信、历练、默契、融洽和团队的快乐等。

参考文献

[1] 第二十次全国高校党建工作会议在京召开 习近平会见会议代表并讲话[N]. 人民日报，2012-01-05（01）.

[2] 上海市教育科学研究院，麦可思研究院. 2012中国高等职业教育人才培养质量年度报告[N]. 中国教育报，2012-10-17（05）.

[3] 中共中央组织部组织二局，教育部思想政治工作司.《中国共产党普通高等学校基层组织工作条例》学习辅导读本[M]. 北京：高等教育出版社，2011.

[4] 人民出版社. 中国共产党章程[M]. 北京：人民出版社，2012.

[5] 李登丰. 高职院校以学生党建促学风建设的思考[J]. 高教论坛，2009（10）.

[6] 董润芸. 大学生党建与学风建设的整合研究[J]. 辽宁教育行政学院学报，2009（12）.

[7] 高竞玉. 高职学风建设的现状、问题及其对策[J]. 职教论坛，2011（29）.

落实高职院校二级单位主体责任研究
——以校内巡察为视角

刘秋红[*]

摘要：全面从严治党要求从党中央到省市县党委，从中央部委、国家机关部门党组到基层党支部，都要肩负起主体责任。本文聚焦高职院校在落实全面从严治党主体责任方面存在的"思想认识不到位，责任落实层层递减，制度执行宽松软"等问题，以校内巡察为视角，探讨通过建立健全校内巡察制度、强化制度执行、坚持政治巡察、深化全面从严治党主体责任、坚持问题导向、解决突出问题、坚持整改落实、强化执纪问责等举措，进一步夯实二级单位党组的主体责任，推动管党治党责任向基层延伸。

一、前言

高职院校是培养高技能人才的摇篮，高职院校二级单位承担着联系、组织、团结广大师生，落实学校党政决策的重要责任，是立德树人的主体。落实高职院校全面从严治党工作，重点在二级单位党组织，其主体责任的落实直接影响高职院校党建工作的成效。习近平总书记在十九大报告中指出，要深化政治巡视，坚持发现问题、形成震慑不动摇，建立巡视巡察上下联动的监督网。[1]巡视工作是加强高校监督的有力抓手，而校内巡察则是加强学校内部监督的重要手段。下面通过对高职院校二级单位履行主体责任中存在的问题的分析，探讨校内巡察制度的建立、健全与实施，旨在通过校内巡察方式推动管党治党、从严治党主体责任向二级单位党组延伸，进一步促进高职院校二级单位党组主体责任的落实工作。

---

[*] 刘秋红，浙江艺术职业学院纪委办公室巡察主管。

二、高职院校主体责任履行中存在的问题

党的基层组织是党的执政之基,全面从严治党要从根上抓起,从基层抓起。高职院校二级单位是把党的路线、方针、政策落实到高校基层的战斗堡垒和中坚力量,党的十八大以来,党中央把全面从严治党提到了前所未有的战略高度,各高职院校党委按照中央要求,履行管党治党主体责任,切实强化党的领导作用和学校基层党建工作,从严治党覆盖面不断扩大,战斗堡垒作用持续增强,但也应当看到,部分高职院校尤其是高职院校二级单位主体责任的落实仍然面临新情况、新问题。

(一)思想认识不到位,责任落实层层递减

党的十八大以来,各高职院校在学校党委层面落实全面从严治党主体责任意识是强的,态度是坚决的,许多措施也是务实而具体的。但实际工作中,高职院校二级单位主体责任落实存在虚化、弱化的问题;有的二级单位抓党建的责任意识不强,认为只要抓好本单位的学科建设、科研创作和教学管理就行了,日常工作中,"重业务、轻党建"的现象依然存在;有的二级单位领导干部对党建责任存在认识误区,认为落实全面从严治党主体责任是学校党委层面的工作,没有真正将从严治党完全融入日常的业务工作中,并转化成党员干部的自觉行为;履行全面从严治党主体责任积极性不够,责任落实层层递减,责任履行存在"上热中温下冷"的情况,有的二级单位落实主体责任的具体行动和措施还不多,还停留在学习、领会和表态阶段;有的二级单位习惯等上级文件,"以文件传达文件,以会议落实责任",对于上级或学校的工作检查,则被动应付,突击补齐工作台账,尽力美化工作报告。

(二)制度执行不到位,党建工作失之于宽松

党的十八大以来,党中央就推动全面从严治党向基层党组织延伸做出了总体部署,各高职院校围绕学校党建工作陆续健全完善内部管理制度,但在不断建立健全相应制度的同时,存在对制度和文件的学习宣传不够有力、执行不够到位的问题。有的管理制度在拟订之时缺乏充分的讨论和研究,出台后操作性不强;有的制度出台后,执行"走过场",对制度执行情况缺乏监督检查,或监督检查流于形式,没有建立制度执行情况监督机制,制度执行随意性强,使制度仅仅是挂在墙上、说在嘴上,难以落地执行。

有的高职院校落实管党治党要求不坚决,党的建设不严不实。党委领导核心作用发挥不够充分,对中央及上级精神和决策部署贯彻落实不到位,谋大局

抓大事能力不强；民主集中制执行不够到位，选人用人缺乏统筹谋划，执行干部人事制度不够规范，存在"三重一大"事项未经集体研究决策等问题；落实意识形态工作责任制不够有力，思想引领作用没有发挥，对师生的思想动态研判不够，相关职能部门监控手段欠缺，致使意识形态工作存在"灰色"地带[2]；党内政治生活不规范，党务工作者队伍建设不强，部分基层组织存在软弱涣散现象，党的组织生活不经常、不认真、不严肃，对党员的日常管理松散，部分党员党的意识欠缺，部分教师思想政治工作相对薄弱，战斗堡垒作用不强。

（三）监督执纪不到位，作风问题依然存在

十八届中纪委三次全会强调，各级纪检监察机关要坚决抓好"转职能、转方式、转作风"工作，聚焦中心、突出主业。在实际工作中，部分高职院校根据工作相近情况、业务熟悉情况和以往的习惯，凡是与党风廉政建设相关的事项都批示给纪检监察部门负责办理。纪检监察部门"三转"工作不够彻底，导致监督执纪问责本职工作不突出，"四种形态"运用不充分，执纪问责偏轻偏软。2017年9月，浙江省委巡视组陆续开展对高职院校的巡视工作，从已反馈的巡视情况来看，部分高职院校党的领导不够有力，贯彻落实中央、省委精神和决策部署不够到位，党委统一领导、党政分工合作的工作机制不够健全，内部管理问题突出，作风问题依然存在。如执行中央八项规定精神打折扣，存在超标准公务接待、超标准办公用房、滥发津补贴、公款购买充值卡等问题。[3]校园维修工程、政府采购、资金使用管理等重点领域监管缺失，如财务监管不到位，对个别下属单位长期存在的"小金库"问题监管缺失；设备采购与项目招投标不规范，专项经费使用存在超预算、挤占、挪用等现象。

三、校内巡察制度的建立健全与实施

针对部分高职院校存在的"党的领导弱化，党的建设缺失，主体责任落实层层递减"等问题，探索建立和开展校内巡察是贯彻中央、中纪委全面从严治党要求，压紧压实二级从严治党主体责任，推进全面从严治党向基层延伸的重要举措；是强化党内监督、加强基层党风廉政建设的有效途径；是营造凝心聚力发展环境，加快学校健康发展的有力保障。

（一）校内巡察的指导思想

对高职院校校内巡察来说，必须坚持以马克思列宁主义、毛泽东思想、邓小平理论、"三个代表"重要思想、科学发展观、习近平新时代中国特色社会主义思想为指导。[4]按照中央对巡察工作提出的目标和要求，坚持党要管党、从严

治党的方针，拓宽师生直接反映问题的渠道，结合高校自身发展的特点，聚焦全面从严治党工作，紧抓重点人、重点事、重点问题，发挥巡察利剑作用，促进高职院校二级单位主体责任的落实，为学校事业发展提供有力保证。

（二）校内巡察的主要内容

高职院校校内巡察重点围绕二级单位党的建设、领导班子建设、干部队伍建设、作风建设、纪律建设、落实主体责任和学校决策部署等方面的内容进行，坚持以习近平总书记系列重要讲话精神为镜子，以"四个意识"为标杆，以党章党规党纪为尺子，着力发现被巡察单位的党的领导弱化、党的建设缺失、全面从严治党不力、主体责任落实不到位的问题。特别是二级单位领导班子团结协作，执行民主集中制，遵守"六项纪律"，落实学校重大决策部署，完成年度工作任务，健全完善管理制度、专项经费和工作经费分配使用等方面存在的问题。根据不同的对象和存在的不同问题，可以有选择性地针对相关二级单位的人员招聘、职称评审、考核评优、财经秩序、物资采购、招生考试、后勤管理、继续教育、科研创作经费、资产管理、对外合作和奖助贷管理等专项工作、专门事项或特定问题，开展机动灵活的专项巡察。

（三）校内巡察工作的方式与程序

校内巡察的主要工作方式有以下八个方面：一是通过找学校有关部门或二级单位座谈，了解被巡察单位的相关情况；二是听取被巡察单位工作汇报；三是个别谈话；四是进行民主测评、问卷调查；五是调阅、复制有关文件、档案、会议记录等资料；六是受理来信、来电、来访等，并进行初步核实工作；七是以适当方式到被巡察单位的下属部门或有密切关联的单位进行走访调研；八是列席被巡察单位党政办公会议、党政联席会等会议。

校内巡察工作按照以下五个程序进行：一是开展巡察前，协调有关单位和部门（非被巡察对象），多方了解被巡察单位班子履行全面从严治党责任相关情况及以往工作中存在的不足和亟待改进的方面，研究确定巡察重点，制订巡察工作方案；二是巡察组进驻后召开巡察工作动员会，发布巡察工作通知书，与被巡察单位党组织负责人进行沟通，就巡察工作的具体事项进行布置和安排；三是按照规定的工作方式和权限，开展巡察了解工作，了解工作结束后，针对巡察过程中发现的问题进行汇总、分类和分析，提出整改意见和建议，形成巡察工作报告；四是巡察结果反馈与被发现的问题整改落实，巡察工作报告经巡察工作领导小组审定后，及时反馈至被巡察单位，被巡察单位根据巡察组提出的意见和建议，制订整改方案并对被发现的问题进行整改；五是巡察组根据被巡察单位提供的整改方案及整改完成情况报告，对整改情况进行监督检查，可视情开展巡察工作"回头看"，巡察组进驻、意见反馈、整改落实等，并以适当方式公开，接受教职工的监督。

（四）校内巡察结果的运用

只有对校内巡察成果善加运用，才能更好地发挥校内巡察工作基层监督前哨、发现问题尖兵、从严治党利剑的重要作用；坚持把校内巡察工作结果和巡察整改情况，作为考核评价、选拔任用干部的重要依据；做好巡察结果信息共享，把巡察监督与审计监督、干部考察、信访监督、舆论监督等方面的工作结合起来，形成校内监督合力。

四、以校内巡察促进高职院校二级单位主体责任的落实

建立校内巡察制度是对巡视监督的再深化和再巩固，通过校内巡察，增强二级单位领导班子和广大党员的责任意识，发现和解决二级单位落实全面从严治党中存在的突出问题。

（一）坚持完善制度，增强制度执行力

党的十八大以来，围绕全面从严治党，中央陆续修订出台了一批党内条规和制度，高职院校实施校内巡察，建立健全制度是基础。一是要建立健全巡察相关制度，推动巡察工作全面规范、监督水平不断提升。完善校党委听取巡察工作汇报的机制，明确专项检查、巡察工作约谈、责任追究等工作要求。完善巡察协调机制，推动相关二级单位支持配合巡察工作。二是通过巡察推动被巡察的二级单位完善内控管理制度，严格落实二级单位"三重一大"制度和基层党支部"三会一课"等制度。三是加强制度学习，强化制度认知。知是行的基础，对于出台的每一项制度都要组织学习和宣传，党员领导干部要率先垂范，严格遵守上级及学校相关制度，一级做给一级看，切实强化纪律规矩意识，增强制度刚性约束。四是严格责任追究，增强制度执行力。缺乏监督检查的制度是不"带电"的高压线，要加强学校党委会、校长办公会等重要会议决议的督办，强化对制度执行情况的监督检查，坚决杜绝有章不循、有禁不止的现象。把制度落实情况与二级单位绩效考核、年度考核等结合起来，对有制度不执行或执行不严的，做到发现一起查处一起，使制度真正成为"带电"的高压线。

（二）坚持政治巡察，深化全面从严治党

高职院校二级单位的巡察是对其党组织与党员领导干部的巡察，坚持深化政治巡察的原则，做到在政治高度上着力突出党的领导，在政治要求上牢牢抓住党的建设，在政治定位上坚持聚焦从严治党，充分发挥政治巡察"显微镜"和"探照灯"的作用。一是对照党章，检查被巡察二级单位是否真正体现党的领导；检查被巡察党组织的领导核心作用发挥得够不够；是否在思想上、政治上、行动上坚定地同党中央保持高度一致；是否结合本部门工作实际，贯彻落实中央的决策、部署。二是巡察人员要提高政治站位和政治觉悟。贯彻新时代党建工作总要求，查找被巡察单位党组织存在的政治偏差，着力发现并解决二级单位个别领导干部和党员政治观念缺失、理想信念动摇等问题。三是巡察党内政治生活是否正常有序开展，切实压紧压实二级单位党组织的两个责任，确保压力层层传导不减少。充分发挥二级单位党组织在师德师风建设、意识形态引导、舆论宣传、干部队伍建设等方面的重要作用，充分发挥二级单位党组织的政治核心作用、各党总支（支部）的战斗堡垒作用以及广大党员的先锋模范作用。

（三）坚持问题导向，解决突出问题

习近平总书记指出，巡视工作的方针为"发现问题、形成震慑，推动改革、促进发展"。发现并解决问题是校内巡察工作的生命线。必须坚持问题导向，着力解决学校和二级单位从严治党中的薄弱环节，尤其是党内政治生活不严肃、党组织领导核心作用不明显、履行主体责任不到位等问题。一是聚焦被巡察单位党组织制度建设、思想建设和作风建设。推动解决二级单位重业务、轻党建，思想政治工作偏弱，制度执行偏松，基层组织工作偏软，责任落实层层递减等突出问题。二是聚焦涉及教师与学生切身利益的问题。围绕招生考试、评奖评优、职称评定、招聘考试、选人用人等重点事项，以及科研项目建设、设备采购、二级经费使用等风险高发领域，重点检查"六项纪律"，特别是政治纪律、组织纪律、廉洁纪律的执行情况。三是聚焦落实中央八项规定情况，持之以恒正风肃纪。作风建设是二级单位党建工作的重要内容。校内巡察要重点关注被巡察单位贯彻落实中央八项规定精神情况，逐条检查被巡察单位抓作风建设、落实中央八项规定精神的具体措施和执行情况。对措施执行不到位的，要认真查找原因，严肃责任追究。

（四）坚持整改落实，强化执纪问责

巡察发现问题的目的是解决问题，要认真做好"巡察整改"的后半篇文章。被巡察单位要把巡察整改作为最严肃的政治任务抓紧、抓好，深入做好巡察发现问题的整改落实工作。一是做好巡察发现问题移交，建立归口办理制度。对于巡察中发现的问题和接到的信访反映，巡察组按照分类管理、归口督办的原则，移送相关职能科室督办。[5]对巡察中发现的一般性问题，及时向被巡察单位反馈，做到边巡边改；对巡察中发现的重大问题，以适当形式向校党委、纪委反映；涉及业务部门的问题分门别类移交有关部门办理。二是加强督察督办，推动问题解决。巡察组根据巡察报告、反馈意见和被巡察单位整改报告，有重点地对整改落实和办理情况及时进行督查，检查巡察发现的问题是否整改到位，是否存在搞形式主义、做表面文章的现象，巡察移交的问题线索是否认真处理；群众反映强烈的问题是否依然存在。要对照整改清单，一项一项"对账"，逐条进行销号。三是用好问责利剑，发挥震慑作用。对巡察整改敷衍应付的，要严肃问责，做到"问责一人、警醒一片"的效果，推动执纪问责从宽松软走向严紧硬。

五、结语

党的十九大为推动全面从严治党向基层组织延伸指明了方向，习近平总书记强调，党的基层组织建到哪里，巡视巡察就要跟进到哪里。开展校内巡察是高职院校推动全面从严治党向二级单位党建工作深入的重要举措，高职院校二级单位落实全面从严治党主体责任既要靠外部监督，又要靠其自身的积极作为，更关键的是领导班子的重视与率先垂范。打铁必须自身硬，推进高职院校校内巡察与全面从严治党主体责任的落实，需要学校逐步健全巡察机构，选好配强巡察干部，按照实践探索在前、经验总结在后的原则，逐步探索完善学校内部的巡察机制，压紧压实基层组织的主体责任。

参考文献

［1］习近平. 决胜全面建成小康社会　夺取新时代中国特色社会主义伟大胜利——在中国共产党第十九次全国代表大会上的报告［M］. 北京：人民出版社，2017.

［2］吴海燕. 高校党建工作领域"病灶"审视与祛除路径探析——基于江浙部分高校的巡视通报［J］. 湖州职业技术学院学报，2016，14（4）.

［3］丁谨之，颜新文，汪志建. 省委巡视组向5家单位党组织反馈巡视情况——个别学校招生工作弄虚作假执行中央八项规定精神普遍不严［N］. 浙江日报，2017-12-12（4）.

［4］中国共产党. 中国共产党巡视工作条例［M］. 北京：中国法制出版社，2017.

［5］许煌灯. 以"四个强化"为着力点推进巡察工作［J］. 工商行政管理，2011（15）.

全面从严治党背景下浙江省高职院校
内部审计优化研究

——以浙江艺术职业学院为例

单 烨*

摘要：本文以全面从严治党为背景，立足于浙江艺术职业学院工作实践，围绕省委巡视工作，通过分析高职院校内部审计工作情况，阐述全面从严治党工作与内部审计的相关性，分析解决内部审计工作中存在的问题，提出优化高职院校内部审计工作的路径。

党的十九大强调，要坚持问题导向，保持战略定力，推动全面从严治党向纵深发展。高职院校是高等职业院校的简称，和本科院校组成了高等教育，也是我国职业教育的重要组成部分，重点是围绕人才培养、科学研究、社会服务、文化传承创新、国际交流合作等内容，提升办学内涵，推动学校事业发展取得实际成果。近年来，国家越来越重视职业教育的发展和推广，伴随着高校的扩建工作，不断加大教育经费的投入，对照新形势下全面从严治党的新要求，结合省委巡视组的反馈意见，我们清晰地看到，发生在高校的违纪违法案例已成为公众关注的焦点，其中部分高职院校的党风廉政建设和反腐败工作还存在一些不容忽视的问题和薄弱环节，内部审计作为推进全面从严治党的中坚力量，在促进依法治校、规范经济秩序、从源头上预防和制止腐败行为起到了制约、预防和督查的作用，具有十分重要的现实意义。

一、开展内部审计的重要意义

（一）开展内部审计有助于提高监督整体效能

党的十九大报告强调，为了更好发挥审计在党和国家监督体系中的重要作

---

* 单烨，浙江艺术职业学院纪委办公室干事。

用，把审计摆到党和国家的监督体系中，明确指出"改革审计管理体制""构建党统一指挥、全面覆盖、权威高效的监督体系"。作为党和国家监督体系的重要组成部分，审计工作已经成为推进全面从严治党的重要手段，扎实高效的审计监督能够助推贯彻落实党的十九大提出的理论和路线、方针、政策，依法全面履行职责，实行审计全覆盖。浙江省审计厅在《关于进一步加强内部审计工作业务指导和监督的意见》中指出，要建立健全与审计全覆盖相适应的工作机制，统筹整合审计资源，加强内部审计工作，把审计监督、纪律监督和群众监督有机结合起来，多渠道收集信息，分层次剖析问题，充分发挥内部审计作用。

（二）开展内部审计有利于防范廉政风险

根据浙江省委巡视整改情况通报反映，高校廉政风险主要集中在招生招聘、科研创作项目、政府采购、基建工程建设、校办企业管理等重点领域、重要岗位和关键环节。因高校发展方向和职责定位不同，廉政风险各种类型发生的概率也不相同，同时，廉政风险一般不仅仅存在于某一个部门或某一个具体项目中，还往往贯穿于业务操作的全过程。高职院校防范廉政风险应立足自身实际，强化精准思维，通过开展内部审计促进防控廉政风险。

内部审计一般分为领导干部经济责任审计、财务收支审计、预算执行审计、工程项目审计、专项审计、内部控制审计等。以领导干部经济责任审计为主要形式的轮审为例，主要是结合干部工作岗位性质、经济责任的重要程度等因素，着力强化对公权力的长效监督。在全面落实常态化审计、实现审计全覆盖的基础上，以内部审计为抓手，结合每半年开展党风廉政建设分析会情况，有重点地开展专项审计，提出更具针对性的审计意见和建议，这有助于提高廉政风险防控的规范性和有效性。

（三）开展内部审计有助于推动落实主体责任

根据浙江省委巡视反映的问题清单以及高校内部的党风廉政建设情况分析研判工作可以发现，被巡视的浙江省高校中普遍存在全面从严治党主体责任落实不够平衡、履行全面从严治党主体责任压力传导不够到位，管校治校仍然存在宽松软现象的问题。内部审计具有基础性、源头性的自我监管作用，对存在的问题和风险隐患能够做到早发现、早预防、早整改，把问题消除在萌芽状态，这与实践监督执纪"四种形态"的目标相一致，能够推动学校加强内部控制和风险管理。通过内部审计提出独立客观的评价和建议，认真做好"后半篇"文章，加强审计反映问题的教育力度，开展教育警示、举一反三，做到立知、立行、立改。以学校年度全面从严治党工作会议、校系两级党风廉政建设情况分析会、科级以上干部会议、部门专题会议等为载体,及时分析总结学校在内部控制工作中存在的问题和不足,注重加强对下属单位往来账款的管理和会计核算的指导,层层传导压力,进一步强调纪律要求。

二、当前高职院校内部审计存在的问题

(一)审计队伍建设还需加强

内部审计工作人员的素质和能力直接影响审计的工作质量,目前,浙江省高职院校财务部门都已不再有内部审计职能,但有审计职能的部门仍然未全部独立,绝大多数高职院校没有条件单独设立内部审计部门,审计部门与纪检监察工作部门采取合署办公,这与上级所强调的审计部门原则上要独立设置的要求还有一定差距。同时,高职院校配备的专职审计人员数量不够,面对较大的审计工作任务,会出现力不从心的情况,有的能力素质和岗位专业要求与工作任务的适应性还需提高,对内审工作的谋划和部署还存在一定滞后性,主动意识还不够强。以浙江艺术职业学院为例,目前,审计部门与纪检监察工作部门合署办公,审计职能由纪检监察(审计)办公室履行。目前该部门配备的一名专职的审计人员,具有法学、会计学的教育背景和财务的从业经验。

(二)审计工作制度未有效落实

浙江省教育厅、审计厅要求各高校按照上级的审计法律法规、内部审计准则等规定,及时制定和修订内部审计管理规定、审计实施办法、业务操作规程等制度。目前浙江省已出台了内部审计工作联席会议制度、内部审计整改工作实施办法、审计整改责任追究办法等文件,着力强化审计闭环管理,提高审计工作的执行力和公信力。实践中,关于审计的制度优势还没能很好地转变成管理效能,制度执行力建设还需推进,内部审计发现"屡审屡犯""边审边犯"的情况依然存在。如在整改过程中,对一些较难整改的问题,多是希望通过报告回避问题,而不是想着举一反三研究解决问题,主动自觉整改自身问题的意识还不够强,态度还不够坚决。

(三)审计工作质量有待强化

由于审计机构不独立、审计力量不足等原因,绝大多数浙江省高职院校采取内部审计业务外包的方式,通过委托会计师事务所进行内部审计,充分调动社会资源推进内部审计工作。因为内部审计不仅仅需要单纯的财务审计,更需要审计人员熟悉本单位的内控建设和廉政风险,而所委托的审计很难在短时间内发现学校特有的除财务管理问题以外的问题,这就导致一些审计项目质量不高，深挖细究问题不够。同时，有的高职院校审计整改工作中相关部门联动性不够，出现问题整改、成果利用、责任追究、结果公开力度不够的情况，离上级要求的审计工作效率、质量和水平还有差距。以浙江艺术职业学院为例，其目前采取的是内部审计业务外包的方式，从上级明确的会计师事务所名单里询价确定价格合理、口碑较好的事务所，发挥内审工作人员对学校协调便利、熟悉业务流程的优势，指导督促受托方实施审计。

三、优化内部审计路径研究

（一）强化精准思维，助推廉政风险防控

自觉把内审工作提升到推进学校全面从严治党的政治高度来看待，在学校发展大局中谋划、思考、推进内审工作，紧紧围绕上级决策部署贯彻执行情况、省委巡视反馈问题整改落实情况等开展工作，注重抓早抓小，为各项工作顺利推进提供保障，把全面从严治党引向深入。坚持常规审计项目和专项审计项目相结合，切实发挥好内部审计监督在补短板中的作用。在谋划常规审计项目的同时，找准审计站位，积极做好审前调查，始终坚持问题导向，突出对基建工程、物资采购、财务管理、教育收费、专项经费、职称评审、干部人事、后勤和资产管理等重点领域和关键环节的监管，注重纠正和查处违规办班收费、违规使用公车、违规发放津补贴等顶风违纪行为，以审计工作、正风肃纪、信访工作为切入点，梳理排查找准风险点和薄弱环节。发挥审计监督在落实监督执纪"第一种形态"中的作用，及时掌握发现问题，通过开展谈话提醒、约谈函询等方式，全力推动"清廉校园"建设，切实把全面从严治党要求融入贯穿到学校办学的全过程、各方面。以浙江艺术职业学院为例，各系部廉政防控意识明显增强。2017年以来，科研处修订并发布了11个有关经费管理的文件，有力规范了科研经费的使用原则。总务处严格落实采购管理与验收岗位人员分离的原则，对不相容的岗位进行梳理排查和整改。

（二）注重抓细抓实，推进问题整改落实

高校内部审计是指内部审计对于高校是指由内部审计机构和人员通过业务活动和内部控制审查的方式，推动完善管理控制、防范风险、创造效益，更好更快地实现学校发展目标。要始终坚持以业务活动流程和内部控制活动的有效性为主线，在计划、实施、报告、后续审计四个内部审计阶段中，将"问题清单""整改清单""销号清单"对接机制贯穿其中，充分发挥内部审计机构的主观能动性。在了解被审计单位具体工作，特别是业务流程的基础上，认真分析研判，学会换位思考，严格定性内审发现的问题，重视审计建议的条理性、合理性和操作性，明晰整改期限、整改举措和具体要求，让审计建议成为后续督促整改的依据之一。比如，在浙江艺术职业学院内部审计中发现，部分采购项目在签订合同时，未盖合同章或公章。审计建议，梳理完善部分采购合同签订的流程，要求说明未规范盖章的原因，分析其中风险，核查本年度该系部合同签订的合规性情况并报告，要求举一反三，要求相关职能部门加强宣传，把好审核关口，严格执行学院合同签订相关制度。

（三）严格规范操作，增强内部审计实效

全面盘点上级关于内部审计的规范性文件，修订完善学校关于内部审计的制度要求，增强制度的可操作性。进一步加大制度的宣传教育学习力度，加强制度执行的监督检查，营造尊重制度、以制度为行动准则的良好氛围。有条件的高职院校应单独成立审计部门，未能单独设立审计部门的高职院校应配齐配强审计工作人员。对于委托审计项目较多的高职院校要制订审核把控审计实效的工作方案，从进驻人员组成、驻场审计时间、审计方案执行情况、底稿质量、发现问题覆盖面等方面全过程对委托审计质量进行量化评价，着重提升委托审计的质量。同时，在审计成果的运用上，建立通报公开机制，提醒其他部门引以为戒，提早纠正存在的问题，更好地配合开展内审工作。发挥纪检监察、组织人事等部门合力，健全完善考核机制，明确考核标准，将整改落实情况等审计结果作为对被审计单位年终考核及主要负责人个人考核、奖惩任用等后续管理的重要依据，同时将审计报告等结论性文书归入被审计干部的廉政档案。

参考文献

[1] 戴向龙，卢秀云. 教育系统内部审计研究 [J]. 嘉兴学院学报，2006（7）.

[2] 彭军岚. 关于进一步发挥高校审计监督作用的几点思考 [J]. 教育观察，2017（1）.

[3] 孙榕. 加强高校内部审计，促进党风廉政建设 [J]. 经营管理者，2015（4）.

[4] 张键琦，郭发忠. 党风廉政建设视角下的高校审计工作研究 [J]. 会计之友，2013（10）.

[5] 孟会琴，赵军政，樊春芳. 加强高校内部审计 促进党风廉政建设 [J]. 科技信息，2010（15）.

[6] 赵娜. 加强高校经济责任审计 推进党风廉政建设 [J]. 审计园地, 2013 (8).

[7] 许永令. 高职院校提升内部审计工作的思考——以三门峡职业技术学院为例 [J]. 湖北成人教育学院学报, 2018 (1).

[8] 蔡元帅. 加强内部审计工作 防范高校廉政风险 [J]. 中国审计, 2018 (23).

[9] 中国内部审计协会. 内部审计实务指南第4号——高校内部审计 [J]. 审计文摘, 2009 (10).

[10] 杨凯. 基于内部控制的我国高校内部审计优化研究——以J高校为例 [D]. 北京：北京交通大学, 2016.

高校"渐进式阶梯状"党课的教学设计

钱杏芬*

摘要："渐进式阶梯状"党课教学是对高校党课教学创新的一种尝试与探索。它既是培养和发展大学生党员的需要，也是夯实学生党员理论素养、增强高校党课教学实效性的需要。在"渐进式阶梯状"党课教学设计中，校级党课和院系党课是总和分的关系，党课与思政理论课是不同的课程体系，党课与学生思想政治及校园文化是知和行的关系。根据大学生在入党过程中的不同阶段的实际情况，高校党校可设计为专业化、立体式、开放性三级教学体系，分别以党的基本理论知识、党员意识和党性修养为递进过程中的各教学重点。

大学生党员是党的最重要的组成部分中最新鲜血液。党中央对大学生党员在入党过程中的党课培训给予高度重视并作出了严格规定。现阶段部分高校的党课教学还存在一些薄弱环节，与党组织的发展工作质量要求不相适应。笔者拟在现有高校党校党课教学成果的基础上，对学生群体中的入党积极分子、培养对象和预备党员提出"渐进式阶梯状"党课教学设计的思考及设想。

一、"渐进式阶梯状"党课教学提出的必要性

（一）"渐进式阶梯状"党课教学是培养和发展大学生党员的需要

中共中央组织部发布的《中国共产党党内统计公报》[1][2][3]表明，近三年在校生和大专及以上学历党员的发展数量远高于其他职业和大专以下学历人群，遥居第一，并且呈逐年上升态势（见下表）。

---

* 钱杏芬，浙江艺术职业学院手工艺学院组织员，高级讲师。

近三年在校生和大专及以上学历党员的发展情况

年份	全国发展党员总数（万名）	在校生党员发展数（万名）	在校生党员在全国党员发展总数中的比例（%）	具有大专及以上学历党员发展数（万名）	具有大专及以上学历党员在全国党员发展总数中的比例（%）
2015	196.5	71.8	36.5	77.7	39.5
2016	191.1	68.9	36.1	78.5	41.1
2017	198.2	69.9	35.1	86.0	43.4

培养和教育大学生中的入党积极分子成为合格党员，分阶段渐进式进行端正入党动机、坚定理想信念、提高理论素养培训是高校党组织发展工作的关键性基础任务。大学生党员对党的感情深不深、党员意识强不强、党性修养高不高，关系到党的千秋大业发展远不远。高校党组织的党课教学，是大学生系统掌握党的基本知识、牢固树立党员意识、初步学会党性修养的方法和途径，是引导大学生党员发挥先锋模范作用的主阵地和主渠道。

2013年7月，中共中央组织部、中共中央宣传部、中共教育部党组下达《关于进一步加强高校学生党员发展和教育管理服务工作的若干意见》指出，要"加强入党积极分子培养教育。坚持早教育、早发现、早培养，在高校新生中开展党的基本知识教育，提高学生对党的认识，引导学生积极向党组织靠拢。把对入党积极分子的培养教育作为发展学生党员工作的着力点，重视做好思想上入党工作"[4]。2014年6月，中共中央办公厅印发《中国共产党发展党员工作细则》强调，"基层党委或县级党委组织部门应当对发展对象进行短期集中培训。培训时间一般不少于三天（或不少于二十四个学时）。""党组织应当通过党的组织生活、听取本人汇报、个别谈心、集中培训、实践锻炼等方式，对预备党员进行教育和考察。"[5]以上文件明确要求，高校要对入党积极分子、发展对象和预备党员进行分期分级培训，要把在组织上入党前先做好思想上入党的工作作为发展大学生党员的着力点来抓。

（二）"渐进式阶梯状"党课教学是夯实学生党员理论素养的需要

大学时期是人生观、世界观和价值观形成的关键时期。高校党课教学的重要任务，就是宣传党的路线、方针、政策，进行党性、党纪和党的基本知识教育，提升大学生党员的政治理论素养，并且在实践中身体力行。但当前大学校园中还存在不少与党员身份不相符合的现象，表现为：入党前严格要求自己，积极主动地参加各种校园活动和志愿服务，入党后却以各种理由做"隐身人"甚至玩"失踪"；对于组织安排的工作做功利性的选择，有利可图的工作抢着干，事不关己的工作就敷衍了事；忘记党员的义务和责任，组织纪律观念淡薄，把自己混同于甚至落后于普通学生。究其原因，与入党过程中的培养教育是否有成效、党员意识是否牢固树立、党性修养是否成为长期的必修课有很大关系。《中国共产党章程》指出："中国共产党党员是中国工人阶级的有共产主义觉悟的先锋战士。""中国共产党党员必须全心全意为人民服务，不惜牺牲个人一切，为实现共产主义奋斗终身。"[6]只有在思想认识上深刻理解"共产主义觉悟""先锋战士""全心全意""为人民服务""牺牲"和"奋斗终身"等的含义，并且将其当作一生的座右铭，学深学透党的章程，才能称为一名合格的中国共产党党员。

（三）"渐进式阶梯状"党课教学是增强高校党课教学实效性的需要

大多数高校已有二三十年党校办学历史，积累了丰富的教学经验和教学资源，形成了一套较为成熟的党课教学体系。但教学的对象主要以入党积极分子为主，教学的着重点也主要放在党的基本知识和时事政治方面；而以二级院系党组织为主导的、对培养对象和预备党员的教育培训仍处于起步阶段，缺乏系统而科学的教学设计和教学计划，存在临时拼凑或单调重复的现象。教学内容缺少针对性和时效性，教育和学习态度不够严谨，考试或考查方法单一，缺失党课的鲜明特性。

教学效果不尽人意、实践运用较为薄弱，反映在不少已经入党的学生身上——党员的角色意识不强、学习党的理论不主动、参加党的组织生活不积极，践行党的根本宗旨不自觉、发挥模范和带头作用不突出、党员的先进性在群众中体现不充分。党课教学在学生入党过程中呈逐级弱化的趋势，往往是入党积极分子最积极，但是一旦进入发展程序，特别是入党以后，学生对上党课兴趣就逐渐减弱。因此，需要重新确立党课教学的目标并创新方式方法，区分党课教学各阶段的教学内容，明确各阶段的教学重点与对象，花大力气狠抓党课教学的实效。

二、"渐进式阶梯状"党课教学设计中要处理好几种关系

要建设好一套既符合新时代大学生党员发展要求，又符合"95后""00后"大学生特点的专业化、立体式、开放性的"渐进式阶梯状"党课教学教育体系，必须处理好校级党课与院系二级党课、党课与思政理论课教学、党课与学生思想政治教育及校园文化等之间的关系和任务。总体而言，校级党课与院

系二级党课是总和分的关系，党课与思政理论课教学是不同的课程体系，而党课与学生思想政治教育及校园文化等则是知和行的关系。

（一）校级党课与院系党课的关系

校级党课教学和院系二级党课教学，既相互联系，又相辅相成，各有定位和优势。各高校党委建立校级党校，开展校级的党课教学活动，党校校长一般由党委书记或负责党务的党委副书记担任，具体教学工作由党委组织部和宣传部直接负责，马克思主义学院或社会科学部共同参与。与之相对应，院系二级党组织也应当建立分党校，由党组织书记担任分党校校长，具体教学工作由组织委员和宣传委员负责，学生党支部、教师党支部共同参与。校级党校重在宏观统筹，抓党课的教学方向，抓党课的教学师资，抓党课的教学整体设置和规划；院系二级党校重在微观落实，抓党课的教学基础，抓党课的教学对象，抓党课的教学具体执行和实践。课程设置，初级党课课程教学重点是党的基础知识，院系二级党校是教学主导；中级和高级党课课程教学重点是党员意识和党性修养，校级党校是教学主导。师资队伍组成人员以专业化和开放性相结合，主要教学力量是党性意识强且具有丰富实践经验的党务工作者、思政理论课教师、教职员工中的优秀代表、党员校友和行业一线先进模范人物；教学任务可采用"专人专题"的菜单形式，由校级党校统一组织集体培训和备课，既相对固定又资源共享。

（二）党课与思政理论课的关系

党课和思想政治理论课都是学校党委领导下的工作，都保证了高校社会主义办学方向，牢牢把握"立德树人"这一根本任务，在教育和领导广大青年树立正确的世界观、人生观和价值观这个目标上具有一致性。但两者又有区别，党课是学校党建工作的一个部分，侧重于组织发展和党员教育，培养党组织自身的后继力量，针对师生中的党员和大学生中有强烈入党愿望及信念的人群；思想政治理论课是大学生思想政治教育的主渠道，属于教学工作，侧重于解决思想问题，培养社会主义事业合格建设者和可靠接班人，针对的是全体大学生。因此党课教育与思政理论课要注重差异、有机衔接、强调互补、避免简单重复。思政理论课有较为完备的学科理论体系和学术传统，为党课教学的开展奠定了较为扎实的理论基础，无论是党的基本知识和先进思想教育，还是马克思主义的立场、观点和方法；党课教学时间短、政治性强，有强烈的现实要求和时代特征，是高校思政理论课部分内容的拓展和专业化，党课教学的突出特点是"党性""党味""党言""党语"，注重对党的基本理论、基本路线、基本纲领、基本政策的学习,对党员意识的培育以及党性修养的锤炼。

(三)党课和大学生思想政治、校园文化的关系

党课和学生思政、校园文化的关系实质上就是理论与实践的关系。搭建理论与实践结合的桥梁,畅通行知转化的渠道,在形式上入党前思想上先入党,使大学生党员自觉地履行党员义务,时时处处在各方面都能"带头"示范,"带动"身边的同学共同进步,从而在班风、系风和校风建设中起到"火车头""领头羊"的作用。只有这样,党课教学的效果才能真正落到实处,党建育人的功能才能切实得到发挥。把在党课课堂中学到的"知"转化为在校园内外的"做"和"行",其方法和途径有许多种:如主动竞聘团学干部,在率先当好一名优秀的大学生的同时,既锻炼全心全意为同学服务的本领,又提升自己各方面的才能;再如参观红色教育基地、观摩新农村的巨大变化,在感受改革开放的成果中,继承党的优良传统,担当起时代赋予的使命和责任;还如投身社会志愿活动,在汗水和辛劳中,深化对社会主义核心价值观的认识,增强对国家和民族的奉献意识等。

三、"渐进式阶梯状"党课教学的主要思路和具体方案

(一)"渐进式阶梯状"党课教学的主要思路

"渐进式阶梯状"党课教学,就是以育人为目标、以理论与实践相结合为抓手,根据当代大学生成长的特点和大学生在入党过程中的不同阶段的实际情况,在厘清校级党课与院系二级党课、党课与思政理论课教学、党课与学生思想政治教育及校园文化等之间的关系和任务的基础上,循序渐进地、分阶段螺旋式提升地设计党课教学计划和教学内容,分别以党的基本知识、党员意识和党性修养为递进过程中的各教学重点,夯实学生党员在入党过程中的理论基础,提升党课教学的效果和学生党员的质量,切实发挥学生党员的先锋模范作用,从而使党课教学成为引领学生成长成才的特殊途径,充分发掘高等学校的党建育人的独特功能。

(二)"渐进式阶梯状"党课教学的方法、途径

每一阶段课程可采用课堂讲授、形势与政策讲座、小组讨论、论坛或演讲、志愿服务与社会实践、参观或观摩考察、卷面考核与答辩会等多种方法和途径。原则上,党课教学设计要与不同年级的学生校园学习生活同步,从初级到高级由以理论为主向以实践为主倾斜,具体可以结合课程进行过程中的有利条件和实际情况灵活应用。

（三）"渐进式阶梯状"党课教学设计的具体内容

根据不同的教学对象和教学要求，高校党校的教学内容可按照"渐进式阶梯状"的模式，设计为专业化、立体式、开放性的三级教学体系。教学学时均为24学时。这里的专业化、立体式、开放性有特殊的内涵："专业化"是指党建理论的专业化；"立体式"是指入党不是党课教学的唯一目标，党课教学同时还包括学生的综合素质提高及各方面能力的全面发展的党建育人功能，更重要的是在高校教学教育中的引领作用；"开放性"是指教学形式和场地、教学内容和方法、教学的考核和成绩评定等，既要吐故纳新、与时俱进，又可古今中外广采博取。

1. 高校党课初级课程教学设计方案

教学对象：入党积极分子、大学低年级学生。

教学重点：党的基本知识。

教学要求：对入党积极分子进行党的路线、方针、政策和党的基本知识教育，党的历史和优良传统、作风教育以及社会主义核心价值观教育，使他们懂得党的性质、纲领、宗旨、组织原则和纪律，懂得党员的义务和权利，帮助他们端正入党动机，确立为共产主义事业奋斗终身的信念。

教学的主要内容：党史、党的性质和根本宗旨，党的最高理想与现阶段奋斗目标，党的指导思想，党的组织、纪律和作风，党的自身建设，党员的义务和权利，如何做一名合格的大学生党员。

考核与成绩评定：闭卷考试。在课堂学习、作业论文和行为规范等合格的前提下，以卷面成绩作为结业成绩。

2. 高校党课中级课程教学设计方案

教学对象：发展对象、大二或大三年级学生。

教学重点：党员意识。

教学要求：主要学习党章、《中国共产党廉洁自律准则》和《中国共产党纪律处分条例》等文件，对培养对象围绕坚定理想信念进一步进行端正入党动机、增强党员意识的教育，争做中国特色社会主义的合格建设者和可靠接班人。

教学的主要内容：党员意识的内涵、结构和特性，党员的信仰意识和"四个意识"，党员的角色意识和先进意识，党员的群众意识和宗旨意识，党员的组织意识和纪律意识，入党常用文书写作，十九大精神和习近平系列重要讲话选讲。

考核与成绩评定：理论考查占三分之二，形式为开卷考试或小组答辩。实践考察占三分之一，包括行为表现、志愿活动和观摩考察或社会实践等。

3. 高校党课高级课程教学设计方案

教学对象：预备党员、高年级或毕业班学生。

教学重点：党性修养。

教学要求：主要学习《关于党内政治生活的若干准则》及党和国家关于文化大繁荣大发展的系列方针政策。教育预备党员自觉参加组织生活，履行党员义务，牢固树立宗旨意识，探索预备党员服务同学、服务群众、服务社会的方式，开展预备党员承诺践诺、志愿服务活动，为预备党员加强党性锻炼、发挥先锋模范作用搭建平台，从而自觉地担当起作为一名新时代大学生党员的神圣使命和社会责任。

教学的主要内容：党性修养的内涵、意义和要求，党员的理论修养，党员的政治修养，党员的道德修养，党员的作风修养，党员的组织纪律修养，党员的传统文化修养，党性修养的途径和方法。

考核与成绩评定：理论考查占二分之一，形式为答辩会。实践占二分之一，包括校内各种学习和文化活动、校外志愿服务活动和社会实践等先锋模范作用的发挥。

综上所述，如何根据新形势下高校自身的特点，制定一套既符合新时代大学生党员发展要求，又符合"95后""00后"大学生特点的"渐进式阶梯状"党课教学教育体系，建立校、院系二级党课分级培训制度，开发具有时代特征的党课课程，提高党校教育的针对性和实效性已非常必要。

参考文献

[1] 中共中央组织部. 2015 年中国共产党党内统计公报 [EB/OL]. 新华网，2016-06-30.

[2] 中共中央组织部. 2016 年中国共产党党内统计公报 [EB/OL]. 新华网，2017-06-30.

[3] 中共中央组织部. 2017 年中国共产党党内统计公报 [EB/OL]. 新华网，2018-06-30.

[4] 中共中央组织部，等. 关于进一步加强高校学生党员发展和教育管理服务工作的若干意见 [EB/OL]. 中华人民共和国教育部网站，2013-07-03.

[5] 中共中央组织部. 中国共产党发展党员工作细则 [EB/OL]. 共产党员网，2015-10-28.

[6] 人民出版社. 中国共产党第十九次全国代表大会文件汇编 [G]. 北京：人民出版社，2017.

新时代党建视野下高职院校党务工作者队伍能力提升的探究

——以浙江艺术职业学院"双带头人"教师党支部书记培育为例

施少东 *

摘要：从严治党是中国共产党治党的重要原则。近些年伴随着党中央全面从严治党的有力推进，高职院校党建工作的目标越来越高、任务越来越重，新时代的党建工作已然成为保证高职院校发展的重要力量，因此一直是高职院校关注和研究的重点。党务工作者是开展党建工作的承担者，他们的能力直接关系到党务干部队伍的整体素质和能力水平，同时也关系到学校事业的发展。本文以"双带头人"教师党支部书记培育为切入点，重点分析目前培育过程中的问题和原因并提出了一些举措。

党的十九大对新时代全面推进党建工作做出了重要部署，提出了新时代党的建设总要求。高职院校承担着培养具有远大的理想、坚定的政治抱负、过硬的专业技术、具备创新精神的人才的历史重任，其党建工作的任务之重前所未有，因此党务工作者队伍能力的提升，对办好社会主义高职院校、助力提升办学水平和办学质量非常重要。

一、高职院校"双带头人"教师党支部书记培育的研究背景

从严治党是中国共产党治党的重要原则。自1929年古田会议起，中国共产党就保持着将"支部建在连上"的优良传统。党的十八大以来，以习近平同志为核心的党中央对党的基层组织建设提出一系列论断，多次强调要使每个基层党组织都成为坚强的战斗堡垒。党的十九大报告提出："新时代党的建设总要求

---

* 施少东，浙江艺术职业学院党委组织部（人才办）干事。

是加强党的全面领导,坚持党要管党、全面从严治党。"① 党支部是党组织开展工作的基本单元,是党的全部工作和战斗力的基础。高校党委是党的基层组织,高校教师党支部则是基层之基,是高校攻坚克难的堡垒,是结合我国独特的历史、文化、国情对马克思列宁主义基层党建理论的生动实践,是高校建设发展的政治核心。高校教师党支部建设作为党的工作的重要组成部分,既有其政治属性,也有其专业要求。高校党建在高等教育治理能力现代化过程中具有重要地位,起着重要作用。② 以支部书记为代表的党务工作者作为高校党建工作的实施主体,其专业化能力体现了基层党支部组织力和高校党建工作水平,同时直接影响高校改革发展和党的建设全局。

2017年8月,教育部党组下发的《关于加强新形势下高校教师党支部建设的意见》中首次提出高校教师党支部书记"双带头人"③ 的概念。双带头人就是要求高校教师党支部书记"一肩双挑",既要具备过硬的思想政治素养,做到"党建带头",也要在教育教学、科研、知识论文等业务方面有突出的能力,做到"学术带头",在高校基层党组织建设和学术探索中发挥其不可替代的作用,成为"头雁"。2018年2月,中组部、教育部党组下发《高校党建工作重点任务》明确了高校要全面实施教师党支部书记"双带头人"培育工程,力争3年内使教师党支部书记普遍成为"双带头人"。④ 2018年5月,教育部党组下发《关于高校教师党支部书记"双带头人"培育工程的实施意见》,对"双带头人"培育工程提出了具体的实施意见,明确了力争在2020年年底前,基本实现"双带头人"党支部书记选拔方式全覆盖,使教师党支部书记普遍成为"双带头人"⑤。随后,教育部在全国范围内遴选产生100个首批全国高校"双带头人"教师党支部书记工作室。不言而喻,教师党支部书记"双带头人"培育工程已成为高校基层党建的重要任务和重大责任。

因此,深刻领会"双带头人"教师党支部书记培育工程的精神内涵及重要

---

① 决胜全面建成小康社会 夺取新时代中国特色社会主义伟大胜利——在中国共产党第十九次全国代表大会上的报告[M]. 北京:人民出版社,2017:45.
② 任晓伟. 高校党建与高等教育治理体系能力现代化[J]. 中共云南省委党校学报,2015,16(3).
③ 中共教育部党组. 关于加强新形势下高校教师党支部建设的意见[EB/OL]. 中华人民共和国教育部网站,2017-08-02.
④ 中共中央组织部,中共教育部党组. 关于高校党建工作重点任务的通知[EB/OL]. 中华人民共和国教育部网站,2018-07-05.
⑤ 中共教育部党组. 关于高校教师党支部书记"双带头人"培育工程的实施意见[EB/OL]. 中华人民共和国教育部网站,2018-05-28.

意义,了解当前高校基层教师党支部的发展现状,掌握教师党支部建设过程中存在的客观问题和面临的现实挑战,才能不断推动教师党支部的先进性,提升基层党组织的组织力,为学校各项事业的发展提供坚强的组织基础和政治保障。

二、当前高职院校"双带头人"教师党支部书记培育工作存在的问题及原因

为更好地分析并找到目前"双带头人"教师党支部书记培育过程中存在的一些问题和原因,本文以问题为导向,向省内部分高校尤其是高职院校就相关问题做了调研访谈,并学习全国部分知名高校的培育案例,以期探索行之有效且符合我校实际的培育模式。调查发现,各高校党委都能按照新时代党建的总要求,充分贯彻落实党的教育方针,坚持"为党育人、为国育才"的初心,都能深刻认识到着力把教师党支部建设成为新时代高校基层的坚强战斗堡垒的重要性和必要性,但是在实施的过程中却面临着一些共性问题。

(一)对任职教师党支部书记思想认识不够到位、不够准确

目前,绝大部分的教师党支部书记是由群众基础好、学术能力强的党员教师兼任的。其本意是突出高校的学术地位,但在具体实践中,一些支部书记的思想认识并不到位、不准确,他们往往会认为党建工作是副业,教学科研才是"主业主责"。同时,他们的职业归属感、认同感和荣誉感也主要来自教学、科研,从而导致对任职教师党支部书记热情不高、动力不足,产生了重"主业"、轻"副业"的倾向;对任职教师党支部书记也多有推诿,更谈不上主动担当,甚至在任职后敷衍应付,直接影响了基层党建工作的质量。这些思想认识上的不到位、不准确,是当前高校教师党支部书记队伍建设面临的一大难题。

(二)高职院校"双带头人"教师党支部书记选配难

根据教育部文件要求,"双带头人"教师党支部书记原则上应具有副高级以上专业技术职务(职称)或者博士研究生学历学位,同时一般应兼任本单位行政职务。按照要求,对实力雄厚、人才贮备充足的本科院校来说并不是什么难事,但对部分实力较薄弱、人才储备较少的高校,尤其是对办学底子薄、师资数量相对不足的高职院校来说,部分支部要选任出符合条件的"双带头人"书记存在一定困难。2018年,浙江省普通本科院校在校生624707人、专任教师45908人,生师比为13.61:1;高职院校在校生394742人、专任教师17525人,

生师比为 22.52∶1,① 通过对比本科院校和高职院校生师比可发现,比值相差9,相差较大,反映出高职院校教师队伍数量不足。相较于本科院校,高职院校高层次师资力量也较为薄弱。从教育部颁布的《普通高等学校基本办学条件指标（试行）》中可以发现,关于具有研究生学位教师在专任教师中的占比,对普通本科院校的指标要求是不低于30%,而对高职院校只要求15%；关于具有高级职称教师在专任教师中的占比,要求本科院校不低于30%,高职院校只要求不低于20%。② 从顶层设计来看,就已经决定了高职院校的高层次人才偏少,高职院校只能根据学校实际选拔自己的"双带头人"教师党支部书记,将条件设定为中级以上专业技术职务（职称）或者研究生学历学位的优秀党员教师,并逐步达到副高级以上专业技术职务（职称）或博士研究生学历学位的目标。范围一般也就框定在教研室主任、学科带头人、专业带头人等,其中能够胜任党务工作的高端人才也就更少了。

（三）"双带头人"机制尚在摸索中,相关制度还有待完善

自2018年教育部正式实施高校教师党支部书记"双带头人"培育工程以来,在全国范围内研究这项培育工作的学术论著、能够推广的成功经验还较少。各大高校只能在教育部党组下发的两个《意见》中摸索前进,但也在考核评价、培训体系、激励机制上存在一些问题。当前对"双带头人"培育工程的主要目标、工作原则、选任标准等,都有明确且具体的要求,但对党支部书记党务工作的评价标准还是建立在主观评价的基础上,缺乏像教学科研评价一样的客观标准,使得其工作较多停留于被动地完成规定动作和上级任务,缺乏一定的主动性、创造性。按照选任标准,教师党支部书记要符合"双高双强"的标准,政治素质高、群众威信高,党务工作能力强、教学科研能力强。多数教师党支部书记对于业务工作来说,都是"行家里手",但对党务工作,他们或经验不足,或缺乏研究,致使履职能力不强,只能"摸着石头过河"。面对新时代党建工作的新要求,教师党支部书记承担的工作任务较以往更大,付出的时间和精力更多,再加上目前大部分高校教师党支部书记的党务工作量并没有与年终绩效和利益分配相挂钩,致使本就忙于教学科研工作的高校教师更加无暇兼顾。

三、高职院校教师党支部"双带头人"培育途径探索

党的十八大以来,以习近平同志为核心的党中央高度重视基层党支部建设,

---

① 2018年浙江教育事业发展统计公报 [EB/OL]. 浙江省教育厅网络,2019-04-30.
② 教育部. 关于印发《普通高等学校基本办学条件指标（试行）》的通知 [EB/OL]. 中华人民共和国教育部网站,2004-02-06.

明确将是否抓好党支部工作作为衡量党员领导干部政治是否成熟的标准。高职院校教师党支部作用的发挥，关键在于要建立一支政治素质好、党务能力高、业务能力强的教师党支部书记队伍。新形势下培育好"双带头人"教师支部书记，增强专业技术岗位上的教师党支部书记队伍的党务工作专业化能力，是高校全面贯彻落实全面从严治党要求的具体体现，更是提高学校党建工作科学化水平的有效途径。基于前文提出的问题，笔者建议可从以下几个途径进行探索。

（一）提高政治站位、构建价值认同，把培育好"双带头人"教师党支部书记作为提升高校党务工作者能力的政治基础

习近平总书记在2018年全国教育大会上讲话强调："加强党对教育工作的全面领导，是办好教育的根本保证。加强和改进高校思想政治工作，比以往任何时候都更加紧迫、更加重要。"① 高校党委要从政治高度、战略角度深刻领会到推进"双带头人"培育工作的重要性，尤其是对高端人才优势不明显的部分高职院校，只有从上至下不断提高思想认识，高度重视教师党支部书记选优配强工作，才能真正夯实高职院校基层党支部建设，全面加强和改进高职院校党建工作。首先，高职院校党委要进一步增强"四个意识"，提高政治站位，站在推进党和国家教育事业的高度来认识和看待高职院校"双带头人"教师党支部书记培育工作，将其作为加强党对高职院校的全面领导、坚持高职院校的社会主义办学方向的一项具体举措。其次，要引导广大党员教师摒弃重教学科研、轻党建工作的片面认识，要使其充分认识到紧随党的指导是一切工作的生命线，而科研学术是高校的活力和意义所在，两者缺一不可，只有使党建和学术科研紧密结合、同频共振、同向发力，才能推动学校的进步。最后，要为培育"双带头人"教师党支部书记营造和提供良好的氛围、平台，结合本校实际出台举措，通过合理的制度，做到资源合理下沉、重心合理下移，加大"双带头人"工程经费、人才、物力的投入，为基层党组织顺利开展工作提供坚实的物质保障。

（二）识人以察、任人以明，把选好用好"双带头人"教师党支部书记队伍作为提升高校党务工作者能力的首要之务

只有选任符合"双高双强"标准的教师党支部书记，才能真正发挥"领头雁"的示范引领效应，才能强化基层党支部的战斗堡垒功能。在书记选任方向上，需要在符合规定的范围内打破条条框框的束缚，充分发扬民主，从党员教学骨干、学术骨干中遴选"双带头人"。同时为避免出现"重业务、疏党务"

---

① 习近平在全国教育大会上发表重要讲话［EB/OL］. 新华网，2018-09-10.

的不良倾向，也要尊重教师党支部书记候选人的个人意愿，引导他们正确处理业务工作和党务工作的关系。在教师党支部书记的选任上，除注重考察党务、业务能力外，还要重视师德师风、群众基础等方面的因素，真正把形象好、作风正、群众认可度高的同志选出来。在"选好"的基础上，还要充分考虑"用好"的重要性。要用好教师党支部书记，就必须科学制定岗位职责和目标，对其党务工作进行全面、客观的考核评估，将教师党支部各项工作具体化、制度化，使教师党支部书记明确自身角色定位和工作职责，围绕理论学习、服务师生、业务提升等方面，设置工作目标、梳理任务清单，充分发挥教师党支部书记的业务引领和学术先锋作用，引导他们找准党务工作和业务工作的结合点，利用自身的学术造诣和学术威望，带动其他教学科研能力突出的业务骨干和青年教师共同发展。如此一来，作为党务带头人，教师党支部书记可以在组织教学科研任务、开展教师思想政治教育等方面发挥独特作用，推动教师生产力水平提高；作为学术带头人，教师党支部书记不但在教学科研组织中更有影响力和号召力，在基层党建工作中也更有领导力和组织力。[1] 这样有利于达到"双带头人"的角色融合，同时也增强了教师党支部组织的创造力、凝聚力。

（三）健全保障激励、加强考核管理，把保驾护航"双带头人"教师党支部书记队伍作为提升高校党务工作者能力的有效举措

"双带头人"教师党支部书记本身已承担了繁重的教学科研工作，又要开展党务工作，如果没有一定的激励措施和保障机制，很难保证他们的工作热情。因此，必须有相应的保障激励机制促进他们的积极性。在政治待遇上，要充分尊重教师党支部书记的地位，提高他们的话语权、知情权，如在院（系）党政联席会议、院（系）党委（总支）委员会会议等决策机构中，积极吸收教师党支部书记参与讨论或列席旁听，充分发挥他们在关系院（系）发展重要事项中建言献策、反馈民意的重要作用，切实增强他们的责任感、使命感；在资源配置上，坚持资源下沉、重心下移的工作原则，从人、财、物以及建立良好的工作机制（如落实好"党务干部职务职级双线晋升"等有关要求[2]）等各方面大力支持教师党支部书记开展工作，充分保障教师党支部各项活动的顺利推进；在培训提升上，要将教师党支部书记培训纳入学校师资培训和干部培训整体计划，根据不同工作阶段的实际需要，坚持以党性教育为核心、以能力培育为关

---

[1] 陈森青，魏雪婷."双带头人"培育工程：生成理路、现实困境与思路创新［J］.扬州大学学报（高教研究版），2018，22（6）：13-18.
[2] 中共中央组织部，中共教育部党组.关于印发《高校党建工作重点任务》的通知（组通字〔2018〕10号）［EB/OL］.中华人民共和国教育部官网，2018-07-05.

键的原则，把经常性教育和个性化培养结合起来，通过邀请校内外党建工作专家为教师党支部书记开展专题讲座的方式，着力提升教师党支部书记的政治理论和党性修养，同时邀请同类院校中的优秀教师党支部书记交流座谈，紧密结合工作实际进行传帮带，帮助教师党支部书记提高实际工作能力；在考核考评上，要把党务工作纳入年度绩效考核体系，建立任期履职档案，如实记录教师党支部书记履职情况和工作实绩，建立优胜劣汰的动态调整机制，调整优化激励政策，如在选拔院（系）党政干部时，优先考虑和推荐有"双带头人"教师党支部书记任职经历的人选。

高校党务工作队伍是高校加强党的建设的主力军，是高等学校开展基层党建工作的承担者。在习近平新时代中国特色社会主义背景下，不断加强高校党务工作队伍建设，提高党务工作者的能力素质，是当前全面贯彻学习十九大精神，落实全面从严治党，解决基层党组织弱化、虚化、边缘化的必然要求。同时，加强高校基层党务工作队伍建设，是推进高等教育事业发展的客观要求。因此，培育好"双带头人"教师党支部书记，巩固提升高校党务工作者能力，已经成为高校党建工作迫切需要解决的一个重点问题，也是进一步推进高校基层党建工作创新的关键点。

参考文献

[1] 决胜全面建成小康社会夺取新时代中国特色社会主义伟大胜利——在中国共产党第十九次全国代表大会上的报告［M］.北京：人民出版社，2017.

[2] 习近平.坚持立德树人思想引领　加强改进高校党建工作［EB/OL］.新华网，2014-12-29.

[3] 习近平.贯彻落实新时代党的组织路线，不断把党建设得更加坚强有力［N］.人民日报，2020-08-01（01）.

[4] 习近平.关于推动全面从严治党向基层延伸重要记述摘录［EB/OL］.人民网，2016-04-04.

[5] 王陈.高职院校全面实施教师党支部书记"双带头人"培育工程的路径分析［J］.思想理论教育，2019（2）.

[6] 左占卫.教师党支部书记"双带头人"培育工程的实施路径探析［J］.创新创业理论研究与实践，2019，2（13）.

[7] 于安龙.高校教师党支部书记"双带头人"培育路径探析［J］.思想理论教育，2019（07）.

[8] 吴华.高职院校教师党支部书记"双带头人"培育工程建设探析［J］.

卫生职业教育，2019，37（1）.

［9］林琳.高校教师党支部书记"双带头人"队伍现状及培育［J］.福建教育学院学报，2018（7）.

［10］高佳佳，焦飞.加强"双带头人"教师党支部书记队伍建设探析［J］.改革与开放，2018（20）.

［11］李宏波.全面从严治党视域下高校党务工作队伍的能力提升研究［J］.湖北函授大学学报，2018，31（5）.

［12］金伊始.推进全面从严治党向基层延伸［J］.人民论坛，2018，（12）.

［13］杨凤城.历史视阈中的新时代全面从严治党之思想建设［J］.华东师范大学学报（哲学社会科学版），2018，50（3）.

新时代背景下艺术院校民主党派社会服务研究

——以浙江艺术职业学院为例

张京京[*]

摘要：社会服务是民主党派参政议政、民主监督两大主要职能的延伸和拓展。高校内汇聚了一批优秀的民主党派专家学者，他们对推动学校的改革发展和经济、社会、文化发展起到了重要作用。随着公众文化需求的逐步提高，在新时代背景下，艺术院校民主党派发挥社会服务的职能将越加重要，意义将越加重大。当前艺术院校对民主党派开展社会服务的激励机制有待加强，各民主党派社会服务内容和形式相对单一，理论研究存在一定空白。因此，艺术院校民主党派要加强社会服务队伍建设，积极打造社会服务品牌，通过各类渠道和平台彰显自身的智力、专业优势，积极履行社会服务职能，提升文化软实力，更好地服务经济社会发展。

一、民主党派社会服务工作的基本内涵

（一）民主党派的内涵

我国民主党派包括中国国民党革命委员会（民革）、中国民主同盟（民盟）、中国民主建国会（民建）、中国民主促进会（民进）、中国农工民主党（农工党）、中国致公党（致公党）、九三学社、台湾民主自治同盟（台盟）八个民主党派。

中国共产党领导的多党合作和政治协商制度是我国一项基本的政治制度，该制度将长期存在和发展，它的显著特征是"共产党领导、多党派合作，共产党执政、多党派参政"，中国共产党与民主党派之间由"长期共存，互相监督

---

[*] 张京京，浙江艺术职业学院党委学生工作部辅导员。

发展到"长期共存、互相监督、肝胆相照、荣辱与共",再发展到"亲密友党"的关系。统一战线是党的事业取得胜利的重要法宝,中国共产党领导的多党合作和政治协商制度适合中国国情,民主党派作为参政议政党在提升执政党能力方面起到了重要作用,各民主党派同中国共产党共同有力推动了社会主义的建设与发展。

(二)社会服务的内涵

社会服务的概念最初适用于企业通过开展公益慈善活动等形式服务、回报社会。在新时代背景下,社会服务的内涵也在随着经济、社会、技术的不断发展而处在一个动态变化的过程中。社会服务作为参政党直接为国家建设服务的重要职能,其与生产经营单位直接创造物质财富、慈善工作部门开展公益活动有着一定区别。

民主党派社会服务的概念有广义和狭义之分。从广义上来说,民主党派作为社会政治组织,具有自身的社会功能与社会角色,可以通过发展和教育成员、完善和丰富参政职能等方式为经济、社会发展提供服务;从狭义上来说,民主党派可以通过深入基层、面对个体,开展直接、具体的社会服务工作,如智力支边扶贫等。总的来说,民主党派的社会服务是民主党派在长期发展过程中,所从事的为社会和公众提供的各项实践活动。本文研究的是狭义的民主党派社会服务。

(三)艺术院校民主党派开展社会服务的意义

社会服务工作作为民主党派的重要社会职能,是民主党派参政议政职能的延伸和拓展,也是民主党派一脉相承的优良传统。民主党派社会服务工作的有力开展能够增强党派成员的社会责任感和组织认同感,提升党派组织的凝聚力和社会影响力,塑造民主党派的优良社会形象,有助于参政党完成各项政治任务和有效履行职能。

随着人民群众对文化艺术的认知和需求日渐提高,汇集文化艺术资源和人才的艺术院校成为发展社会先进文化的重要阵地,在推动文化建设、传承和引领文化、丰富群众精神文明生活方面发挥越来越重要的作用。艺术院校中民主党派成员分布广泛,他们正主动跟上新时代步伐,适应新任务、新要求,进一步挖掘民主党派社会服务职能作用及潜力,拓展社会服务内涵,为助力文化实力提升、促进经济与社会发展提供创造性能量。

二、浙江艺术职业学院民主党派人士社会服务情况

（一）民主党派成员分布

浙江艺术职业学院（以下简称"浙艺"）现有民革、民盟、民进、农工党、致公党和九三学社 6 个民主党派，其中民革、民盟、民进设有支部。在职教职员工共计 54 人，其中，男性 17 人，占比 31.48%；女性 37 人，占比 68.52%；副高级以上专业技术人员 30 人，占比 55.56%，民主党派成员队伍整体呈现资历深、水平高、业务精的整体特点。

（二）社会服务工作模式

浙艺民主党派参与社会服务的主要模式是：各民主党派总体部署+校党委高度重视+校内各民主党派支部组织开展+党派骨干成员发挥优势，通过组织和个人双重发力的模式开展相关社会服务工作。

（三）社会服务开展基本情况

浙江艺术职业学院重视民主党派成员在学校改革发展过程中所起到的积极作用，充分调动和发挥党外知识分子的积极性、创造性，积极为他们创造条件，充分发挥文化统战资源优势，发挥学科专业优势，大力推进文化艺术的繁荣与发展。近年来，学校协助选送多个文艺作品参演"阅读修心·艺术感化"民盟浙江省委会主题帮教活动暨民盟黄丝带帮教基地、"香樟树"关爱基金帮扶基地揭牌仪式，指导浙艺民盟支部与浙江省未成年人管教所签订了"艺术修心"帮教工程协议，组织民主党派和无党派人士代表赴中国网络作家村学习调研，充分发挥他们的智力优势和专业特长。

通过对近两年浙艺民主党派在"服务企业、服务群众、服务基层"中，推动文化浙江建设和诗画浙江建设，参加各类社会实践的基本情况，以及取得的效果和获得的荣誉等进行汇总、统计、梳理，发现近 20 名民主党派成员在社会组织中兼任职务，其中涉及戏剧、音乐、舞蹈、美术等艺术领域且在行业内部有着较高的社会知名度和影响力，成果较为突出。这些民主党派成员积极服务于国家、地方重大活动和项目，如高雅艺术进校园、农村文化礼堂建设等重要文化项目，同时带领和引导师生广泛参与公共文化服务。近 30 位民主党派成员先后开展慰问演出、经验交流、赛事评审、作品展演等各类社会服务工作数十次。

三、艺术院校民主党派开展社会服务存在的问题

(一) 激励机制缺乏

艺术院校在实践教学、作品创作等工作方面已经基本形成了系统、完善的考核及考评机制，经费与资源充裕，能够得到有力支持。但大部分艺术院校内专门针对民主党派社会服务的成果考核机制基本上是空白，社会服务没有统一的量化考核标准，也没有设置社会服务专项经费，民主党派成员往往得不到相应的待遇，这对积极主动参加社会服务工作势必会产生一定程度的影响。民主党派社会服务工作的扎实有效开展离不开上级党委和有关部门的大力支持，也同样离不开人力、物力、财力方面的资源支持。尽快建立完善激励机制，是艺术类院校在社会服务工作中发现人才、培养人才及锻炼人才的有效措施。

(二) 服务内容趋同

各党派组织目前都会把开展社会服务纳入年度工作计划，但受诸多因素影响，社会服务方面可能并未达到预期目标，甚至一些民主党派组织违背了开展社会服务工作的初衷，仅仅把社会服务当作扩大自身影响力和知名度的形象工程，挑选那些直接、简单的社会服务形式和内容，追求短暂的成效，缺乏计划性，忽略了社会服务工作的可持续性和长期发展。目前艺术院校内各民主党派组织呈现出的社会服务内容趋同、形式单一、浮于表面，局限于宣传讲座、文艺演出、捐款捐物等内容，未能发挥各民主党派的独特优势。

(三) 理论研究滞后

目前对艺术院校民主党派开展社会服务工作的理论研究尚处在起步阶段，从某种意义上来说存在一定的缺位，参与面不够宽阔且有一定的局限性。对各民主党派而言，在开展社会服务工作的过程中仅仅专注于具体的工作内容本身，未能及时总结经验，形成系统的统战理论。对于艺术院校而言，开展统战理论研究的主体是学校的统战部门、相关领域研究员等，奋战在社会服务实践一线中的骨干成员却鲜少进行细致深入的理论研究。理论研究的滞后导致现有的理论成果不能有效指导新时代背景下民主党派社会服务工作的开展，参与面在广泛程度上还有待提升。

四、对高校民主党派社会服务工作的对策和建议

(一) 整合力量，组建队伍

艺术院校专业特色明显，艺术人才荟萃，文化资源集聚，民主党派成员众

多，这为开展优质的社会服务工作奠定了坚实的基础。艺术院校统战部门应该扎实抓好民主党派成员的教育引领工作，引导各民主党派成员不忘多党合作初心，不断增强"四个意识"，坚定"四个自信"，坚决做到"两个维护"，牢牢把握统一战线的正确政治方向，协助做好民主党派成员的组织发展、人才培养工作，支持和帮助校内各民主党派加强基层组织建设，不断提高民主党派的组织凝聚力和内部管理水平，鼓励和支持民主党派成员结合专业所长服务社会。民主党派应该夯实组织基础，把社会服务工作当作长期的任务进行统筹规划，同时要特别注意社会服务工作的连续性和整体性，通过学习培训等方式，切实增强成员整体素质和履职能力，充分调动成员参与社会服务的热情，建成一支社会服务内容过硬、特色鲜明，稳定、敬业、强大的服务队伍。

（二）打造品牌，形成特色

各民主党派自身的鲜明特色是其存在和发展的基础，高质量与高信誉度的社会服务工作具有较高的价值和生命力。艺术院校民主党派在开展社会服务的过程中，要将党派特点、院校特色、专业特性体现出来，精确地选择并策划社会服务工作的主攻方向、内容，精准确定服务对象，有针对性地提供高质量服务。创新工作模式，全程精心组织，将分散的、小范围的、短期的传统社会服务模式向固定的、可持续的、长效的服务模式转变，形成社会服务的长线效应，打造充分发挥自身优势且具有鲜明特色的服务项目和服务品牌，在为艺术院校自身改革建设贡献力量的同时，大力推进地方文化建设的科学发展及艺术文化产业的繁荣，从而促进经济和社会的良好发展。

（三）加强宣传，拓展渠道

加强对民主党派社会服务工作的宣传力度，有利于提升民主党派的整体形象。通过舆论扩大民主党派社会服务工作的积极作用，能够广泛凝聚社会共识，形成良好的口碑，获得正面的社会评价。艺术院校首先要加强对内宣传，在校内形成开展统一战线工作的良好氛围，其次要通过报纸、电视、网络等媒体进行宣传，有利于民主党派在开展社会服务时广泛争取到各方面的支持，发挥资源的最大优势。各党派之间也要加强横向沟通和联系，在一些社会服务活动方面联合携手共进，借助彼此的资源及专业优势达到事半功倍的效果。各艺术院校民主党派组织也可借助自身优势寻求政府及有关部门、企事业单位、其他类别院校及各类社会团体等组织的合作与支持，加强联动，形成合力。

艺术院校与文化的传承与发展密切相关，在服务和引领文化方向、文化传承与创新方面应具有强烈的责任感和使命感。作为艺术院校中坚力量的民主党派成员，更要积极发挥智力优势和专业特长，利用好自身在开展社会服务上的优势，努力培育高端文化创新人才，创造出高质量的文化成果、文艺作品，彰显自身的智力与专业优势，积极履行社会服务职能，更好地服务经济社会发展。

参考文献

[1] 朱英姿. 新时代下创新民主党派社会服务工作的思考与探析 [J]. 前进论坛, 2020 (01).

[2] 孟倩. 新时代民主党派在推进社会治理中的实践与探索 [J]. 知行铜仁, 2019 (06).

[3] 民进河源市基层委员会课题组, 肖朋添, 罗晓霞. 新时代做好民主党派社会服务工作的路径选择及思考——基于民进河源市基层委员会的个案研究 [J]. 广东省社会主义学院学报, 2019 (01).

[4] 高翠峰, 孔群, 范晓明. 精准帮扶：民主党派科技服务社会实践的新探索——以农工民主党中国医学科学院委员会为例 [J]. 北京教育（高教版）, 2018 (101).

[5] 孙学君. 新形势下民主党派社会服务的新思考 [J]. 前进论坛, 2017 (11).

基于跟进式教育理念下的高校党员教育提质途径研究

吴 颖 王育英[*]

摘要：中国共产党的先进性来源于党的基层组织和党员的先进性。党员是党的细胞，是党组织的基础和党的活动的主体，党员教育管理的水平事关基层党组织的战斗力和党的执政能力，是一项基础性、长期性的工作。本研究以"跟进式教育"理念为理论依据，深入挖掘党员跟进式教育过程中的主动性、时效性、针对性、可持续性等特点，并在此基础上探索构建教育跟进、管理跟进、监督跟进、服务跟进的四位一体的党员教育模式。

一、问题起源：党员教育管理工作亟须提质升级

党员教育管理是现代政党内部治理的重要内容，是政党战斗力和凝聚力的重要表现，决定着政党的利益表达和社会整合能力。党的十八大以来，以习近平同志为核心的党中央高度重视党员教育的重要性，并在2019年审议通过的《中国共产党党员教育管理工作条例》中，进一步对党员教育做出重要指示，提出加强党员教育是党的建设的基础性、根本性、经常性的任务。加强党员教育，就是要着力激发党组织的生机活力，建设一支信念坚定、政治可靠、素质优良、纪律严明、作风突出的党员队伍，且高校是人才培养、党员发展的集中营，高校党员教育管理的重要性和迫切性就显得尤为重要。

---

[*] 吴颖，浙江艺术职业学院党委学生工作部（保卫处）副部长；王育英，浙江艺术职业学院党委学生工作部（保卫处）干事。

二、内涵诠释：跟进式教育与高校基层党组织建设的内在逻辑

（一）党员跟进式教育的内涵

"跟进"一词多见于经济理论或商业活动领域，表示"及时介入，采取进一步行动"，强调行动的及时性、主动性和有效性。常州大学蒲玉忠教授以"跟进"理念为依据，在此基础上于2006年正式提出"跟进式教育"这一原创教育理念，后被广泛应用于高校大学生思想政治教育工作领域并发挥了重要作用。"跟进式教育"是指在目标确定后，为确保目标高效实现，教育主体及时介入，主动推进和有效促进的全方位、全过程、立体化、多样化的育人行动。党员跟进式教育就是紧紧围绕党员教育的目标、以党员为根本，通过跟进党员思想动态和个性兴趣等方面的变化特点，不断调整党员教育的内容、方式方法，主动及时干预，确保党员始终走在前列，发挥党员教育的先进性和模范带头作用。党员跟进式教育充分体现了马克思主义"以人为本"的精神，以党员为中心，把党员思想动态、兴趣特征和行为表现作为跟进目标，充分发挥党员的主体性，摆脱传统的灌输式、单向化的教育方式，强调教育过程的交互性、及时性和创新性。

（二）党员跟进式教育的特征

党员教育是一项长期、持续的工程，党员跟进式教育作为一种新的教育思维，更加注重党员教育的过程化，因此相较于以往的教育模式，具有明显的新特征。

1. 主动性

党员跟进式教育不是简单地对党员的思想、需要的"跟从"，而是强调在积极把握顺应时代、社会、思想等发展规律和趋势的基础上，对党员做出前瞻性、预见性和长远性的教育，其精神内核是与时俱进和不断创新。

2. 时效性

党员跟进式教育在时间效度上要求及时跟进，强调跟进的及时性。在当今信息爆炸的时代，社会事物瞬息万变，知识更新日趋加快，党员的兴趣爱好、思想行为不断变化。因此，党员跟进式教育主张及时把握党员思想、需要和兴趣的变化，跟进社会形势，把握时代脉搏，坚持与时俱进，及时更新党员教育的内容、形式、方法，使党员教育与时代同步。

3. 针对性

党员跟进式教育是有目的、有计划、有组织、有方法的教育，强调围绕教

育目标，针对时代形势、社会需要以及个别党员出现的新问题，坚持问题导向，有的放矢地开展教育。区别于以往"大水漫灌"的粗放式教育，党员跟进式教育更加具有指向性、准确性和针对性，增强了党员教育的实效性。

4. 可持续性

党员教育是一项持久的工作，党员素质的提高也需要经历一个"知情意行"相统一的较长过程，党员跟进式教育在遵循个体成长规律和教育基本规律的基础上，立足长远发展，通过贴近式、润物无声式教育，将师生党员培养成为组织需要的个体。党员教育颠覆了传统的说教式、灌输式的教育方法，更加注重反复、循环、过程化的跟进教育，使师生党员在思想认识、政治素养、宗旨意识上更加深刻，并自觉转化为有意识的行动。

三、路径选择：基于跟进式教育下高校党员教育提升途径

本研究以"跟进式教育"理念为理论依据，以党员思想行为变化和需求为跟进目标，以主动跟进、及时跟进、持续跟进为原则，以与时俱进、不断创新为生命源泉，探索构建教育跟进、管理跟进、监督跟进、服务跟进的四位一体的党员教育管理工作体系，进一步创新新时代党员教育管理工作模式。

（一）教育跟进，提升党员教育管理有深度

党员教育是高校基层党组织建设中一项经常性、持续性的重要内容。一是要强化理论教育，推进"两学一做"常态化教育，坚持"三会一课"基本制度，通过组织集中培训等基本方式，用习近平新时代中国特色社会主义思想引领广大师生党员，引导党员践行新思想、适应新时代、展现新作为，强化党员的思想意识教育。二是要加强实践教育，通过组织主题党日活动，参观历史纪念馆，结合国内外重大事件、纪念日等丰富多彩的文体活动，对师生党员开展爱国主义教育、革命传统教育、习近平新时代中国特色社会主义思想学习教育，广大师生党员在浸入式的活动参与中受感染、有感悟，切实推动党员教育入脑、入心。三是要充分发挥网络多媒体在开展党员教育中的重要作用。将党员教育与现代信息技术相融合，利用学习强国等网络媒体，及时宣传学习党的重大会议精神、政策文件等，对热点的时事政治问题积极展开讨论，调动师生党员参与政治讨论的积极性，多渠道了解掌握师生党员的关注点和思想动态，及时进行舆论引导，让网络成为开展党员教育的有利抓手，推进党员教育走深、走心、走实。

（二）管理跟进，推进党员教育管理有力度

1. 重视发展青年教师入党

当前高校发展党员工作的一个突出问题是，青年教师党员的比例偏低，而且青年教师要求入党的积极分子较少，对此如果不给予高度的重视，就会严重影响今后教师队伍的建设。因此基层党务工作者，要对这些中坚力量加强思想引导，帮助这个群体提高思想觉悟水平和政治意识，热情鼓励、积极培养，关心他们的工作生活情况，广泛吸收青年教师加入党组织。

2. 严把党员"入口关"

《中国共产党党员教育管理工作条例》中明确规定，要提高党员队伍建设的质量，保证党员队伍的先进性和纯洁性。高校注重发展青年教师和学生入党，并不意味着盲目追求党员的数量，而是要严格把牢党员的入口关。首先，注重入党积极分子的日常教育和管理，制定一人一档、一月一谈等措施，把真正优秀且入党动机端正、符合党员条件的同志纳入党员队伍。其次，要特别加强入党后党员的后续教育和培养，保证组织生活的频率。

3. 要保证质量，慎重发展

充分认识党员发展的严肃性，把党员质量放在首位，对党员的培养发展要严肃谨慎，注重党员的日常教育和管理，以保证党员队伍始终保持其先进性，强化基层党组织的战斗堡垒作用。

4. 建立合理的考核及奖惩制度

为进一步激发党员队伍的活力，基层党组织可结合党建工作的重点，设定一定的考核指标，同时根据考核的情况，建立合理的奖惩制度。奖惩制度作为一种正向的激励机制，能够很好地激发师生党员的积极性和创造力，结合考核结果评定"优秀党员""优秀党务工作者"等荣誉称号，同时将其优秀事迹形成材料下发每个党员进行学习，极大激发师生党员争先进、求进取的热情，对增强基层党组织的凝聚力和活力具有巨大的促进作用。另外，对于责任心不强、工作软弱懒散，甚至有违纪行为的党员视情节的严重程度，给予取消评优资格或进行相应的纪律处分，以此规范党员队伍的行为，保持党员队伍的先进性、纯洁性。

5. 做好流动党员的教育管理工作

可以借助网络平台将分散在各地的流动党员组织起来，及时跟进做好党员日常教育管理服务工作，保证党员流动不流失，管理无死角，切实提高党员管理的力度。

(三) 监督跟进，确保党员教育管理有尺度

建立健全群众监督机制，监督师生党员要有尺度。监督党员既要把握好外在的尺度"合规律性"，又要拿捏好内在的尺度"合目的性"。让党员成为遵守党章党规党纪和依法办事的模范、守护道德规范的榜样、参加组织生活的积极分子、履行党员义务的标兵、联系服务群众的先锋。党组织要建立健全群众监督机制，积极搭建党员联系师生群众的平台，通过走访学生寝室，举行师生座谈会、沙龙，开设校长书记信箱，发放调查问卷等多种形式提高党组织的亲和力。通过召开民主生活会、党风廉政建设分析会等方式强调党纪如印记，使党员真正了解政治纪律是高压线，时时处处感受约束、敬畏纪律。发现党员存在错误倾向和不良作风要及时找其交流谈话，要及时提醒指导，运用好监督执纪的"四种形态"，注重抓早抓小，严字当头，防微杜渐，将"大病"扼杀于萌芽状态，让党员的一切工作在强有力的监督下进行。将外在的约束最终转化为党员内在的自觉，形成自我管理、自我监督的习惯，不断提高党员的自主拒腐能力。

(四) 服务跟进，促进党员教育管理有温度

党员教育是以宣传学习党的政治理论、路线方针政策，坚定党员理想信念，提高党员思想认识、政治觉悟，发挥党员先锋模范作用，永葆党的先进性、纯洁性建设为主的教育。要坚持"以人为本"的育人理念，密切联系师生党员，主动走近师生党员，了解师生党员在工作、学习、生活等方面遇到的问题，将党员教育渗透在服务师生党员、为师生党员排忧解难中，做有温度的教育；要"心怀真情"，通过真挚坦诚的谈心谈话、饱含祝福的党员政治生日、严肃认真的组织生活会、深入细致的调查走访等方式，及时了解党员的身体、心理、思想、学习、工作、生活等各方面情况；要想党员之所想，急党员之所急，解党员之所忧，因事而化，因势利导，因材施教，让关爱理解成为助力党员成长的最佳滋养剂；要"躬亲以行"，主动成为助力党员成长的示范者，用模范形象影响师生党员，用先锋作用引领师生党员，用工作热情感染师生党员，确保党员在思想上入党、在政治上信党、在行动上跟党。

总之，党员教育是一项长期性、复杂性的工程，是高校基层党组织建设的基础工作。党员跟进式教育这一理念既确定了教育的主体，又明确规定了党员教育的工作范畴，主张教育过程的重复性、过程化、持续性，遵循了教育的发展规律，为高校基层党组织有效开展党员教育管理工作，推进党员队伍的先进性和纯洁性建设，确保我们党始终走在时代前列提供了重要的方法论指导。

参考文献

[1] 浦玉忠."跟进式教育"理念创新研究 [J]. 南通大学学报（社会科学版），2018，34（01）.

[2] 薛健飞，浦玉忠."跟进式教育"理念的价值认同机理研究 [J]. 河海大学学报（哲学社会科学版），2016，18（06）.

[3] 浦玉忠，韩晓庆."跟进式教育"理念的实践模式浅析 [J]. 江苏工业学院学报（社会科学版），2010，11（02）.

[4] 浦玉忠，王建明，朱明珠. 跟进式教育：高校思想政治教育的新思维 [J]. 常熟理工学院学报，2010，24（12）.

[5] 陆先亮. 大学生党员素质"跟进式"培养探赜 [J]. 学校党建与思想教育，2016（24）.

[6] 陈玲，云电军，刘朝华，陈倩. 新时代高校基层党组织建设的路径探析 [J]. 学校党建与思想教育，2019（06）.

民主评议党员模式创新研究和探索

黄思远*

摘要： 党组织建立民主评议党员制度，是贯彻从严治党方针，提高党员素质的一项重要措施，是通过制度加强党员教育、管理和监督的有效方法，对于充分发挥党组织的领导核心作用和党员的先锋模范作用有重要意义。本文结合实际，从三个维度探讨创新民主评议党员制度的措施和方法。

民主评议党员制度是党的基层组织按照有关规定定期组织党员开展民主评议的一项制度。主要通过对党员的正面教育、自我教育和党内外群众的评议，以及党组织的考核，对每个党员在各项学习工作中的表现和作用做出客观的评价，以达到激励党员、纯洁组织、整顿队伍的目的。

一、创新民主评议党员模式的重要意义

（一）坚持民主评议党员制度的重要意义

民主评议党员是在《中国共产党章程》、中共中央办公厅《关于加强新形势下发展党员和党员管理工作的意见》、中共中央组织部《关于建立民主评议党员制度的意见》以及党的十八大提出的"党要管党、从严治党"要求下按年度开展的。坚持民主评议党员制度，对进一步明确"严格党内生活，健全党性定期分析、党员民主评议等制度"，进一步提高民主评议党员工作的科学化、规范化、制度化水平具有现实意义。坚持民主评议党员制度，对于发挥党的政治优势，增强党的战斗力，全面贯彻党的基本路线，加快社会主义现代化建设具有极为重要的意义。

---

* 黄思远，浙江艺术职业学院音乐学院组织员、学生党支部书记。

（二）创新民主评议党员模式的重要意义

保持党的先进性和纯洁性，需要有具体抓手和机制，需要有体制机制研究和创新。《关于新形势下党内政治生活的若干准则》提出："坚持对党员进行民主评议。"明确规定党组织要"督促党员对照党章规定的党员标准、对照入党誓词、联系个人实际进行党性分析"。这是多年来党的先进性建设探索积累的成功经验。民主评议党员模式创新研究也是进一步调整、加强党员教育、监督和管理的重要抓手和有效载体。

二、当前开展民主评议党员工作的基本概况

（一）民主评议党员工作开展现状

中共中央组织部《关于建立民主评议党员制度的意见》明确了民主评议党员的基本内容。中共中央办公厅《关于推进"两学一做"学习教育常态化制度化的意见》明确了做合格党员的"四讲四有"标准和四个合格（见下表）。

民主评议党员基本内容	"四讲四有"和四个合格
1. 是否具有坚定的共产主义信念，能否坚持四项基本原则，坚持改革开放，把实现现阶段的共同理想同脚踏实地地做好本职工作结合起来，全心全意为人民服务。	1. 讲政治、有信念，做到政治合格。重点是坚定理想信念，正确把握政治方向，坚定站稳政治立场，坚决维护以习近平同志为核心的党中央权威，不断增强中国特色社会主义道路自信、理论自信、制度自信、文化自信。
2. 是否坚决贯彻执行党在社会主义初级阶段的基本路线和各项方针、政策，在政治上同党中央保持一致，为推动生产力的发展和社会主义精神文明建设做出贡献。	2. 讲规矩、有纪律，做到执行纪律合格。重点是增强组织纪律性，执行党的决定，服从组织分配，严守党的纪律特别是政治纪律和政治规矩。
3. 是否站在改革的前列，维护改革的大局，正确处理国家、集体、个人利益之间的关系，做到个人利益服从党和人民的利益，局部利益服从整体利益。	3. 讲道德、有品行，做到品德合格。重点是继承发扬党的优良传统和作风，大力弘扬忠诚老实、光明坦荡、公道正派、实事求是、艰苦奋斗、清正廉洁等共产党人价值观，带头践行社会主义核心价值观。

续表

民主评议党员基本内容	"四讲四有"和四个合格
4. 是否坚决执行党的决议，严守党纪、政纪、国法，坚决做到令行禁止。	4. 讲奉献、有作为，做到发挥作用合格。重点是牢记党的根本宗旨、爱岗敬业、履职尽责，服务群众、奉献社会，敢担当、敢负责、敢作为，在促进改革发展稳定中做表率、当先锋。
5. 是否密切联系群众，关心群众疾苦，艰苦奋斗，廉洁奉公，自觉维护人民群众的利益。	

中央组织部 2016 年《关于在"两学一做"学习教育中召开专题组织生活会和开展民主评议党员的通知》（组通字〔2016〕62 号）提出，民主评议党员不下指标、不定比例、不唯票数。按照个人自评、党员互评、民主测评的程序，对党员进行评议。个人自评要摆出政治、纪律、品德、作用四个方面存在的问题，进行自我批评、做出自我评价，支部班子成员要带头示范；党员互评要摆事实、讲表现，直截了当提具体意见，不带个人恩怨，不搞无原则纷争；民主测评采取发放测评表的方式，按照"优秀""合格""基本合格""不合格"四种等次，对党员进行投票测评。党支部结合评议情况，综合分析党员日常表现，给每名党员评定等次并向本人反馈。对评为优秀的党员要予以表扬，对评为合格的党员要肯定优点、提出希望和要求，对评为基本合格的党员要指出差距、帮助改进，对评为不合格的党员，要立足教育帮助，促进转化提高。

（二）目前民主评议党员过程中存在的主要问题

虽然我们在党性分析、民主评议工作中付诸大量的实践与探索，也取得了一些初步成效，但在实际工作中还存在一些问题与不足。

1. 思想认识不到位

有些支部在民主评议党员工作中，注重评"两头"，即定出谁是优秀党员，谁是不合格党员。然而"优秀""不合格"总是极少数，绝大多数党员的评议表上是合格党员。长此以往，大部分党员不评议也知道自己是合格党员，对评议就不重视了，使原本严肃的民主评议党员工作变成了皆大欢喜地走程序，极大影响了民主评议党员的质量。固定不变的评议模式以及时间、程序，使个别组织者和党员产生了消极应付的心理。

2. 评议程序不到位

有些支部在民主评议党员工作上，事先不讲清评议意义，不明确评议标准，就让大家随便评议，事后也不对评议情况进行点评总结。有的党组织甚至置评议工作的基本程序和要求于不顾，不征求党内外意见，不注重开展批评与自我批评环节，只是让党员简单地发个言，领导讲两句话，填一下测评表就算走完了程序。

3. 评议剖析不到位

一些党员不能正确看待批评与自我批评，在撰写分析材料时，说成绩长篇大论，讲问题遮遮掩掩，将原本找差距、查原因的党性剖析材料写成了评功摆好、自我表扬的"先进事迹"；在评议其他党员时，不讲缺点讲优点，不讲问题讲成绩。

4. 评议执行不到位

一是党员自评汇报"应付"。有些党员在自评时，不能对照党员标准和评议内容，忽视撰写书面党员剖析材料环节。主要问题找不准、思想认识不深刻。二是党员互评"保守"。评议时不能引导党员把问题摆开、评准、评透，还停留在"希望""有待加强"上。三是组织考察"片面"。有些党支部对党内外评议的意见不能实事求是地全面分析，在综合考察党员的工作素质和党员思想素质上力度不够。

5. 奖惩实施不到位

有些支部研究上报后，不能及时将党委审批的定格情况通报给每一位党员；不能及时对优秀党员进行表扬、奖励；不能及时做好基本合格和不合格党员的帮扶转化和处置工作。在落实机制上，有时处理不合格党员失之于宽，降低了民主评议教育、管理、监督党员的效力。对基本不合格党员，有些党支部针对性帮扶措施不力，没落实责任到人，不能很好地帮助其认识错误、改正缺点。

三、创新民主评议党员模式的建议

（一）"三亮三比"，明确民主评议党员标准

中共浙江省委办公厅在2017年印发的《关于推进"两学一做"学习教育常态化制度化的实施方案》中提出了深化开展党员党性作风"五看五查"，即看理想信念，查是否坚定"四个自信"，是否存在信仰缺乏、信念缺失、精神缺钙等问题；看纪律规矩，查是否牢固树立"四个意识"，是否做到同以习近平同志为核心的党中央保持高度一致；看工作作风，查是否牢固树立宗旨意识，是否严格执行中央八项规定精神等；看组织观念，查是否认真参加组织生活，是否坚持请示报告制度；看责任担当，查是否认真履行岗位职责，是否发挥模范带头作用。

在此基础上，应着力推动基层党组织和党员干部"亮标准、亮身份、亮承诺，比学、比做、比服务"。

1. 亮标准

将民主评议党员的基本内容、"四讲四有"合格党员标准、四个合格要求以及"五看五查"主要内容公开展示，逐条解读，列出标准要求。

2. 亮身份

全体党员佩戴党徽，设置共产党员示范岗，学生党员设置共产党员学习标兵岗，亮明身份、倒推激励、形成示范作用。

3. 亮承诺

全体党员亮出年度学习目标、工作目标、整改目标等，接受党内外同志监督。

4. 比学

全体党员年底亮家底，比比过去一年学的内容、学的成果、学的收获，讲一讲未来一年准备怎么学、学什么，列出新的一年学习计划。

5. 比做

全体党员年底亮出工作业绩，比比过去一年的工作计划完成情况、工作创新、工作业绩，讲一讲未来一年准备怎么做、有哪些创新，列出新的一年工作规划。

6. 比服务

浙江在全省着力推行"最多跑一次"改革，全体党员也要列出工作清单、服务清单，比一比过去一年在服务群众办实事方面做得好不好、做得实不实，讲一讲未来一年准备在哪些服务群众的工作方面做进一步深化，列出新一年服务计划。

通过"三亮三比"，亮出共产党员的身份、亮出共产党员的标杆、亮出共产党员的示范、亮出共产党员的担当、亮出民主评议党员的基础、亮出共产党员为人民服务的宗旨。

（二）"五星五评"，明确民主评议党员方法和等级

将民主评议党员按照星级划分为"一星级、二星级、三星级、四星级、五星级"五个等级，着力推动基层党组织通过"自我评级、党员互评、群众评议、支部评审、公开评定"进行评议。

1. 自我评级

立足党员的自我认知，每一名党员对照评定标准，通过自我打分进行自评，

每季度上报自评小结和党性及思想分析。

2. 党员互评

深化支部组织生活会，要求各党支部在每季度最后一个月召开组织生活会，"面对面评议，深刻剖析存在的问题及根源，认真制定整改措施"，每年形成一个评定结果。

3. 群众评议

重视群众代表的口碑，各党支部邀请非党员代表或者服务对象，对支部内全体党员进行评议，参加测评时群众代表测评实行不记名投票。

4. 支部评审

放大基层组织的威信，基层党支部召开支委会，党支部书记汇总本单位党员星级考评情况，并综合平时工作、生活等表现，提出每个党员的复核评议意见，初步确定每个党员星级评定结果。

5. 公开评定

发挥公开监督的力量，根据党支部审核意见，基层党总支（党委）及时将星级评定情况向全体党员通报，并在公开栏上予以公示，主动接受群众监督。

（三）"一奖一改"，明确民主评议党员结果运用

着力推动基层党组织和党员干部根据民主评议党员的星级结果奖先进、奖先行、奖有为，找差距、找不足、找问题，重在整改，关键在落实。为党员教育、监督和管理找到差距，明确努力方向。

要强化评议结果运用，树立"较真到底"的组织形象。党组织是否对民主评议党员结果认真运用，是关系党员是否发扬"较真"精神的重要因素。民主评议党员，开头很重要，结尾也很重要，党组织要对民主评议出来的优秀党员进行表扬、表彰，在推先评优、绩效分配时优先考虑；对合格党员要肯定和鼓励；对基本合格党员要列出整改计划，限期进行整改；对不合格党员要按照相关程序予以严肃处置。要通过结果运用，充分发挥民主评议党员制度实的作用。

民主评议党员工作是一项有利于党组织建设，有利于党员自警、自励、廉洁自律，有利于统一思想、改进作风、增强团结、提高党员凝聚力、战斗力的好制度，应该予以坚持。在坚持原则的基础上也要注重引入不同元素加以创新。通过民主评议党员制度的执行，使党员自觉接受党组织和群众的监督，参加党内生活的锻炼，更好地保持和发挥先进性。

参考文献

[1] 郭俊仓. 基于"三严三实"的民主评议党员指标体系构建[J]. 新西

部，2016（12）.

［2］仲荷."两学一做"怎样做好民主评议党员工作［J］.党的生活，2016（10）.

［3］孙秀玲.搞好民主评议党员工作 努力提高党员素质［J］.党建工作，2015（2）.

［4］张伟.抓好五个关键 切实保证民主评议党员工作质量［J］.工作指导，2016（3）.

［5］郑礼.怎样做好民主评议党员工作？［J］.党的生活，2017（6）.

［6］本书编写组.怎样开展好民主评议党员［M］.北京：党建读物出版社，2017.

［7］王巧玲.高校学生党支部民主评议学生党员的优化路径研究［J］.时代教育，2017（7）.

高校学生党支部开展"两学一做"学习教育常态化制度化的探索

——以浙江艺术职业学院某学生党支部为例

黄思远　谢志勇[*]

摘要：高校学生党支部是高校最基层的党组织，在党与广大青年学生之间发挥桥梁纽带的作用，担当着在高校学生党员发展、学生思想政治教育工作开展方面的重要职责使命。强化高校学生党支部学习型组织建设，需要以"两学一做"学习教育及其常态化制度化为抓手，推动其在组织、制度、思想文化等方面的建设。本文以浙江艺术职业学院某学生党支部为代表，以其实际探索措施为例，通过理解其理论基础和重要意义，重点提出了在发展党员培养工作、党支部学生组织建设、党建品牌创新、日常学习教育上践行"两学一做"学习教育常态化制度化的具体可行性举措，提出了在发展党员全程教育培养、支部组织生活落实及创新等方面的未来目标和思路。

2016年2月、2017年3月，中共中央办公厅分别印发了《在全党范围内开展"两学一做"学习教育的实施方案》和《"两学一做"学习教育常态化制度化的推进意见》。方案和意见提出了在全党范围内开展主题学习教育和面向全体党员开展学习，这也是在党的群众路线教育实践活动和"三严三实"专题教育之后开展的重要学习教育，并明确了常态化制度化的总要求。推进"两学一做"学习教育常态化制度化，是从思想上、组织上、制度上强化党的建设的重要举措，是进一步提升党的思想政治建设的重要举措，具有重要意义和重要内涵。高校是"立德树人"的主阵地，是坚持马克思主义指导地位和落实学生思想政治工作的主阵地，在全党上下广泛开展学习教育的大背景下，学生党支部需要

---

[*] 黄思远，浙江艺术职业学院音乐学院组织员、学生党支部书记；谢志勇，浙江艺术职业学院戏曲学院党总支专职副书记，副教授。

承担起应有责任，在广大青年学生中发挥应有作用。本文以浙江艺术职业学院某学生党支部为例，探索高校学生党支部推进"两学一做"学习教育常态化制度化的措施路径。

一、理论基础和重要意义

党支部是党的基础组织，是党组织开展各项工作的基础单位，是党的战斗力和全部工作的基础，在党的建设中发挥着战斗堡垒作用。高校学生党支部作为高校最基层的党组织，也是较为特殊的一个基层党组织。习近平总书记指出，"两学一做"学习教育基础在党的支部。① 因此，必须牢牢把握党支部这个重点、支部党员建设这个着力点、支部组织生活这个基本点，发挥基层党组织的组织优势、组织力量、组织功能。

（一）落实支部工作基本任务的重要举措

《中国共产党支部工作条例》指出，基层党支部的主要任务在于组织支部党员（在此，高校学生党支部还应包括入党积极分子、入党申请人、共青团员等）认真学习党的指导思想和行动指南，推进"两学一做"学习教育常态化制度化。这就从制度上明确了党的各级组织要把"两学一做"学习教育常态化制度化作为需要长期组织、长期坚持、常抓不懈、严抓不懈的一项重要任务。

（二）落实发展党员培养工作的重要举措

《中国共产党支部工作条例》指出，党支部要对要求入党的积极分子进行培养和教育，要做好发展党员的各项工作。在发展党员工作中，要强化政治标准，注重发展党员过程中的程序性、纪律性、规范性，培养、发展政治品质纯洁的党员。条例同时指出，要善于发现党员群众中间的优秀人才，并做好推荐、培养和发展工作。发展好学生党员，关键要做好培养、教育、考察工作，要把"两学一做"学习教育常态化制度化作为入党申请人员培养环节中的重要内容、基本要领。

（三）落实高校党支部建设任务的重要举措

《中国共产党支部工作条例》指出，高校中的党支部的一项重要任务就是要保证监督党的教育方针贯彻落实、坚持马克思主义指导地位、强化思想政治方面引领、打牢学生理想信念之基、落实高校立德树人根本任务、确保教科研等

---

① 习近平对推进"两学一做"学习教育常态化制度化作出重要指示［EB/OL］.新华网，2017-04-16.

工作的顺利完成。学生党支部作为联系优秀青年的关键一环,作为高校工作的主要内容,作为育人成才的主要阵地,承担着重要角色,需要发挥更大的作用。

（四）落实党支部标准化规范化建设的重要举措

2017年浙江省委《关于深入贯彻全面从严治党要求推进新时代机关党的建设的意见》提出了实施基层党支部建设提升工程,推进基层党支部标准化规范化建设,全面提高基层党组织建设质量和水平的要求。并在全面实施基层党组织星级评定的基础上,提出了建设"政治功能强、支部班子强、制度执行强、党员队伍强、作用发挥强、工作保障强"和"组织设置规范、组织生活规范、党费管理规范、党员发展规范、党员管理规范"的举措,进一步明确了在"六强六规范"的体系下开展"两学一做"学习教育常态化制度化基层党支部需要承担的任务。

（五）落实高校立德树人根本任务的重要举措

高校是用科学理论培养人、用正确思想引导人、培养德智体美劳全面发展的社会主义建设者和接班人的地方,是培养能够担当民族复兴大任的时代新人、为实现亿万人民的伟大梦想筑牢坚实基础的地方。《关于加强和改进中央和国家机关党的建设的意见》一文中指出,中国特色社会主义教育、中国梦教育、社会主义核心价值观教育需要常抓不懈。浙江艺术职业学院在《关于深入开展"服务行业服务师生服务教学"活动的通知》中也明确提出努力补齐立德树人短板,又提出深化建设"三全育人"教育培养体系的新理念。

（六）落实用科学理论武装头脑的重要举措

"两学一做"学习教育常态化制度化进一步明确了用科学理论武装头脑是全党和全体党员都必须长期坚持的一项学习任务。《关于加强和改进中央和国家机关党的建设的意见》中明确提出,要着力在学懂、弄通、做实上下功夫,推动学用结合、指导实践、推动工作,举办系列讲座、开展经验交流、组织专题培训、成立理论学习小组,推动习近平新时代中国特色社会主义思想进教材、进课堂、进头脑。高校学生党支部作为"三进"的关键一环,势必要在落实好"两学一做"学习教育常态化制度化、强化大学生马克思主义教育、强化科学理论武装头脑等重要行动上提出更可行的思路,做出更具体的举措。

（七）落实培养坚定理想信念的重要举措

习近平总书记在《关于坚持和发展中国特色社会主义的几个问题》一文中指出,我们党始终坚持共产主义远大理想,共产党员特别是党员领导干部要做共产主义远大理想和中国特色社会主义共同理想的坚定信仰者和忠实践行者。①高校大学生正处在人生理想信念养成的关键时期、关键地方、关键年龄，学生党支部有必要通过开展"两学一做"学习教育常态化制度化，经过长期的培养教育，引导大学生善学习、常思考、明领悟、重践行，为实现中华民族伟大复兴的中国梦贡献青春力量和青春智慧。

二、实践探索和具体建设

习近平总书记指出，要着力在常学常新中加强理论修养、在真学真信中坚定理想信念、在学思悟践中牢记初心使命、在细照笃行中不断修炼自我、在知行合一中主动担当作为。② 本文以浙江艺术职业学院某学生党支部为代表，以其实际探索措施为例，通过理解其理论基础和重要意义，重点提出了在发展党员培养工作、党支部学生组织建设、党建品牌创新、日常学习教育中践行"两学一做"学习教育常态化制度化的具体可行性举措。

（一）确定入党积极分子培养"4123"模式

党员发展重在过程，过程教育首在入党积极分子阶段的培养。浙江艺术职业学院某学生党支部将每批集中确定的入党积极分子编成班级，组建入党积极分子培养班，按照固定模式开展培养。"4123"模式即是在此背景下产生的。

"4"，即将入党积极分子的培养分为四个模块，第一模块主题是"学习党章，如何立足学习工作岗位做贡献"；第二模块主题是"学习习近平新时代中国特色社会主义思想和习近平总书记系列重要讲话精神，如何以榜样的力量推动个人成长"；第三模块主题是"学习党纪党规、校纪校规，如何以高标准严格要求自己"；第四模块主题是"以'四讲四有'为标准，争做合格党员，以个人的实际行动诠释入党动机"。四个模块主题也是"两学一做"学习教育常态化制度化的主要内容。

"1"，即组建一个固定班级，确定正式党员担任班主任，选派学生党员或者发展对象为副班主任，组建一个班委会开展具体的学习活动，围绕模块每个月组织一次集中学习。

"2"，即每年组建两个入党积极分子培养班，每名入党积极分子确定两位正

---

① 习近平.关于坚持和发展中国特色社会主义的几个问题［EB/OL］.人民网，2019-03-31.
② 习近平在中央党校（国家行政学院）中青年干部培训班开班式上发表重要讲话［EB/OL］.新华网，2019-03-01.

式党员担任培养联系人,围绕模块每两个月组织一次主题讨论,每年组织两期主题微党课宣讲比赛,根据培养计划并安排每年两次对入党积极分子的培养教育考察情况鉴定,根据培养规划和发展计划每年确定两批发展对象。

"3",即每个培养模块时间为三个月,每三个月组织一次专题思想汇报交流,每次思想汇报交流要有不少于三分之一的入党积极分子做现场发言,对于每名发言的入党积极分子,应有不少于三人(两名培养联系人、一名入党积极分子)提出批评建议。经过一年以上的培养,力争将"两学一做"学习教育内化于心、外化于行,将学习教育常态化制度化,将培养教育固定化制度化。

(二)确定"同辈培养"模式下的学生组织建设

"两学一做"学习教育要坚持学做结合,重在如何培养建设好一支能够体现先进性、积极性的学生组织。浙江艺术职业学院某学生党支部围绕"两学一做"学习教育的总体思路,围绕学生成长成才总目标,着力打造"同辈培养"模式下的学生组织建设。针对在校学生入党申请人、学生入党积极分子规模不断扩大的形势,探索实现学生党支部党的建设目标的新途径,即开创"同辈培养"模式。设置学生党务助理工作办公室,选聘学生党员、学生入党积极分子、学生入党申请人担任学生党务助理,让学生主动参与党建、了解党建、服务党建、深化理解党建,对党员发展过程、学习教育过程、学生党支部活动过程进行监督和管理。学生党务助理协助学生党支部承担起对入党申请人、入党积极分子、发展对象、预备党员等的培养、考察、教育、管理工作,协助负责学校党校入党积极分子培训、学生党支部入党积极分子日常培养的班务工作。在学生党务助理选拔过程中,对参加竞聘的学生在党的基础知识、学习成绩、学生干部工作经历、政治面貌、工作连续性等方面都做了要求,以较高标准开展选拔。在工作培养的前提下,更加注重教育培养,安排学生党务助理参加学生党支部集体学习,参加党总支理论中心组扩大学习,参加党校集体学习,参加入党积极分子培养班集体学习以及各类党建学习教育,立足服务、实践、保障、创新、提升的培养目标,持续培养建设一支能够理解好、学习好、执行好、配合好学生党支部学习教育工作开展的高素质学生队伍,着力提升学生党建工作服务化水平。

(三)确定"红色主题"下的党建品牌建设

创新也是党建工作不断焕发更强生机活力的重要保证。浙江艺术职业学院某学生党支部围绕"红色主题"宣心中所思、讲心中所想,打造"红色音乐讲堂"。"红色音乐讲堂"立足于深化、学习、宣讲党的重要政策、理论、精神,党中央治国理政新理念、新思想、新战略，聚焦传统文化、创新创业、榜样力量等内容。"红色音乐讲堂"分为入党积极分子讲红色微课，学生党员讲"一个故事、一堂课"，支部书记上党课，教工党员上主题微型党课，大师课堂和"翻转课堂"六部分。以入党积极分子为主体的红色微课聚焦入党积极分子培养班学习主题，在每月集体学习、主题讨论、思想汇报、支部学习会上以微党课形式宣讲；学生党员以微党课形式聚焦身边的故事、自己的故事、榜样的力量等，以"一个故事、一堂课"为主题展开宣讲；支部书记上党课聚焦热点、焦点，定期开展精神传达、主题宣讲；教工党员根据学习教育主题，定期邀请上党课；邀请国内外音乐教育名家、名师，定期做客"红色音乐讲堂"，讲述红色音乐故事、红色艺术故事、红色创作故事；教学相长，角色互换，举办"翻转课堂"，以学生党员、入党积极分子为主体，为全体教师党员上党课，"以初心忆初心"。

根据学习教育主题和年度党建工作要点思路，开展红色专题系列活动。比如，2019年是中华人民共和国成立70周年、"五四运动"爆发100周年，浙江艺术职业学院某学生党支部以"唱红色赞歌、讲红色微课、读红色经典、观红色影片、进红色军营、忆红色征程、做时代青年"为主要内容，以"不忘初心 牢记使命"主题教育为抓手，以"两学一做"学习教育常态化制度化为基础，实施党建品牌群系列行动和创新建设。

（四）确定日常学习教育"三不落、三逢三讲"

落实好"两学一做"学习教育常态化制度化，紧跟学习教育要求，通过线上线下、理论中心组、支委会、支部党员大会等，学生党支部做到重要学习一次不落，做到重要学习从支部到党员层层开展、一级不落，做到重要学习次次签到、重点发言一人不落。将党组织书记上党课制度化常态化，学生党支部书记在支部党员大会上做经常性党课宣讲，在总支理论中心组学习上做经常性发言，在面对支部党员、入党积极分子时做经常性指导，做到逢会必讲、逢事必讲、逢人必讲，以实际行动践行好"两学一做"学习教育常态化制度化。

三、未来目标和建设思路

高校学生党支部要围绕组织学习、品牌创新、教育党员（入党申请人员）这三个主要任务，着力把党支部办成深化"两学一做"的大课堂，办成落实"两学一做"的前沿阵地、创新阵地、坚强保障。要落实好"两学一做"学习教育常态化制度化，学生党支部还需要围绕学生党员发展过程做好全程的培养教育，比如，在入党申请人群的吸引上还需要提供更多学习、教育、帮助和引导，在入党积极分子培养上还需要有更加灵活机动的形式、内容，在发展对象、预备党员的培养上要做好"双优培养"（把学生中的优秀分子吸收为积极分子并发展成党员，把学生中的积极分子培养为学生中的优秀分子并发展成党员），在正式党员的培养上要做好生涯规划、学业指导的"双导师"培育。学生党支部也要在主题党日、"三会一课"等组织生活上打牢基础，做好教育培育，发挥更重要的作用。推动"两学一做"学习教育常态化制度化在学生党支部、在校大学生心中落地生根。

参考文献

[1] 习近平对推进"两学一做"学习教育常态化制度化作出重要指示 [EB/OL]. 新华网，2017-04-16.

[2] 党评文. 推进"两学一做"学习教育常态化制度化 [J]. 学校党建与思想教育，2017（05）.

[3] 陆金妹. 论"两学一做"的马克思主义立场 [J]. 福建省社会主义学院学报，2016（02）.

[4] 曲青山，穆兆勇. 全面把握"两学一做"的科学内涵和实践要求 [J]. 先锋队，2016（16）.

[5] 刘维寅. 提高政治站位坚持严实标准扎实推进"两学一做"学习教育常态化制度化 [J]. 机构与行政，2017（06）.

[6] 薛伟业，王林雨. 高校开展"两学一做"学习教育常态化制度化路径探析 [J]. 新西部，2017（09）.

[7] 蔺伟，王雪. 全面从严治党背景下加强高校教师党支部建设的原则和路径探析 [J]. 思想教育研究，2017（01）.

[8] 崔永霞. 学生党支部建设及党员作用的发挥 [J]. 学生党建，2010（07）.

[9] 张亚明，苏妍源. "小官巨腐"的定律与防治路径 [J]. 行政管理改革，2016（03）.

[10] 中共中央. 中国共产党支部工作条例（试行）[Z]. 中华人民共和国中央人民政府，2018-11-25.

[11] 浙江省文化厅. 关于开展省级文化系统"六强六规范"党支部建设工作的通知 [Z]. 浙江省人民政府，2018-8-21.

[12] 中共中央. 关于加强和改进中央和国家机关党的建设的意见 [EB/OL]. 中国政府网，2019-3-28.

[13] 习近平. 关于坚持和发展中国特色社会主义的几个问题 [EB/OL]. 人民网, 2019-03-31.

[14] 关于深入开展"服务行业服务师生服务教学"活动的通知 [Z]. 浙江艺术职业学院, 2019-03-31.

[15] 人民日报社评论员. 党的领导是思政课建设根本保证 [N]. 人民日报, 2019-03-22（01）.

[16] 张忠军. 深刻理解党的政治建设是党的根本性建设 [N]. 学习时报, 2019-03-18（01）.

[17] 习近平在中央党校（国家行政学院）中青年干部培训班开班式上发表重要讲话 [EB/OL]. 中国政府网, 2019-03-01.

基于问题导向模式的高职院校院（系）党建整改路径探析

王筱芽*

摘要：基于问题导向模式，准确定位党建发展，把握高职院校院（系）党建工作中的主要与次要、共性与个性、显性与深层问题，从院（系）党组织自身建设和上级党组织监管两个层面，精准发力、持续整改，不断增强党建工作的针对性和时效性，提高高职院校院（系）党建工作的科学化和规范化。

以习近平同志为核心的党中央历来非常重视社会发展过程中的问题解决，一系列重大决策部署也始终贯穿着"问题导向"理念。随着党和国家事业不断向前推进，增强问题意识、坚持问题导向、最终解决问题的趋势越发明显，基于"问题导向"的模式逐渐成为治国理政的基本理论和方法。党的十八大以来，党中央对全面提高高校党建质量做出一系列重要部署及具体翔实的要求，指出"办好我国高等教育，必须坚持党的领导，牢牢掌握党对高校工作的领导权，使高校成为坚持党的领导的坚强阵地"[1]。新时代，昭示新机遇，赋予新使命，也带来新挑战。随着改革的深入推进，高校党建成效显著，但对照《中国共产党普通高等学校基层组织工作条例》等文件要求，高校党建工作还需进一步改进，尤其是作为高校党建末梢神经的二级院（系）党建工作，还存在一定的差距。进一步巩固党对高校工作的领导权，推进院（系）党建工作规范化和科学化，立足问题导向成为当前需要重点把握的关键点和推进党建工作的重要抓手。

一、运用问题导向模式开展党建研究的现实意义

问题导向和成果导向都是导向思维。问题导向是基于需要解决的问题而思

---

* 王筱芽，浙江艺术职业学院手工艺学院党总支专职副书记。

考解决问题的认知加工过程；成果导向即结果导向思维，是基于事件结果而思考实践活动的认知加工过程。两者基础不同，问题导向的基础是需要解决的问题，成果导向的基础是事件的结果。两者的思考也不同，问题导向思考解决问题，成果导向思考实践活动。问题导向的思维模式要求人们实事求是，在认识和解决问题中推进发展。从辩证唯物主义世界观来看，问题导向具有深厚的马克思主义哲学内涵，问题就是存在，问题就是矛盾，问题就是实践，就是人民群众认识和改造世界的伟大实践[2]。

运用问题导向模式，开展党建研究的现实意义主要体现在两方面：

（一）问题导向模式有助于增强院（系）党建事业发展动力

我国教育事业正处于新的改革发展阶段，新问题应运而生，把新问题转化为改革发展的新动能，凝聚更强的改革发展合力是打开工作局面的突破口。习近平总书记在全国教育大会上强调，要围绕培养什么人、怎样培养人、为谁培养人这一根本问题，全面加强党对教育工作的领导[3]，及时回应了教育发展的新方法，揭示了党建发展的新问题，充分说明了高校改革发展过程需要不断提出问题、检视问题、破解问题，从而形成科学严谨的发展体系。总体而言，立足于问题导向的基本观点、基本立场可贯通高职院校院（系）改革发展全过程，增强院（系）党建发展动力。

（二）问题导向模式是党务工作者能力水平提升的有效途径

问题导向是推动工作的重要方法，是党务工作者必须着重掌握的思维能力。院（系）党建工作事项具体且复杂，党务工作者具备科学的问题导向思维方式方法，提高系统分析和解剖研究的本领是做好党建工作的前提条件。问题导向思维模式的构建就是一系列问题解决的逻辑过程，党务工作者在工作落实及遇到瓶颈时，对问题有政治敏锐性和政治鉴别力，坚持带着问题主动谋划，做到实事求是正视问题，明确自己工作职责"是什么""为什么"，明确各领域党建"做什么""怎么做"，做到心中有标尺、有依据，把问题导向思维模式全方位、全过程贯穿于党的建设。

二、问题导向模式下剖析党建问题的"三个把握"

（一）把握主要与次要问题

全面推进党的政治建设、思想建设、组织建设、作风建设、纪律建设，把制度建设贯穿其中[4]，这是新时代党建的总要求，也是高职院校院（系）党建提升的重要根基。开展"六大建设"是事关党建发展全局的主要问题，是有效破解问题的主攻方向。近年来,高职院校院(系)党建呈现出良好态势,但对标对表,在"六大建设"中仍存在不同程度的建设瓶颈问题。因此,在院(系)党的建设过程中要抓住和解决主要问题,统筹谋划"六大建设"协调发展,出实招、显实效。

(二)把握共性与特性问题

找寻高职院校院(系)党建自身规律和个性问题,紧密结合教育性和职业性实际,着力突出教育和职业两大特色。教育教学方面,高校作为育人的重要场所,党的基层组织理应在"立德树人"方面有所突破,主动谋划与创新现有的工作载体与工作方式方法,摒弃思想道德建设、爱国主义教育过程中内容抽象、教条、呆板等问题;文化建设方面,重点把握社会主义核心价值观培育和践行中的发展问题,深入研究如何深化校园文化建设,丰富文化建设的内容和表现形式,扎实推进院(系)党建内涵式发展;社会服务方面,高职院校众多职能当中,服务社会职能的重要性在不断扩展,研究和补齐院(系)党建和高校社会服务有机结合的着力点,提升院(系)党组织服务社会的能力。

(三)把握显性与深层问题

目前,在基层党建工作中存在"党的领导弱化""党建工作虚化""责任落实软化"等"灯下黑"问题[5],在一定程度上影响和制约着党组织作用的更好发挥。追根溯源,一是监管力度不够。尽管各级党委组织部门就党建发展制定了一系列的监督机制,发挥了重要作用,也取得了显著成效,但在实际执行过程中还存在落实制度表面化、监管体系形式化等问题。二是评价体系不足。面对发展中的新问题及新要求,院(系)党建工作评价指标体系的整体建构表现出动态调整、后劲不足等特点,科学性、时代性需进一步提升。

三、问题导向模式下党建整改的"两层路径"

(一)院(系)党组织自身建设层面整改路径

1. 树立科学思维,规范问题导向模式过程图

厘清问题清单促发展,最核心的是注重解决问题的方式方法,力求科学性,加强实践性。问题导向思维模式,是以问题为导向,以查摆问题为基点,以培养院(系)党组织发现问题、监管层面协力解决问题和不断优化创生新问题的能力为目标指向,是有效解决实际问题比较重要的逻辑方式和工作方法。其主线过程包括调查研究、查摆问题、整合资源、补齐短板、建构反思、整改落实,保证党建系统化、常规化和长效化。

2. 自查自纠，唤起党务干部自省效应

以党的政治建设为统领，不断提高发现问题、剖析问题的能力，把党的自我检验、自我革命日渐深化。增强共商共量意识，带着问题自检，认真做好组织内部自查自纠工作，深刻检视、主动梳理，本着什么问题突出就解决什么问题的原则，通过民主讨论、党建述职等各类载体，分类检视问题，形成问题清单，确定整改路径，积极探索符合国家要求和高职院校基层党组织特点的党建路径；优化学习方式，带着问题学习，实现党务人员培训全覆盖，通过组织党务干部专题培训班、学习会等学习培训强化责任意识和政治信仰，缩小差距、补齐短板；加强工作留痕，带着问题整改，把实际工作变成工作台账，逐步健全各类台账制度，包括考勤制度、备案上报制度等，做到组织生活全纪实、可检查。

3. 多措并举，拓展解决问题实践载体

问题在实践中产生，也要在实践中解决。提出问题最终是要通过实际行动解决问题，在实践中深化认识、检验和发展党的建设。强化示范引领体系构建，选出在教育教学、专业建设、科研创作、社会服务、学生管理等方面做出卓越贡献的先进党员、先进党支部进行示范引领，以"支部建设年""'标杆系部'和'样板支部'培育""学习型、服务型、创新型党组织创建""优秀党员和党务工作者评选"等活动为载体，采取评比、研讨、座谈等形式，不断提升党组织的组织力。推进"思政课程"和"课程思政"教学改革，推进思政课程教学与专业课程教学同向同行，把思想政治工作贯穿教育教学始终。丰富党建文化建设载体，盘活党内政治文化，契合时代发展新趋势，大力弘扬中华优秀传统文化，加强社会主义核心价值观教育，实现文化建设与党建思想政治工作的辩证统一。积极开展新形势下的党建思政工作，准确把握国内外形势发展变化新趋向，及时调整和优化工作方向，包括积极开展疫情等特殊时期党建思想政治教育工作，逐步规范重大突发事件下党的全面建设。

（二）上级党组织监管层面整改路径

1. 监督指导，全力放大查摆问题效应

如何查摆问题，评判党建质量好与不好，监督指导起关键作用。在监督人员分配上，高校党委纪检监察、组织部为关键部门，配齐配强纪委监委干部，下设院（系）党组织纪检委员、党风廉政建设监督员等，形成监督网，避免监督空档，达到共同监管的目的。在监督工作范围上，加强对院（系）党务干部用权行为的监督，突出对廉政风险点的监督，强化对党建质量的监督，把监管范围分布在党建工作的全过程、全领域,健全监管工作流程和长效巡查机制。《中国共产党党内监督条例》《中国共产党纪律处分条例》等针对管党治党突出问题和监督执纪中发现的新问题,举一反三,比较充分地概括了党组织监管范围,有着非常强的指导意义。在监督途径方式上,采取召开约谈会、问卷调查、实地走访、设立意见箱和开通网上通道等调查方式,广纳民意,多渠道、多角度查摆解析问题。

2. 全面覆盖,构建问题整改评价体系

要加强顶层问题整改体系设计,要求有理有据、措施及时有效,不断增强评价体系的系统性、科学性和可操作性。在考评内容设置上,对全面涵盖党的政治、思想、组织、作风、纪律和制度等各方面建设,注重绩效指标体系构建,如高校开展的"警示教育月"活动、小微权力清单和办学行为负面清单梳理、廉政风险点排查等都是针对性极强的防控举措;在考评程序设置上,对党建工作的任务安排、时间节点、实施步骤等进行科学规划,保证评价的可操作性,提升党建工作的严肃性和规范性;在考评作用成效上,主要体现贯彻落实上级和校党委重大决策部署,主动谋划院(系)发展新路径,全面推进党的整体建设。通过实评、深评、长评,让院(系)党组织越评越强、越建越好。

3. 协同互动,建立不断整合的监管机制

扎实开展党建共建活动,加强跨组织协调机制,通过组织生活、交流沟通、监督管理形式,促进彼此组织生活质量的提高。探索推行开放式组织生活,积极构建跨单位、跨地区、跨支部、跨院(系)的联合组织生活,促进资源整合,推动交流互鉴。活动设置要以推动党建工作与业务发展同频共振为主旨,不断创新党建共建活动载体。近期省内开展的高校党建"互查互促、共学共进"活动,在相应高校实地相互检查中促进共同进步,就是很好的交流互鉴的方式方法,可以深化持续开展。

总之,分层次、分类别聚焦问题,弄清楚问题的主与次、共性与特性、显性与深层,以问题导向思维模式精准施策,强化实践检验,夯实整改路径,方能扎实推动高职院校院(系)党的建设行稳致远,走向规范、科学与可持续发展道路。

参考文献

[1] 习近平. 把思想政治工作贯穿教育教学全过程 开创我国高等教育事业发展新局面 刘云山讲话 王岐山张高丽出席 [EB/OL]. 人民网, 2016-12-09.

[2] 唐爱玲. 辩证唯物主义哲学思维在新时代的实践导向 [J]. 西安航空

学院学报，2018（4）.

[3] 习近平在全国教育大会上发表重要讲话 代表党中央向全国广大教师和教育工作者致以节日的热烈祝贺和诚挚问候［EB/OL］. 新华网，2018-09-10.

[4] 习近平：决胜全面建成小康社会 夺取新时代中国特色社会主义伟大胜利——在中国共产党第十九次全国代表大会上的报告［EB/OL］. 中国政府网，2017-10-27.

[5] 关于认真学习贯彻习近平总书记在中央和国家机关党的建设工作会议上重要讲话的通知［EB/OL］. 新华网，2019-07-15.

点灯工程：高校基层学生党支部创新建设模式

——以浙江艺术职业学院文化管理系党支部为例

钱杏芬　胡卓群*

摘要： 高校基层党支部建设工作是加强和改进新形势下党的建设的重要组成部分，创新是党建工作的活力之源。本文以浙江艺术职业学院文化管理系（简称"文管系"）党支部"点灯工程"为切入点，通过分析高校党支部创新建设"点灯工程"的现实意义、基本方面和工作成效，对高校基层学生党支部建设创新模式进行了经验总结与有效探讨。

一、高校党支部创新建设的现实意义

高等院校是中国高等知识分子和将来社会精英的集结地，高校的党建工作关乎学院的健康发展和社会的和谐稳定。中共中央十七届四中全会通过的《中共中央关于加强和改进新形势下党的建设若干重大问题的决定》提出要把全面贯彻党的教育方针、培养社会主义建设者和接班人贯穿高等学校党组织活动始终。这是加强和改进高校学生党建工作的要求，是充分发挥党的组织优势和政治优势，做好大学生思想政治教育工作、培养和造就高素质人才的迫切需要。

高校学生党支部是高校的基层党组织，是高校党建工作发展的基础，是学生党员教育管理的最基本单元，也是对学生党员进行教育管理的最直接、最有效的载体，中共中央《关于加强和改进在大学生中发展党员工作和大学生党支部建设的意见》再次明确指出："要把大学生党支部建设成为带动学生班级团结进步和开展思想政治教育的坚强堡垒。"

---

* 钱杏芬，浙江艺术职业学院手工艺学院组织员，高级讲师；胡卓群，浙江艺术职业学院马克思主义学院副院长，副教授。

近年来，高校学生党支部党建工作在学生党员教育管理、党员发展、党支部活动中，能够按照学生党建工作的有关规定和要求，在党员作用发挥、加强入党积极分子队伍建设等方面开展工作，学生党支部工作整体情况较好，但也出现了一些新情况：第一，基层党的组织数和党员数迅速扩大，但组织体系构建和功能发挥还存在缺陷，在强化基层组织接受、贯彻和执行上级路线方针和政策的同时，忽视基层组织自身的独立性与创造性，党支部活动内容形式单一，对学生的日常教育和培养重视不够；第二，面对思想文化领域的种种复杂情况，党员思想上出现了许多新情况、新问题，传统内容、传统方式无法满足需要，导致一些人"组织上入党，思想上没有真正入党"的功利主义倾向。高校党建工作带来的新情况，使高校基层学生党组织建设面临许多新困惑、新课题。

创新是党建工作的活力之源，高校学生党支部党建工作创新是应对时代变革、提高组织战斗力、完善学生综合素养的必由之路和必然选择。努力探索新形势下行之有效的高校基层党组织建设的规律和方式，是时代赋予我们的不可推卸的责任。浙江艺术职业学院文化管理系党支部积极探索高校基层党组织建设的新路子，着力寻找"基层党组织的战斗堡垒作用和党员的先锋模范作用"与"引领大学生刻苦学习、团结进步、健康成长的班级核心"的紧密契合点，创新推出"点灯工程"模式，有效地将学生党员的培养和考察工作，融入大学生成长成才的长远目标，纳入引领学风校风的总体要求，成为高校立德树人这一中心工作的不可或缺的组成部分和学院党建创新模式的品牌。

二、高校党支部创新建设的基本方面

"点灯工程"是文管系党支部基于多年的学生党建工作积淀而创新推出的，它紧紧围绕高校"培养德智体美劳全面发展的中国特色社会主义事业合格建设者和可靠接班人"这一根本任务，是充分发挥党支部党建育人这一独特功能的具体举措。

（一）"点灯工程"的组织保障

高校基层党建工作的生机和活力来自党支部。党支部有把握师生舆论动向、直接面向师生的政治优势，有最密切联系群众、有效服务学生的组织优势，抓好党支部建设是党委（党总支）的基础工作。创新基层党建模式，需要切实发挥好党支部的组织保障作用。

文管系党支部牢牢遵循"围绕中心抓党建，抓好党建促发展"的工作思路，把党建工作作为系部教学教育立德树人的核心组成部分,努力打造创新型基层党组织,且非常重视团队的自身建设。第一,认真落实制度建设。党支部严格按照上级文件的要求和学院党委的部署,注重制度建设,认真落实"三会一课"制度,创新完善学习制度、培养对象联系人制度、培养对象公开考察制度、培养对象自我成长记录制度、学生入党分阶段推荐等一系列制度,为切实开展好党支部的日常活动提供制度保障。第二,灵活设计组织形式。根据系部发展与学生人数现状,党支部及时调整学生党小组的设置,分别设立了毕业学生流动党员、大三校外实习党员、低年级在校学生党员等多个党小组以便于管理。第三,注重创新工作方式方法。设置和培养学生党务干部,选拔在学生党员中有较高威望并对党务工作有热情的学生党员担任学生党小组组长和党务助理职务,学生党小组组长和党务助理上任前由支部负责人进行专题任前谈话和专门的党务工作培训。第四,注重党员意识培养。党支部策划和组织"从南湖启航"主题党日系列活动,开展"唱响红歌,祝福祖国"主题活动、举办"我心目中的大学生党员"演讲比赛、"在国旗下宣誓"、红色海报展览、红色电影观摩等活动。

党支部的这些举措,有力地推进了团队在系部战斗堡垒中作用的发挥,有效地起到了"党建带团建""党风带教风""党风带学风"建设的引领作用,为"点灯工程"的顺利开展提供强有力的组织保障。

(二)"点灯工程"的实施过程

"点灯工程",分别从为学生党员终身发展服务(包括学生党员自我服务)和学生党员为广大学生服务纵横两个视角,开展了富有新意的党建育人的实践。

1. 培养一年,点亮一生

"点灯工程"之一,就是点亮学生党员和培养对象心中的那盏信仰和理想之灯,树立正确的世界观、人生观和价值观,坚信共产主义的崇高目标,坚定中国特色社会主义的远大理想,切实践行"全心全意为人民服务"的庄严承诺,端正入党动机,明确努力方向。

按照党员发展的基本规定,大学生自递交入党申请书成为入党积极分子后,培养考察时间为一年及以上。党支部开展"党员和培养对象集体约谈"活动,并给每位培养对象安排一位教师党员和一位学生党员进行"一对二"的联系和教育,坚持以理想信念教育为核心,以大学生全面发展为目标。联系党员针对培养对象的思想状况而进行形式多样的个别辅导和谈心,解决他们的思想道德困惑,帮助他们加强理论学习,特别是注重细节上的把握,例如,提点他们某篇思想汇报中的错别字、某次课堂中的松懈、与某位同学相处中的自我放纵等,也会积极鼓励和疏导他们面对新任务的胆怯、面对挑战的迷茫、面对困难的畏惧、面对同伴误解的委屈。党支部还特别注重发挥大学生"自我教育、自我管理和自我服务"的作用,认为入党首先应该是培养对象的自我锤炼,通过设计《培养对象成长记录本》的方式,使大学生在记录自我行动和感悟的点滴中,学会通过自身的努力一步步地走向成长和成熟;党支部还实行了培养对象自我剖析制度,要求培养对象在考察到期时,对照党员标准撰写《自我剖析》材料先行自我评估,而后接受支部党员的逐一点评。

培养一年,点亮一生。通过党支部师生共同努力,培养对象深刻认识到入党不是一时一事的追求,而是一辈子的选择。入党的过程,是大学生突破自我、超越自我、升华自我、完善自我的过程;入党的过程,是培养大学生自尊、自爱、自律、自强、自省的优良品格和克服困难、经受考验、承受挫折的能力的过程。从一名普通学生成为一名大学生党员,一年的努力过程只是漫长人生路上一个崭新的起点;一年的考察期必将对今后一生的事业都产生深远的影响。

2. 发展一个,点燃一片

"点灯工程"之二,就是要学生党员在入党的过程中和入党后,不仅要点亮自己,更要照亮别人、点燃别人,要成为刻苦学习、团结进步、健康成长的班系核心,成为大学生们全面发展的先锋模范,成为值得大家看齐的"星火"之人。

党支部领导下的常设机构系党章学习班,由全体学生党员和吸收培养考察对象及学生干部组成,是大学生党员的成长摇篮和学生骨干队伍的培养基地。党支部指导并支持学生党员和培养对象,自觉担当起为身边同学服务的职责,主动接受锻炼和挑战以获得群众的认可;在学院和系的招生、迎接新生、大学生艺术节等许多活动中,活跃着学生党员和培养对象的身影;由学生党员和培养对象组成的系志愿者队伍,主动承担起大一早晚自修值班、新生班班主任助理等任务。以学生党员和培养对象为骨干的历届团总支学生会成员,在营造浓厚的文化氛围、建设良好的学习风气方面尽心尽职、与时俱进:学习部推出"专升本"讲座,为同学们的深造解惑答疑;纪检部每周一张的《考勤汇总表》,为教学秩序井然开展起到督促作用;宣传部半月一期的《学生工作简报》,为推进全系的学风建设提供舆论导向;安全部开展的安全提醒、安全知识测试、安全讲座及安全检查和演练,为学习和生活提供自我保障;文艺部、体育部精心策划的"一月二活动"精彩纷呈,为全系同学提升素质、发挥潜能创设平台;校友工作部的校友访谈系列活动,为大家珍惜今天、展望明天指引方向。在各班的课程学习和专业实践中,学生党员和培养对象更是时刻走在了前列。

发展一个,点燃一片。一个人的入党过程,是对整个群体的引领;一个学生的成长过程,带动的是一个班、一个系学生的共同进步、共同成长。学生党员和培养对象在服务广大群众中实践宗旨,提升自己;他们在班系中发挥先锋模范作用,在学生群体中形成的"星火"效应,成了团队的核心力量,成了班系团结向上、健康发展的领跑者。

三、高校党支部创新建设的工作成效

创新基层党支部建设,是党的"全心全意为人民服务"的宗旨的内在要求,落实在高等学校就是"以学生为本"、全心全意地为大学生成长成才做好服务。培养出理想远大、信念坚定、品德高尚、意志顽强,视野开阔、知识丰富,开拓进取、艰苦创业的新一代,是高等教育面临的重大课题,也是高等学校党支部面临的重大考验。文管系党支部"点灯工程"的适时推出,受到同行的高度关注,取得较好的成效。

文管系的学生党员,心中揣着这盏点亮的信仰之灯,刻苦学习、埋头苦干,团结同学、勇于担当、不怕挑战、不断超越,以默默无闻的奉献履行着全心全意为同学服务的使命,自觉地在学习上、生活上和各种社团活动中发挥着先锋模范作用,取得了可喜的成绩,在班系中树立了学生党员的良好形象。他们有学院唯一的特等奖学金获奖者,有国家奖学金获得者,有国家励志奖学金获得者,有省级优秀毕业生的获得者。全系院级奖学金、三好学生、优秀毕业生的获奖主体,全系各班学习成绩和综合素质居前十位的学生中绝大多数是学生党员或培养对象。即使是已走出校门的学生流动党员,依然本着"传承文管优良学风,助推母校长远发展"的热切心愿、履行着为全系学弟学妹服务的义务:有的校友主动回校参加"专升本座谈会",以自己的成功为在校生的继续深造指点迷津;有的校友及时出现在系学生干部的例会上,以自己经历的大学生"挑战杯"感悟,鼓励学弟学妹大胆迎接挑战;有的校友应邀来到大一的课堂,以自己的就业经历激励大家时刻为明天的事业做好准备;元旦前夕,"文管系校友篮球友谊赛"在校体育馆进行,在场的新老校友无不为这跨越六个年级的相聚而欢呼。

"点灯工程"在大学生心中点燃了一大片理想之灯,产生了成燎原之势的"星火效应"。例如,"从南湖启航"的主题党日系列活动,受到了系内外师生的大力支持和欢迎,南湖畔新老党员的入党宣誓活动使理想信仰更加坚定,精心制作的"入党宣誓纪念卡"被党员师生珍藏;根据"从南湖启航"主题党日系列活动成果制作的展板被学院选送省级文化系统机关党委展览。受到文管系整体氛围的熏陶,文管系全系学风持续在全院处于领先地位。文管系党校学员培训班连续被评为"优秀班级",近几届新生班获得"军训先进集体"称号数量位居全校前列。2011年,文管系被评为学院"校园综合治理先进集体",并创造了年度学生毕业率和就业率"双百"的历史纪录。系党支部多次被学院评为"先进党支部"。在校园文化建设方面,党支部申报的两个校园文化品牌项目"'三自'教育接力传,校园生活保平安——文化管理系扎实推进学生安全文化建设"和"文管系宣传平台:分享有生命力的文化"通过评审获得立项,其中"'三自'教育接力传,校园生活保平安——文化管理系扎实推进学生安全文化建设"被评为学院首届八大校园品牌项目。

高校基层党支部党建创新是一项探索性工作。推进高校基层党支部党建工作创新,就要改进基层党组织的工作方式,增强基层党建工作的吸引力和感染力,充分发挥党支部推动发展、服务群众、凝聚人心的作用。"点灯工程"使文管系党支部的战斗堡垒作用明显增强,使学生党员的先锋模范作用充分发挥,对入党积极分子和普通学生群体产生了强大的感召力;"点灯工程",点亮学生党员的一生,让学生党员的培养过程成为提升综合素质、促进全面发展的过程;"点灯工程",点燃学生党员周围的一片人群,让学生党员的成长过程成为广大学生集体进步、集体成长的过程。几年来,文管系的学生党员毕业了一批又一批,他们在各自的岗位奋发有为,受到了用人单位的欢迎;而党支部的党员教师们依然忠实地履行着自己的神圣职责,甘愿做着"燃烧自己,点亮学生"的默默无闻的"点灯人"。

参考文献

[1] 石国亮. 大力推进高校基层党建工作创新 [J]. 学校党建与思想教育(高教版), 2007 (1).

[2] 蔡晓平, 陈茵茵, 许拥旺. 高校二级党组织学生党建工作的创新 [J]. 学校党建与思想教育(高教版), 2011 (2).

[3] 余淑均. 高校学生基层党建工作创新与实践 [J]. 思想教育研究, 2011 (2).

[4] 中共中央组织部组织二局, 教育部思想政治工作司.《中国共产党普通高等学校基层工作条例》学习辅导读本 [M]. 北京: 高等教育出版社, 2011.

[5] 汪哲伟. 关于当前高校学生党支部建设工作的几点思考 [J]. 思想理论教育导刊, 2011 (3).

微信"小"平台助推大党建

——从传播学角度解构微信在党建工作中的应用方法

刘 慧 王 芳[*]

摘要：互联网的迅速发展和广泛普及带来了媒体格局的深刻变化，以手机为终端的传播方式正成为继报纸、广播、电视、互联网后的又一传播新途径，越来越多的人通过微信这一新媒体方式获取资讯信息。党务工作者在利用传统媒体进行宣教工作的同时，也要与时俱进，充分利用新媒体，加强党建教育宣传工作。本文基于著名传播学家哈罗德·拉斯韦尔（Harold Lasswell）的"5W模式"理论，结合微信自身传播特性，从控制分析、内容分析、媒介分析、受众分析和效果分析五个方面，探讨党务工作者如何更好地利用微信这一新媒体传播方式开展党建宣传教育工作，传播正能量。

随着科技的进步，通信行业信息技术的发展日新月异，无线宽带和4G网络不断普及，手机迅速超越报纸、广播、电视等传统媒介，成为人们获取信息、沟通交流的主要承载方式。手机客户端中的微信作为一种新媒体工具，因其全天候、便携式、移动化、易沟通等特性，被时下年轻人所热衷和追捧。

一、微信开辟党建宣传教育新渠道

微信（WeChat）是腾讯公司于2011年1月21日推出的一个为智能终端提供即时通信服务的免费应用程序，微信支持跨通信运营商、跨操作系统平台的环境，通过网络方式快速发送免费（需消耗少量网络流量）语音短信、视频、图片和文字，同时，也可以使用通过共享流媒体内容的资料和基于位置的社交插件"摇一摇""朋友圈""公众平台""语音记事本"等服务插件。

---

[*] 刘慧，浙江艺术职业学院戏剧影视学院副教授；王芳，浙江艺术职业学院戏剧影视学院教工第一党支部书记，副教授。

微信是基于QQ平台的应用软件,在信息传播模式中,类似QQ平台,但两者差异性又很大。QQ平台最初是建立在"和陌生人说话"的基础上,而微信则搭建在"和亲近人说话"的基础上,手机的一对一语音留言对话使双方关系更加密切,但二者都具有双向性和互动性的传播特征。微信是一款以智能手机为运作平台的应用软件,因此其传播主体更加精确化。与微博不同的是,微信的朋友圈更加的私人化,是一个以自我为中心的熟人圈子,传受双方以亲戚、朋友、闺蜜、恋人等关系为主,这使得信息传播更加可靠和值得信赖。

根据腾讯《2015微信用户数据报告》显示,截至2015年第一季度,微信已经覆盖中国90%以上的智能手机,月活跃用户达到5.49亿,用户覆盖200多个国家,超过20种语言。此外,各品牌的微信公众号总数已经超过800万个,移动应用对接数量超过85000个,微信支付用户达4亿左右。

2013年8月19日,习近平总书记在全国宣传思想工作会议上发表讲话时指出,宣传思想工作创新,重点要抓好理念创新、手段创新、基层工作创新,积极探索有利于破解工作难题的新举措新办法。①

2014年7月2日,中共中央办公厅印发了《2014—2018年全国党员教育培训工作规划》。要求创新载体手段,提高党员教育培训现代化水平,鼓励党员参与网上论坛、QQ群、博客、播客、微博、微信等互动交流,不断探索基层党员喜闻乐见、简便实用的教育培训新手段。

信息传播、人际沟通进入新媒体时代,不仅带来了生产生活、沟通交流方式的全新变革,也给党建工作带来了前所未有的挑战和机遇。在新媒体、新形势下,党务工作者如果能够突破传统思维模式,创新工作理念,摸清新媒体传播模式,扬长避短、因势利导,将其运用到党建宣传教育工作中去,必然能够开辟出党员教育管理的新渠道。

二、以"5W模式"探讨如何运用微信助推党建工作

1948年,美国政治学家,传播学四大奠基人之一的哈罗德·拉斯韦尔(Harold Lasswell)发表了《社会传播的结构与功能》一文,明确提出了传播过程及其五个基本构成要素:谁(who)、说什么(say what)、什么渠道(which channel)、对谁(to whom)说、取得什么效果(with what effect),即"5W模式"。他将人们每天从事却又阐释不清楚的传播活动明确表述为由五个环节和要

---

① 新时代学习工作室.做好宣传思想工作,习近平提出要因势而谋应势而动顺势而为[EB/OL].人民网,2018-08-21.

素构成的过程,这也促使大众传播学五大研究领域即控制分析、内容分析、媒介分析、受众分析、效果分析这一思路的形成。①

下面就根据"5W模式"理论来研究微信的信息传播模式,并探讨如何利用微信这一新媒体网络信息手段开拓网络宣传阵地、加强党建宣教工作。

(一) Who——传播主体:控制分析

传播者是传播活动的起点,也是传播活动的中心之一。传播者在传播过程中负责搜集、整理、选择、处理、加工与传播信息,他们被称为"把关人"。在微信平台的党建教育宣传工作中,党务工作者承担起了"把关人"的"把关"作用。

根据中央组织部最新党内统计数据显示,截至2014年年底,中国共产党党员总数为8779.3万名;据不完全统计,其中有3000余万党员会使用移动终端设备上网获取信息。因势利导,党务工作者也应该学会使用微信新媒体网络信息手段,公布党内信息,加强党性宣传,传播和树立社会主义核心价值观,开辟党员教育管理的新渠道。根据微信的功能,最好的办法就是开通党建微信公众平台账号和建立党员内部学习微信群。

2014年6月,"共产党员"微信公众号正式上线发布,这是继远程教育平台、共产党员网、共产党员电视栏目、共产党员手机报后,中央组织部创办的党员教育新平台。根据其填写的认证资料,"共产党员"微信由中央组织部党员教育中心主办,新华网承办,腾讯控股有限公司提供技术支持。

"共产党员"微信公众平台账号虽然出身"名门",但并不高傲,还很亲切。这个账号基本做到每天更新,内容涵盖了党的建设和组织工作、党性党风、反腐倡廉、干部人才等"高大上"的内容,党务工作者可以将党的路线、方针、政策,上级党委精神以及各项决策部署等内容及时发布给党员和群众,使大家通过手机就能听到党的声音,如其发布的《中央动真格,这十类干部可能"乌纱"不保!》引来了十万次以上的点击阅读量;同时,该公众平台账号还会发布一些杂谈、国学、历史等陶冶心智的"接地气"短文,有利于开阔视野,让大家从另一个视角了解共产党员。权威的声音、亲切的表达方式,让不少人主动去关注"共产党员"微信公众号,根据《中国微信500强月度报告》(2015年7月发布)数据统计,"共产党员"微信的关注人数以政务类微信第1,总排名第31的傲人成绩位列榜单前茅。这让微信成为传播党的声音的重要窗口。

不仅是中央组织部党员教育中心开办党建微信公众平台账号,不少党支部

---

① 郭庆光. 传播学教程 [M]. 北京:中国人民大学出版社,1999:59-60.

也应该开设微信公众号，改变以往"一张桌子、一张椅子、一块黑板、一叠课本"的传统党课方式，通过手机微信公众号上"微信党课"，如将"三严三实"主题党课的文章发布到公众账号，让党员干部随时随地都可查阅、了解、学习党内最新精神和动向，在闲暇时给自己上一节党课。

（二）Say What——传播内容：内容分析

传播内容是传播活动的中心，它包括特定内容和传播方式两部分。传播内容是在过程中生产出来的。这种内容并不是普遍意义上的信息，而是指所有通过大众传播媒介传播给受众的信息。要实现有效的信息传播，就要掌握传播内容的生产、流动与分析、研究，即相应的内容分析环节。

党建公众号开办的根本目的，是宣传党的路线、方针、政策，进一步提高党员思想觉悟，树立社会主义核心价值观，加强党员同党组织之间的信息互动，其手段就是党务工作者利用受众的碎片化时间，让其观看、阅读原创或转发的图片、文字、视频等内容，让其思想受到教育。

然而提起"党建"，大家的第一感觉就是严肃、刻板、说教、毫无乐趣。党建公众号如果开办后，无人关注、无人问津，或者青年党员只是当成一项政治任务去关注一下，不愿意深入了解，那么就失去了创办和传播的意义。怎样让党员，尤其是青年党员主动关注党建公众号传播的内容呢？党务工作者就要注重传播内容的制作和生产环节。

第一，党建工作微信公众平台的生命力在于既有政治属性，又能寓教于乐，党务工作者要善于运用网络语言有效吸引年轻人，以符合传播与认知规律的方式进行包装（讲故事），再利用自媒体渠道（官方微信）进行自主传播，从而在群体中实现低成本、高效率的传播效果。例如，"上海基层党建"微信账号就以年轻、活泼、开放为平台风格的关键词，口述援藏的生动故事会被传播，粉丝吐槽也会被录用。

第二，党建公众号的响应必须非常迅速。公众号要思考如何结合热点信息进行推送，第一时间做出响应，让大家读得轻松、有趣味，这样才能吸引眼球、留住"受众"。人民网主办的"党员学习微平台"公众账号，就以其突出的党建元素，图文并茂、生动活泼的表达方式，吸引了众多党员的关注，上接"天线"、下接"地气"，让党建公众账号和基层党员"无缝连接"。

第三，现在是读图，甚至看视频的时代，一张精美的图片、一幅寓意深远的漫画，往往比文字更能迅速吸引用户眼球。微信平台还可以将微电影引入传播途径中，浙江省临海市就推出了党建"微电影"，把党建知识、先锋模范等制作成适合手机移动平台播放的党建"微电影",通过党建公众号推送,在年轻党员不断成长、党员流动性不断增强的形势下,让党员教育上手机,使党员教育入心入脑。

(三) Which Channel——传播媒介:媒介分析

传播媒介是传播过程的基本组成部分,是传播行为得以实现的物质手段。媒介即中介或中介物,存在于事物的运动过程中。传播意义上的媒介是指传播信息符号的物质实体。微信是以智能手机终端为主要载体的移动媒体,是多媒体平台的优化集成,其发展空间巨大。

党建公众号依托微信这一新媒体,然而与普通公众号不同,党委部门的微信号拥有强大的政治资源,这个优势必须好好加以利用。出身"名门"的"共产党员"微信公众号多次受到中央到省市各级领导的重视,其拥有的第一手权威信息更是其余公众号所不能企及的。"超级大V"背后还有中组部、新华网、中国电信、腾讯公司等多个渠道资源共同参与该公众号的推广。政府部门打造的微信平台一定要把行政资源用足。设计党建公众号宣传展板和宣传单页,并发放至村、社区、机关、企业等基层单位,在醒目位置放置平台二维码,派专人进行宣传推广,首先让党员和非党员知道这个平台的存在,关注进而了解它。

党建公众号依托的是政府平台,除了运用行政资源进行推广,还可以通过活动策划进行推广,活动是推广微信公众平台账号的"利器"。以《非公有制企业党建》杂志运营的"中国非公党建"微信号来说,其先后举办"中秋缘来是你""两新组织创意党组织生活微视频大赛""年度榜单评选""共和国地标推选""党建微摄影大赛""党史国史大闯关"等既契合平台特色,又受用户喜爱的线上线下活动,不断集聚、黏合用户,持续激活用户,保持几乎每周一场的频率,累计影响人群近20万。"微泰隆"党建公众号自开通以来,先后组织"最萌泰隆宝宝评比活动""庆行庆——加微信,工会请你看电影""捐一本好书,献一份爱心"等多项重大活动,受到广泛关注。

(四) To Whom——传播受众:受众分析

接受者又称受众,是主动的信息接收者、信息再加工的传播者和传播活动的反馈源,是传播活动产生的动因之一和中心环节之一,在传播活动中占有重要的地位。随着互联网的发展,信息传播模式逐渐去中心化,微信新媒体的运用使这一特征更加明显。微信中的个体既可以是信息接受者,同样也可以是信息来源、信息的传播者。

新媒体方便了党与群众之间的互动交流,为各阶层人士表达民意提供了平等的话语平台。微信公众平台账号是党务工作者利用微信打造的虚拟社区，同时也打破原有基层党组织的边界，能够及时有效地进行沟通，广泛收集党员、群众对党建工作的意见和建议，进一步提高工作水平和工作质量，使微信变成下情上达的便捷通道；党务工作者还可以组织党员和群众对党建话题展开讨论，通过大家发布的消息和评论，了解他们对党建工作的看法，征求他们对党建工作的意见和建议，从而进一步改进党建工作，完善工作机制，在互动式学习交流中巩固党建工作的成效；此外，党务工作者还可以通过微信的评论、留言功能，及时掌握党员和群众的思想稳定情况，解答党员群众的有关疑问，提前疏导和化解一些处于萌芽状态的矛盾，及时解决员工提出的问题。

微信是民情、民意表达的主要集散地和传播渠道。想要贯彻执行党的群众路线，听民意、集民智、聚民心，势必绕不过微信这个平台。通过微信群、朋友圈等方式，可以充分了解群众的诉求和期待、收集群众的意见和反映。因此，利用微信开展党建工作，也是贯彻执行党的群众路线最直接、最有效的途径。

（五）With What Effect——传播效果：效果分析

所谓传播效果的研究是指传播者发出的信息经媒介传至受众而引起受众思想观念、行为方式等的变化。效果研究主要集中在大众传播在改变受众固有立场、观点上有多大威力这一方面，但也涉及了大众传播对社会及文化所造成的影响。

网络技术的发展，使得人们进入了移动互联网的时代。人们从单纯全盘接收媒体信息转变为以微博传播为主的主动"拉取信息"方式，再到以微信为代表的基于"强关系链接网"的虚拟与现实的"无缝对接"。

党建微信公众平台账号的传播效果，不能简单地从党员是否阅读、是否转发了某条推送内容来判定，而是应该以长远的眼光来看待。网络传播信息量大，其中充斥着各种不同的价值观。这些信息形态多样，便于检索，使得部分党员容易受到不良价值观的冲击，从而淡化了对理想信念的追求。部分党员和群众由于缺乏强烈的政治意识，转发、传播一些负面消息甚至虚假消息，不自觉地演变成不良价值观的传播者，潜移默化地使自己的思想发生了变化。虚拟社区平台的搭建、正能量的弘扬，最终会体现在现实的党员思想和行动中，体现在整个社会的精神文明建设中。

三、总结

新的信息传播媒介的产生改变了人类的生活方式和生存方式。我们相信，党建微信平台的运作,可以实现党组织和党员、群众之间"亲密""即时""微距"的接触,使党建工作时刻保持鲜活的生命力和时代气息。

参考文献

[1] 党昊祺. 从传播学角度解构微信的信息传播模式 [J]. 东南传播, 2012 (7).

[2] 罗伯特·拉罗斯, 约瑟夫·斯特劳巴哈. 微信信息时代的传播媒介 [M]. 北京: 清华大学出版社, 2002.

[3] 刘欣. 微信时代: 社交媒体的移动互联网化 [J]. 网络传播, 2011 (11).

[4] 陶丹, 张浩达. 新媒介与网络广告 [M]. 北京: 科学出版社, 2001.

"四位一体"推动高校学生党支部建设的实践和探索

——以浙江艺术职业学院音乐系学生党支部为例

黄思远*

摘要：大学生党支部是高校中的基础支部，也是特殊支部，要主动发挥引领作用，吸引更多的大学生团结在党的周围，为党的发展不断注入新鲜血液。浙江艺术职业学院音乐系学生党支部深化建设"红心工程""铸魂工程""艺行工程""探索工程"，打造"四位一体"下的高校学生党支部建设，收到了积极的成效。

习近平总书记强调，高校要解答好"高校培养什么样的人、如何培养人以及为谁培养人"这个根本问题。[①]学生党支部作为特色鲜明的基层支部，作为高校育人工作的前沿阵地，作为新时代推进大学生党的建设和思想政治工作的重要堡垒，作为直接担负教育、管理、监督大学生党员和大学生入党申请人群的重要载体，切实承担着不可替代的责任。

一、背景

基层党支部的建设是党组织建设中最为关键的一部分，事关基础、关系重大、牵涉全局，这也决定了基层党支部本身作为党组织体系中最为生动、活跃的现实情况。

2016年2月，中共中央印发的《开展"两学一做"学习教育方案》中，即对基层党支部的建设提出了较为明确的要求，提出学习教育要坚持党支部是基

---

* 黄思远，浙江艺术职业学院音乐学院组织员、学生党支部书记。
① 习近平. 把思想政治工作贯穿教育教学全过程 开创我国高等教育事业发展新局面 刘云山讲话 王岐山张高丽出席[EB/OL]. 人民网，2016-12-09.

本单位，要把"三会一课"、主题党日等作为基本形式以开展各种类型的党的组织生活工作，落实好党员教育管理职责，发挥好党支部的自我净化、自我提高的能力。

2017年10月，新修订的《中国共产党章程》在总纲部分中再次明确了建设"学习型、服务型、创新型"党支部的相关要求。

2018年10月，中共中央印发的《中国共产党支部工作条例（试行）》中明确，党支部要担负教育党员、管理党员、监督党员和组织群众、宣传群众、凝聚群众、服务群众的职责。同时明晰了高校中的党支部要保证监督党的教育方针贯彻落实、巩固马克思主义在高校意识形态领域的指导地位、加强思想政治引领、筑牢学生理想信念根基、落实立德树人根本任务、保证教学科研管理各项任务完成。

此外，2017年2月，教育部党组在印发的《普通高等学校学生党建工作标准》中明确提出了，学生党建工作的组织化、制度化、具体化的建设标准，进一步明确了建设的思路和方向。

2018年以来，浙江艺术职业学院音乐系学生党支部按照全面从严治党的新要求，开展"四位一体"实践探索，持续加强和改进学生党支部的建设，加强体制机制创新，注重学生党员和入党申请人培养，强化党建品牌载体搭建，夯实队伍建设基础，不断增强学生党支部的凝聚力和战斗力，在学生党支部的建设中收到了一定成效。

二、实践探索过程

（一）红心工程

音乐系学生党支部根据音乐类学生入党申请人培养教育的需要，设立入党积极分子培养班，按照"4123模式"（4大模块、每月1次集体学习、2个月一次主题讨论、3个月一次思想汇报，此外1年举办两次微型党课展示、两次培养考察鉴定、两次党章党规党史知识竞赛）开展党性培养教育。目前已经形成了"一学、一议、一汇报、一展示、一服务"的"五个一"总体结构。至今入党积极分子培养班已经举办8期，发展对象培养班举办3期。2019年年底，在学生党支部广泛开展培养教育的基础上，音乐系率先在全校成立党总支分党校。

音乐系学生党支部特别注重重要时间节点的红色教育，逐步形成了节日主题系列活动。如清明节"4个1"主题活动：开展一次缅怀先烈行动，举办一次主题党团日，讲一次党课，明一份誓言；五四青年节"5个1主题活动"：向团组织"说一句心里话",组织一次主题党团日活动,观看一次红色影片,组织一系列志愿服务,进一次红色军营送文艺;在庆祝中华人民共和国成立70周年时,学生党支部主动谋划,开展"唱红色赞歌、筑红色梦想、讲红色微课、读红色经典、观红色影片、进红色军营、忆红色征程、育红色人才"系列活动,始终以爱国主义为精神底色,教育引导学生爱国爱党,立志听党话、跟党走,形成了良好的氛围效果。

(二)铸魂工程

2018年以来,围绕讲好中国故事、传承好中国精神,音乐系学生党支部开始打造"红色音乐讲堂",立足"一堂音乐的党课、音乐人的一堂党课",不断推动专业和学习教育的融合。"红色音乐讲堂"分为讲堂融入专业、音乐人的党课、讲音乐的党课三部分,累计宣讲近300人(场)次。

1. 讲堂融入专业

持之以恒抓好党建和业务的融合,学生党支部主动谋划,协助音乐系各教研室一同围绕学习教育相关重大主题,把"红色音乐讲堂"建在专业演出上,举办"我和我的祖国"歌舞专业红色主题教学汇报会、"青春飞扬 红歌唱响"流行专业音乐会、"红色作品"民族作品视唱音乐会、"我和我的祖国"优秀中国声乐作品系列音乐会、献礼新中国成立70周年——管弦专业中国作品主题音乐会、"礼赞新中国 奏响奋进歌"——民族器乐"红色经典主题"作品音乐会、"红色经典主题"键盘作品音乐会、爱国主义题材民族室内乐专场音乐会等近10场红色主题专场音乐会,实实在在把专业和党建紧密地融合到一起。

2. 音乐人的党课

以入党积极分子为主体的红色微课,聚焦学习主题,在每月集体学习、主题讨论、思想汇报、支部学习会上以微课形式宣讲,已累计宣讲200余次;支部书记是宣讲主力,支部书记上党课,聚焦热点、焦点,定期开展精神传达、主题宣讲活动,至今已累计宣讲20余次;学生党员宣讲重榜样引领,学生党员以微党课形式,聚焦身边的故事、自己的故事、榜样的力量等,以"一个故事 一堂课"为形式展开宣讲,至今已累计宣讲10余次;教工党员根据固定的学习教育主题,不定期走上党课讲台,开办至今已累计宣讲多场;教学相长,角色互换,举办红色"翻转课堂"、"以初心忆初心",至今已累计宣讲40余次。

3. 讲音乐的党课

结合工作的实际,定期邀请校领导和校外专家做客讲堂。邀请校领导上国旗下的公开课、形势与政策课、专题党课,讲红色精神与音乐专业的融合,讲对音乐人的期许；邀请著名音乐家做客讲堂，讲红色经典音乐作品的创作初衷，至今已累计宣讲多场。浙江新闻曾就著名音乐家何占豪在浙艺音乐系"红色音乐讲堂"开讲音乐党课做了专题报道，逐渐增大"红色音乐讲堂"的影响力。

（三）艺行工程

艺行，即用艺术作为参与志愿服务活动的具体行动。活动是党建工作的活力所在和生命力所系，立足专业建设，顺应学生成长成才规律，以艺术志愿服务激活基层文化正能量。

自2014年起，音乐系学生党支部开始持续在文化志愿服务上发挥作用。在文化志愿服务演出上，发动师生在高雅艺术进校园、重大演出、义务支教中助力，组织师生深入义乌官塘下村、萧山航民村、仙居埠头镇大庄村等地开展"农村文化礼堂"演出活动；跟随学校"千名学校文艺工作者赴基层"，前往浦江利民村、海盐元通街道、西塘桥街道、余姚大隐镇等地开展采风巡演活动，了解当地风土人情，收集浙江本土音乐创作素材；组织师生走进"金色年华"杭州金家岭退休生活中心、长河敬老院等地服务老年人，与西浦社区联合开展"西浦社区邻居节"活动，与浙江省博物馆孤山馆区开展"江南丝竹"音乐会等。在省厅级专项演出上，根据上级部署，多年来，已累计组织逾千名师生积极参与各项重要演出活动，在喜迎"十九大"全省重要演出、庆祝中华人民共和国成立70周年浙江省各类演出、第十三届全国学生运动会开幕式文艺演出以及省直机关、省文旅厅举办的各类活动中，都有音乐系学子的身影。自2017年起，音乐系组织精干民乐师生力量，组成艺术志愿服务小组，为国家级非遗项目"楼塔细十番"培养传承人才，为楼塔镇建立了一支由老中青组成的传承人梯队，音乐系学生党支部大力支持，推动入党申请人群积极参与，成为不可或缺的一部分，浙江省文化志愿服务优秀团队、十佳项目、优秀志愿者、优秀组织工作者等荣誉相继花落音乐系。

（四）探索工程

探索学分制下的入党积极分子和发展对象培养。2019年以来，基于入党积极分子的基数不断扩大、入党申请人员不断增多，音乐系学生党支部开始逐步探索学分制下的培养等情况。将入党积极分子的培养过程设为60个学分，将培养要求分设为必修模块和选修模块。主要包含理论学习（定期组织集体学习、组织时事政治学习、组织理论文章阅读和心得体会撰写、组织党章党规党史知识竞赛等）、各类讨论（主要包括主题讨论、学习讨论、交流讨论、头脑风暴等）、思想汇报、主题微党课比赛、主题校园文化月系列比赛、党校学习等内容，其中将每三个月的思想汇报、半年一次的主题微党课、党校学习作为必修模块，将理论学习、各类讨论根据每个月主题的不同设置作为选修模块，设置一定的学分，修满才能符合培养要求。这其中的必修和选修不是指学习的内容可以选择，而是指学习和讨论的时间可以根据发布的时间自主选择。学生党支部还为所有的入党积极分子和学生党员建立起培养台账，将培养过程中的全程记录、讨论和发言汇总、思想汇报建档，便于检验检视教育成果，逐步收到了成效。

三、实践成果

（一）党性修养不断得到提升

从 2018 年至今，递交入党申请书的学生比例大幅度提高，超过了 80%，新生班级递交入党申请书比例超过了 90%；新确定入党积极分子的人数占在校生比例逐步提升；在学校党校培训班中音乐系党校学员优秀率超过了 60%，连续获得先进班级和优秀班主任的称号；学生党员认同感、参与度大大提升，自 2018 年起，所有新发展的学生党员全部开始承担入党积极分子培养班班委任务，"先锋范儿"十足的在校大学生党员培育收获成效。

（二）担当作为不断得到增强

学生党员和入党申请人在专业领域和党的基础知识方面得到了双线提升。在中国首届合唱指挥大会、浙江省第四届合唱节、2019 年浙江省属文艺院团新年演出季、浙江省大学生艺术节、浙江省大学生运动会、庆祝新中国成立 70 周年等各类演出中，音乐系学生党员和入党积极分子都参与并发挥了作用。入党积极分子在全国、全省高职专业技能大赛中获得一等奖；获得 2019 年浙江省高职高专国家奖学金特别评审奖；获得浙江省"新松计划"演奏员大赛三等奖；在浙江省音乐舞蹈节比赛中，学生党员和入党积极分子占据参赛人数的半数以上。在校生学生党员、入党积极分子获得省政府奖学金、省级优秀毕业生、校级优秀毕业生的比例近 90%。

（三）带动作用不断得到扩大

学生自我教育、自我管理、自我服务收到成效，培养教育开展后学生支部已累计收到主题讨论稿 500 余篇、思想汇报近 500 篇，举办主题微型党课 11 场，基本实现宣讲参与全覆盖，能写、能讲、能宣传、能服务的学生先进群体逐步扩大，学生党支部的持续建设获得了良好的反馈。在学校认定的校级三星级以上优秀志愿者中，音乐系获得认定的 40 人中，有 31 人是入党积极分子、学生党员，占比近80%。

（四）实践成果不断得到深化

2014年7月11日，时任浙江省委常委、宣传部部长葛慧君曾在《浙江省文化厅简报》第52期《浙江艺术职业学院拉开大学生志愿服务农村文化礼堂建设序幕》上批示：浙江艺术职业学院大学生志愿服务展示专长、服务农村，很好！这个批示既肯定了学校，同时也肯定了音乐系以艺术志愿服务形式落实实践育人工作的做法。多年来开展的各项活动也得到了人民网、《共产党员》杂志、浙江日报、浙江卫视、浙江教育报、钱江晚报等媒体的广泛报道。音乐系党总支《用艺术志愿服务激活基层文化正能量——浙江艺术职业学院音乐系党总支积极探索党建活动模式创新》被评为第七轮全省党建工作优秀创新成果；《民主评议党员模式的创新研究》获浙江省机关党建研究成果三等奖。

参考文献

[1] 祁琦. 全面从严治党背景下高校学生党支部建设研究 [D]. 西安：西安科技大学，2019.

[2] 黄思远，谢志勇. 高校学生党支部开展"两学一做"学习教育常态化制度化的探索——以浙江艺术职业学院某学生党支部为例 [J]. 知识经济，2019（21）.

[3] 宋红青. 高校研究生党支部组织建设研究 [D]. 武汉：武汉理工大学，2016.

[4] 宋亚霖. 标准化视域下高校学生党建工作的路径探索 [J]. 中国标准化，2018（11）.

[5] 姜杰，金宪志，张桦楠. 高校机关党组织政治功能强化与组织力提升路径 [J]. 中国冶金教育，2019（03）.

[6] 周莹，宋以国. 新时代高校学习型教工党支部建设研究 [J]. 文化创新比较研究，2019（09）.

"双高"建设背景下高职院校基层
党建质量提升研究

王筱芽[*]

摘要： 在国家实施"双高计划"战略背景下，提升高职院校基层党建工作质量是改革发展所向、提质培优所趋。高职院校亟须深刻领会高职教育高质量发展内涵，明确基层党建高质量发展定位，探索基层党建高质量发展路径，构建全方位、多维度、深层次的基层党建质量体系，引领高水平建设加速推进。

2019年12月，教育部正式公布中国特色高水平高职学校和专业建设计划（简称"双高计划"）入选单位名单，标志着"双高计划"进入实质性实施阶段。"双高计划"围绕"引领改革、支撑发展、中国特色、世界水平"的核心目标，以"一个加强、四个打造、五个提升"十项改革任务统筹推进，并明确把"加强党的建设"摆在首要位置。[1]2020年9月，教育部等九部门印发《职业教育提质培优行动计划（2020—2023年）》，高职教育进入提质培优新时期，提出要"加强党的全面领导"。总之，在新的历史时期，高职院校要精准把握党的建设在改革发展中的主心骨和灵魂的基本内涵，以科学把握"围绕中心工作抓党建"为有效路径，以提升教育教学质量和办学水平为基本使命，构建全方位、多维度、深层次的高职院校基层党建质量体系。

近两年，高职院校党的建设研究逐渐增多，成果相当丰硕，主要汇集在三方面。一是党建引领"双高计划"建设研究，分析其必要性和重要性。周建松提出了"双高计划"建设中学校党建整体工作的要求和任务，主要有坚持和完善党委领导下的校长负责制、各级党组织的功能作用、立德树人着力点、"双带头人"培养、学校思想工作质量和效果等方面，明确党组织的引领作用。[2]二是

---

[*] 王筱芽，浙江艺术职业学院手工艺学院党总支专职副书记。

党建与教学建设的关系研究，从推动高校内涵发展、提供教学工作的政治保障等视角论述基层党组织建设在高校发展中的定位。徐秀娟等学者探索以高职院校人才培养为核心，构建基层党组织的结构条件设置、功能实现和监督评价"三位一体"的系统运行机制，阐述相应的党建融合探索措施，提出高职院校党建与人才培养有效融合模式，实现党要管党、以党建促校建计划。[3]三是党建与教学建设各子项目协同研究。刘季平指出，高校基层党建要提升工作成效，应积极发挥高校特色，推动党建与人文社科研究相结合，组建高校党建工作平台，推动党建融入高校科研、教学、学工、队伍等方面建设的探索，发挥集群效应，以期增强师生自觉参与党建的积极性和提升党建工作成效。[4]各项研究均收到了一定成效，以上研究以政治引领为主要研究方向，具有普适性，也具有一定创新性，对"双高计划"建设中党的建设具有重要的借鉴意义。

综合以上研究成果，本研究从定位和路径两个方面深入探究高职院校如何在"双高计划"建设的新形势下，在《中国共产党普通高等学校基层组织工作条例》《高校党建工作重点任务》等一系列文件明确部署下，聚焦党的政治建设新高度、社会主义办学方向新步伐、立德树人新强度、治理能力和治理体系现代化新突破，夯实"全面贯彻党的教育方针"根本使命，以"高水平""高质量"党建工作为学校的改革与发展汇聚强大的政治力量和精神力量。

一、"四聚焦"：明确基层党建高质量发展定位

明确定位是高职院校基层党建高质量发展的命脉所在。基层党建高质量发展定位应该从政治方向、办学使命和治理能力提升等方面予以明确，明确定位方能全面彰显党在高职院校办学治校系列工作中的领导地位，将基层党建要求融入学校中心工作当中，最终实现人才培养质量的提升和"双高计划"建设目标的达成。

（一）聚焦党的政治建设

教育历来具有鲜明政治功能和意识形态属性。党的政治属性是党性的集中体现，在"双高"建设背景下的高等职业教育发展过程中，需要进一步发挥各级党组织的政治核心作用，使党要管党、从严治党的要求落到实处；正确把握教育教学过程中的政治立场和政治方向，不断提高政治站位，强化政治引领，把党的政治建设摆在首位，建设与维护意识形态领导权，坚持政治属性不变、定位不偏、功能不减，使"双高"建设在政治方向、意识形态等重要问题上，完全符合新时代中国特色社会主义的根本要求。

(二) 聚焦社会主义办学方向

习近平总书记在全国高校思政工作会议上提出:"我们的高校是党领导下的高校,是中国特色社会主义高校。"[5]显而易见,办好中国特色社会主义大学,是高校建设的根本目标。"双高"建设着力发展具有中国特色世界水平的现代职业教育,形成高等职业教育改革发展的"中国方案",是基于我国国情的党的领导下的高等职业教育改革方略,是建立在中国特色社会主义时代背景基础下的教育战略抉择。高等职业教育发展必须坚持社会主义办学方向,紧扣社会主义办学方向,充分体现社会主义办学方向。

(三) 聚焦立德树人

教育的内涵在于立德树人,高校人才培养知识体系的根本标准在于立德树人,不管高校职能如何拓展,立德树人的主体地位始终不变,是"培养什么样的人,怎样培养人"这一根本问题在高校内涵式发展外延实践的重要课题。习近平总书记就如何落实立德树人提出具体要求,指出"要把立德树人的成效作为检验学校一切工作的根本标准,真正做到以文化人、以德育人,不断提高学生思想水平、政治觉悟、道德品质、文化素养,做到明大德、守公德、严私德"[6]。可以肯定的是立德树人不仅指人才培养质量提升,也涵盖思想政治教育、核心价值观教育、行为规范等综合素质教育。对标"双高计划"育人机制基本原则,需要高职院校教学建设管理的各领域、各方面、各环节共同努力引导,将立德树人贯穿教学建设发展全过程,将党的教育方针贯穿人才培养全过程,全力推动"德技并修"的高素质技术技能人才体系。

(四) 聚焦治理能力提升

质量是高等职业教育各项工作的生命,要使高校办学质量以最优状态运转,建立并提升治理能力现代化水平是必要前提。要健全内部治理体系,完善以章程为核心的现代职业学校制度体系,形成学校自主管理、自我约束的体制机制,推进治理能力现代化。[7]"双高"建设有效捕捉国家推进治理体系和治理能力风向标,提出"十大改革"明确要求,配套出台了一系列重大制度创新举措,包括标准制度体系的建设、"1+X"证书制度改革、专业群的组建与管理、提质培优行动计划等,均是以科学化治理体系进一步提升职业教育现代化。作为"掌舵者"的高校党建应精准施治,树立更高的建设标准,提高党的规范化水平,强化党在高校改革发展中的政治领导力,使高校整体工作更趋科学、系统、完善,以更强的治理能力为"双高"建设提供更为有效的政治支持,助推学校治理水平不断提高。

二、"六着力"：明确基层党建高质量发展路径

"双高计划"是推动高职教育高质量发展的重要项目载体。在"双高计划"建设进程中，高职院校要强化基层党建引领改革，打造党建载体支撑发展，抓好党建治理凸显特色和水平。

（一）着力彰显高职教育政治方位

高校教育具有鲜明的政治功能和意识形态属性，在办学问题上要把好政治关，以保证正确的政治方向、政治原则，充分贯彻"宣传党的主张、贯彻党的决定"的政治执行力，实现党对各项工作的全面领导，把稳改革发展全局、把牢思想舆论阵地、把好教学教材，以确保正确的办学方向。依据组织体系建设不断彰显政治方位。在组织设置上寻求新动向，充分发挥党委全域核心力，加强顶层设计，全面推进党的路线方针政策、聚焦人才培养的办学方向、督促指导基层党组织建设等重要责任；充分发挥基层党组织基础保障、统筹管理师生的直接领导力与组织力作用，有效增强流动性党员、临时党支部功能发挥，大力推动党的组织全覆盖。在活动方式上寻求新突破，坚持需求导向，围绕师生所想、所需、所求，将党建项目与专业建设、业务工作等师生联系最紧密的工作多维结合，做好党员服务工作，健全党内制度机制建设，做好活动共建共享，拓宽综合实践活动，扩大党建工作影响力。

依据课程体系建设不断把准政治方位、优化教学内容、创新教学方式方法，不断拓展高职院校思政课程和课程体系的改革创新，切实推动中国特色社会主义理论体系进教材、进课堂、进头脑。[8]充分拓展思政课程教育资源和功能，把准政治方位，围绕当前国内外形势、社会热点问题及应用领域的专业特点，开展马克思主义理论教育，树立正确的政治信仰，建立高职院校思政理论课教学体系。充分挖掘专业课程思政育人元素，积极寻求高职教育发展规律，把培养理想信念和爱国主义情怀融入教育全过程，以"德技并修"使知识传授与价值观教育同频共振，构建贯穿学科、教材及教育教学管理体系的高质量"大思政"课程，建立高职院校课程与思政建设协同体系。

（二）着力锻造队伍建设标杆要求

高水平高职院校建设关键任务是师资队伍的开发，高校党委要坚持选人、用人、管人原则，树立正确选人、用人导向，统筹兼顾好行政管理和专业教师两支队伍，共同锻造高素质教育教学组织体系。构建一支"双带头人"服务引领型团队。在党的建设与专业发展同向同行过程中，实施教师党支部书记"双

带头人"培育工程,配齐党建和业务双融合的教育工作队伍是"双高计划"下党建工作应有的基本要求。中共教育部党组印发《关于高校教师党支部书记"双带头人"培育工程的实施意见》明确指出教师党支部书记"双带头人"——党建带头人和学术带头人的双重身份,引领带动党建工作与教学科研工作质量提升。[9]在实际构建过程中,以优化组织设置,培育"双带头人"教师党支部书记队伍,配齐支部委员会队伍,坚持严格的任用标准,强化储备人才的培养;完善培养机制,采用专题辅导、模拟实训等分级、分类的方式加强"双带头人"教师党支部书记教育和培训;创新管理体制,提升激励措施,制定职务晋升办法,落实工作津贴,制定科学的评价考核机制等方面展开建设。造就一大批专兼结合"双师型"教学引领型团队。

"双带头人"培育是"头雁效应"的现实需要,"双师型"建设则是高职院校实现内涵式发展的重要保障。在"三全育人"(全员育人、全程育人、全方位育人)大格局下,构建政治过硬、德才兼备的优秀教师、专家、创新人才的高素质人才队伍,充实教育教学队伍,助推高职教育高质量发展是时代强音。《深化新时代职业教育"双师型"教师队伍建设改革实施方案》明确指出要建成一支师德高尚、业务精湛、专兼结合、充满活力的高素质"双师型"教师队伍。[10]以提升全员育人理念为带动,促进专业教学和德育工作高度融合;构建培养提升平台,包括交流访学、实习实训、项目合作等灵活多样的教师培训方案;拓展培养培训基地,实施个体成长计划;打造聘用和流动机制通畅的精细化绩效考核体系,提高"双师型"教师参与绩效考核的积极性等方面狠抓机制落实,建立与培养道德素养、专业理论和职业技能相统一的新型职业素质养成体系。

(三)着力精准定位人才培养目标

人才培养方案解决了"培养什么人、怎样培养人"的重大问题,是教育教学中的关键建设内容,也是党的建设深入落实的主要载体。"双高"院校为产业发展提供高质量人才支撑,按照"落实立德树人根本任务,将社会主义核心价值观教育贯穿技术技能人才培养全过程""培育和传承工匠精神,引导学生养成严谨专注、敬业专业、精益求精和追求卓越的品质"等指导性纲要[7],人才的培养需要针对当前新时代新要求进行重塑。首先解决好培养什么人的问题。随着高职"百万扩招"、本科试点等政策的出台,高职生源构成多样复杂,高职院校生源主体从传统的应届毕业生为主拓展至各类生源,包括农民工、退役军人、下岗职工构成的社会生源,具有学习能力参差不齐、社会经历各异、生涯发展需求不一等特点,在教学管理进程中,打破传统单一生源的学生管理模式,形成人才全方位、立体化培养模式的研究,有效应对人员主体多元化的需求。继而解决怎样培养人的问题。结合校企合作、产教融合、现代学徒制等高职基本办学模式,系统探索专业人才培养工作中"德技并修"、复合型人才培养空间,在人才培养方案标准修订中明确培养学生职业能力、认知能力等,促使其养成爱国主义精神、劳模精神、工匠精神、人文素养、职业道德、职业技能等,重构传统基层教育、管理、服务管理模式,从专业定位、培养目标、教学内容、实践方向和教学质量评估等方面兼顾德智体美劳等多方面能力素质的转型升级。

(四)着力凝聚打造基层党建载体

党建的活力和增长点在于丰富工作载体,打造功能完善的党建服务载体,推动党建任务在高校各方面落细、落小、落实。

强化学习载体,学习先进助力提质增效。面对高等职业教育内涵式发展新使命、新目标,必须开阔思路、更新理念,健全保障措施,完善建设学习型党组织,使学习成为推动党组织建设的永久动力,让党建工作持续焕发新活力。通过健全学习管理制度,细化任务分解,明确职责落实;丰富学习平台,定期组织各类线上线下教育培训,提高党员的思想政治素质和业务工作能力;注重学习效果,严格党组织的学习机制管理与监督,做到组织学习有研究、有部署、有督查,使基层党组织在理论引领和实践探索上始终走在前列。

搭建交流载体,党建联动助力新平台。学科交叉融合、深化产教融合、校企合作育人模式是高等职业教育特色载体。随着校内专业群学科交叉融合及外界的深度合作,基层党组织与外界统筹协调的深度也进一步扩展,需要对工作对象、服务载体进行重塑,创建多方领域交流沟通新合力。在合力平台组织架构方面,吸纳行业、企业、社会、政府等其他主体以主人翁身份积极参与人才培养、技术研究、服务社会等办学治校工作,重构教学团队的协同合作;在平台合作机制方面,吸收各专业、企业、行业等综合力量,统筹党建联动,创设教师培训基地、联合党支部、党建联盟等,搭建组织联建、活动联办、互联互通、共同提升的党建交流合作新平台,充分发挥党建群的示范作用。

(五)着力培育特色鲜明的党建品牌

打造特色鲜明的品牌项目是"双高"建设立于不败之地的要素。党建品牌培育理应在遵循职业教育规律的基础上彰显教育教学特色和党的建设吸引力,逐步成为建设中国特色高职院校办学水平的有效途径。

首先,涵育职教文化,"内修"培育高职精神。高职教育有其独特的文化,一是职业文化,高职教育为企业行业输送技术技能人才,讲究的是追求德技兼修的职业性;二是工匠文化,《国家职业教育改革实施方案》提出的培养大国工匠、能工巧匠的工匠,讲究的是追求技术创新和技能卓越,均为高职强大凝聚力的文化底蕴。

其次,蕴积社会服务意识,"外练"培育服务内涵。在高职院校发展过程中,逐渐收到了比较规范稳定的服务推广、对口支援等实质性成效。随着"双高计划"对服务站位、格局的新要求,更大力度持续拓宽服务领域和层次,增加服务项目,深入贯彻"三服务"服务载体,形成社会服务更深层次内涵体系。

党建品牌在"双高"建设背景下,在稳步推进高职院校创新驱动发展过程中,集中力量培育具有高辨识度、有影响力、可复制的党建项目,兼具社会服务和职业精神,融合发展社会多元主体,不断凝练基层党建工作风格,推行党建工作品牌化,形成党建品牌效应。

(六)着力聚焦党建制度体系建设

"双高计划"以竞争淘汰机制进行阶段性评估,因此"双高"院校的设立并非一劳永逸,高职院校内部治理水平内生动力的提升越加凸显。推进治理,制度先行,高校党建应当按照治理能力现代化的要求,以助推"双高"建设为原则,根据新形势、新任务完善党的领导制度设计和内容,围绕自身建设、短板问题,完善党对高校治理工作的全面领导,构建以人才培养目标为导向的高校立德树人治理制度体系,为"双高"建设提供有力支撑。一是坚持完善基础制度体系。认真贯彻党委领导下的校长负责制,落实基层党建主体责任,持续推进各项议事规则和制度,包括议事规则、民主生活会、"三会一课"制度等,突出党管治理方向、管科学决策、管人才培养、管综合治理贯彻到位,在党的领导体系中,规范行使权力。二是厚植创新制度体系。创新党员队伍建设机制,吸引行业企业领军人物参与学校治理,提升学校的治理效能。创新社会服务机制,在产教融合大背景下,搭建"产学研"协同服务平台,建立健全校内与校外共同参与的党建机制。三是严格执行监督体系。根据党建制度体系对党建工作状态进行常态化诊断,建立诊断与改进的组织机构,落实持续改进的主体责任,识别诊断改进和问责机制过程,通过自主诊断、内部督查、交流互鉴目标管理,开展多种形式的问诊,培养形成自我诊断、自我监督意识,健全监管工作流程和长效巡查机制。四是逐渐增强质量提升评价体系。制定并不断优化岗位标准、工作标准和办事流程,把关决策、执行、监督、考核机制上的顶层设计,促进纪律监督、目标管理和绩效评估等多维度形成常规化的科学管理,健全按规章办事工作机制的系统性、科学性和可操作性。

参考文献

[1] 教育部，财政部. 关于实施中国特色高水平高职学校和专业建设计划的意见 [EB/OL]. 中华人民共和国教育部网站，2019-04-02.

[2] 周建松. 以高水平党建引领"双高计划"行稳致远 [J]. 高等职业教育（天津职业大学学报），2019，28（5）.

[3] 徐秀娟，王前锋. 高职院校党建与人才培养的融合机制构建 [J]. 绵阳师范学院学报，2020（1）.

[4] 刘季平. 党建与学科建设相结合推进高校教育发展 [J]. 毛泽东邓小平理论研究，2019（6）.

[5] 习近平. 把思想政治工作贯穿教育教学全过程 开创我国高等教育事业发展新局面 刘云山讲话 王岐山张高丽出席 [EB/OL]. 人民网，2016-12-09.

[6] 习近平. 在北京大学师生座谈会上的讲话 [EB/OL]. 新华网，2018-05-03.

[7] 教育部，财政部. 关于实施中国特色高水平高职学校和专业建设计划的意见 [EB/OL]. 中华人民共和国教育部网站，2019-04-02.

[8] 中共中央办公厅、国务院办公厅. 关于进一步加强和改进新形势下高校宣传思想工作的意见 [EB/OL]. 中国政府网，2017-02-27.

[9] 中共教育部党组. 关于高校教师党支部书记"双带头人"培育工程的实施意见 [EB/OL]. 中华人民共和国教育部网站，2018-05-24.

[10] 教育部等四部门. 深化新时代职业教育"双师型"教师队伍建设改革实施方案 [EB/OL]. 中国政府网，2019-10-18.

习近平在浙江展现的法治思想引领浙江艺术产权制度建设

郑智武*

摘要：习近平法治思想体系宏大、内容精深，其关于浙江艺术产权的内容在主要通过"八八战略"、"法治浙江"、"两山"思想、"重要窗口"思想展现。艺术产权是文化艺术治理的高效工具。在习近平法治思想引领下，浙江艺术产权制度建设取得了巨大成就。"重要窗口"建设中，以习近平法治思想为指导，通过确立艺术产权制度原则、健全艺术产权法规体系、构建艺术产权制度，进一步完善浙江艺术产权制度。作为"三地一窗口""一带一路"和亚太区域全面经济伙伴关系的节点省份，运用习近平在浙江展现的法治思想指导浙江艺术产权制度建设，有十分重大且现实的意义。

艺术产权是艺术繁荣的核心要素，艺术产权生态属于文化生态范畴，文化生态中的自然环境、社会经济环境和文化艺术制度环境三个层次之间不断相互作用，构成一个有机整体。艺术产权是艺术家同艺术传播者与消费者之间的利益表现形式，是文化艺术治理的高效工具。艺术产权制度涉及政治、经济、文化等各个方面，是文化治理的重要手段，也是人类文明进步的重要成果。浙江是吴越文化的重要发祥地，深厚的文化积淀孕育了绚丽多姿的艺术表达形式，如余姚河姆渡遗址出土的陶埙、骨哨等乐器。在市场经济条件下，只有艺术产权人的利益得到有效保障，艺术才能够兴旺。

建设"法治浙江"是习近平依法治国理念在浙江的具体实践，是贯彻包括"文化建设"的"五位一体"总体布局的重大举措，取得了显著成就。浙江艺术产权制度建设，不仅是法治浙江的内在要求，也是文化浙江的要求。

---

* 郑智武，浙江艺术职业学院演艺与教育学院教工党支部书记，教授。

一、习近平法治思想中的产权思想在浙江的展现

习近平法治思想博大精深，理论内容宏大。在浙江展现的习近平法治思想中，艺术产权内容主要体现在"八八战略"、"法治浙江"、"两山"思想、"重要窗口"思想，它们一脉相承，创造性发展。

(一)"八八战略"与浙江艺术产权制度建设

2003 年 7 月，习近平在中共浙江省委举行第十一届四次全体（扩大）会议上，提出浙江面向未来发展八个方面的优势、八个方面的举措，即"八八战略"。[1]"八八战略"包含浙江艺术产权法制的指导方向，内涵丰富。从浙江艺术产权法制整体设计来看，"体制机制优势""市场经济体制"，表明了浙江艺术产权制度的题中之义、根本性质、出发点与归宿；"环境优势""效能建设"，是浙江艺术产权的文化现代治理体系和治理能力的内在要求，强调艺术产权的文化治理价值；"人文优势""文化大省"，明确了浙江艺术产权制度的性质、目标，传承既往文化制度内容，实现产权制度的终极目标。从浙江艺术产权法制具体内容来看，"区位优势""对内对外开放水平"，是对浙江艺术产权制度规范价值的定位，立足浙江，放眼国内外；"块状特色产业优势"，是对浙江民族表演艺术产权的地方或者区域性要求，浙江各地市的艺术产权法治建设应因地制宜、各具特色，以保护艺术产权和繁荣当地表演艺术产业；"城乡协调发展优势""城乡一体化"，是对浙江艺术产权制度的社会功能与规范功能的要求，体现了表演艺术法律规范追求公平的价值要求；"生态优势""绿色浙江"，从艺术本体生态要素确立浙江艺术产权制度规范的制定标准以及强制性规范，体现规范的代际公平的可持续追求；"山海资源优势""经济新的增长点"，是对浙江艺术产权制度规范的类型要求，既体现浙江实际，又突出产权的流转性质，体现浙江艺术产权制度的实然价值。总之，"八八战略"要求浙江艺术产权体现：人民法权、浙江精神、扶弱帮强、可持续发展、勇立潮头。

(二)"法治浙江"与浙江艺术产权制度建设

在提出"法治浙江"理念后，时任浙江省委书记的习近平同志亲自开展专题调研，他在建设"法治浙江"的报告中，直接提及"文化"8 次、"权益"12 次、"产权"3 次。这些内容体现了保护艺术产权的深度与广度，直接表述在如下四个方面。一是建设"法治浙江"总体要求方面，明确"不断提高文化等各个领域的法治化水平"，人民"文化权益得到切实尊重和保障"，"维护群众权益"，这些是浙江艺术产权的制度的总要求和原则。二是建设"法治浙江"完善立法方面,提出加强"产权"与"知识产权保护""科教文卫体"立法等,涵盖了浙江艺术产权立法方向。三是建设"法治浙江"规范司法行为方面,提出保障"公民、法人和其他组织的合法权益",加强和规范法律服务,"维护当事人合法权益",这是浙江艺术产权的司法要求。四是建设"法治浙江"尊重和保障文化权益方面,提出"保障职工的合法权益""完善保障公民权益的体制机制",社会成员能够"依靠法律和制度维护自己的正当权益",建立"权利公平"的社会公平保障体系,"加强知识产权保护,依法严厉打击制售假冒伪劣商品行为"。[2]这些要求突出:浙江艺术产权法律重点在实施维护艺术产权法律权威。

(三)"两山"思想与浙江艺术产权制度建设

"两山"思想核心内涵是"绿水青山就是金山银山",它由时任浙江省委书记的习近平同志于2005年8月在浙江安吉考察时首次提出,后于2017年被纳入党的十九大报告以及新修订的《中国共产党章程》之中。[3]"两山"思想是"八八战略"的延续,已成为浙江艺术产权生态的内在基因,是艺术产权主体进行艺术产业链活动必须遵循的基本要求。"两山"思想对浙江艺术产权制度建设的指导意义至少体现在三个方面。一是艺术产权主体素质要求。主体是艺术表达的创立者——人,是自然的产物,"自然界,无论是客观的还是主观的,都不是直接同人的存在物相适合地存在着"[4],自然界对人的天然素质起着决定的作用,绿水青山养育优秀的艺术表达创立者,艺术产权主体应该能够天人合一、"记得住乡愁"。二是艺术产权的直接客体的判断标准。艺术产权的直接客体是艺术表达形式,它来源于生活,以满足人民对美好生活需要为是非取向,以颂扬党、国家和人民作为最高标准,正如习近平总书记指出,"环境就是民生,青山就是美丽,蓝天也是幸福"[5]。三是艺术产权规范的内在要求。生产力是改造和利用自然的能力,发展艺术生产力需要有效利用自然环境,需要按照制度规范保护和利用绿水青山孕育出来的艺术文化资源,因此,艺术产权规范具体内容包括保护性规范——保护艺术资源环境,也包括权利性规范——激发人们有效利用地方艺术产品。可见,"两山"思想可转化为浙江艺术产权制度创新的动力,利用当地艺术资源,实现文旅融合发展。

(四)"重要窗口"思想与浙江艺术产权制度建设

"重要窗口"思想由习近平同志于2020年4月在浙江考察时提出,基本内涵是浙江要"努力成为新时代全面展示中国特色社会主义制度优越性的重要窗口",内容丰富,具体可以概括为"一条主线、五个关键词":"一条主线"是中国特色社会主义,"五个关键词"是"努力、新时代、全面、制度优越性、重要窗口"[6]。"重要窗口"为浙江艺术产权制度建设提出了新目标、确立了新航标,是新时代的"八八战略"的升级版。从艺术产权制度视角看,"重要窗口"思想的内涵体现在:中国特色社会主义制度是包括艺术产权制度的法律法规,产权价值应该实现人与自然"共生共荣";产权主体方面要发展民营艺术院团;产权客体要有"本地特色文创产品",把"非物质文化遗产传承好";产权内容要立足"两山",推动"乡村法治、乡村文化"发展,抓住"产业数字化、数字产业化"赋予的机遇,"从数字化到智能化再到智慧化"是推动城市治理体系和治理能力现代化的必由之路[7]。"重要窗口"是"三地一窗口"的浙江艺术产权制度最终的落脚点。

二、习近平在浙江展现的法治思想引领下的浙江艺术产权制度建设成就

以习近平在浙江展现的法治思想为引领,浙江艺术产权制度建设取得了巨大成就。2003年,率先出台《浙江省公共图书馆管理办法》,2006年,又出台《博物馆管理办法》;2005年,浙江省在全国率先公布省级非物质文化遗产名录,2006年,浙江入选国家级非物质文化遗产保护代表作品名录的数据全国第一。2005年至2017年,浙江省出台专项地方法规4件:2005年《浙江省文物保护管理条例》、2011年《浙江省非物质文化遗产保护条例》、2015年《浙江省旅游条例》、2017年《浙江省公共文化服务保障条例》。关于艺术产权的行政规范性文件80件中,浙江省文化和旅游厅当前有效行政规范性文件25件[8]:2007年至2010年4件,内容为涉及娱乐场所、涉外涉港澳台地区营业性演出、行政处罚自由裁量权的规范;2011年至2018年19件,而2013年至2016年共颁行13件,平均每年3.25件,主要内容是文化艺术旅游产业规范,2018年3件是关于艺术产权的执法规范。此外,据不完全统计,其他涉及艺术产权的政策文件有129件。

在浙江地方性文化法规中,明确规定艺术产权内容的规范条款主要有9个条文。《浙江省非物质文化遗产保护条例》第二条规定,非物质文化遗产包括"传统表演艺术"和"民间美术";第二十条规定,赋予代表性传承人和代表性传承单位享有下列权利:"艺术创作"等活动、"取得有关活动相应的报酬"、困难申请政府支持、其他相关的权利;第三十二条规定,明确依法保护非遗的"知识产权"及"其他权利";第四十条规定,"不得侵害非物质文化遗产权利人的合法权益"。《浙江省公共文化服务保障条例》第十九条规定,图书馆、文化馆、博物馆、美术馆等公益性文化单位向公众提供"免费或者优惠"的文艺

演出、陈列展览、电影放映、广播电视节目收听收看、艺术培训等；第二十六条规定，非国有图书馆、博物馆、美术馆、艺术馆、体育场馆等向公众免费开放，"政府应当给予适当的经费支持"。《浙江省旅游条例》第十四条规定，政府"支持具有自主知识产权"旅游企业。《浙江省文物保护管理条例》第二十七条规定，设区的市、县政府文物部门与所有人或者使用人签订协议，"明确其应享有的权利"；第四十条规定，国有文物的借出单位和借用单位签订协议，明确"双方的权利"等事项。

总之，浙江艺术产权制度建设取得辉煌成就，诸如地方艺术得到法律保护、艺术家同意权得到尊重、艺术家保有权得到社会的认同、报酬权得到基本保障、获益权基本得到实现。

三、以习近平在浙江展现的法治思想引领下，进一步完善浙江艺术产权制度

以习近平在浙江展现的法治思想为指引的浙江艺术产权制度，对浙江艺术发展发挥着十分重要的作用。据统计，浙江艺术表演团体数量和演出收入，2003年分别为77个和4488万元，到2018年分别是1573个和441873万元[9]，分别增长了约20倍和100倍。然而，在全球化和其他外来力量的冲击下，浙江地方艺术生态出现困境，浙江地方艺术诸多样式生存已出现了的危机，根据省文旅厅材料显示，浙江省曾有的15个地方戏曲种类现存7个，宁波市原有415项民俗类民间文化资源中已消亡了60项。[10]

这种状态的主要原因是浙江艺术产权制度效力没有得到充分发挥，主要表现在三个方面。一是浙江艺术产权保护法律规范对艺术适应性不足，浙江省虽有法规，但有些条款原则性过强，立法偏重管理，权利规范十分欠缺，艺术本体被割裂，未完全实现法律价值。二是浙江艺术产权主体地位不高，现有产权制度对艺术表达形式的创立者权利难以实现充分保护。艺术家个体在与艺术组织者产生利益冲突时，处于相对弱势；艺术家个体与艺术组织者对产权法律规范的保护作用存在认知错位，相当一部分人认为法律对艺术发展作用不大；执法公正对艺术发展作用的潜在效力有待提升。三是艺术家权利没有得到充分保护。在精神权方面，署名权没有得到足够重视，同意权还有提升空间，艺术家保有权与同意权不充分，社会对信用权的认识不足；在艺术家的报酬权方面，演出权被侵害，固定物报酬权、网络传播报酬权、二次使用权、出租权基本没有得到社会承认；获益权还有较大提高空间。

为此，坚持习近平法治思想引领，完善浙江艺术产权制度，其主要途径在

于确立艺术产权制度原则、健全艺术产权法规体系、构建艺术产权制度。

首先，确立浙江艺术产权制度建设的基本原则。浙江艺术产权制度建设是一项巨大的系统工程，需要坚持习近平法治思想，以"八八战略"为方针，体现"两山"思想、贯彻"重要窗口"思想，根据浙江文化艺术发展规律，加速"法治浙江"建设。具体而言，第一，浙江艺术产权制度要体现浙江人文精神。浙江艺术产权法律关系因艺术产品引发的社会关系，体现强烈的人文性。因此，浙江艺术产权立法、执法、司法都要充分体现浙江人文精神。如果浙江艺术产权制度没有"浙江烙印"，那么产权制度很难体现浙江体制制度优势，甚至可能抑制浙江艺术优势，失去竞争力。第二，浙江艺术产权制度要具有开放性。浙江省不但民族众多，民族艺术资源丰富，孕育出了丰富多彩的艺术表达及其产品，而且是外向型省份和"一带一路"支点省，还是"区域全面经济伙伴关系"（RCEP）的前沿省份，浙江艺术产权法律规范内容无疑需要立足浙江，借鉴吸纳他人成功的艺术产权法治实践经验。第三，浙江艺术产权规范内容适应省内外艺术市场需要。艺术产权的直接对象是艺术产品（包括私权领域的商品和公共产品），而艺术产品价值的实现最有效的途径是市场。国内外实践经验表明：艺术产权制度保护艺术市场对艺术产品配置资源效用，艺术法律才能通过市场机制更好实现制度的应然效力。同时，在发展内外循环的新型经济形势下，艺术产业竞争力的鉴定者是市场。所以，浙江艺术产权规范内容保护浙江文化艺术顺应新时代繁荣，是其历史使命。

其次，健全浙江艺术产权地方法规与规章。根据《宪法》《立法法》有关地方立法的规定，根据浙江艺术实际，立足浙江艺术可持续发展以及浙江文化软实力进行科学规划，由选择地区试点先行，再上升为地方法规，逐步推进浙江艺术产权地方法规与规章体系建设。特别要加强艺术产权市场主体、艺术产业链、艺术产权交易、艺术产权救济、艺术产权执法等方面的立法；加快政策法律化进程，把成熟的行政文件转化为地方性法规，回应体制机制优势；立法工作者主持，专家学者和实际工作者参与立法，以提高立法质量，并及时修改或废止程序以完善现有法规，形成较完备的具有浙江特色的艺术产权法规体系。从宏观上看，先颁行《浙江省艺术产业促进条例》作为浙江艺术产业法体系中的"母法"，对艺术产权主体、艺术产品价值链、艺术产权保护进行规制，并完善配套的正式行政规范以及浙江文化安全规范。从产业形态看，完善艺术业态法规体系，如数字艺术品条例、艺术媒体条例、艺术机构经营条例、艺术市场条例、艺术品条例、艺术中介服务条例、文化旅游条例等。

最后，构建浙江艺术产权制度。界定并扩展浙江艺术产权主体范围，尊重现有立法，与现有法律衔接，同时承认浙江艺术团体包括非营利组织的产权主体地位，保护创作者身份不明的、匿名者或者其他主体不明的艺术创作主体，确立艺术表达形式的合作创造者或共同创造者以及创造者联盟的主体地位。拓展浙江艺术产权客体外延，除法律规定的对象外，包括传统武术、传统竞技、体育表演艺术、民俗艺术、虚拟艺术、复合艺术、复杂艺术体等。健全并完善浙江艺术产权内容体系，保留并完善现有法律规定的艺术产权种类，构建浙江艺术产权内容体系，包括艺术产权主体的人格权体系、物质性产权体系、综合产权体系，形成传统艺术产权体系、虚拟艺术产权体系与融媒体或者融介质的艺术产权体系。完善艺术产权实现路径，在艺术产权领域，贯彻《行政许可法》推进有限政府，依据《公务员法》提升执法者专业素质；规范司法行为与强化法律服务机制，建立艺术品鉴定法定机构，提高司法裁决与执行的公信力；建立艺术产权集体管理组织，增强民间救济措施的法定效力，因为"在艺术本身的领域内，某些有重大意义的艺术形式只有在艺术发展的不发达阶段才是可能的"[11]。

总之，浙江艺术式样丰富，艺术产业发达，又处在"三地一窗口"以及"一带一路"节点省份和亚太区域全面经济伙伴关系的前沿，艺术产权制度建设具有十分重大意义。习近平同志在浙江展现的法治思想是"习近平法治思想"的重要组成部分，也是浙江艺术产权制度产生和发展的内生动力与行动指南，如何运用习近平在浙江展现的法治思想引领浙江艺术产权制度完善、提升浙江文化软实力，是现实重大课题。

参考文献

[1] 周咏南. 省委十一届四次全体（扩大）会议在杭举行［N］. 浙江日报，2003-07-12.

[2] 浙江省发展和改革委员会党组.《中共浙江省委关于建设"法治浙江"的决定》（2006年浙江省委十一届十次全会通过）［J］. 浙江人大，2006（5）.

[3] 刘剑虹，侯子峰."绿水青山就是金山银山"发展理念的科学内涵［N］. 光明日报，2018-05-09.

[4] 马克思. 1844年经济学哲学手稿［M］. 北京：人民出版社，2014.

[5] 习近平. 在省部级主要领导干部学习贯彻党的十八届五中全会精神专题研讨班上的讲话（2016年1月18日）［M］. 北京：人民出版社，2016.

[6] 王国锋. 车俊：坚决扛起建设"重要窗口"的政治责任［N］. 浙江日报，2020-04-08.

[7] 新华社. 习近平在浙江考察时强调：统筹推进疫情防控和经济社会发展工作 奋力实现今年经济社会发展目标任务［N］. 人民日报, 2020-04-02 (01).

[8] 浙江省文化和旅游厅关于2018年行政规范性文件清理结果的通知（浙文旅法〔2019〕1号）［EB/OL］. 浙江省文化和旅游厅网站, 2020-03-26.

[9] 历年浙江艺术表演团体主要指标［EB/OL］. 浙江省文化和旅游厅网站, 2019-08-31.

[10] 钱江晚报. 87岁宁波评话泰斗张少策收徒 新徒系电视台主持人［EB/OL］. 中国新闻网, 2014-09-10.

[11] 马克思, 恩格斯. 马克思恩格斯选集（第二卷）［M］. 北京：人民出版社, 1972.

第二编 02

思政理论探索

习近平新时代中国特色社会主义思想"三进"在艺术院校的实现路径

马向东 孙 彪[*]

摘要："三进"思想源于马克思的理论武装教育思想，发展于考茨基和列宁的灌输论。马克思、恩格斯和列宁的理论及其教育思想解答了"三进"的作用、意义与实践路径，奠定了习近平新时代中国特色社会主义思想"三进"的理论基础。通过考察习近平新时代中国特色社会主义思想在艺术院校"三进"的情况，探究艺术院校思政教学与专业教学相融通的基点，为习近平新时代中国特色社会主义思想在艺术院校的"三进"提供可行路径。

马克思主义理论在本质上是唤醒工农劳苦大众意识到自身地位、自身力量、自身使命的理论，也是新时代指引艺术院校青年学生认清职责使命、坚定理想信念、树立艺术梦想、确立价值认同的灯塔。习近平新时代中国特色社会主义思想对艺术院校培养德艺双馨的高素质文艺人才，以及帮助艺术生树立正确的世界观、人生观和价值观都具有重要的指导意义。教育部《高等学校课程思政建设指导纲要》指出，要"推进习近平新时代中国特色社会主义思想进教材进课堂进头脑，坚持不懈用习近平新时代中国特色社会主义思想铸魂育人，引导学生了解世情国情党情民情，增强对党的创新理论的政治认同、思想认同、情感认同，坚定中国特色社会主义道路自信、理论自信、制度自信、文化自信"[1]，对"三进"工作提出了明确要求，也为高校思政课程和课程思政指明了方向。而如何推进习近平新时代中国特色社会主义思想的"三进"，有其深厚的历史根基，也有信息化和课程思政大背景的新时代路径。追溯"三进"的理

---

[*] 马向东，浙江艺术职业学院党委委员、宣传部（统战部）部长，教授；孙彪，浙江艺术职业学院马克思主义学院讲师。

论渊源,总结其历史经验,探索艺术院校"三进"的可行路径,对推进习近平新时代中国特色社会主义思想"三进"具有重要的理论意义和现实价值。

一、习近平新时代中国特色社会主义思想"三进"的理论溯源与历史经验

"思想根本不能实现什么东西。为了实现思想,就要有使用实践力量的人。"[2]理论武装是马克思主义理论创新和理论教育的目的之一,是思想理论转化为物质实践力量的媒介和转换器。习近平新时代中国特色社会主义思想"三进"发端于马克思、恩格斯的理论武装教育思想,发展于考茨基和列宁的灌输论,有深厚的历史渊源和根基。马列主义的理论教育思想是习近平新时代中国特色社会主义思想"三进"的思想理论和方法论基础。

(一)马克思、恩格斯的理论教育思想是习近平新时代中国特色社会主义思想"三进"的历史根基

马克思主义理论教育思想是理论创新与理论武装渐进融合并提升的成果。马克思、恩格斯的理论教育思想和方法是习近平新时代中国特色社会主义思想"三进"的源泉。

1. 马克思、恩格斯的批判思维、批判方法是习近平新时代中国特色社会主义思想"三进"的方法借鉴

马克思、恩格斯在批判黑格尔的唯心主义和费尔巴哈的唯心主义历史观的基础上确立了辩证唯物主义和历史唯物主义的思想体系,通过对资本主义的揭露和批判唤起无产阶级的自我意识和革命斗争意识,通过对空想社会主义和拉萨尔、杜林等各种所谓社会主义思想的批判来澄清科学社会主义的理想愿景,从而明确和坚定人们的共产主义理想信念纲领。这种批判的思维、精神和方法是马克思主义者和无产阶级获得教益的重要路径。列宁、葛兰西、马尔库塞和拉德布鲁赫等均认识到马克思批判思维和实践哲学的重要价值。马克思、恩格斯的批判思维和实践哲学方法是新时代青年学生认清并批判功利主义、娱乐主义、形式主义、实用主义等不良思想的法宝。列宁说,马克思主义每走一步都得经过战斗,而思想的阵地如果马克思主义不去占领,那么,就有可能被非马克思主义所利用。

2. 马克思、恩格斯理论的科学性、逻辑性和严谨性是习近平新时代中国特色社会主义思想"三进"的理论借鉴

理论的科学性、逻辑性和严谨性是理论打动人、说服人与征服人的重要前提。马克思经由《林木盗窃法辩护事件》等逐渐从哲学转向政治经济学,又在

大英博物馆花 10 多年时间查阅资料，撰写出《资本论》第一卷。马克思去世后，恩格斯又继续整理出版《资本论》，深刻剖析了资本主义剥削工人的秘密，创立了"剩余价值理论"，奠定了科学社会主义的坚实基础。恩格斯曾指出："科学性是不能法定的。没有十分明确的科学方向的社会主义科学杂志是不可思议的。"[3] 马克思、恩格斯在《给奥·倍倍尔、威·李卜克内西、威·白拉克等人的通告信》中坚决反对搬来的、剪裁的和炮制的观点或将自己还没理解的东西狂妄地立即教给他人。从"两个必然"到"两个决不会"，从"同时胜利论"到马克思、恩格斯对俄国东方社会问题的审慎回答，都充分凸显了马克思、恩格斯理论的科学性、逻辑性与严谨性。马克思主义理论在教育实践过程中体现出来的理论的科学性、逻辑性和严谨性是其被广泛接受的机理，是其实现"三进"的重要理论条件。

3. 马克思、恩格斯理论的通俗性、简易性是习近平新时代中国特色社会主义思想"三进"的形式借鉴

通俗性、简易性是马克思主义理论人民性和实践性的内在诉求，是马克思主义理论大众化、革命化取向的必然要求。马克思、恩格斯从人类历史终极根源着手去分析社会历史发展的动力，从简单的商品入手去剖析深层规律，既抓住了事物的根本，又便于受众理解。恩格斯在《英国工人阶级状况》中提到著作语言要平易近人，在《社会主义从空想到科学》德文版序言中提到要将学术性著作转换成可直接向普通民众宣传普及的内容。马克思在给恩格斯的信中强调："还要经常照顾到通俗性，也就是要向没有知识的读者做解释。"[4] 习近平新时代中国特色社会主义思想强调以通俗易懂的形式讲好中国故事，这成为习近平新时代中国特色社会主义思想"三进"的形式前提。

（二）列宁理论教育思想是习近平新时代中国特色社会主义思想"三进"的重要借鉴

列宁发展了马克思、恩格斯的理论教育思想，并将其应用于实践，发展了马克思主义的理论教育思想，解答了在经济文化比较落后的国家里"为什么以及怎样对无产阶级和广大群众进行马克思主义理论教育的问题"[5]。

1. 灌输论解答了习近平新时代中国特色社会主义思想"三进"的逻辑动因

灌输论的首倡者是考茨基，列宁汲取考茨基的思想发展了灌输论。列宁的灌输论有其内在的逻辑：革命需要科学理论的指导，需要有觉悟的革命群众，而无产阶级只会自发地产生工联主义意识，不可能独自地产生自觉的社会主义民主的革命意识，所以，需要马克思主义知识分子将革命经验和科学理论从外

面灌输给工人,让工人学习理论,进而唤醒工人的阶级觉悟和革命意识。列宁还认识到对工人进行灌输教育,也是加强意识形态领域斗争的需要。十月革命前,列宁将马克思主义理论教育看作俄国革命的点火行动。十月革命胜利后,列宁提出理论教育的目的不应再局限于启发无产阶级的革命意识,更重要的是为社会主义服务,培养为实现共产主义建设的一代新人。习近平新时代中国特色社会主义思想"三进"的目的是培养造就社会主义合格建设者和可靠接班人,可见灌输论是其逻辑动因。

2. 教育的内容和主体解答了习近平新时代中国特色社会主义思想"三进"的首要前提

"搞清楚什么是马克思主义,搞清楚用什么样的马克思主义来教育无产阶级,这是理论教育首要前提。"[6]列宁首先解决了理论教育的前提之一,就是用马克思主义理论进行理论教育,确保了理论教育的科学性。列宁十分重视辩证唯物主义、历史唯物主义和马恩的经济理论,尤其是马克思主义的基本原理和方法。在众多学说中,列宁认为最关键的是要阐明劳动者受剥削压迫的实质和深层原因,尤其要让工人明晰"马克思主义阶级斗争学说"。而理论教育的条件之一是理论教育者对马克思主义经典著作的研读、理解和对马克思主义方法原理的把握。作为理论教育主体的受教育者,他们的文化理论基础素养也相当重要。列宁曾说过,在一个文盲充斥的国家里是不可能建成社会主义的,这就需要加强对工人的文化教育,提升无产阶级的文化素养。这些思想对于习近平新时代中国特色社会主义思想在艺术院校的"三进"中引发了重要启示。

3. 理论教育的方法、原则和手段是习近平新时代中国特色社会主义思想"三进"的重要参照

列宁的理论教育思想解答了在经济文化比较落后的以农民占多数的国家进行理论教育的方法论问题。列宁认为,应充分发挥宣传鼓动教育者的区域、职业优势和特长,因人因地进行教育。列宁的理论教育遵循了"五结合"的原则:将理论的科学性与革命性结合;将革命斗争实际和工作实际结合;将社会民主党与工人群众的运动结合;将宣传鼓动教育者的活动和工人的实际日常生活问题结合;将理论工作和实际工作结合。他追求通俗易懂的方式方法,用"尽可能通俗的方式,用大量具体的例证"[7]"从大家公认的事实出发"[8]开展理论教育。他还主张借助具体化、形象化的图画等艺术手段进行马克思主义理论宣讲。列宁的理论教育方法和原则为习近平新时代中国特色社会主义思想在艺术院校的"三进"中提供了重要的思想来源和经验参照。

二、习近平新时代中国特色社会主义思想在艺术院校"三进"中的问题及原因

习近平总书记在中国共产党的十八大报告中强调推进中国特色社会主义理论体系的"三进"原则，在中国共产党的十九大报告中又进一步提出用党的创新理论武装头脑。随着高校思政课新教材《毛泽东思想和中国特色社会主义理论体系概论》（2018）和《思想道德修养与法律基础》（2018）的全面使用，习近平新时代中国特色社会主义思想已经进入思想政治课堂。然而，部分艺术院校教师在认知、专业能力和教学方法上存在不足，以及艺术专业学生普遍具有政治敏感度低和个性自由等特点，导致习近平新时代中国特色社会主义思想进教材与进课堂容易，但进学生头脑并内化于心和外化为自觉行动还存在诸多困难。

（一）思政课教学未与艺术涵育真正融通

思政课是习近平新时代中国特色社会主义思想"三进"的主渠道、主阵地，但实际上，艺术院校思政课发挥的作用较弱，课堂教学效果不佳。主要体现在：一是思政课教材中的理论与艺术生的理解接受力之间存在张力，导致思政教学"供给侧"与艺术生"需求侧"之间出现脱节；教材单一，只有理论性较强的统编教材，缺乏具有艺术特性的辅助教材；教学内容枯燥，吸引力不够，课堂教学缺少批判思维、批判方法和通俗性、简易性。二是思政课教师缺乏对马克思主义理论教育思想和列宁灌输论的认知[9]，理论自信不足，对思政课在高校立德树人中的主渠道和主阵地的作用认识不足，主观能动性发挥不够，理论学习、教学手段与理论创新同自媒体时代信息化发展不适应。三是艺术专业学生普遍存在个性自由、政治热情低、重专业轻思政的情况，接受习近平新时代中国特色社会主义思想理论的难度较大。四是思政课教师缺乏对艺术学科专业知识和艺术生实际学习生活的了解，忽视艺术生的兴趣点、接受心理和惯性习得，难以满足艺术生多样化的教育需求，使思政教学与艺术涵育相脱离，出现思政理论"填鸭式灌输"的现象。

（二）专业教学课程思政建设较为薄弱

中共中央和国务院《关于加强和改进新形势下高校思想政治工作的意见》提出要坚持全员全过程全方位育人，即"三全育人"的要求，发挥每一门专业和文化课程的思政育人作用。因此，"课程思政"应运而生。但艺术院校课程思政建设存在诸多困难，总体效果仍不明显。一是专业课和文化课教师对课程思政认识不平衡，接受度和执行度存在差异。不少教师认为，专业教师的任务就

是传授好专业知识,思政教育应由思政工作者承担,从而被动应付,课程思政覆盖率不高。二是专业和文化课教师缺少课程思政专业能力,即使按学校要求统一参与课程思政的教案设计,但因为对习近平新时代中国特色社会主义思想所涵盖的精神和内容不甚了解,未能找到专业与思政的融合点,在专业教学中不能有效将专业与思政元素结合,存在生搬硬套与牵强附会的现象。三是艺术院校普遍存在重专业教学轻思政育人现象,专业学习强度大且教学任务重,专业教师的价值观念、学科背景、理论基础和从业习得在不同程度上影响了课程思政建设的推进。

(三) 实践教学未实现思政教学与艺术实践的有效衔接

实践教学在思政课与专业课之间处于脱节状态,阻碍了习近平新时代中国特色社会主义思想在艺术院校的"三进"。一是思政课实践教学未能将理论性、艺术性和实践性相结合,思政课实践没有艺术专业特色,实践教学的主题和程式缺乏艺术性,学生不感兴趣,使实践教学的目标效果受到影响。二是专业课程实践教学存在前期理论讲授、中期专业训练和后期顶岗实习三个阶段脱节的现象,课程思政未能一以贯之实施,学生的政治素养、思想道德和综合素养的培育和考评衔接不够系统和顺畅,使思政课教师未能及时参与学生日常思政教育和评价。三是毕业班学生在离校实习和居家撰写毕业论文期间未能接受学校系统性的思政教育,实习单位一般也未对他们开展思政教育,这使毕业生处于思政教育"真空"状态。在学生即将步入社会之际,思政教育缺位不利于他们的成长成才,并有可能使原来打下的良好基础受到影响。

三、艺术院校习近平新时代中国特色社会主义思想"三进"的实现路径

艺术院校思政教学、专业教学和实践教学相互隔离的问题,是习近平新时代中国特色社会主义思想"三进"存在困难的症结所在,处理好三者间的关系是习近平新时代中国特色社会主义思想"三进"的突破口和实现路径。应打破专业课与思政课之间的分野,使思政课与专业课融通,课堂教学与实践教学相融合。

(一) 艺术思政:思政课教学艺术化

思政课程要借助艺术思政进行教学,将思政理论与科学有效的课堂教学结合起来,使思政教学艺术化。一是思政课教师要提高对马克思主义、毛泽东思想和中国特色社会主义理论体系,特别是习近平新时代中国特色社会主义思想的精准理解和深刻把握,增强理论自信,实事求是地运用马克思主义方法、原

理和话语体系讲解中国共产党的创新理论，教会艺术生科学地思考、分析与解决问题。二是思政课教师应不断提升自己，培养自己的艺术人文素养，学习并掌握艺术专业基础理论和基本常识，成为兼有政治理论素养和艺术人文情怀的思政教师，做到习近平总书记针对提高思政课教师素养提出的6个"要"，即政治要强、情怀要深、思维要新、视野要广、自律要严和人格要正。[10]三是思政课教学应将艺术生熟悉的与思政课程有关的艺术专业元素作为教案教材的结合点和话题，将思政理论融入受教育者熟悉的语境和情境，挖掘艺术思政资源，建立艺术思政资源库，将艺术作品和专业知识纳入思政课堂教学中，编写适合艺术院校的校本思政教材，充分发挥艺术专业的课程思政作用，激发艺术生学习思政理论的兴趣。

（二）课程思政：专业课教学思政化

艺术专业教学要嵌入思政元素及其精神内核，推进课程思政建设，构建艺术院校课程思政体系，实现艺术专业教学思政化。一是要加强对专业教师的马克思主义理论武装思想教育、习近平新时代中国特色社会主义思想教育和课程思政建设专项培训，使专业教师学习、接受和认同马克思主义理论与中国共产党的创新理论，树立起正确的政治方向，明确"立德树人"的责任使命；二是专业教师要积极主动并善于在专业教学课堂、教学排练和赛事指导中融入社会主义核心价值观和优秀传统文化、革命文化与先进文化等思政元素，设计课程思政教案，用中国故事、典型案例和生动史料充实专业教学内容，帮助学生培养爱国情怀和职业精神；三是专业教师要充分发挥日常生活中对学生的"传帮带"作用，使学生亲其师、信其道，通过专业教师对学生的"传帮带"，加强对学生成长成才的正面影响和正向带动。专业教师要做好课程思政，开展思政育人，也要在日常生活中发挥正面表率的引导作用。

（三）实践思政：社会实践课教学模式创新化

应打通思政课社会实践和专业课实践教学的分野，思政教师与专业教师在实践教学课堂内外互通并协作共享，不断创新实践课教学模式，实现思政实践和艺术实践的融通。一是思政教师应积极主动介入专业教学领域，参与每年的综合展演季，观摩艺术生校内外专业演出，观看艺术生专业设计作品展，了解艺术生艺术实践的作品内容。同时配合专业教师开展文艺评论和艺术沙龙活动，提升专业活动的政治性与思想性，获取思政课程艺术化的养分。二是艺术专业教师应积极主动介入思政教学领域，在思政教师的帮助下，了解思政课堂和思政教材的相关内容和精神实质，获取专业教学思政化的养分。三是艺术院校应将思政实践教学与专业实践教学整合设计和统筹运作,将校内外各种资源和力量整合起来开展实践教学,让思政教师走出课堂,走进艺术实训基地进行现场思政实践教学,让专业教师参与指导思政实践教学,提升思政实践教学的专业吸引力。

理论与实践结合是马克思主义理论教育的基本原则之一,艺术院校思政教学和专业教学互相融合,可以凸显其具有艺术特色的育人成效。综上所述,在"三全育人"背景下,习近平新时代中国特色社会主义思想在艺术院校"三进"的实现路径就是要在坚持理论自信的前提下,推进思政课堂、专业课堂和实践教学的创新,实现思政课教学艺术化、专业课教学思政化和社会实践课教学模式创新化,纠正艺术院校重专业轻思政的思想偏差,整合各种资源,更好地发挥思政课程、课程思政和实践思政融合共生的育人作用。

参考文献

[1] 教育部关于《高等学校课程思政建设指导纲要》的通知(教高〔2020〕3号)[EB/OL]. 中华人民共和国教育部网站, 2020-06-01.

[2] 马克思, 恩格斯. 马克思恩格斯全集(第二卷)[M]. 北京: 人民出版社, 1957.

[3] 马克思, 恩格斯. 马克思恩格斯全集(第三十四卷)[M]. 北京: 人民出版社, 1972.

[4] 马克思, 恩格斯. 马克思恩格斯全集(第三十四卷)[M]. 北京: 人民出版社, 1972.

[5] 孙来斌. 列宁的马克思主义理论教育思想研究[M]. 北京: 中国社会科学出版社, 2003.

[6] 孙来斌. 列宁的马克思主义理论教育思想研究[M]. 北京: 中国社会科学出版社, 2003.

[7] 列宁. 列宁选集(第一卷)[M]. 北京: 人民出版社, 2012.

[8] 列宁. 列宁全集(第一卷)[M]. 北京: 人民出版社, 1984.

[9] 高德毅, 宗爱东. 课程思政: 有效发挥课堂育人主渠道作用的必然选择[J]. 思想理论教育导刊, 2017 (1).

[10] 徐蓉. 深刻认识全面推进高校课程思政建设的价值目标[J]. 马克思主义与现实, 2020 (9).

习近平新时代中国特色社会主义思想进学生头脑长效机制研究

高小伶*

摘要：推进习近平新时代中国特色社会主义思想进学生头脑是目前高校思想政治教育的主要任务，也是新时代中国特色社会主义思想"三进"工作的落脚点和归宿。本文从艺术类高职院校的教学特色和学情特点出发，剖析其在思想政治课教学中面临的主要矛盾，站在深化改革的新时代，探索"以学生为中心"的、教学"供给侧"改革的、多元化考核等一系列切实可行的长效机制，提高学生理论学习的兴趣、成效，以期给艺术类高职院校有效推进习近平新时代中国特色社会主义思想进学生头脑提供一些思考。

推动习近平新时代中国特色社会主义思想进学生头脑，就是让这一思想对学生起到"入脑入心"的效果，不仅要求学生了解该思想的科学内涵和战略意义，而且要求其形成并用其指导自身学习和生活的思想自觉和行动自觉，进而自觉承担起建设21世纪中国特色社会主义现代化强国的使命感和责任感。高校思想政治理论课是推动习近平新时代中国特色社会主义思想进学生头脑的主渠道，追求高校思想政治理论课的实效性是用最新理论成果不断教育和武装当代大学生的根本举措。直面思想政治理论课教学中存在的问题，探索矛盾解决的长效机制，是推进新时代中国特色社会主义思想进学生头脑的必然选择。

一、习近平新时代中国特色社会主义思想进学生头脑的必要性思考

推进习近平新时代中国特色社会主义思想进学生头脑，是各类高校当前和今后的首要政治任务，关乎高校人才培养战略的客观要求，更是加强高校校园

---

* 高小伶，浙江艺术职业学院马克思主义学院讲师。

意识形态建设、推进思想政治理论课与时俱进的内在要求，进而培养新时代高素质艺术人才的现实要求。

（一）立足新时代，推进高校人才培养战略的客观需要

十九大报告提出中国特色社会主义进入了新时代——我国必将实现中华民族伟大复兴中国梦的新时代。2018年8月，习近平在全国宣传思想工作会议上再次强调要"育新人"，即"要坚持立德树人、以文化人""培养能够担当民族复兴大任的时代新人""先成人、后成才"。①高等职业教育承担着为我国社会主义现代化建设发展输送高级技能型人才和应用型人才的重要任务，必须坚持正确政治方向。

在新时代背景下，坚持以习近平新时代中国特色社会主义思想为指导，全面贯彻党的教育方针，落实立德树人根本任务，用当代中国最新马克思主义理论成果为现阶段培养合格建设者和可靠接班人，是高校人才培养战略的客观需要。

（二）迎接新使命，推进思想政治理论课与时俱进的内在要求

1. 新的时代催生新的使命

习近平新时代中国特色社会主义思想实现了马克思主义同中国实际相结合的新的历史性飞跃。"理论创新每前进一步，理论武装就要跟进一步。"② 而高校思想政治理论课作为集中宣讲、学习习近平新时代中国特色社会主义思想的主阵地，应该发挥用这一思想武装当代大学生的主渠道作用。站在新时代的历史起点上，高校理应第一时间把习近平新时代中国特色社会主义思想融入思想政治理论课教学，让该思想走进学生头脑，这是马克思主义时代化、校园化的内在要求，也是推进思想政治理论课与时俱进的内在要求。

2. 方位决定方略

在庆祝改革开放40周年大会上，习近平强调，40年的实践充分证明，改革开放是党和人民大踏步赶上时代的重要法宝。③ 改革是解决中国一切问题的关键。新时期思政理论工作同样需要改革，探索教学"供给侧改革"，强化问题意识、坚持问题导向，充分发挥大学生在思想政治教育中的主体性、能动性作用。

---

① 习近平. 举旗帜聚民心育新人兴文化展形象 更好完成新形势下宣传思想工作使命任务 王沪宁主持［EB/OL］. 人民网，2018-08-23.
② 习近平出席"不忘初心、牢记使命"主题教育工作会议并发表重要讲话［EB/OL］. 新华网，2019-05-31.
③ 庆祝改革开放40周年大会在京隆重举行 习近平发表重要讲话 李克强主持 栗战书汪洋赵乐际韩正王岐山出席 王沪宁宣读表彰决定［EB/OL］. 人民网，2018-12-19.

(三) 勇担新担当，培养"德艺双馨"艺术人才的现实需要

1."文运同国运相牵，文脉同国脉相连"

艺术类高职院校肩负着培养未来文艺骨干和管理精英的重任，艺术类大学生不管是现在的校园创作还是将来的工作岗位，都要做到文艺"要把握时代脉搏，承担时代使命，聆听时代声音，勇于回答时代问题"。

2. 新的使命需要新的担当

作为艺术类高职院校的学子，更应励精图治，增强自身文化素养和文化自信，立志追求"人无我有、人有我优、技高一筹、德艺双馨"的境界，学到真本领。立志以青春之力，为文化强国建设、为中华民族伟大复兴、为中国梦的最终实现蓄积力量。

二、艺术类高职院校推进习近平新时代中国特色社会主义思想进学生头脑的矛盾研究

思政理论课是推进习近平新时代中国特色社会主义思想进学生头脑的主渠道，分析梳理艺术类高职院校思想政治理论课教学面临的矛盾是建立习近平新时代中国特色社会主义思想进学生头脑长效机制的关键。

(一) 课程内容"一般化"和学生"个性化"诉求之间的矛盾

"毛泽东思想和中国特色社会主义体系概论"（以下简称"概论"）是各层次高校思想政治理论教育的核心课程，也是讲授和宣讲习近平新时代中国特色社会主义思想的主干课程，是各层次高校、各科类大学生的必修课程。该课程所用的教材是中宣部、教育部组织编写的2018年4月版的最新《毛泽东思想和中国特色社会主义体系概论》教材，这是一本全国高校统一的教材，具有一般化、大众化的特点。而艺术类高职院校不管是在办学层次上，还是在具体学情上，都呈现出自身办学的特点，因此教师依照学情特点编写"个性化"的教辅资料应该成为理论"进学生头脑"的基础性工程。

艺术类学生普遍思维活跃、追求自由、个性解放，喜欢特立独行，对该课程容易形成"古板、老套"等先入为主的感性认识，对思想政治理论课存在排斥心理，甚至认为思政理论学习是去其个性化的过程。这也成为解决思政理论教材"大众化"和学生"个性化"诉求之间的矛盾考虑因素，以切实做到具体问题具体分析。

(二) 课程教学"理论性"和"实践性"之间的矛盾

习近平新时代中国特色社会主义思想作为新时期马克思主义中国化的最新理论成果，围绕时代之问、聚焦当下实践，是对改革开放40年来中国特色社会主义伟大实践的系统总结，是党和人民实践经验和集体智慧的璀璨结晶，为发展21世纪马克思主义做出了原创性贡献。这也要求习近平新时代中国特色社会主义思想在"进教材"中极其重视思想性、科学性，使"概论"课教学呈现出较强的理论性特点。理论来源于实践，也必将在实践中得到传播、检验和升华。

就目前大多数高校开展的学习活动看，存在理论与实践的脱节的现象。一是学习活动偏向课堂，教师理论性讲解，学生被动性接受，忽视了思政教学的实践性，大大降低了"入学生头脑"的实效性。二是艺术类高职院校的学生在其专业学习中追求感性表达，认知呈现"感性化""碎片化"的特点，易受到网络非主流价值判断的影响，追求价值多元化，单一教学形式无法有效带动其学习的积极性。

3. 课程目标"主观化"和"客观化"现状之间的矛盾

推进习近平新时代中国特色社会主义思想进学生头脑，对大学生进行最新的马克思主义理论教育，不仅要求大学生及时学习、掌握习近平新时代中国特色社会主义思想的科学内涵、精神实质及其战略意义，还要求当代大学生学会用马克思主义的基本原理和方法分析现实问题，认清当下国内外发展形势，更好地培养自己的"三观"，更加积极主动地参与中国特色社会主义现代化建设。这样的教学效果实质就是要求思想理论"入脑入心"，进而转化为大学生的行动自觉，具有明显的主观化特点。

而我们面对的客观现实是，一是部分艺术类高职院校学生呈现出理论基础薄弱、轻文化学习且学习兴趣较弱等客观实际，对新时代中国特色社会主义思想的伟大意义认识不够，学习主动性较弱。二是从现有的考核机制看，大多数学生单纯地追求考试及格和学分完成，对学习理论认知度不够，而老师受传统教学形式的束缚也难以形成多元化的考核机制，开展教学创新的动力不足，对学生持续性理论学习的关注度也不高。

三、艺术类高职院校推进习近平新时代中国特色社会主义思想进学生头脑的机制思考

针对思政理论课教学中推进思想"进学生头脑"和艺术类高职院校特色之间呈现的矛盾，探索"以学生为中心"的思想政治理论课教学"供给侧"改革和多元化考核机制，是有效推进思想理论"入脑入心"的长效机制。

（一）立足课堂教学，推动"以学生为中心"的教学内容改革

1. 教学内容生活化

"以学生为中心"，从学生关切点入手，架构学生从社会热点反思课程知识点的思维桥梁。教学素材选取要贴近学生生活，紧跟学生关注的社会热点。以"全面深化改革"为例，针对使用交通方式的安全性方面，引导学生展开讨论，回归所学知识：全面深化改革，释放市场活力，共享经济兴起并快速发展，同时解决共享经济发展中的问题，仍需进一步深化改革，在进一步推进国家治理体系和治理能力的现代化中寻找出路。从教学案例到课本知识点，始终站在学生的角度设计问题，适时引导学生理性、全面地分析社会问题的辩证思维能力，突出学生的主体性。

2. 教学资源艺术化

根据艺术生学习特色和思维特点，一是在教学资源选取上多以艺术性的、学生喜闻乐见的形式呈现，如讲到"一带一路"倡议，视频可以采取偏艺术性的展现方式，如以诙谐的言语、用沙画形式呈现"一带一路"简介，让学生带着艺术的气息简单明了地理解"一带一路"的历史渊源、中国方案、重大意义等。二是在课件制作中，针对艺术生感性化的特点，多一些图片论证、少一些文字说明，图片也可以多动漫化、卡通类插图，同时注重课件整体美感设计，以多元化、艺术性的教学资源配套开展教学，增加艺术生学习思想政治理论课的趣味性，提高课堂教学的实效性。

（二）适应新时代，探索实践化、网络化、校园化的教学"供给侧"改革

1. 完善思政实践教学机制，丰富"第二课堂"

进头脑不是简单识记，而是思想理论应达到入脑、入心的效果，是引导激发学生从课堂上"懂"到课后去"做"的思维自觉、行动自觉。艺术类高职院校应该充分发挥自身艺术优势，借助学生的专业学习平台，贴近学生专业设计主题实践活动，以艺术的手法开展丰富多彩的"第二课堂"。如在全国掀起学习"红船精神"时，舞蹈系学生通过原创舞蹈《红船》，以艺术的表现手法、肢体语言的表达方式，传达那段峥嵘岁月的故事，从而让学生更好地领悟"红船精神"的深刻内涵。美术系利用绘画优势制作"改革开放四十年之我见"的主题画报，在创作过程中让学生更好地体验改革开放40年带给中国的巨变。结合学生专业发展，设计相关主题教育活动，推进文化育人，促进思想政治理论课从

理论到实践的飞跃。

2. 建立"互联网+"的教学模式，推进思政教育网络化

"'互联网+'思政教育"成为引领当今思政教育的新模式、新潮流。要以推进教学改革为抓手，结合信息技术，适应现代大学生特点，进行教学手段的"供给侧"改革。一是充分发挥学生"网络达人"的特点，充分运用网络平台，和学生建立资源共享，鼓励学生关注、搜集时政新闻和社会热点，一方面鼓励学生制作精美课件，带到课堂与同学们共享，提高学生对课堂的参与度和兴趣，另一方面要抓好互联网舆论引导的主阵地。二是运用"蓝墨云班"等教学软件，让学生通过使用手机有效地参与课堂教学，调动学生在理论讲解、视频学习、问题讨论等教学设计环节，利用"弹幕"等反馈随时吸引学生形成教学互动，引发学生思考，并在老师答疑解惑过程中达成思想共识、情感认同。

3. 搭建文化平台，实现思政教育校园化

通过搭建文化平台，让习近平新时代中国特色社会主义思想融入校园文化建设，潜移默化地引导学生"学懂、弄通、做实"新时代中国特色社会主义思想。一是利用教室黑板报、校园宣传栏、橱窗等固定媒体平台，张贴与新时代中国特色社会主义思想相关的主题作品；二是利用学生社团活动平台，鼓励学生创作贴近专业发展的微电影、微视频、微动漫等，运用现代传播手段制作相关主题思想宣传片，从理论到实践推动思想进学生头脑。三是结合"校训、校风、学风"建设和学校综合展演季的平台，让大学生自己创作、自己展演，发挥优秀大学生典型榜样示范作用，达到"见贤思齐"的效果。

（三）探索学生、教师和学校立体化的多元考评机制

1. 完善多元化考试机制，激发学生学习兴趣

在期末学生课程总评成绩的构成中，形成重课堂参与、突出实践考察和辅助灵活试卷考查的机制，以考核的形式激发学生学习动力。首先，要突出实践分值的比重，刺激学生参加实践教学的积极性。其次，从期末考查的侧重看，除基础理论知识考查外，突出考查学生分析问题的能力及情感认同表达。最后，在平时成绩的给分项中，加入新闻讲解的分值，以便为我们开展的案例教学积累素材。通过量化考评来推动教学设计的有效执行，提高学生课堂参与度，增强思想政治理论课的获得感，更好地推进新时代中国特色社会主义思想"入脑入心"。

2. 完善多元化考核机制，倒逼思政教师开展教学改革

建构针对思政教师的多元化考核机制，充分调动教师的主导作用。一是在

人才培养上，注重对青年教师信息化教学考核，倒逼教师开展网络化教学。二是在科研立项上，侧重对新时代中国特色社会主义思想方面的课题设计，鼓励思政教师及时更新理论知识库，做好理论的宣传者和学生领路人。三是评优表彰、岗位聘用、职称评审等方面注重对教师进行多元化考核，充分发挥每个教师的特长，多元化推进思政理论课教师队伍建设。

3. 建立多元化主体机制，形成学校教育合力

习近平强调"必须树立大宣传的工作理念，动员各条战线各个部门一起做"，打造"党委统一领导、党政齐抓共管、职能部门紧密配合、马克思主义学院或社科部具体实施"的多元化主体机制，构筑学生思想政治理论教育的合力。① 一是完善学校党委领导负责制，落实校内各级党组织抓思想政治工作的主体责任，形成党委领导班子带头上党课、"形势与政策"课的常规机制，并建立领导干部进教室讲思想政治理论课和定期听课制度。二是切实抓好课程思政建设，鼓励动员专业老师在专业课程中合理设计、深度挖掘思想政治教育资源。如美术系的校外写生活动，结合生态文明建设去安吉余村"绿水青山就是金山银山"思想的发源地，用专业写生的实践行动推动思想"入脑入心"。三是联合教务处、学工部和各教学单位，搭建稳定的校外实践平台，切实推进学生开展主题教育实践，如欣赏红色主题剧目、参观改革开放40年展等活动，推动体验式教学，在实践活动中凝聚学生民族情感，做到思想"入脑入心"。

参考文献

[1] 习近平在全国高校思想政治工作会议上强调：把思想政治工作贯穿教育教学全过程 开创我国高等教育事业发展新局面 刘云山讲话 王岐山张高丽出席[N]. 人民日报，2016-12-09（01）.

[2] 习近平. 习近平谈治国理政（第二卷）[M]. 北京：外文出版社，2017.

[3] 秦宣. 扎实推进习近平新时代中国特色社会主义思想"三进"工作[J]. 中国高等教育，2017（22）.

[4] 王建国. 扎实推进习近平新时代中国特色社会主义思想"三进"的思考[J]. 国家教育行政学院学报，2017（12）.

[5] 习近平. 意识形态工作是党的一项极端重要的工作[EB/OL]. 人民网，2013-08-20.

---

① 习近平. 胸怀大局把握大势着眼大事 努力把宣传思想工作做得更好 刘云山出席会议并讲话[EB/OL]. 人民网，2013-08-21.

艺术职业院校课程思政建设的成效与对策
——以浙江艺术职业学院为例

马向东　吕清华　胡卓群　俞珂瑶*

摘要：课程思政是高校实现"立德树人"根本任务、实践"三全育人"路径的重要内容。本文以浙江艺术职业学院课程思政建设为例，研究艺术职业院校专业课程特色优势，挖掘专业课程思政元素，分析存在的困难和问题，探索艺术职业院校推进课程思政建设、建立课程思政长效机制的有效路径，培养德智体美劳全面发展的高素质技术技能文艺人才。

2016年12月，习近平总书记在全国高校思想政治工作会议上的重要讲话中，强调"要坚持把立德树人作为中心环节，把思想政治工作贯穿于教育教学的全过程，实现全程育人、全方位育人"，"要用好课堂教学这个主渠道，思想政治理论课要坚持在改进中加强，提升思想政治教育亲和力和针对性，满足学生成长发展需求和期待，其他各门课都要守好一段渠、种好责任田，使各类课程与思想政治理论课同向同行，形成协同效应"①。把思政教育主渠道从原来单一的思政理论课扩大到所有课程。2018年9月，习近平总书记在全国教育大会上的重要讲话强调，"坚持中国特色社会主义教育发展道路，培养德智体美劳全面发展的社会主义建设者和接班人"②，对学校思政工作提出新要求，使艺术职业院校在人才培养目标和培养路径上有了基本遵循。

---

* 马向东，浙江艺术职业学院党委委员、宣传部（统战部）部长，教授；吕清华，浙江艺术职业学院办公室综合事务主管；胡卓群，浙江艺术职业学院马克思主义学院副院长，副教授；俞珂瑶，浙江艺术职业学院党委宣传部（统战部）干事。

① 习近平. 把思想政治工作贯穿教育教学全过程 开创我国高等教育事业发展新局面 刘云山讲话 王岐山张高丽出席［EB/OL］. 人民网，2016-12-09.

② 习近平. 坚持中国特色社会主义教育发展道路 培养德智体美劳全面发展的社会主义建设者和接班人［EB/OL］. 新华网，2018-09-10.

一、课程思政的逻辑起点和内涵意义

课程思政是加强和改进高校思想政治工作语境下对课程蕴含育人价值的形象诠释，是对各类专业课程和公共基础课程进行的意识形态体现和价值导向的根本性改革，要求高校深入挖掘各门课程潜在的思政元素，充分发挥各门课程的思政育人功能，以课程为载体，以课堂为主渠道，将社会主义核心价值观融入各门课程知识传授中，强化各类课程以及课程各环节的价值引领作用，体现各门课程的隐性育人功能，达到润物无声的育人成效。

推进课程思政建设，首先要解决教师的思想认同和行动一致。艺术职业院校承担培养"德艺双馨"的高素质技术技能文艺人才职责，"学戏先学做人"，德育为先，课程思政建设尤为重要，并且有着光荣传统，以浙江艺术职业学院为例，延续66年的"黄龙文脉"和"求真、尚美、精艺、修为"校训精神即源于此。艺术院校的传统艺术教育包括德育教育和专业教育。在长期的艺术教育实践中，德育教育与专业教育两者之间互相融合、互相促进，共同提高，促使艺术教育取得育人的丰硕成果。进入新时代，浙江艺术职业学院高度重视课程思政建设，将其列为加强和改进新形势下学校思想政治工作的重要举措，从政治高度把握课程思政的内涵意义。

（一）"不忘初心，牢记使命"，强化教师的教书育人责任

高校立身之本是立德树人，教师的初心使命和完整责任是教书育人，教师不仅承担知识技能教学任务，更承担育人树人的光荣使命。浙艺通过广泛宣传和动员，让专业教师明白，合格教师必须全面履行好教书育人的完整使命，这成为扎实推进课程思政建设的逻辑起点。高校教学体系有三个"80%"，即专业课教师、专业课程和学生专业学习时间，均分别占总教师数、总课程数和学生总学习时间的80%，以专业课为主渠道的课程思政，在立德树人工作中的份额占了绝对高的比例。通过专业课传授，用正确的价值观影响学生，帮助学生正确对待各种困难和问题，使学生与国家和民族同呼吸、共命运，爱党、爱国、爱社会主义，既教书又育人，是老师的责任。

（二）立德树人，培根铸魂，强化社会主义核心价值观引领

社会主义办学方向，决定了高校要坚持马克思主义意识形态，社会主义核心价值观是"立德树人"的实践内涵，是为中国特色社会主义事业培根铸魂的基础。围绕社会主义核心价值观建构育人体系，既符合艺术职业院校培养目标，也是在原有工作基础上对思想政治工作与时俱进的强化和显性化。挖掘并应用

好各专业所包含的思政元素,充分发挥各门课程的思政功能,有助于深化专业建设、提高教学质量、提升育人水平,确保社会主义办学方向。

(三)全员参与,落细落小,强化课程思政建设全覆盖

践行社会主义核心价值观,担负立德树人的使命,关键在于落实,还要落细、落小、落微,要充分挖掘、传承、拓展各门课程思政元素,提供内驱力,搭建载体平台,设置有效路径,每门课程都要围绕社会主义核心价值观,精心梳理思政元素,每位教师主动参与,每个专业集中讨论,抓住每个细节,落实每项工作,做到不留死角,达到全覆盖,实现"三全育人"。

二、课程思政建设的推进举措

浙江艺术职业学院秉承"立德树人、以人为本、德育为先"的工作理念,遵循规律、统一部署、精心设计、层层发动,探索课程教学方法,做细、做实课程思政。

(一)夯实课程思政建设基础

推进习近平新时代中国特色社会主义思想"三进",开展以高校思想政治理论课"三项计划"和高水平育人"四项工程"为重点的"浙江省高校思想政治工作质量提升工程"建设,发挥广大教师在课程教学中的育人作用,承担起课程思政工作的主体责任,以课程为载体开展一系列课程思政建设工作。如邀请专家做课程思政建设专题辅导,研究探讨课程思政建设,统一认识;组织干部教师赴本科院校调研考察,汲取经验;印发《关于深化课程育人工程推进课程思政建设实施方案》,召开课程思政建设部署会,全面启动课程思政育人工程;举办思政理论课教师座谈会、思政理论课教师教学示范与诊断活动、思政教师教学能力比赛活动;指派思政教师与专业系结对,促进思政教师与专业教师合作,使思政课程与课程思政有机融合,将思政因素融入每一门课程。

(二)构建课程思政工作格局

学校党委成立思政工作领导小组,制订《加强和改进思政工作方案》《课程思政工作实施方案》,形成明确的工作格局,明确由党委宣传部牵头抓总,教务处共同承担课程思政建设和教学指导、帮扶和条件保障,社会科学部指导思政课程与专业课程深度融合,各系部统筹规划、落实项目。建设过程中,宣传部围绕课程思政实施深入全校各教学单位调研,了解各系部在课程思政建设中存在的困难和问题,有针对性地进行指导并解决问题。宣传部从党委工作线向教学单位党组织发布《课程思政品牌建设的通知》,教务处从教学工作线发布《课

程思政教学设计表》，全体教师人人参与课程设计，在组织程序上双管齐下，保证课程思政建设全面推进，做到点、线、面结合，既有课程全覆盖和教师全覆盖的量的保证，又有重点项目得到扶持培育的质的保证。实施两年后，随着课程思政建设日趋常态化，根据上级部门要求，课程思政被纳入教学教改范畴，由教务处全面负责课程思政推进工作。

（三）提升课程思政能力水平

"课程门门有思政，教师人人讲育人。"全校所有课程与所有教师均完成了课程思政教学设计表，对课程思政履职作出承诺，实现了课程思政全覆盖，全部课程都明确育人要素，全体教师都明确课程育人职责，所有课程都体现出育人效果。戏剧系、影视技术系、文化管理系制订本系课程思政实施方案和推进计划表，文化管理系通过研讨整理形成了《各专业课程思政德育元素汇总表》。经过两年建设，专业课程与思政课程同向同行的育人格局和课程思政建设体系初步形成，在较大程度上提升了专业课的政治性和思想性，培育出课堂凝聚力，满足了学生在专业学习和成长中的政治期待和社会期待。

（四）打造课程思政示范课程

学校组织课程思政示范课项目集中评审交流，总结阶段性成果，各系部推选的课程思政示范课做了集中演示，围绕建设背景、教学目标、教学内容、研究计划、预期成果等指标做课程思政项目陈述和演示，收到了良好效果，老师们深切体会到课程思政的重要意义，对如何上好课程思政课深受启发。初次展示的各门课程较好地将思政因素融入专业课教学。如"越剧唱腔""表导演创作与实践""钢琴专业课程""舞蹈素材""声乐""音乐剧表演"等技能技艺类课程，在知识传授、技能训练中讲授革命文化、传统文化和先进文化，引导学生悟道立德；"文化经济学"运用自身的文化基因，培养学生的爱国情怀、敬业精神和法治意识；"计算机应用基础"讲述计算机在中国的发展和中国芯片的发展，引导学生对中国科技文化充满自信。在示范课项目基础上，组织精品加工会，层层精选，最终选出两门课程，"越剧唱腔·我为长征歌"代表中专组、"广告设计·汉字之美"代表高职组，参加全国艺术职业院校课程思政研讨会，做课程思政示范课交流展示，获得专家们的一致好评。在课程思政建设一年后，学校组织开展首届课程思政示范品牌评选，评选出10门课程思政示范课程，涉及全校各系部各专业课程。课程思政示范课程紧扣立德树人的要求，结合专业教学，用中国精神、中国元素讲好中国故事。通过示范课程展示和品牌评选的方式，形成辐射带动和典型示范效应，为更广泛地发动广大教师发挥专业优势，以艺术创作为载体，推动课程思政方式方法创新。

三、课程思政育人的初步成效

课程思政建设实施以来，取得了明显成效，专业教师们设计、凝练各类课程中的思政元素，向学生准确、自然、贴切地传递民族精神、时代精神以及集体主义、敬业精神、职业精神、团队精神、规则意识、挫折教育，助力学生增强"四个意识"、坚定"四个自信"；课程思政建设的同时也激发了教师的责任感与使命感。一位教师表示："推行课程思政后，我不单单注重专业技能传授，更有了立德树人的意识，感觉自己从以前的单纯的教书匠，变成了一名有灵魂的教育工作者。"

（一）帮助学生确立起专业目标和人生理想

戏剧系越剧专业教师吕静主讲的越剧唱腔课主题为"我为长征歌"，将越剧的节奏与长征诗句的韵律进行艺术组合，展现革命精神中的艺术魅力和越剧艺术中的革命精神，紧扣戏曲学习的专业精神与长征精神的内在核心形近神契，声情并茂地讲述长征故事，组织学生用越白朗诵，用越剧演唱，学唱新创越歌《七律·长征》，凸显越剧发源地艺术院校以越音弘扬革命精神的课程德育功能，用红军对革命理想信念的执着追求、不畏艰险的斗争精神，引导学生探讨专业目标和人生理想，帮助学生克服学艺中的困难，在学习中启迪思想，明确努力方向，引导学生学艺先修德、学艺更精艺，做一名优秀的戏曲人。

（二）增强学生的爱国主义情怀和科技自信

基础教学部教师沈飞主讲的"计算机应用基础"课程，以操作系统、办公软件为切入点，以"中兴通讯制裁"事件，阐明自主可控和国产替代的重要性，促进学生提高对计算机课程重要性的认识，增强科技自信，提升爱国情怀。课程将习近平总书记重要讲话精神和社会主义核心价值观作为素材，应用在软件操作学习如小报编辑、文章排版中，既进行了素材学习，强化了软件应用能力，又在实践过程中强化了互助精神和精益求精的职业态度。学生反映，通过这样的专业课学习，确立起了民族自豪感。

（三）提升学生的职业精神和政治热情

影视技术系教师陈楠江主讲的"网络直播与节目策划"课程，讲授行业操作守则和创作思想，学生了解网络直播的方式和内容后，表现得很有兴趣，根据工作岗位和个人特长组建工作组，在课程中教授相关设备操作，导入思政因素，从现场工作品质到内容演练上达到统一。学生观摩相关的实践内容，尤其是中华人民共和国成立70周年大会现场直播，促进了学生的职业荣誉感，促使工科学生进一步关注国家大事。

（四）培养学生的文化自信

美术系教师叶峰泉主讲的"广告设计"课程，讲述广告设计中注重汉字设计，让汉字字体设计风格和广告图形风格相融合，形成汉字之美，强调在新时代语境下的广告设计传达，要以汉字为主、英文字体为辅，鼓励学生发现汉字之美，使学生明白汉字是中华文化的独特符号，要坚持汉字文化，用汉字做设计是未来设计的方向，帮助学生增强文化自信。学生们表示，通过老师讲解，了解了汉字文化是中华文化的基因，把汉字设计做好了，就更有自信立足于世界设计之林。

（五）帮助学生领悟中华文化内涵和确立工匠精神

文化管理系教师郑智武主讲的"文化经济学"课程，让学生明白中国传统文化讲究精神内涵的培养。在生产环节方面要求学生理解文化创作，实现文化的均衡。做好公共文化服务，要求学生理解国家发展文化产业的目的是丰富文化产品，要有工匠精神，把产品做到精益求精。学生们反映，通过老师讲解，对于中国传统文化与市场经济已是世界文化的博弈有了正确认识，树立起正确的人生目标和价值观。

四、课程思政建设中存在的问题

课程思政建设收到了初步成效，同时也存在不少问题。通过评审交流和调研访谈，广泛听取教师们意见，梳理出一些共性问题。

（一）艺术专业学生政治敏锐性弱和个性鲜明带来的问题

艺术专业学生普遍具有思想活跃、个性鲜明、创造性强、专业突出等优点，但也存在政治敏锐性弱、理想信念淡薄、集体观念薄弱、自我意识过强等特点。大学时期正是他们对各类养分积极汲取的时期，但又缺乏必要的文化过滤的屏障，在网络自媒体时代，容易接触到低俗艺术，受到低俗文化影响，与立德树人的课程思政背道而驰。艺术专业学生对思政理论课兴趣较低，将思政因素融入专业教学，如果方式不当，就容易使学生产生抵触情绪。

（二）专业教师重专业轻思政的认知水平和育人能力带来的问题

专业教师具有较强的专业优势，在学生中享有较高的权威和信任，专业教师与学生接触的时间相对更多。课程思政的承担者是专业教师，但不少教师未能正确认识知识传授与价值引领之间的关系，虽然全校教师都参与课程思政设计,但普遍质量不平衡,有的教师未能认识到课程思政的作用,认为这是给自己找麻烦,是多出来的工作任务,有的不懂课程思政怎么做,课堂上读一段时政新闻就以为是课程思政,将思政教育融入专业课程的理论认知、情感认同和教学能力存在不足。

(三)课程思政建设中思维机械和方式方法单一带来的困难

艺术专业学生重视形象、生动、实用性强的专业课,不少课程思政专业课设计思维机械,方式方法陈旧,引导学生弘扬社会主义核心价值观缺乏有力抓手,生动鲜活的案例不多,教学效果不够理想,难以使学生产生共鸣,难以发挥学生主观能动性;有的课程思政设计流于形式,未付诸实践,对学生的思想政治、心理健康及生活状态关心很少,存在较大不足。

五、发挥艺术职业院校专业优势,培育具有艺术特色的课程思政体系

课程思政以课程为载体,以立德树人为根本,这一载体和育人目标,是有着数十年办学史的艺术职业院校的优良传统,这些院校大多由原来的艺术学校升格而建成,其前身大多创建于新中国成立初期,是为培养专业舞台艺术人才而创立的,其奉行的教育理念即"学戏先学做人",强调社会主义文艺"二为"方向,非常重视学生政治思想素质和艺德品行的养成。在艺术职业院校开展课程思政,一方面要继续优良传统,将前辈名师的好办法挖掘出来、传承下来继而发扬光大,另一方面要立足新时代职业教育大背景,结合现代职业教育体制,有设计、有步骤、有重点、有针对性地开展课程思政建设。

(一)加强顶层设计,完善体制机制建设

课程思政建设,教师是主体。首先要解决教师的认识问题,从树立和加强理念传导入手推进课程思政建设。加强顶层设计和宣传发动,广泛发动全体教师参与课程思政建设,使"全员育人"观念深入人心,成为教师的自觉,进而积极主动参与课程思政建设;群策群力挖掘专业课程思政因素,探讨研究教学手段和方式方法,随着教育理念的改变和教学方式的更新,专业课堂必然会出现师生互动踊跃、课堂氛围融洽的新局面。

其次,要培育和建立课程思政教学体制机制。制度是保障和抓手,要建立和完善集中备课制度、教案报备制度、听课看课制度、专家评审制度、学生评价制度、精品课程选拔制度、教改项目申报制度、课程效果奖惩制度等;要将课程思政考核结果作为教师业绩考核的重要依据,与年度评优、聘期评优和职称评聘等奖励政策挂钩,激励教师积极参与课程思政建设,多出成果、出好成果；要制定课程思政评价标准，凸显艺术职业教育特色和思政育人元素。

最后，要让各类课程与思政理论课同向同行、形成协同效应。站位要高，发挥思政理论课在课程思政建设中的引领作用和指导作用，深化思政理论课教师与专业系教师的联动融合，互鉴互学；同时抓住课程改革的核心环节，强化各专业应具备全方位德育"大熔炉"的教育合力作用。浙江艺术职业学院社会科学部与美术系课程思政结对共建，开展集体备课、交叉听课、共同申报课题和学术研讨交流等活动，实现全方位、全过程共建，是一种协同共进的成功探索，发挥了课程思政和思政课程交互融合的最大效益。

（二）深化课程改革，推行教学改革试点

首先，要抓住高职课程改革这个关键点，在传统课程基础上，建设一批充满德育元素、发挥德育功能的专业课程，贯穿文化传承与创新，弘扬社会主义核心价值观，如开设"文化自信"系列课程。对于现有的综合素质和艺术拓展课程，修订人才培养方案和课程标准，挖掘和提炼专业课程所蕴含的思政元素，考量"知识传授、能力提升和价值引领"同步提升的实现度，强化政治方向和思想引领，突出价值使命；专业课程要重点培养学生的校训精神和卓越品质；课程思政改革对教材提出了更高要求，要制订和完善统编教材选购和自编教材审查制度，强化教材建设中的"四个意识"。

其次，要开展课程思政教学改革试点工作。每个专业确立1~2个课程思政改革试点，各院系围绕改革试点课程，组建教师团队和专家团队，由院系领导或教学骨干挂帅，以项目组形式开展课程思政项目建设，重点打造课程思政示范课程。试点课程要立足艺术高职学生求知需求，遵循学生成长规律，依据培养目标和学科优势，深化课程思政教学设计工作，依据中国学生发展核心素养"六大维度"，即个人修养、社会关爱、家国情怀、自主发展、合作参与和创新实践进行设计和效果考量。

最后，要完善教学督导制度和育人质量评价机制。建立随堂听课看课制度，检查课堂教学质量，重点检查课程思政教学内容，保证课堂思政教育效果。在教学过程管理和质量评价中将"价值引领"作为重要监测指标。规范课程思政示范课评选工作，形成多元立体的育人模式，促使全体教师、各项教学活动与教书育人同向同行，促进思想政治教育与知识体系教育有机统一，构建协同育人机制，提升学校人才培养能力。

（三）加强教学研究，构建课程教学体系

围绕"立德树人"任务加强教学研究，使教学方案、教学内容、教学过程和课程教材都融入思政元素,将蕴含社会主义核心价值观的思想观点和故事内容贯穿所有课堂,形成润物细无声的教学效果。教学内容上,在知识传授的同时,进行合理的政治价值引导,实现知识育人和思想育人的统一。教学形式上,增强师生互动,鼓励学生参与讨论,表达观点,提高学生解读自我、解读社会的能力。教学手段上,创新现代教学技术和手段,提升课堂教学的有效性,利用"互联网+"和信息平台交流的平等、开放、自由等特点,让学生畅所欲言,因势利导,有效开展课程思政;使用"翻转课堂"等新型教育手段,发动受教育者主动参与课程思政的教学实践,以示范课程、课堂汇报、微信公众号图文发布等多种形式实践课程思政,完成全课程育人的要求。教学实践上,整合资源,推动专业实践和思政实践有机结合,加强实践育人基地建设,让学生通过社会实践开阔视野、感受社会、接受教育。

要提升专业课程站位。思政工作是做人的思想工作,就是培育学生树立正确的世界观、人生观、价值观。确立社会主义核心价值观,对于学生的专业学习有极大促进作用。艺术职业院校专业课程历来有着德艺并育的优良传统,在课程思政建设中有着得天独厚的优势,如浙江艺术职业学院毕业展演名为"综合展演季",被评为浙江省高校首届校园文化品牌,其实现的就是"以艺术点化心灵"的专业课程思政育人的效果。又如浙艺舞蹈系原创群舞作品《红船》,以"中共一大"和嘉兴南湖红船为背景,以写意性动作语汇描绘出中国共产党人对未来的美好希望和对新社会的憧憬,感人至深的节目使观众无不落泪,并获得多项全国舞蹈大奖。自节目创编以来,一批又一批学生参加演出,在红船精神引领下,在专业老师传授下,他们演绎"红船精神"、追随"红船精神"、践行"红船精神",用实际行动展示着薪火相传的革命红船精神,达到了课程思政育人的效果。

(四)关注教师队伍,提高教师政治素质

专业教师是课程思政实施的主体,他们的政治思想素质和道德修养决定了课程思政的成效。加强教师队伍建设,对专业教师开展师德师风建设,改变专业教师重专业传授轻价值引领的现状,引导教师自觉将思政教育融入各类课程教学,从而打造教师的硬实力。

首先,要规范教师的言行,把教师行为规范纳入学校常态化管理,规范教师日常行为,实行师德师风一票否决制,促进教师严格自律、完善自己、主动融入、积极有为,树立起为人师表的良好形象。

其次,要开展高水平教师队伍系统规划和培训,提高教师的综合素养,加强教师政治素养和道德修养，强化专业教师德育意识和价值引领的责任感，担负起立德树人的职责，做有理想信念、有道德情操、有扎实学识、有仁爱之心的"四有"好老师。教师在专业课讲授中不仅要把专业知识传授给学生，还要把爱国理想、家国情怀、公民意识、行业规范等传授给学生，让他们具备报效国家、服务人民的本领，不断提升教师德育引领和价值教育能力，促使学生"亲其师、信其道"，实现教书和育人的相统一。

最后，提升专业科研和教学能力，教师不断探索专业知识点融合价值理念的教学路径，扭转重智轻德的现象，以扎实的职业素养和活泼多样的教学形式教育人、引导人。

参考文献

[1] 习近平. 论党的宣传思想工作 [M]. 北京：中央文献出版社，2020.

[2] 马向东. 论艺术院校艺术教育核心价值观的培育 [J]. 浙江艺术职业学院学报，2014（2）.

[3] 赵锋，孔军，陈广宇，等. 立德树人为什么——深入学习习近平总书记关于教育的重要论述 [J]. 北京教育（高教），2021（3）.

[4] 吕清华. 课程思政在艺术类高校的实现路径探索 [J]. 科教导刊（下旬），2020（5）.

[5] 张巨武.《大学英语》课程思政教学改革研究 [J]. 西安文理学院学报（社会科学版），2020（1）.

[6] 高德毅，宗爱东. 课程思政：有效发挥课堂育人主渠道作用的必然选择 [J]. 思想理论教育导刊，2017（1）.

[7] 徐蓉. 深刻认识全面推进高校课程思政建设的价值目标 [J]. 马克思主义与现实，2020（9）.

构建艺术院校课程思政立体模式

许 瑛*

摘要: 课程思政建设是艺术院校培养德艺双馨艺术人才的重要环节。本文根据艺术院校特征,从课程思政理念、课程教学目标、课程教学内容出发,构建教学育人、管理育人与服务育人立体化、课程育人立体化、育人载体立体化的课程思政立体模式,促进各类课程与思政理论课同向同行,技能传授与价值引领同频共振,思政队伍与专任教师同向发力,实现全员、全方位、全课程的育人格局。

艺术院校既肩负着培养中国特色社会主义优秀艺术人才的重任,又担负着繁荣社会主义文化事业的使命。习近平总书记在全国高校思想政治工作会议上强调,要用好课堂教学这个主渠道,思想政治理论课要坚持在改进中加强,提升思想政治教育亲和力和针对性,满足学生成长发展需求和期待,其他各门课都要守好一段渠、种好责任田,使各类课程与思想政治理论课同向同行,形成协同效应。① 习近平总书记的重要论述为新时期做好思想政治工作提出了新要求、新方法,对明确艺术人才培养目标与方向具有深刻的指导意义。

一、艺术院校思政教育工作现状

(一) 思政教育内容的单一性

艺术学生作为一个特殊群体,普遍具有个性突出、特色鲜明的特点,在社会多元价值交织、渗透,多元文化交流、融汇的复杂背景下,随着行业企业对

---

* 许瑛,浙江艺术职业学院戏剧影视学院党总支专职副书记。
① 习近平在全国高校思想政治工作会议上强调:把思想政治工作贯穿教育教学全过程 开创我国高等教育事业发展新局面 [N]. 人民日报,2016-12-09.

人才职业道德、人格品质、艺术素养等方面的要求越来越高，而思政教育工作长期以来一直依赖于单一的思政课程来解决问题，已无法满足新时期艺术人才培养的新要求。

（二）思政教育管理"孤岛"

思政教育与专业教学存在"两张皮"现象，主要体现在：教育理念上，没有正确认识知识传授与价值引领之间的关系，认为理想信念教育、职业道德教育主要是思政课程和学生管理线上教师的任务，艺术创作仅仅围绕各自的想法开展，缺乏社会主义核心价值观的统领；管理机制上，多部门合力推进思政教育的机制体制有待进一步完善；队伍建设上，重"教书"轻"育人"，教师育德意识和育德能力有待提升；人才培养上，各门学科思政教育资源没有得到充分挖掘。

（三）思政教育方式的局限性

思政教育的主体是学生，学生的成长是一个立体化过程，尤其是艺术学生更重视形象、生动、实用性强的专业课，而坚持理论教育为主导的平面式教育模式缺乏以学生为主体活泼生动的教学方式，难以使学生产生的共鸣，难以发挥学生的主观能动性。

二、课程思政的内涵

（一）课程思政是一种新的思想政治教育理念

"课程思政"不是将"思政课程"进行简单的文字调换，也不是将所有课程都变成思政课，而是指学校的所有教学科目和教育活动，应以课程为载体，以立德树人为根本，渗透和贯穿思政教育，充分挖掘隐含在专业知识中的德育元素，教师在课堂中不仅要教授学生专业知识技能，还要引导学生学会做人做事，将思想政治教育渗透到知识、经验或活动过程中，重视对学生良好思想品德的塑造，使课堂教学的过程成为引导学生学习知识、锤炼心志及养成品性的过程。

（二）课程思政是一种科学的思维方式，即"课程承载思政""思政寓于课程"

不是将所有的课程都当作思政课程，也不是用思政取代专业教育，而是以马克思主义理论为指导，运用思政的学科思维，提炼专业课程中蕴含的文化基因和价值范式，并将其转化为具体化、生动化的有效教学载体，解决教师"为谁教、教什么、教给谁、怎么教"的问题，让学生清楚"在哪儿用力、对谁用情、如何用心、做什么样的人"。

三、课程思政立体模式的构建

（一）建立长效机制，强化教学育人、管理育人、服务育人立体化

树立课程思政理念，做好顶层设计。围绕工作思路、实施路径、机制保障等方面，科学谋划、有序推进，搭建平台、统筹资源，坚持所有课程共同承载正确的艺术观、职业观、成才观教育。

1. 发挥教师主导作用

教师既要当好授业解惑的"经师"，又要当好为人师表的"人师"。积极培养教师的思政教育理念和意识，厘清知识传播、艺术创作与价值引领之间的关系，让教师认识到自身既是知识技能的传授者和文化的传播者，又是大学生健康成长的引路人、价值观塑造的引领者和文化事业发展的领航者；既是学术导师又是成长良师，尤其是师徒关系的专业教师，更要承担起引领学生树立正确的世界观、人生观、价值观、艺术观的责任。

2. 落实主体责任

构建学校党委、系党总支、基层党支部、教研室四级联动，党政工团齐抓共管，相关部门共同参与，营造任何课程的知识都有思政教育元素、任何教学活动都有立德树人功能、任何教师都有教书育人责任的氛围，形成学校教育360度德育"大熔炉"的合力作用。

3. 完善育人机制

充分发挥服务育人功能，强化教辅、后勤等各管理部门的工作作风、服务意识，以"最多跑一次"的优质服务帮助学生解决思想、学习、生活中遇到的各种困难，从而促进学生良好行为习惯的养成；优化评价激励制度，建立课程思政教学效果评价体系，实施动态化、科学化、规范化的教学过程监督与管控，使各门课程的思政功能融入全过程并可督可查；同时要加强评价结果的运用，把评价的结果与教师师德师风、晋职晋级挂钩，为推动各门课程充分发挥思政教育功能提供有效的政策支撑。

（二）改进培养模式，推进课程育人立体化

在落实立德树人根本任务的框架下，紧扣德艺双馨的"命脉"，接轨人才培养、教学建设与艺术创作，将所有课程的教育性提升到思政教育的高度，使专业培养目标与课程教学目标的教育性、知识性、技能性相互对应，学科的科学素养与人文素养相辅相成，构建思政课程、专业课程、通识课程、实践课程四

位一体的课程思政体系,发挥思政课的"群舞中领舞"作用,实现所有课程的"共舞中共振"效应。在教学方案、教学内容、教学过程和教材中挖掘各课程的思政教育元素,将时代的、社会的正能量贯穿课程方案、课程标准、备课授课全过程,产生润物无声的育人效果。

1. 提升思政课程的效度

推进思政课教学改革,转变教学方式,丰富教学内容,运用新媒体新技术,构建重点突出、贴近艺术学生特点和需求的教学体系,形成理论教学与实践教学,课堂教学与专业技能,案例教学、多媒体教学、网络教学相互支撑的混合式教学模式,使思政课程成为有内涵、能"解渴"、显艺术特色的"金课",不断提升思政课程的吸引力、说服力和感染力,增强教育教学的实效性。

2. 增加专业课程的厚度

在专业课程设计中结合不同专业的特点,将专业知识与思政元素有机融合,让专业课上出"思政味"。艺术院校的专业课程以文化、艺术教育为主,更讲究人文素养,坚持以文化人、以文育人,在课程思政建设中有得天独厚的优势。比如,戏剧影视表演专业深入人心地传递"学戏先学做人"的理念,一年级台词课程纳入经典诗文,通过背诵《弟子规》《道德经》等,引导学生学会如何做人;戏曲专业与生俱来具有弘扬中华传统美德、传承中国传统文化的特质,传递给学生"冬练三九,夏练三伏"的刻苦学习精神;《穆桂英》《牡丹亭》《荆钗记》《琵琶记》等一系列教学剧目,更是直观体现了儒家思想中的"仁义礼智信""温良恭俭让""忠孝勇恭廉"。在课堂教学中重视作品立意的把关,注重价值引领,指导学生在包罗万象的生活中进行真善美的过滤,创作和呈现出符合公众审美标准、讴歌正能量、弘扬社会主义核心价值观的作品,力求专业教育与思政教育方向达成一致。

3. 拓展通识课程的宽度

开设提高思想品德水平、人文素养、认知能力的综合素养课程,制定综合素养课程建设价值观标准,着力突出社会主义核心价值观、艺术职业素养和理想信念的培育。推动中华优秀传统文化融入综合素养课程教育教学,强化政治方向和思想引领,凸显综合素养课程的价值引导功能。

4. 拉伸实践课程的长度

从课堂延伸到实践是课程思政空间的转化,将"知"与"行"相结合,由理论转向实践,在实践中深化学生服务社会的精神和实践的能力。艺术院校注重培养学生的实践能力,要把实践纳入教学计划,加强又红又专的实践基地建设,通过采风考察、社会实践、志愿服务等方式,利用"双百双进"、"百校联百镇"、农村文化礼堂建设等重点项目,让学生体悟无处不在的艺术教育的价值理念。

(三)探索多元育人方式,实现育人载体立体化

课程思政建设要充分利用思政资源,拓宽载体、丰富内容、创新形式,由传统的"大水漫灌"变为"精准滴灌",将灌输与渗透相结合,使思政教育活起来,扎下根、长出花。

1. 掌握网络思政工作主动权,切实运用新媒体新技术平台

利用网络平台,打造网络思政课堂,把思政课与信息技术有机结合起来,开展"互联网+思政教育";利用微信公众号、朋友圈、班级群、视频传输、互动交流等功能,创建专题专栏,坚持正确舆论导向,壮大主流舆论,让思政教育内容天天见、天天新、天天深。

2. 建设校园文化品牌,发挥党团组织和学生社团的作用

开展健康向上、格调高雅的校园文化活动,构筑思政教育的文化氛围,潜移默化地影响学生;开设名人名家大讲堂、革命前辈报告会、行业专家论坛等主题教育,把思政教育与学生日常学习、生活、就业紧密联系起来,培养学生爱国主义精神、集体主义精神、团结奋斗精神以及职业精神。开辟专业赛事、科研、教改与创作项目的思政教育阵地,指导学生在创作作品中融入思政主题,突出中国文化元素,从而增强学生对中国传统文化的认同感,提升文化自信,提升社会主义核心价值观的领悟度。

四、结语

"国无德不兴、人无德不立。"课程思政建设是一项系统工程、固本工程、战略工程,需要扎实的、稳固的、持之以恒的探索,不断积累经验,不断丰富发展,不断创新提高,架构一套课程思政的立体模式,促使思政教育与专业教育融合发展、显性教育与隐性教育融会贯通,实现思政教育形式上从专人向全员,内容上从单一向多元的创造性转化,推进全员育人、全方位育人、全课程育人落到实处。

参考文献

[1] 习近平. 习近平在全国高校思想政治工作会议上强调:把思想政治工作贯穿教育教学全过程 开创我国高等教育事业发展新局面 [N]. 人民日报, 2016-12-09 (01).

［2］罗薇. 课程思政：高校思政教育改革新视角［J］. 大庆社会科学，2018（06）.

［3］赵晖. 课程思政推行中的若干思考［J］. 湖北经济学院学报（人文社会科学版），2018（12）.

［4］高德毅，宗爱东. 从思政课程到课程思政：从战略高度构建高校思想政治教育课程体系［J］. 中国高等教育，2017（01）.

钢琴课程思政教育教学路径研究

窦 瑾 毛 肆 吴婷婷*

摘要：课程思政是当前思政教育中的热点问题，对推动现代思政教育体系的构建有着重要的作用。本文以钢琴课程为研究载体，介绍了课程思政的内涵以及课程思政与钢琴课程之间的关系，探讨了钢琴课程思政教育教学的路径、构建及对策。

思政教育是我国教育体系的重要组成部分，在学生政治理论、思想道德、意识形态等教育中发挥着不可或缺的作用。党中央高度重视思政教育的开展，十八大以来，习近平总书记多次就思政教育发表重要讲话，明确了思政教育在立德树人教育任务中的关键地位。时至今日，传统以思政课程为教育载体的教育路径已经无法满足思政教育的目标，因而开发新的思政教育资源已成为当前的热点。尤其是钢琴专业课程，如何在教学中进行思政教育，让学生在掌握专业技能的同时，锤炼品德修为，让钢琴专业人才有时代担当，以真才实学服务人民，以创新创造贡献国家，已成为钢琴课程教育教学必须达成的目标。

一、基于课程思政的钢琴教育

（一）课程思政的内涵

课程思政作为当前思政教育中的热点词汇，是与思政课程相对应的概念，指思政教育从传统思政课程向其他课程拓展延伸的产物。2016年12月，习近平总书记在全国高校思想政治工作会议上指出，使各类课程与思想政治理论课同

---

* 窦瑾，浙江艺术职业学院音乐学院讲师；毛肆，浙江艺术职业学院音乐学院教授；吴婷婷，浙江艺术职业学院音乐学院教工第三党支部书记，副教授。

向同行,形成协同效应①,明确了各类课程在思政教育中的协同作用。课程思政以立德树人为根本任务,将各类课程与思政课同向同行,在充分发挥各类课程思政教育价值的基础上构建全员、全程、全课程的育人格局。课程思政概念的提出极大地弥补了传统思政教育中的不足,丰富了思政教育的阵地,也初步构建了适应新时代思政教育的体系。

(二)钢琴课程与思政教育的关系

课程思政契合当前思政教育的发展方向,因此,自提出后便成为驱动思政教育改革的可靠指导。数百门专业课程申报了课程思政试点改革,尤以上海地区成绩最为显著,并形成了"上海经验"。钢琴课程与思政教育关系密切,在课程思政建设中有着得天独厚的优势。

第一,二者有着共同的教育对象。无论是钢琴课程,还是思政教育,均以成长中的学生为课程主体。教师引导教学对象,以推动学生的全面发展为核心任务,教育对象与教育任务的一致性为二者构建协同关系打下了基础。

第二,二者在价值追求上相通。钢琴课程属于艺术教育的范畴,以审美教育为核心,而真是美的基础,善是美的升华。

第三,二者在本质上相通。思政教育既有政治理论、意识形态层面的内容,也有思想道德层面的内容,钢琴课程更是踏实刻苦的练习与精神层面的理解传达的结合,这也为钢琴课程的教学与钢琴专业课程思政教育的建设提供了保障。

二、钢琴课程思政教育教学路径构建对策

(一)以深挖思政元素为前提

钢琴课程与钢琴专业思政教育具有很强的兼容性,从钢琴课程中深挖思政教育的元素是钢琴课程思政教育教学的前提条件。

首先,从钢琴作品的时代背景以及作者生平中发掘思政元素。钢琴作品均有特定的历史背景,以桑桐的钢琴作品《在那遥远的地方》为例,它是我国作曲家较早采用自由无调性创作技法的典范,表现了创作者悲愤的情绪状态以及高昂的爱国情怀,是爱国主义教育的经典作品。

其次,从钢琴主题中发掘思政元素。爱国题材是钢琴作品中的常见题材,也是民族钢琴作品的经典题材。例如,作曲家王建中改编的经典钢琴曲《浏阳

---

① 习近平. 把思想政治工作贯穿教育教学全过程 开创我国高等教育事业发展新局面 刘云山讲话 王岐山张高丽出席 [EB/OL]. 人民网,2016-12-09.

河》以及由抗战歌曲改编而来的《绣金匾》,都是典型的爱国题材的钢琴作品。教师要深入发掘钢琴作品内容的德育元素,让学生既能感受到很强的民族色彩,又能实现思政教育的目标。

最后,从钢琴节奏、旋律中发掘思政元素。节奏、旋律等音乐内容是钢琴作品的情感寄托,教师不仅要从审美的角度开展教学活动,也要融入思政教育的内容。以《黄河钢琴协奏曲》为例,其改编自抗日战争时期的救亡歌曲《黄河大合唱》,既运用了西洋古典钢琴协奏曲的表现手法,又在曲式结构上融入了船夫号子等中国民间传统音乐元素。特别是在乐曲的结尾部分,创作者独具匠心地将《保卫黄河》《东方红》和《国际歌》相融合,强烈展现了中华民族不屈不挠的斗争精神和民族自豪感。

(二)以强化情感体验为重点

钢琴课程与思政教育在深层次上是相通的,均以学生的发展为核心,但在具体的实现路径上又有一定的差别。钢琴课程多基于学生的感性思维,而思政教育则从学生的理性思维出发,二者具有殊途同归的效果。因此,钢琴课程思政教育教学要注重学生的情感体验,让学生在乐曲情感的深度体验中获得思想上的熏陶。

首先,引导学生倾听,教师要有意识地培养学生的倾听能力,让学生在练习的过程中主动倾听自己的演奏,倾听教师的重点示范,倾听演奏家的音频,通过训练作品的节奏、旋律、乐句、气息等,让学生感受作品内在的情感。

其次,注重师生交流。教师要充分做好师生间的交流活动,以思政教育作为师生交流的重点。比如在《保卫黄河》等爱国革命题材钢琴曲或《夕阳箫鼓》等民族传统题材钢琴曲的学习训练中,引导学生讨论作品的精神力量。

再次,注重自主感悟。钢琴演奏专业在规范训练的同时,需要保护好学生的自主感受力,这是钢琴演奏专业学生音乐学习的前提。课程思政要注重课程教学与思政教育的对接,钢琴教师要以大力培养学生对作品的自主感悟能力作为钢琴课程思政教育教学的重点。

最后,升华学生情感。钢琴学习过程是一个通过眼、手、脑、心将音乐外化,再使听众产生共鸣共情的过程,钢琴教师要启发学生思索音乐的终极价值,升华学生的情感。

(三)以学生自主练习为关键

钢琴课程思政重视钢琴课程教学的思政教育价值,并以钢琴课程原先的教学任务为前提。钢琴课程思政教育教学路径要以学生的自主练习为关键,并将思政教育的内容融入自主练习中。

第一,在自主学习中培养学生持之以恒的精神。钢琴练习是一项长期、艰巨的任务,需要学生具有坚毅的学习品质。教师可以将长征精神等融入学生的钢琴练习中,让学生以昂扬的学习姿态克服钢琴练习中的困难,提高练习效果。

第二,在自主学习中培养学生的"工匠精神"。工匠精神是当前专业教育的热门词汇,也是思政教育的重要目标。所谓工匠精神,本质上就是在专业领域精益求精的精神,是刻苦、敬业等品质的集中表现。教师要将"冬练三九,夏练三伏"的精神融入学生的自主练习中,增加学习紧迫感,不断提高学生的练习效果,实现"技进于道"的练习目标。

第三,在自主练习中培养学生的良好品质。演奏钢琴作品对学生的弹奏技巧有较高的要求,对学生的心理素质同样如此。一些学生对自己的演奏技术和演奏状态不能很好地控制,导致表演中不断犯错,影响了学生的舞台演奏自信心。教师可以用毛主席青年时期在闹市中读书的经历,让学生感受毛主席在任何情况下都能静心读书,心绪不受外界影响的品质,以激发学生面对听众时自信潇洒的舞台演奏能力。

第四,在自主练习中培养学生的审美创造力。钢琴作品训练与演奏是钢琴演奏课程教学的重点内容,一方面,肩负着学生演奏技能以及表演能力培养的重任;另一方面,也是发展学生审美创造力的主要方式。作品演奏中也具有丰厚的德育元素,借助钢琴演奏,能够培养学生的恒心、毅力,促进学生坚毅品质的形成,这些都是思政教育中的重要内容。

另外,舞台表演不同于一般的钢琴演奏训练,其对表演者的心理素质有着很高的要求。学生在反复不断的舞台表演中,心理素质会得到有效的提升,能够坦然面对舞台表演中的困难与压力,这也与思政教育促进学生全面发展的教育目标不谋而合。

(四)以师资队伍建设为保障

钢琴课程与思政教育的融合,既为钢琴课程拓展教学价值指明了方向,也为教师钢琴教学改革带来了压力。从当前钢琴课程教育教学的现状来看,一些教师存在专业素养扎实但思政理论水平相对薄弱的问题,无法很好地肩负起课程思政的重任。因此,钢琴课程思政教育教学路径的构建需要以师资队伍建设为保障。

首先,与时俱进,接纳当代教育理念。教师要从时下课程思政的理念以及学生全面发展的角度出发,注入钢琴课程教学的原有理念,不仅将钢琴课程作为学生音乐专业学习的主干课程,也将钢琴课程作为高校思政教育的协同课程,有意识地将思政教育融入钢琴课程教学中,拓展钢琴课程的教学边界。

其次,加强新时期教育理论学习。钢琴课程思政教育教学对教师的思想政治理论水平有着较高的要求,教师要将理论学习作为当前专业发展与职业成长的重点内容,一方面加强经典理论的学习,如马列主义、毛泽东思想、邓小平理论等;另一方面,深入开展最新理论成果的学习,如习近平新时代中国特色社会主义思想,全面提升自身的理论修养,为钢琴课程思政的建设以及钢琴教学的开展打下基础。

最后,开展集体培训。思政教育与钢琴课程教学的融合既丰富了钢琴课程的教学维度,也对钢琴课程的教学方法提出了新的要求,一些教师在教学中无法适应,甚至有抵触的情绪存在,使课程思政与专业教学效率低下。学校要对钢琴教师开展集中培训,采用"引进来与走出去"相结合的培养方式,为教师到校外进修以及聘请专家学者来校内讲座提供保障,有效提升师资队伍的素质。

参考文献

[1] 邱仁富. 课程思政与"思政课程"同向同行的理论阐释 [J]. 思想教育研究,2018 (4).

[2] 李花. 高校公共音乐课程中思政教育的调查与思考 [J]. 黄河之声,2018 (2).

[3] 张建化. 艺术院校课程思政建设路径研究——以浙江音乐学院声歌系为例 [J]. 当代音乐,2019 (2).

[4] 刘敏,乔万敏. 音乐教育在思想政治教育中的价值 [J]. 东岳论丛,2007 (5).

[5] 赵继伟,袁晓辉. 论音乐教育中思想政治教育价值的实现 [J]. 学校党建与思想教育,2014 (1).

艺术类院校课程思政中的实践育人载体研究

王园园*

摘要：课程思政为新时代思想政治教育提供新的载体和途径，艺术实践是艺术类院校社会主义核心价值观教育的重要载体，实践育人载体是艺术院校提高立德树人水平及人才培养质量的重要举措。艺术院校实践育人载体的构建从课内实践教学、校外社会实践服务、校园文化实践品牌各环节多管齐下、协调统一推进。

课程思政为新时代思想政治教育提供新的载体和途径。实践育人载体能够有效地将社会主义核心价值观融入大学生的思想，转化为大学生的行动，从而更好地激励大学生为推动中国特色社会主义事业发展，实现中华民族伟大复兴的中国梦而不懈奋斗。艺术类院校做好新形势下实践育人工作，要紧紧围绕落实立德树人这一根本任务，紧紧围绕培育和践行社会主义核心价值观这一主要目标，打造实践育人"共同体"，打好实践育人"组合拳"，打通实践育人"最后一公里"。

一、课程思政中实践育人载体的价值

（一）当前课程思政亟须解决的困境

1. 思政教育内容和方式单一，教育体系缺乏综合性

目前，社会主义核心价值观教育的主要依靠通识教育模块中的思想政治理论类课程，如思想道德修养与法律基础等课程，尽管课程学分不低，但发挥作用却有限。

---

* 王园园，浙江艺术职业学院戏曲学院辅导员。

2. 有效载体和途径不够丰富，教育机制缺乏实效性

艺术类院校围绕高校立德树人的培育机制、实践路径等开展了一些研究和探讨，但是总体上成果不多，没有将社会主义核心价值观这一抽象理论与校园文化与艺术、办学理念、人才培养、教育教学及管理服务等过程相结合，缺乏落实的有效载体和路径。

3. 教书与育人分离，育人本质缺乏统一性

课堂教学是育人的基本实现形式，本应是学校最具效能的实现形式。课堂教学本身就是育人最主要的过程，也是教书育人最重要的途径。但是，传统的专业课程教学大多往往只注重专业知识的传授却忽视课程的育人功能，而是仅仅停留在知识传授上，没有从育人的本质出发，没有发挥本身具有的价值引领作用，没有注重在知识传播中强调价值引领，没有突出显性教育和隐性教育相融通。

（二）课程思政为社会主义核心价值观教育提供新的载体和途径

课程思政是依托、借助于专业课、通识课而进行的思想政治教育实践活动，或者是将思想政治教育寓于、融入专业课、通识课的教育实践活动。课程思政是"大思政"理念、"隐性思想政治教育"理念的具体呈现。其目的是解决大学生思想政治教育的"孤岛"困境，尤其是解决思想政治理论课与其他课程之间实际存在的"两张皮"现象，其方式是开发利用相关课程的思想政治教育资源，以充分发挥所有课程蕴含的思想政治教育功能。

（三）艺术实践是艺术类院校社会主义核心价值观教育的重要载体

艺术来源于生活，决定了艺术院校只有深入发挥实践的育人作用，才能使学生深刻地领悟社会主义核心价值观的科学内涵和精神实质，并产生深刻认知与认同。进一步丰富载体和途径，能够有效地将社会主义核心价值观融入艺术生的思想，提升其辨析和自律能力，从而更好地激励艺术生弘扬时代精神，崇德尚艺。

二、艺术类院校课程思政中实践育人载体的构建思路

结合艺术专业特点，聚焦课内课外、校内校外，以课内实践教学、校内文化实践及社会实践服务等平台为依托，以学生、教师、社会为主体对象，建立多维实践育人载体。各平台相互依存、相互促进。依据人才培养需求、社会需求开展各类主题实践活动，如高雅艺术进校园、红色创作采风、农村文化礼堂服务、志愿服务等一条龙实践活动项目。在各类实践活动为育人载体的驱动下，将艺术传承、实践育人的思想政治教育理念，融于专业教学、校园文化、主题

创作和艺术实践之中,让学生在亲身参与中了解世情、国情、社情、民情,在亲身体验中培养其正确的艺术观,树立家国情怀。

(一)凸显育人实效,形成实践育人长效机制

实践载体由课内实践教学开始发挥育人功能,将课程思政的理念引入专业教学,实施以红色文化、传统文化进课堂、进教材、进学生头脑为主题的富有针对性与实效性的思想政治教育,如采风创作选取革命根据地,让学生亲身感受革命精神;通过校内实践,由学生创作原创小品,将优秀作品搬到社会的大舞台去参加各类文化服务演出;利用富有深刻教育意义的社会实践,增进学生对党的感情,坚定中国特色社会主义的道路自信、理论自信、制度自信、文化自信。

(二)强化协同育人,构建实践育人共同体

对接产业、行业、社会团体等拓展实践育人工作平台,与地方文广局、文体局、文化馆、教育局等单位签订基层文化服务定点演出协议,签订文化共建协议,通过教、帮、带、演等途径,做好"上门送服务",建立实践基地,借助地方已有的、影响力强的文化传播平台,大力推行"校企联动,资源互补"实践育人模式,构建实践育人共同体,做好文旅融合的大文章。

(三)服务社会发展,成为文化传播者

紧紧围绕服务社会经济发展和国计民生所需,固化各类文艺志愿服务项目,通过参与"双万结对共建文明""双百双进""百校联百镇""万场文艺下基层""文化进万家""非遗项目传承辅导"等活动,助力乡村文化振兴,服务好文化建设。与专业特色凝聚、专业内涵提升紧密融合,充分挖掘专业课程中蕴含的育人元素、德育资源,将具体业务和社会服务相结合,主动对接地方文化局、文化馆等单位,建立社会实践基地,服务社会文化发展。

三、实践育人载体在艺术类院校课程思政中的参与机制

(一)课内实践教学多元化,筑牢实践育人根基

1. 突出文化浸润,推进文化传承实践育人

习近平总书记指出,加强高校思想政治工作,要更加注重以文化人、以文育人。① 中华优秀传统文化是中华民族的"根",创新校企合作,探索新型现代

---

① 习近平. 把思想政治工作贯穿教育教学全过程 开创我国高等教育事业发展新局面 刘云山讲话 王岐山张高丽出席 [EB/OL]. 人民网,2016-12-09.

学徒制培养模式，与省内外专业院团合作办学，将舞台转化为课堂，严格按照专业剧团演员培养模式，融入育人理念，在实践中强化艺德熏陶，力求将中华传统礼仪和为人处世理念植入学生心中，培养德艺双馨的新一代文艺工作者。课内实践教学的课程结构变化，不仅仅是教学与实践内容的改变，更多的还是让学生在学习过程中思想产生碰撞，从载体和内容上提升自身的综合素养。

2. 突出思想引领，推进红色教育实践育人

课堂内的实践教学是学生学艺做人的潜移默化的培养过程，在育人实践过程中，注重对思想导向的引领，将教学内容中的育人放在首位。加强对教师的管理和师德师风的培育，倡导将一批传播弘扬社会正能量题材的作品融入日常教学实践中，鼓励学生在创编作品过程中注重身边的人和事，以新时期文艺座谈会坚持"以人民为中心"的社会主义文艺观作为指导实践、提升作品水平的标尺和引领价值潮流的风向标。将采风实践纳入教学实践内容，通过深入红色基地特色农村采风，创作一系列体现革命精神、反映社会热点、新农村新气象的文艺作品，进一步将立德树人理念贯穿于教学实践。

（二）校内文化实践品牌化，打造校园文化品牌

1. 发挥专业优势，形成实践品牌

校内实践是展示学生教学成果的良好平台和载体，更是彰显专业魅力和丰富校园文化生活的重要窗口。在校内实践过程中，始终教育学生"学艺先学做人"，始终倡导作品能够反映当代真善美，能够反映社会经济发展和改革开放成果。通过各类校内实践，展现学生的专业自信、文化自信，提高其人文素养。实践品牌是实现技术磨炼和德行修养融合的重要平台，充分利用校园文化品牌项目、教学改革项目，锤炼学生实践与创新、创造能力。

2. 发挥党团功能，传递实践导向

党总支开展主题党日活动，坚定理想信念，强化责任担当。实践教学是教学工作的重要组成部分，是深化课堂教学的重要环节，把人才培养的重音落在"育"字上。团学组织充分学习领会党的文化政策和文化市场发展方向，举办校园文化活动，体现了当代大学生良好的青春风采，用自己的方式表达对党、对祖国的热爱和忠诚。党团组织用主题鲜明的实践传递党的声音，对学生进行鲜活的教育。

（三）社会实践服务常态化，丰富实践育人载体

1. 追寻乡土文化

投身助力乡村文化振兴，以"送文化、种文化"等不同形式，送文化进村、文化惠民，开展切实有效的服务活动；开展农村文化礼堂志愿服务演出，组织师生赴乡镇开展点对点的教学实践与基层文化服务活动，为农村开展帮扶项目，助力推动培育地方典型项目服务；创作文化题材、红色主题的节目，提升服务社会的责任感，确保实践育人的实效性。

2. 加强校企合作

对接当地文化元素，开展戏曲教学、创作、专场文艺演出活动，与其他国家和地区开展文化交流，承办国际活动使学生开阔眼界。通过传播中国传统文化与艺术，在文化交流碰撞中彰显中国自信，在文艺节目演出互动中彰显中国特色。建立文化共建合作关系，成立实践教育基地，通过深度合作发挥校地各自优势，推进校企合作共赢目标。丰富多彩的文艺演出在给他人带来生活希望和人生自信的同时，使学生树立底线意识，切实加强自身的法制观念，丰富学生思政教育形式和内容。

参考文献

[1] 习近平在全国高校思想政治工作会议上强调：把思想政治工作贯穿教育教学全过程　开创我国高等教育事业发展新局面 [N]. 人民日报，2016-12-09（01）.

[2] 韩进. 破解思政工作的"孤岛现象" [N]. 光明日报，2017-04-06（14）.

[3] 陈芝海. 大学生社会主义核心价值观教育研究 [M]. 北京：光明日报出版社，2013.

[4] 俞玲，雷儒金. 地方高校培育和践行社会主义核心价值观的路径研究 [J]. 学校党建与思想教育，2015（07）.

[5] 涂频. "智慧教育+课程思政"的混合式教学设计研究 [J]. 教育现代化，2019（104）.

新形势下高校思想政治教育的新载体

——创新创业教育的探索与研究

吴 颖[*]

摘要： 创新创业教育以培养具有创业基本素质和开创型个性的人才为目标，实质上是一种高层次的素质教育，也是一项系统工程。本文研究创新创业教育成为思想政治教育载体的必要性、可行性，探索高校创新创业教育与思想政治教育的融合途径，是结合当前国家实施创新驱动发展战略下，高校思想政治教育改革的一次有意义的尝试和探索。

随着我国经济社会发展进入新常态，党中央、国务院做出了加快实施创新驱动发展战略、建设创新型国家的重大决策。这就要求高校坚持"大众创业、万众创新"的战略导向，将创新创业教育面向全体师生，贯穿人才培养全过程，切实肩负起培养创新创业人才的重要使命。要真正推动和落实好这一任务，必须利用创新创业教育与大学生思想政治教育的交叉点和共性，实现其有机融合，为培养适合时代发展需要的高素质人才提供保障。

一、加强高校创新创业教育的背景和意义

2015 年 5 月 4 日，国务院办公厅印发《关于深化高等学校创新创业教育改革的实施意见》（国办发〔2015〕36 号）指出，深化高等学校创新创业教育改革是国家实施创新驱动发展战略、促进经济提质增效升级的迫切需要，是推进高等教育综合改革、促进高校毕业生更高质量创业就业的重要举措。人才是创新的核心要素，创新驱动实质上是人才驱动。一直以来，高校的根本任务在于立德树人，培养创新人才。在"大众创业、万众创新"的时代，高校应当成为全社会创新创业的"源头活水"和"发动机"。

---

[*] 吴颖，浙江艺术职业学院党委学生工作部（保卫处）副部长。

从世界各国高等教育发展的总趋势可见创新创业人才培养举足轻重的作用。哪个国家的创新创业教育有完善的保障体系并能够顺利发展，哪个国家的振兴富强就指日可待。调查显示，近年来，创新创业教育已逐步引起了国内各高校的重视，一些高校在国家有关部门和地方政府的积极引导下，也进行了有益的探索与实践。但以往对创新创业教育的研究普遍存在或多或少的缺陷，或偏于经济学的眼光，或偏于创业能力的培养，而较少从人的思想素质与创新创业基本素质的有机联系来把握"双创人才"的教育和培养。其实，创新创业教育就是一项培养人的品德素质和能力素质的系统工程，是一种全新的教育思想理念，其最终目的与思想政治教育是一致的，培养德智体美全面发展的中国特色社会主义事业合格建设者和可靠接班人。而当今高校思想政治教育也需要创新，将创新创业教育融入大学生思想政治教育的内容和方法，是作为思想政治教育的新载体的一条实施路径。

二、创新创业教育成为思想政治教育载体的必要性

（一）创新创业教育顺应了思想政治教育的时代要求

思想政治教育的时代性强调思想政治教育要与当前的时代同频共振，不是简单地将理想教育、信念教育、德育教育贯穿在政治理论课中，就能让大学生树立远大理想并为之奋斗。相反，部分过于理性化和教条化的传授方法，容易使充满活力的大学生迷惘、反感甚至丧失努力的动力。在当今"大众创新，万众创业"的时代背景下，无论是从国家战略还是高等教育发展趋势方面，都迫切要求大学生思想政治教育顺应创新创业这一时代主题。且创新创业教育并不是单纯地进行创业知识的传授和创新创业技能的训练，它是个素质教育的过程，能很好地成为高校思想政治教育的有效载体。

（二）创新创业教育有利于思想政治教育的价值实现

从社会价值的层面来看，创新创业教育中的精神教育体现着社会主义核心价值观，可以实现大学生的政治角色认同，而且完整的创业体系构建必将创造更多的就业机会，缓解社会结构矛盾，实现其政治稳定的价值。在高校思政教育中引入创新创业教育，使高校成为创新精神的集散地、创业型人才的摇篮，使大学生从知识的拥有者变为社会价值的创造者。从个体价值的层面上看，创新创业教育是以培养创业基本素质和开创型个性人才的高层次素质教育，可以把大学生培养成社会实践活动的主体，调动其主体能动性，开发其创新思维，挖掘其创新潜能，使他们养成独立性、主动性、创新性等优良的个性品质。此

外,创业过程中,理想、信念、意志都将受到全面考验。通过创新创业教育的实践,可以提高其心理承受能力,培养其艰苦奋斗精神,加强其团队协作意识,从而实现其思想政治教育的个体价值。

(三) 创新创业教育提高了思想政治教育的实效性

传统的思想政治教育一直强调教育者的绝对权威和受教育者的完全服从性,这种教育方式最终会使受教育者失去对思想政治教育的热情和对其内容的信服。思想政治教育虽然是一种理想信念教育,但这种理想信念教育要付诸实践才有实际意义。对此,实践性很强的创新创业教育起着重要作用。因为无论是素质的提升还是能力的提高,创新创业教育都不是说教式的空谈,而是要求大学生投入实际生活当中,强调对知识的运用和对生活的体验。"双创"教育让高校思想政治教育有了抓手,让大学生有了受教育的实践渠道,从而使大学生充分了解社会,锻炼其分析问题、解决问题的能力,使思想政治教育从书斋走向田野、从抽象走向具象、从宏观走向微观,更加贴近生活、贴近实际、贴近学生,更具实效性和针对性。

三、创新创业教育成为思想政治教育载体的可行性研究

高校创新创业教育与思想政治教育之间存在密切联系。思想政治教育以马克思主义为指导,为创新创业教育提供了正确的思想导向,有利于增强创业意识,提高创新能力和塑造创新创业型人格;创新创业教育为思想政治教育的研究对象、研究内容、理论基础丰富了内涵和外延,完善了学科体系,有助于全面实现思想政治教育的目标。

(一) 教育目标上具有一致性

创新创业教育是以综合高素质人才培养为根本任务,以培养学生创业意识、创业精神和创业能力为目标的教育;思想政治教育是以马克思列宁主义、毛泽东思想、邓小平理论、"三个代表"重要思想、科学发展观、习近平新时代中国特色社会主义思想为指导,培育和造就有理想、有道德、有文化、有纪律的社会主义新人为根本任务的教育。从根本上讲,两者教育对象都是人,教育目标都是培养现代化建设发展所需要的人才,均有助于大学生全面发展,更好地实现自身的人生价值和社会价值。

(二) 教育内容上具有融合性

创新创业教育中涵盖了创业观念、创业意识、创业精神、创业心理等内容。而大学生思想政治教育的主要内容是思想教育、道德教育和政治教育。思想教

育和政治教育为创新创业教育提供了精神动力，培养大学生坚定的创业信念、端正的创业心态和顽强的创业意志；道德教育为创新创业教育提供了价值引领，培养大学生健全的人格、良好的职业道德以及与时代呼应的核心价值观。两者在内容上相互融合，创新创业教育是思想政治教育的具体化、实践化。

（三）教育方式上具有依托性

创新创业教育和思想政治教育都是理论和实践相结合的教学模式，都强调实践在其中的重要作用。首先，两者都需要通过开展课堂教学使学生掌握一定的理论知识。具备专业的创业基础知识是大学生开展创新创业实践的重要基础，同时思想政治教学也要求大学生具备扎实的基本政治理论。思政教育常采用说理引用法、实践锻炼法、自我教育法、心理咨询法等，但在创新创业教育中，不仅要继承、引入传统的方法，与此同时，还可以形成案例教学、虚拟创业、团队合作游戏法等独特的教育方法。其次，两者都要强化实践教学。学校可以组织大学生在创业过程中开展思想政治调查，也可以依托思政教育基地建设，实施创新创业实践项目扶持计划。通过不断探索，两种教育方式始终相互渗透、相互依托。

四、创新创业教育与思想政治教育的融合途径

（一）提"质"，完善课程体系建设

虽然创新创业教育与大部分思政教育"千人一面""千篇一律"的培养模式相比，注重的是个性化发展、主体式培养，但在课程体系的构建中要深入挖掘丰富的思想政治教育资源，充分发挥思想政治教育的作用。首先，可面向全体学生重点开设创新创业教育通识课。例如，开设创新创业信念方面的课程，打破在就业方面"等、靠、要"的被动局面，鼓舞大学生的创新创业热情；开设职业道德和法律法规课程，引导大学生实现个人价值和服务社会、服务大众的双赢局面，了解行业的从业资格、职业行为、行政法规等，规范大学生的创业行为；开设创业心理课程，针对创业前的心理准备、创业初期的心理疏导等问题，调适大学生的创业心态；开设创业形势政策课程，帮助大学生分析当前形势，准确解读新时期的创新创业优惠政策。其次，要不断创新课堂教学方法，引入榜样激励法、案例分析法、小组竞赛法、社会调查法等，注重创业实践活动的引导，着力培养"善创造、会创新、勇创业"的人才。最后，要将创新创业课程体系分层分类，主要分为创业基础课程、创业提升课程和创业实践课程。针对不同需求、不同年级开设相应的必修课和选修课，并纳入学分管理，增强学生的自主选择性，启发、引导学生创新精神和创造意识。

（二）促"效"，搭建多元化实践平台

创新创业教育是实践性很强的教育活动，没有充分的实践环节，最终只能"纸上谈兵"，难以收到应有的效果。而高校的思政教育也应该紧密联系实际，考虑学生需要什么、渴望得到什么，因此我们可以以实践作为创新创业和思想政治教育的契合点，解决大学生创新创业中的实际问题。首先，应充分整合校内资源。依托专业建设，实现实验教学资源共建，将已建成的实验实训室向创业学生开放。创建大学生创业园、大学生创业社团组织、大学生科技园等校内实践基地，为学生提供场地、资金、专业支持，鼓励学生自主创新创业。其次，加大社会实践的组织力度，通过暑期"三下乡"、农村文化礼堂建设、顶岗实习、暑期夏令营、志愿者服务等社会实践活动，让学生找寻创业的机会，激发创新的灵感。最后，可以通过校友会资源，引入成功校友的案例。他们是大学生创新创业最直观的感受和奋斗目标，在高校的创新创业教育中起着重要的示范作用。鼓励有创业意向的学生赴校友企业跟班学习，边学边做，为在校大学生提供宝贵的创业实践、锻炼、提高自我的平台。

（三）塑"风"，营造良好校园文化氛围

良好的校园文化是高校思想政治教育发挥育人功能的有效途径，也是开展大学生创新创业教育的主要形式之一。当前，要以创新创业引领高校文化建设，努力营造全方位、多层次的创新创业生态。通过班会、团日活动、党课、团课等主题教育活动开展创新创业教育，尤其针对每一届新生做好宣传普及工作尤为重要，实现创新创业教育的常态化和覆盖化；通过校园网、宣传栏、微博微信、校报专栏、广播站等形式，利用互联网+平台，让学生对创新创业有更广泛、更直观的认识；通过邀请成功创业校友、名企高管、国内外创业教育专家举办沙龙、讲座、论坛，陶冶大学生的创新创业情操，以成功者的风范感染大学生的创业热情；通过举办创新创业计划大赛、创业孵化项目、"挑战杯"、个人职业生涯规划大赛、创业模拟大赛等，锻炼学生的创新创业能力，增强实战感，真正将创新创业型人才"育"出来。同时，在开展校园活动中把握好度，针对低年级不具备开发能力的学生应以宣传普及为主，针对高年级有创业意向的学生可以鼓励申请进入创业学院，参加创业提升课程和实践组队活动。

（四）优"师"，配齐建强师资队伍

创新创业教师队伍建设刚刚起步，迫切需要学校的大力支持，鼓励和培养具有创新创业和思政教育专业的教师开展融合教学。一是利用好学校原有的两课、就业指导教师，在其中选拔具有创新精神、先进教学方法的教师进行教学培训，如集中教学培训、外出指导、兼职锻炼，鼓励教师亲身实践创新创业过程，通过自身的实践感受，将创新创业的理念和技巧传授给学生，引导他们开展创新创业的理论和案例研究，实现教师队伍的专业化、职业化。二是要建立创新创业教师兼职队伍。学校可以邀请成功校友、知名企业家、知名学者走上讲台，直接参与高校人才培养的一线教育教学，形成创新创业专家导师库，形成校内外协同培养的良好态势。三是要完善创新创业的职业发展路线，明确专业技术职务评聘的标准和具体要求，为创新创业教师队伍的持续发展提供保障。四是充分发挥班主任和辅导员的力量，他们活动在大学生学习和生活的第一线，也最有可能是创新创业教育的直接推动者。学校有计划地组织辅导员学习创新创业的知识，为班主任、辅导员成为双创教育的先行者打下基础。

高校教育的根本任务是为国家和社会培养高素质的可用人才，作为国家政策战略的创新创业教育和作为安邦定国基础的思想政治教育，两者有机融合是完成此任务的有效便利的方式。本文探索了创新创业教育作为思想政治教育载体的必要性、可行性以及融合途径，不仅能够增强高校思想政治工作的实效性和针对性，也有利于提升大学生综合素质、缓解就业压力、提高创业创新质量。

参考文献

[1] 张玉强. 高职院校大学生创业创新教育实效性研究 [J]. 继续教育学院，2011 (5).

[2] 王大洋，卢秋婷. 提高大学生创新创业教育的现实性探究——以吉林省地方高校为例 [J]. 长春理工大学学报（社会科学版），2015 (9).

[3] 陈哲. 创新创业教育嵌入思政课教育教学的操作模式研究 [J]. 学校党建与思想教育（高教版），2015 (7).

[4] 黄兴海. 高校创新创业教育实践教学机制探析 [J]. 黑龙江高教研究，2015 (11).

[5] 曹智，张庆顺. 思想政治教育视角下高校学生创业教育体系的建设 [J]. 继续教育研究，2015 (9).

交叉学科视野下艺术院校思想政治教育工作的实践探索

许 瑛[*]

摘要: 艺术院校思想政治教育工作具有多样性、多重性、复杂性的特征。本文通过引入学科交叉的方法和思维,针对艺术院校思想政治教育工作现状,厘清在某些问题上其他学科与思想政治教育学科的交叉性,探讨和解析在交叉学科视野下,艺术院校思想政治教育工作的实践途径。

改革开放的不断深入、全球化浪潮的不断涌入、信息化社会的不断推进、多元文化的不断碰撞,对艺术院校学生的思想观念、行为模式和价值取向均产生了巨大冲击。思想政治教育工作不能仅用单一的思维方式开展,而需要根据学生特点,利用多视角、多维度、多学科推动思想政治教育工作创新发展。当前,利用交叉学科视野开展艺术院校思想政治教育工作已成为必然趋势。

一、交叉学科视野下思想政治教育的内涵与意义

(一) 交叉学科视野下思想政治教育的内涵

交叉学科是指根据社会和科技发展的需要,在两门或两门以上的学科之间,运用各种方法、手段,使其相互结合、彼此渗透融合而形成的新学科。而高校思想政治教育是一个复杂系统的互动、融通和整合的发展过程,具有很强的综合性、系统性和应用性。在其学科化过程中,依托和借鉴了多门学科的研究成果,逐步形成了自身的理论性、实践性和交叉性特色。交叉学科视野下的思想政治教育工作,就是以交叉学科的研究视角和理论视野观照、审视、研究思想政治教育。由此可见,艺术院校的学生作为大学生中的特殊群体,其思想政治

---

[*] 许瑛,浙江艺术职业学院戏剧影视学院党总支专职副书记。

教育工作与其他学科存在交叉融合的密切关系。

(二) 交叉学科视野下思想政治教育的现实意义

1. 顺应时代发展的要求

学科交叉是科学创新的时代特征，是高校思想政治教育工作中破解难题的现实需要，是高校思想政治教育工作发展的大势所趋。随着时代的飞速发展、大学生思想观念的变化和环境的改变，思想政治教育需要始终坚持以马克思主义为指导，以大学生成长成才的实际需要为基础，不断开拓新的思维空间，以实现高校思想政治教育工作的现代转型。

2. 符合教育实践的需求

交叉学科视野下的思想政治教育研究不仅是理论问题，更是实践问题。在交叉学科的成长环境和崭新视野下，多学科的知识和理论被广泛引入高校思政教育领域，为思政教育实践提供了丰富的载体，使思政教育内容得以在广度、深度上不断延伸。思政教育工作想要真正拨动大学生的心灵之弦，仅仅依靠单一的政治性是远远不够的，其内容本身必须从大学生的思想实际出发，把思政教育的核心内容与当前社会的难点、学生关注的热点结合起来，才能实现思政教育的内在发展，从而充分发挥其整体效应。

3. 构建育人体系的需要

思想政治教育学科在创建之初就呈现出跨学科特点，在育人的过程中，思政教育工作者对社会学、心理学、管理学等任何一门学科知识和方法的运用与借鉴，都深刻影响着育人目标的实现程度。强化交叉学科研究，不仅是为了更好地从其他学科引入知识、方法和理论，更是为了向其他学科输出思想、信念和观点，以更好地统筹思想教育与专业教育的育人职能，进一步构建、完善育人体系。

二、艺术院校思想政治教育工作现状分析

(一) 工作思路偏重一元主导，忽略多元发展

虽然思想政治教育的内容涵盖思想教育、党团组织建设、学生事务管理、校园文化建设、心理健康教育、公寓管理等多个方面，但在实际的工作思路上依然是从单一学科体系建设出发，并未借鉴交叉学科的研究思路，对各类工作的规律性特征和发展方向研究不够，相关管理机制与交叉学科的需求脱节，最新的研究成果整合度不高。

(二) 教育主体倚重专职思政教育工作者，缺乏全员育人的理念

思想政治教育工作通常被认为是学生管理一线的书记、辅导员、班主任的事，与其他教师和管理工作者没有什么关系，他们也没有什么责任。这就在无形中使教育主体专职化，忽视了教师特别是专业教师在思想政治教育中的作用，教书育人、管理育人、服务育人得不到真正落实，导致思政教育势单力薄，难以发挥齐抓共管的作用。

(三) 教育内容比较单一，忽视思政教育与专业相融合

艺术院校的思想政治教育是以"两课"为代表的思想政治理论教育，内容较单一，且过分强调政治性要求，忽视培养学生的人文精神和艺术修养。教育过程中存在思政教育与专业教育"两张皮"的现象，思政教育与艺术专业实际结合不紧密，不够贴近学生实际因而无法获得学生的认同；同时艺术教育又缺乏思想引领、道德与价值观教育，这将严重影响思政教育的协同性。

(四) 教育形式重在理论灌输，缺乏实践教育

艺术学生普遍性格活泼好动、思维活跃，热衷于各类艺术实践活动。然而，传统的思想政治教育主要采取枯燥乏味的课堂说教、理论灌输等形式，这对于操作性较强的艺术学生来说，既没有关注他们的内在需求和情感，又缺乏与实践结合的生动性与实用性，不仅无法吸引他们，反而增强了他们的排斥感，难以达到教育的真正目的。

三、交叉学科视野下思想政治教育工作的具体措施

(一) 创新工作机制与思想政治教育的交叉互动

在理念上要高度重视交叉学科相融合的重要性，从机制创新和资源整合出发，搭建交叉融合平台，提升思想政治教育工作成效。一是建立领导联系制度，党政领导分别联系不同专业学生，以不同的学科背景开展思想政治动态教育，全面指导学生思想政治教育工作。二是建立各部门联席会议制度，各职能部门定期召开思想政治教育工作研讨会，就学生心理健康、形势与政策、职业生涯规划、理想信念等内容进行深入探讨，为推动其他学科与思想政治教育交叉互动提供制度支撑。

(二) 打造师资队伍与思想政治教育的交融互补

搞好艺术院校思想政治教育工作，需要实现思政教育队伍的多元聚合，可以通过"1+3+X"模式，即学校党政干部队伍，思政课教师、辅导员和班主任

队伍以及专业教师、学生班助队伍,建立网络式构架,以党政领导干部为思政教育工作的"第一责任人",辅导员为思政教育骨干力量,学业导师、班主任、学生班助为日常思政教育实施者的方式,打造一支具有交叉学科视野、多学科知识背景、较高综合素养的思政教育工作队伍,真正达到全员育人要求。

(三)促进多学科知识与思想政治教育的交叉融合

中共中央国务院印发《关于进一步加强和改进大学生思想政治教育的意见》(中发〔2004〕16号文)明确指出:要深入发掘各类课程的思想政治教育资源,在传授专业知识的过程中加强思想政治教育,使学生在学习科学文化知识的同时,自觉加强思想道德修养,提高政治觉悟。艺术院校的思政工作不仅应有马克思主义哲学、社会学、心理学、教育学、管理学等课程,还要融入艺术学的理论知识和实践创新方法。第一,要加强人文社会科学与思政教育的交叉融合,完善人文素质教育课程体系,融合传统文化的精髓,开设"国学""非物质文化遗产赏析""文学欣赏"等特色课程,提升学生人文素养。第二,要加强心理学与思政教育的交叉融合,开展心理健康及咨询活动,艺术院校所特有的心理团辅方式有心理音乐疗法、心理情景剧疗法、曼陀罗绘画疗法等,虽然看似属于心理学的范畴,却融入了音乐、表演、绘画等元素,更容易被艺术学生所接受。第三,要加强管理学与思政教育的交叉融合,利用信息技术搭建思政教育平台,通过微信、微博、微网站等方式,加强管理育人、服务育人。第四,要加强艺术学与思政教育的交叉融合,艺术学门类包含了音乐与舞蹈学、戏剧与影视学、美术学、艺术学理论和设计学5个一级学科,可以将专业学科知识有机融入思政教育并形成常态化,有效提升教育效果。

(四)加强专业教育与思想政治教育的相互融合

艺术学生与专业教师相处时间长,师生关系类似于师徒关系,专业教师备受学生的尊敬和爱戴,学生更愿意听从专业教师的建议,因此,思政教育要时刻贯穿于专业教育。一方面,要充分调动专业教师的教学积极性,增强其教书育人的责任感,鼓励其将专业教育与思政教育相结合,多与思政教育工作者保持联系,以专业教育为载体,积极促进思政教育艺术化、专业教育思政化,强化学生综合素质的培养。另一方面,专业教师要发挥课堂教学的主导作用,在传授专业知识时,进行思想政治教育的"专业渗透";在激发学生创作灵感时,将育人理念融入整个教学过程中,将"学艺先学做人"的思想深深扎根到学生心中。对于艺术学生来说,其作品可能是一幅画或是一支舞蹈、一个小品,在教学中专业教师要突出社会主义先进文化在艺术创作中的导向作用,进而对学生核心价值观的形成产生潜移默化的影响。

(五) 重视艺术实践与思想政治教育的融会贯通

"生活即教育,教育即生活,艺术源于生活,又是生活的再现。"思政教育强调知行合一,以艺术实践升华行为规范。艺术实践具有生动、直观、创新等特点,不仅有利于提高学生的专业技能和艺术素养,还有利于提高学生的认知、情感、意志、品质等综合素质。思想政治教育只有贴近实际、贴近生活、贴近学生,才能提高教育效果。艺术院校要建立和完善实践教学保障机制,积极探索实践育人的长效机制,把实践教学与志愿服务、采风考察、专业实践、校园文化品牌相结合,引导学生走出校门、走向社会,通过第二课堂、服务基层、农村文化礼堂建设等综合实践活动,不断创新思想政治教育工作,不断增强艺术学生意识形态自我强化功能。

四、结语

艺术院校作为培养艺术人才的高地,传播传统文化的媒介,在实际工作中,要主动适应学科交叉潮流,主动吸收不同学科的研究成果,丰富和完善实践方法。力求在交叉学科背景下,构建综合性、开放式的育人工作模式,切实提升思想政治教育工作的针对性、科学性和实效性。

参考文献

[1] 李辽宁. 思想政治教育学科交叉研究相关问题的思考 [J]. 思想教育研究, 2014 (7).

[2] 冯刚. 交叉学科视野下思想政治教育的创新发展 [J]. 思想理论教育导刊, 2011 (11).

学分制背景下高职艺术院校思政建设及应用的实践研究

王筱芽*

摘要：学分制的推行是社会发展的要求，是高职艺术院校转变教育思想和教育理念的必然选择。本文就学分制在高职艺术院校发展所面临的问题进行分析，为如何促进学分制更好地推行提供了可行对策。

学分制管理制度的推行是高职艺术教育不断自我审视、修正、调整的一个良好举措，在一定程度上对于整合教学资源、提高办学效益和教学质量、推动现代艺术职业人才培养模式创新，以及培养高素质、高技能、复合型文化艺术专门人才具有重要的现实意义。通过积极实行学分制教学改革，教育理念和教育手段产生了深刻的变革，高职艺术院校教育教学和学生管理工作均呈现出新的面貌。与此同时，建立一个与学分制相适应的高职艺术专业学生的思政教育平台显得至关重要，也是现实课题。

一、学分制下高职艺术院校思想政治教育工作新趋势

（一）学生个性化发展，传统的评价体系受到冲击

学分制以选课制为核心，重视学生的主体性，满足学生个性发展的需要，根据学生个人兴趣或专业需要自由选择某课程。高职艺术院校与普通高校相比有其自身的教学规律：注重个性化教育，强调实践教学的重要性，在教学管理模式上与学分制相适应。在高职艺术院校通过选课制，学生能够自主选修本专业以外的很多知识，开阔眼界、开拓创新思维，并对自己原有的专业起到辅助

---

* 王筱芽，浙江艺术职业学院手工艺学院党总支专职副书记。

和推动作用。但学分制赋予学生更多的学习自主权和教育选择权，具有较大的灵活性，学生学习过程的约束力和学习结果的有效性出现了一定偏差，使得学校教学与管理出现不少问题。一方面，部分学生为了"凑"学分而"避难就易"选课，出现课程出勤率低、选课过多而挂科等现象，背离了实施学分制拓宽和深化本专业知识体系的初衷，也给学校的学风建设带来负面效应和不良影响；另一方面，学分制条件下同一专业和班级学生的课程设置各不相同，不具有太大的可比性，学生交往和接触的时间和机会减少，监督力度小，综合素质测评变得缺乏统一规定，同学之间的综合素质相互测评变得缺乏客观依据，对衡量学生学习的质与量提出了新的要求。

（二）学生的班级概念相对弱化，日常管理工作受到影响

传统的教学情境下，思想政治教育工作采取"学校—院系—年级—班级—学生"的工作路径。学分制的普遍推行，准许学生自主选专业、选任课教师、选上课时间、选修业年限等，打乱了传统行政班级，淡化了班级和年级概念，导致凝聚力逐渐被削弱，学生在时间和空间上有一定程度的离散性和流动性，传统的学生管理模式受到冲击。以专业班级为依托的注册性群体、以选课为渠道的学习性群体、以居住区域为活动范围的生活性群体、以共同的爱好形成的兴趣性群体，以及以互联网为媒介的虚拟性群体等新型群体进一步形成并扩大。传统的班级集体活动减少、活动场所分散、学生间交流机会变少导致高校思想政治教育的实效性也随之弱化，对学生日常教育与管理模式提出了挑战。

（三）学生自主意识增强，职业生涯规划进一步凸显

大学生职业生涯规划作为目前学生思政教育工作的重要课题之一，帮助学生在了解自我的基础上确定其专业方向，并制订相应的学习计划、职业目标、创业选择，避免就业的盲目性，为个人走向职业成功提供最有效率的途径且需要依靠学校各教学机构的通力合作。一方面，学分制以选课制为主要特征，学生可以根据自己的职业规划和学习需求选择自己感兴趣的课程和教学模块进行学习，有助于学生形成个人的"核心竞争力"，构建自己的知识体系和完整的学业规划。另一方面，学分制条件下实施弹性学制，学生可提前毕业，也可休学创业，根据自身原因缩短或延长学习年限，对于积极推行创业创新教育有一定的现实优势。

学分制提供了从职业生涯选择，到职业生涯规划，逐步确定职业生涯目标很好的实践平台，成为辅助大学生职业生涯规划的有力手段。然而，大学生职

业生涯规划是一项循序渐进、全面系统的工程，因在指导、服务过程中，对其宣传力度小、指导手段弱以及培训不到位等原因可直接导致学生对职业生涯规划的认知存在模糊性和盲目性。比如，在选课制的实施下，尤其是低年级新生的自我意识还比较模糊，在规划自己的学习发展方向和明确学习目标方面没有一个清晰的认识，在择业创业就业问题上更显得不知所措。

推行学分制，引起了学校内部的诸多变化，同时学生思政教育平台的教育理念、内容、手段均发生了改变。原有的行政管理模式、操作管理模式被僵化；班级活动由原先的密集型向松散型转变；学生管理由原先的封闭型向开放型转变；等等，这些客观变化使得学校或以班级为单位组织的思想政治教育和管理工作呈现了新趋势，也容易出现工作"盲点"和"不可控"，管理的尺度变得难以把握，从而加大了学生思想政治教育工作的难度。

二、学分制下高职艺术院校思想政治教育工作新体制

（一）逐步建立学生素质拓展学分制，构建客观合理的学生综合素质评价体系

随着学分制的深入改革，学生素质拓展学分制成为高校学生思想状态综合测评的主流方式。学生素质拓展学分制是对高职学生素质拓展活动的数量、质量和成效进行量化的一种管理方式，具体包括学生素质拓展活动的学分化组织、管理、认证、评价、激励和监督。

高职艺术专业培养的是面向社会、服务区域、有地方特色的服务技能和能力的人才。学生素质拓展学分制的建立有利于丰富学生服务工作、校园文化活动，辅助学分制体制，为学生综合素质考核提供科学化的认证平台，构建完善的学分制体系。

学生素质拓展学分制的核心是道德、品质、操行等内容的制度化、具体化，是以学分量化的形式，以学生积极主动参与、以激励为主来考查评价学生素质教育效果的一种学生素质拓展管理制度。学生通过学生素质拓展平台，根据自己的兴趣爱好、特长和专业需求选择性地参与学校组织开展的各项素质拓展实践活动，从而实现自我管理和自我发展的目标。这就使学生对学校学生素质拓展资源提升与扩展提出了更为广泛的要求，促使高职院校思政工作得以创新发展和提高。学生必须在毕业离校前同时修满第一课堂学分和素质拓展活动学分，创新了学生综合素质评价体系的实践机制，也扩展和延伸了高校学分制的内涵。

（二）积极探索社区化管理模式，构建深层有效的学生学习、成长、交流平台

学分制实施过程中，在传统的开展思想政治教育基层单位的班级概念逐渐淡化与思政教育的实效性随之弱化的情况下，以前班级所承担的部分功能转化到学生宿舍，迅速发展起来的以学生宿舍为主要区域的高校学生社区成为学生学习生活的主要场所和思想政治教育阵地。

面对全面学分制对传统建班模式、住宿模式的挑战，从艺术类职业所需知识、素质与关键能力培养需求出发，着眼于大文化，把社区化管理模式应用到高职艺术院校，组成社区委员会—楼层长—宿舍长的学生自我管理机构与信息传递网络，建立各种活动中心，充分挖掘社区育人潜力，将学生社区搭建成有利于学生学习、成长、交流的平台，把学生的专业、就业、思想政治、成长成才与自身兴趣爱好相结合，开展丰富多彩的集专业性、学术性、公益性为一体的社区文化活动，积极建立完善的大学生社区服务体系，以支撑实现艺术专业综合性人才的培养目标。

（三）完善学生工作机制，构建全方位学生管理和服务事务中心

学分制实施需要积极改革学生教育管理工作，贯彻新的管理理念，强化服务意识和功能，加强与完善学生成才的服务保障。从对学生进行教育管理为主转为以咨询指导、服务保障为重点，并突破传统以思政工作为主导的学生事务中心，建立面向全体学生提供服务的全方位学生事务中心。按照工作的范畴分类，有效整合教育教学、学生管理各部门资源，把选课咨询、学籍查询、就业服务、职业生涯规划、心理咨询、奖勤助贷补等服务内容组成一体化、一站式服务窗口，提供专业化、直接化对接服务。我们不仅要了解事务中心各个部门的职能、特色、作用，还要以这些服务内容为依托，有效地为学生提供求学、就业、心理等方面的服务和帮助，充分体现"以生为本"的学生工作思想。例如，建立健全学生职业生涯规划的团队建设，结合学生年级层次、个人特点、就业去向实际进行分年级、分类别、分层次的学业指导规划。

总之，学分制在实施过程中，学生管理工作也随之动态发展，需要不断进行探索和改革，改革学生管理理念、学生管理形式和学生管理内容等，积极应对学分制实施过程中产生的新问题、新困难，建立起基本完备的与学分制相配套的高职艺术院校思想政治教育工作新机制，努力助推我国高等职业教育改革，为国家培养更多的高素质、高技能、复合型文化艺术专门人才。

参考文献

[1] 张东晨. 矿物加工工程专业学分制培养方案特色探讨——以安徽理工大学为例[J]. 安徽理工大学学报, 2011 (01).

[2] 张海涛, 等. 基于学分制多样化人才培养方案立体式监控管理探索与实践——以云南农业大学为例[J]. 云南农业大学学报, 2013 (07).

[3] 徐秀华. 基于实践育人理念的高校学分制社团研究[D]. 金华：浙江师范大学, 2013.

新时代大学生思想政治教育工作体系制度化建设的探索

陈　毅[*]

摘要：思想政治教育工作是新时代大学生工作的重要内容，需要有严谨规范的思想政治教育机制保证，需要有思想政治教育所需的文化渗透和引领，需要有思想政治教育所涉各类资源的有机整合。进行制度化建设的探索，将会更加有效提升思想政治工作的及时性和针对性，从而发挥更重要的引导作用。当代大学生作为新时代的建设者、社会发展的推动者，其思想政治教育工作的有效性将直接影响到今后的工作与发展。本文首先对思想政治教育工作体系的内涵进行了分析，并从几个方面对新时代大学生的思想政治教育工作体系制度建设策略进行了探讨，希望为推进新时代的大学生思想政治教育工作优化，培养符合时代发展需求的高素质、高水准当代大学生发挥一定的参考作用。

随着国家经济发展从高速转向高质量发展，政治建设同步进入了高质量发展阶段。新时代思想政治教育工作体系的建设，同样进入了高质量建设的阶段。当代大学生出生于和平年代，生活与学习环境优越，在社会主义的发展过程中对于政治、经济以及文化缺乏全面与正确的认知能力，在复杂的社会环境之下极易出现思想行为的偏差，面对就业的压力、工作的压力以及生活的压力极易产生痛感，甚至陷入机会主义与投降主义的误区之中。基于这些，新时期下的高校教育工作者要充分认识当代大学生思想政治工作体系建设的重要性，强化对学生的理想信念教育以及政策教育，在"三全育人"的大思政格局中形成合力，加强对大学生的思想政治引导作用，培养出符合社会发展需求的新时期优秀社会人才。

---

[*] 陈毅，浙江艺术职业学院马克思主义学院直属党支部书记、副院长，副教授。

一、思想政治教育工作体系的内涵

"我们的教育要培养德智体美全面发展的社会主义建设者和接班人。"① 思想政治教育工作体系就是按照高等院校人才培养目标及要求设定的教学标准、工作事项、工作流程，通过协调多种因素和部分资源参与教育教学全过程，最终实现培养德智体美劳全面发展的社会主义建设者和接班人的体系。

"人才培养体系涉及学科体系、教学体系、教材体系、管理体系等，而贯通其中的是思想政治工作体系。"② 总的来看，思想政治教育工作的体系基本建构完毕，但制度化的建设，将是未来人才培养及社会需求中的"病灶问题"。尤其在教育教学过程中，对于过度依赖行政手段调节、社会价值观念受利益驱动而出现逆差等问题，通过制度化建设，将进一步完善新时代思想政治教育工作体系建设，切实保证"以学生为中心"落到实处，切实解决大学生正确世界观、人生观、价值观塑造的"最后一公里"任务。

思想政治教育工作体系，首先在于确定对象即大学生，让学生具有正确的思想政治意识，在理论学习、日常教育中都能真正将正确的思想政治教育观点信仰化，并使其成为指导学生具体行为的自觉意识；其次在于确定主体，包括承担思政理论课教学任务的教师和承担学生思政教育及管理任务的行政人员，其教育教学行为必须是均衡平稳态势，没有画蛇添足的造势形式，而是把思想政治教育教学工作常态化、系统化；最后在于确定程序，在实施上充分发掘内涵、凸显核心，理顺教育教学过程中的关系，扎实工作程序。

二、体系建设重在教学建设

习近平总书记高度重视思想政治理论教学主阵地建设，强调办好思想政治理论课，最根本的是要全面贯彻党的教育方针，解决好培养什么人、怎样培养人、为谁培养人这个根本问题。③ 因此，思想政治理论课程学习处于体系建设的核心地位，更加需要通过制度化来确立，特别是其"实施"过程中各个环节，包括教材（辅导材料）的选择、课时的保障、课堂教学的设计、评价体系的确立等。但在实施过程中，高校都会适时对课程进行"校本化"的调整。例如，

---

① 习近平. 在北京大学师生座谈会上的讲话［N］. 人民日报，2018-05-03（02）.
② 习近平. 在北京大学师生座谈会上的讲话［N］. 人民日报，2018-05-03（02）.
③ 习近平. 把思想政治工作贯穿教育教学全过程 开创我国高等教育事业发展新局面 刘云山讲话 王岐山张高丽出席［EB/OL］. 人民网，2016-12-9.

有规定的教材，但又有门类不一的辅导材料；有明确的教学评价方式，但也存在以开卷考试、小论文以及课堂评价等作为课程考核的评价标准等，整体成效欠佳，甚至在某些方面或领域出现退减现象，更加值得我们深思。

思想政治理论课程的建设始终是当下高校的一项重点任务，虽然收到了较为明显的成效，但还没有很好地解决课程教学过程中的"教""学""评"三者有机联动。将思政理论教学体系制度化需要多管齐下、共建共促。

（一）教学要及时有效

教师对于教学全过程要有所设计，不能急功近利，要循序渐进地让学生接受、理解并内化于心，切忌照本宣科、讲条例、说套话空话，杜绝学生产生学习的逆反心理，这也是教学的前提。学生通过身临其境和如沐春风般的教学过程，自然会在现实中感悟，从而增进对思想政治理论学习的信心，还要增加更多实践环节，进一步夯实思想政治理论学习协同功能。

（二）强化教育严谨性

思政课教师要以更加严谨的工作作风和教学技能提升理论教学的全过程，教学过程公开透明，传授内容经得起敲打，经得起时间和历史的检验，这是保障思想政治理论教学体系运行过程的基础性前提。

（三）强化教学公平性

彰显思政学习公平正义之精神，是思想政治理论教学的指引、评价、预测、教育等功能的着力点。在合情的范围内，最大限度地反映思想政治理论课程的本意和精神，比照实践中的各类情形进行充分推论，尽力剔除教学操作中的随意性，让学生感受到学习的良好氛围。

（四）强化教学合理性

目前来看，学生对于思想政治理论学习还停留在学生勉强学、教师勉强教的过程中。对此，我们必须以制度严格界定学习过程，以学校管理约束教学和学习内容，让学习过程充分融入正能量，不能有丝毫退让。教学管理成本要花在刀刃上，让思想政治理论学习入脑入心。

（五）强化教学作用发挥

思想政治理论教学全过程要善抓善管，防止方法方式不当而无意中伤学生自我期待的心理，教学行为要让学生感受到学习思想政治理论的愉悦。思想政治理论教学要像"春雨"一般"随风潜入夜，润物细无声"，自然流畅地及时畅通学生心灵，荡涤逆反心理，在潜移默化中滋润学生的心田。

三、体系建设重在教师队伍建设

"办好思想政治理论课关键在教师,关键在发挥教师的积极性、主动性、创造性。"① 落实立德树人根本任务、培养担当民族复兴大任的时代新人,是承担思想政治理论课程教学的教师队伍的光荣使命。加强思想政治理论课教师队伍建设,需要坚持做到政治要强、情怀要深、思维要新、视野要广、自律要严、人格要正。更需要清醒地认识到,思想政治理论课教师自身必须坚持政治本位,不断在深化思想政治教育工作体系建设中做出合理有效的设计和思考,做到课上课下一致、网上网下一致,自觉做为学为人的表率、成为让学生喜爱的人,才能适应新时代发展需要,更好地担负起时代赋予的重任。"有了这些基础和条件,有了我们这支可信、可敬、可靠,乐为、敢为、有为的思政课教师队伍,我们完全有信心有能力把思政课办得越来越好。"②

(一) 坚定工作思路

思想政治教育工作体系制度化建设,教师队伍建设要先行是关键。用思想政治理论课教师队伍推动思想政治理论教学建设,需要教师具有思想政治理论教学素质,特别是拥有丰富理论素养和实践经验的高素质教育工作者。要用体系化思维方式产生的教学言行孜孜引导学生,严谨地对待学生对于学习的实际诉求,引导他们搜索寻找与之相符的理论学习理由和条件。以有效的教学方式提醒学生,所有学习上的正当诉求都有正当渠道。时刻注重引导学生按照法治思维方式和逻辑观察、分析和认识社会问题、解决利益诉求,从而激发学生对思政课程学习的兴趣。思政教师要善于从细节上注重教育内容的传递,这应当是我们思想政治教育工作体系化的当务之急。

(二) 提升教师站位

思想政治理论课教师要注重把学生对于思想政治理论学习中的合理而零乱的或不规范的学习诉求转化为具有建设意义的诉求。教师队伍不仅思想上要具有政治理念,行为上也要具有政治操作基本技能。要敢于担当,真正将思想政治理论实践化,高校要为他们"站得住也挺(顶)得住"摇旗呐喊,坚决杜绝用学习成绩"牺牲"思想政治理论学习;思想政治理论课教师要有"智慧"的

---

① 一堂特殊而难忘的思政课——习近平总书记主持召开学校思想政治理论课教师座谈会侧记 [EB/OL]. 新华网,2019-03-19.

② 一堂特殊而难忘的思政课——习近平总书记主持召开学校思想政治理论课教师座谈会侧记 [EB/OL]. 新华网,2019-03-19.

教育心智和"崇高"的教育理想；要鞭挞，甚至根除不作为思想，面对思想政治理论课不被关心、不被关注的社会现实情况进行认真思考，不断寻找更多有益于学生的理论内容，让学生能够学得轻松、学有所获。

（三）强化教育引导

"亲其师，才能信其道。要有堂堂正正的人格，用高尚的人格感染学生、赢得学生，用真理的力量感召学生，以深厚的理论功底赢得学生，自觉做为学为人的表率，做让学生喜爱的人。"① 总的来看，现阶段在高校思想政治教育中还存在不少问题，严重阻碍了高校思想政治体系化进程，需要学校管理人员以及教育工作者引起高度重视。从思想政治理论课教师队伍而言，需要深入理解思想政治理论对于大学生的重要性。办好思想政治理论教学，目前已经成为很多高校的一项重要指标，给高校自身带来很多发展中的现实思考，而对于社会有着直接的关系。思想政治理论教学需要参与者的高度关注，坚持自身底线，真正让思想政治理论长足发展，不能"昙花一现"。

（四）运用考核评价

在当下的思想政治理论教学过程中，有较多的"一票否决"考核机制，有的对思想政治体系化起到了一定的作用，尤其是将理论和国家发展的政策和决策有效结合，将更多的新鲜知识传递给学生，让他们能够对思政内容有清晰的认知。比如，高校领导走进思政课堂，结合自己所学的知识，给学生们提供一些思考，取得了较好的效果。"不问过程"，"过程"就会泛滥成灾，要善于运用评价考核机制，顺势引导，力求实际作用的发挥。

（五）注重作用发挥

思想政治理论学习无小事，学习思想政治理论是为了荡涤心灵、明确人生。社会转型变革时期矛盾和问题层出不穷，思想政治理论课教师需要应对学生之所需，在教学过程中以严谨的思维和综合的分析进行论证，根据教学的实际效果，不断进行反思。在国家的高度重视下，许多学校都在结合自身特色进行相关布局，但是一定要保证效果，要牢记"凡属重大改革都要于法有据""确保在法治轨道上推进改革"。② 这也是习近平总书记作为中央深化改革领导小组组长

---

① 一堂特殊而难忘的思政课——习近平总书记主持召开学校思想政治理论课教师座谈会侧记［EB/OL］.新华网，2019-03-19.
② 中央全面深化改革领导小组召开第二次会议 习近平：把抓落实作为推进改革工作的重点 真抓实干蹄疾步稳求实效 李克强刘云山张高丽出席［EB/OL］.人民网，2014-03-01.

的自我限权、自我约束的具体行为，为思政理论教学开展提供了强有力的方向指引。

四、体系建设重在管理引领

新时代大学生思想政治教育的发展，是时代赋予的重要使命，是当代大学生走向社会工作岗位实现自我价值的重要推动因素，基于此，需要高校全体教育工作者，特别是直接承担学生思政教育任务的管理人员共同努力，更需要高校决策者充分重视。毫无疑问，思想政治教育需要与时俱进、把握时代，不断更新工作理念、创新工作方式方法，才能更好地完成培养中国特色社会主义合格建设者和可靠接班人的这个根本任务。鉴于此，高校管理人员以及思想政治教育工作者必须着眼于管理层面的提质增效，实现全面发展，建立更加完善的工作体系，最终实现制度化。

（一）理出工作核心

站在我国历史发展的角度而言，无论是春秋末期教育家孔子提出的"四科"：德行、言语、政事、文学，还是习近平总书记在全国教育大会上强调"坚持中国特色社会主义教育发展道路，培养德智体美劳全面发展的社会主义建设者和接班人"[1]，从中我们不难看出，德育是我们人才培养的核心和先行。高校管理者必须充分重视思想政治教育工作，给予必要的教学保障，从学生的角度进行教育、教学乃至服务保障，彻底解决学生的"德学"问题，将更多优质的教学内容呈现给学生，这是管理工作的首要着力点。

（二）理出工作脉络

当下任何一所高校对于思想政治教育都给予了充分关注，对于学生日常教育工作进行了科学指导，很多高校也已收到了实实在在的成效。对应新形势下的新要求并结合目前学生工作的实际，开展思想政治教育体系化建设，需要着眼于教育工作的脉络主线——在五个"导"上下功夫：一是德育指导，保证学生的自我发展和个性发展并行而至；二是生活辅导，增强学生对于优秀传统文化的共识和对于人类文明的熟悉；三是心理疏导，真正走入学生的内心，寻找学生关注的重点，不断完善其人格和价值观，不断创造更加深入的批判精神和创新精神，提升学生实践和行动能力；四是就业引导，让课堂教学更加与时俱

---

[1] 习近平. 坚持中国特色社会主义教育发展道路 培养德智体美劳全面发展的社会主义建设者和接班人［EB/OL］. 新华网，2018-09-10.

进,实现马克思主义理论研究和建设工程重点教材全覆盖目标达成且持续深入;五是学习启导,不断提升思想政治理论教学质量,促进思政课堂教学成果更加显著。通过五个"导"来切实促进学生对未来美好生活的向往和追求,满足学生成长成人的需求。

(三)理出工作方法

以目前思想政治教育工作队伍的整体情况而言,"消防队""救火员"貌似是大多数思想政治教育工作同志,特别是一线班主任、辅导员的日常工作状态,每天都在担心、防范着学生问题的发生。这一切现实情况,让思想政治教育工作者分心乏术,从思想政治教育工作的着眼点而言,这不应该是教育者全部或者该有的状态,更多应该着力在工作基础是否扎实、工作程序是否到位,应该以无为对有为,以不变应万变,以从容的状态面对各种复杂问题的发生。

五、结语

综上所述,当代大学生的思想政治教育体系制度化建设不仅是大学生顺利走向社会、服务社会、贡献社会力量的重要途径,也是当代大学生实现自我价值、发挥自我效能的重要途径。"风物长宜放眼量"①,有春雨般的教学队伍,有严谨规范的教学运行机制,有教育文化的渗透和引领,有勇于、善于开展创新教学的队伍,思政体系将在社会民众心灵深处潜滋暗长、根系强壮且密布到社会每个角落和层面,终将硕果累累;传统文化的甘露必将滋养文明古国,再次焕发青春活力而稳固于世界之林。

参考文献

[1]麻丽.高校思想政治教育涵养大学生文化自信的路径探赜[J].学校党建与思想教育,2018(2).

[2]秦茜.试论高校校园文化在大学生思想政治教育中的作用[J].教育教学论坛,2018(12).

[3]冯刚.习近平关于大学生思想政治教育论述的理论蕴涵[J].重庆大学学报(社会科学版),2018(3).

[4]谢晓娟,孟佳琳.从中国特色社会主义民主政治的视角看思想政治教育的新使命[J].教学与研究,2018(3).

---

① 风帆高扬,向着伟大复兴的光辉彼岸——党的十八大以来以习近平同志为总书记的党中央治国理政纪实[EB/OL].人民网,2016-01-04.

［5］顾海良. 新时代高校思想政治教育的理论指导和发展理念——学习习近平新时代中国特色社会主义思想［J］. 思想理论教育导刊，2018（1）.

［6］蔡畅. 立德树人视域下大学生思想政治教育有效路径研究［J］. 黑龙江教育学院学报，2018（2）.

［7］张端. 大学生思想政治教育生活化的理论依据和发展——评《多元文化视角下大学生思想政治教育研究》［J］. 中国教育学刊，2017（8）.

［8］唐华山. 大学生思想政治教育模块化管理的实现路径［J］. 学校党建与思想教育，2017（13）.

［9］农培樱. 国家奖助学金制度下加强大学生思想教育的途径［J］. 西部素质教育，2017（6）.

［10］杜欢. 高校大学生思想政治教育制度化面临的困境研究［J］. 时代教育，2017（13）.

［11］刘静，张文学. 制度化视野下大学生思想政治教育有效性新论［J］. 学校党建与思想教育，2017（9）.

［12］王长恒，牟海萍. 先秦儒家礼育思想对大学生思想政治教育的启示［J］. 学校党建与思想教育，2017（20）.

［13］李辉. 大学生思想政治教育路径的拓展与创新——评《新时期大学生思想政治教育理论研究》［J］. 中国教育学刊，2017（11）.

［14］方芳. 党的十八大以来高校思想政治教育理论创新与实践路径［J］. 毛泽东思想研究，2017（5）.

［15］王辉. 论大学文化建设中的思想政治教育［J］. 思想教育研究，2017（3）.

把握"大思政"格局下艺术类高职思想政治理论课教学改革三维度

——以"思想道德修养与法律基础"课程为例

胡卓群*

摘要：全国高校思想政治工作会议的召开，全员、全程、全方位育人"大思政"格局已深入人心并逐步形成合力，标志着我国高校思政理论课教学进入新的发展机遇期。艺术类高职院校须从教学目标设立、教学模式创新、教学品牌创建上把握"育人为先、实践为重、创新为魂"之"三为"维度，以期探求思政教学改革可能的新路径。

党和国家历来对高校思想政治理论课（以下简称"思政课"）十分关注，十八大以来习近平总书记多次强调要把思想政治工作贯穿教育教学全过程，实现全程育人、全方位育人①，成为推动思政课教学改革的重要语境和强力支撑。习近平总书记给中央美术学院教授的回信，也为更好地开展艺术教育工作指明了方向。如何在"大思政"格局下开展艺术类高职院校思政理论课教学改革，增强艺术类高职院校做好美育立德树人的责任感和使命感，应从教学目标、教学模式和教学品牌"三个维度"进行探究。

一、育人为先，价值引领

育才先育人，成才先成人，教育是培养人的活动，"大思政"格局的形成，进一步指明新时代中国特色社会主义高等教育极其鲜明的"底色"。艺术类高职

---

* 胡卓群，浙江艺术职业学院马克思主义学院副院长，副教授。

① 习近平. 把思想政治工作贯穿教育教学全过程 开创我国高等教育事业发展新局面 刘云山讲话 王岐山张高丽出席 [N]. 人民日报，2016-12-09（01）.

院校思政课教学改革首先须明确教学目标和使命，把"育人为本"作为教育工作的第一要务，引导学生增强文化自信和价值观自信。

（一）是回归社会主义高等教育本质的根本要求

社会主义高等教育事业肇始于20世纪50年代初全面学习苏联模式，但在实际的培养过程中只重知识传授，片面抬高了工程技术专业教育，导致大学教育忽视人格培养的倾向，这偏离了高等教育的初衷。当今中国教育就是"培养什么样的人、如何培养人、为谁培养人""办什么样的大学、怎样办好大学"两个事关高校事业发展的根本性问题，教育的目标和使命就是习近平总书记高度概括的"四个服务"。社会主义大学必须承担"举旗帜、聚民心、育新人、兴文化、展形象"的使命任务，坚持育人导向，突出价值引领，坚持不懈把社会主义核心价值观融入国民教育的全过程，坚定四个自信，引导广大师生做社会主义核心价值观的坚定信仰者、积极传播者、模范践行者，培养德智体美劳全面发展的社会主义建设者和接班人，促进全体人民在理想信念、价值观念、道德观念上紧紧团结，为实现中华民族的伟大复兴贡献力量。

（二）是实现高校思想政治理论课使命的要求

高校思想政治理论课是我国大学生的必修课，是对大学生进行思想政治教育的主渠道。它最重要的使命，就是着眼于国家兴亡、民族未来、道路持续的高度，系统进行马克思主义理论教育，巩固马克思主义在高校意识形态领域的指导地位，培养具有鲜明的马克思主义基本立场、观点、方法的社会主义公民。"思想道德修养与法律基础"（2018）（以下简称"基础"）课程是大学生进入大学学习的第一门思想政治理论课，以马克思主义信仰为大学生提供精神指引，帮助学生树立正确的人生观、价值观、道德观和法制观。

根据"基础"课教学板块思想篇、道德篇、法治篇的设定，第一部分是绪论至第四章，属于思想教育的内容，作为整本教材的思想前提，为第二部分的社会主义道德观和第三部分的社会主义法治观提供价值导向和形而上基础；第二部分是第五章的内容，是社会主义道德观教育的重要内容，从纵向角度解读道德的起源、本质、功能和历史发展，继承和弘扬中华传统美德和中国革命道德，准确把握社会主义道德建设的核心和原则，培养正确的道德判断力，提高自觉践行道德的能力；第三部分为第六章的内容，阐释正确认识社会主义法律的本质特征和运行规则，学习社会主义法治体系，自觉培养法治思维，最后落实在依法行使权利与履行义务的行动上，从而提升法治素养。

相较于其他思想政治理论课程，"基础"课与学生的自身发展结合尤为紧密且更关注学生作为主体的重要地位，教育和解答刚刚成年的十八岁青年的"人生青春之问"，因此在教学目标的设立上就是结合当代大学生的现实需要，综合运用马克思主义理论和多学科知识，引导学生确立正确的价值标准，选择合理的人生目的，唤起他们自觉地以民族复兴为己任，成为有理想、有本领、有担当、有情怀的时代新人。在教学过程中既要"大张旗鼓"，为社会主义意识形态服务且不能过于淡化课程的意识形态功能或回避价值观的分歧，又要润物无声，以生为本且尊重学生学习的主体地位。

二、实践为重，项目驱动

职业教育是培养高素质劳动者和技术技能人才并促进全体劳动者可持续职业发展的教育类型[1]，突出对学生实践能力的培养。产教融合、项目驱动作为最新的实践教学模式已在职业院校收到很好的效果。自觉借鉴项目教学法，是艺术类高职院校思政课教学在教学模式上进行改革的积极尝试。

（一）是高职院校人才培养的重要环节

我国高等职业教育是为服务经济社会发展需要培养技能型人才，"既然职业教育的目标是培养学生的职业能力，那么其教学内容就必须以实践为基础"[2]成为主流。实践教学作为深化高职院校教学模式的重要内容，是其人才培养的重要环节，不仅适合高职学生身心发展特点的要求，有效调动学生的学习积极性、主动性，提高学生的学习兴趣，还能够发挥学生动手能力强的优势，学好过硬的职业技能。"产教融合、项目驱动"，是对中国特色职业教育深化改革的要求，是职业教育教学改革的大趋势，将代表产业（行业）发展趋势的优秀元素融入教育教学过程，让学生经历"在做中学，在学中做"的求知过程，以及在复杂工作情境中综合问题的解决能力，进而"建构"自身的知识体系、能力体系和情感价值观体系，增强学生可持续发展能力和创新能力，其理论研究与实践探索已取得丰硕成果并被广泛推广。

（二）是高职院校思想政治理论课质量提升的有效途径

随着新时代"大思政"格局的逐步形成，高职院校思政课程教学环境发生根本性转变，而如何提高思政课教学的实效性，增强吸引力、整合资源、拓展平台、创新形式以及在高职院校专业教学中应用较为成熟的项目驱动是有益的探索路径。

"基础"课程以大学生面临的实际问题为逻辑起点，以对社会规范的实际遵守和践行为落脚点。践行是重点，也是难点。不同于专业教学的项目设计是有形产品,"基础"课项目设计更像是生产一件抽象的,但同样具有实际应用价值的精神产品。根据"基础"课教材内容的划分,整合教学和实践内容:第一部分思想篇可设计"我的大学规划""创造诗意青春""大胡子爷爷马克思""社会主义核心价值观人人拍""爱国·励志·梦想""家乡爱国人物我来说"等项目;第二部分道德篇可设计"我有一颗公德心"、校园的不道德行为、学生论坛"网络道德"、"讲述一代好家风"、"红船精神永流传"等项目;第三部分法治篇可开展"法治中国说"、国家宪法日、我的权利与义务、民事法院旁听、法律知识竞赛等项目,建立一整套从策划项目、组织实施、成果展示到反思不足的规范程序。[3]

项目涵盖人生之问、理想信念、核心价值、爱国情操、公德践履、网络道德、法治中国等课程的重要内容,通过师生共同实施完整的项目工作,教育和引导学生在亲身参与中运用马克思主义的立场、观点、方法观察分析问题,真正掌握基本内容和基本观点,提高信息素养、提升沟通表达能力、团结协作能力、解决问题能力、依法维护权益的能力,培养社会责任感、树立民族自豪感。当然,项目驱动仅仅提供了整合理论知识与实践知识的外部框架,但只有这一框架也是不够的,因为要真正实现两类知识的整合,必须找到他们在工作过程中的结合点,否则两类知识的关系仍然只是机械叠加[4],还需要进一步深入研究并加以解决。

三、创新为魂,品牌打造

创新是艺术创造的原动力,是时代进步发展的灵魂所在。品牌是一种无形的价值,是能在心灵中留下烙印的特色模式。在"各类课程与思想政治理论课同向同行"的时代强音下,创新为魂、挖掘特色、品牌打造,这是艺术类高职院校思政课教学改革所需要把握的第三个维度,亦是关键所在。

(一)是艺术院校的天然优势

艺术活动本质上就是一种创造性活动,是"按照美的规律来构造"的人类特有的精神活动,以创新为目标的综合、复杂的脑力劳动过程。创新是艺术创造的原动力,美育激发学生创新活力,艺术院校须利用自身优势,在创新过程中,逐步打造体现其核心竞争力的"金字招牌",在同类院校中长期获得竞争优势,立于不败之地。

艺术教育有"以美启善"的"美""德"传统,艺术院校作为传承与创新中国文化的重要力量,遵循美育特点,在其发展历程中积淀了丰富的、充满正能量、富有深刻的启迪和教育意义的艺术资源和文化品牌，引导学生树立正确的审美观念，增强艺术感悟力，亦能陶冶高尚的道德情操，激发想象力和创新能力[5]，在推动中华文化艺术繁荣兴盛的过程中发挥着独特优势。例如，某艺术院校省级校园文化品牌"综合展演季"，以舞台表演专业特色为背景，通过"集中一段时间连续推出丰富多彩的演出和展览"的运作形式，发挥表演类与非表演类专业的互补优势，并由专业教师指导毕业综合展演，是学院教学与艺术实践、创作生产、服务社会有机结合的主要平台，蕴含丰富精彩的内容，是寓专业性、娱乐性、参与性和教育性于一体的艺院文化盛会，学生通过参与其中能磨炼意志、砥砺品性、完善自身，亦能将所学的专业知识和专业技能服务大众、造福社会，也是提升校园文化建设和大学生人文素养、培育职业能力和创新精神的重要载体。

在习近平总书记做好美育工作的号召下，艺术院校认识到自身所担负的历史使命和责任，自觉坚守艺术理想，唱响时代主旋律，弘扬社会主义核心价值观，努力创作生产更多无愧于时代的丰富的艺术作品，以文化人、以美育人、立德树人。例如，某艺术院校原创群舞《红船》，以"中共一大"和嘉兴南湖红船为背景，以意象性的动作语汇描绘出中国共产党人对未来的美好希望和对新社会的憧憬，生动展现了"红船精神"。这些思想性与艺术性高度结合的作品既是学生专业学习的上佳内容，也是学生进行革命精神、爱国主义、民族情感等思想政治教育的宝贵资源。

（二）是艺术类高职院校思想政治理论课的生动实践

德育审美化模式是指建立在德育审美观基础之上的包含一定操作构想的教学模式，主张将美的规律、美的体验、美的境界等贯穿于德育各个环节，是从理论建构到实践尝试的系统过程[6]，在长期的教学实践中逐步形成的重实践、重体验、重创造的具有艺术职业教育属性的独特且不可复制的艺术类高职院校的思政教学品牌。

在"基础"课程的教学过程中开展"专业渗透"课堂教学与"演学结合"实践教学相结合的思政教学特色课程。

所谓"专业渗透"课堂教学，即在教学素材的收集上，除了充分利用多种现代技术收集时事政治、社会热点、教学案例外，鉴于他们更乐于接受诸如图片、图像、影片和演示中感性的内容，选择适合其学习风格和思维习惯的鲜活的、饱含深刻思想的教学素材，如央视开发的《开讲啦》《国家宝藏》以及艺术大家作品、经典电影片段和世界名画等，通过理解艺术人物和艺术作品，使学生的思想品行在感染和陶冶中获得共鸣并得以升华。在教学内容的选择上，要将教材体系转化成教学体系，还应依据学院特色以及对艺术人才培养的需要，做内容的调整和补充。如根据中国文学艺术界联合会九届二次全委会审议通过的"文艺界核心价值观"的"爱国、为民、崇德、尚艺"和《中国文艺工作者职业道德公约》，专题讲授艺术工作者的职业道德，此举既能丰富"基础"课职业道德的内容，提升学生的艺术素养，又能推动学生核心价值观的正确树立，从而为文艺界的未来发展提供人才支持。在项目教学的设计上，针对不同专业的学生采取不同的要求，例如，在"爱国·励志·梦想"这一项目教学中，我们征集学生的合作作品，对于表演专业的学生，是上交一份围绕主题的声乐、器乐作品，而对于非表演类专业学生而言，则是围绕主题创作微电影或海报和具有激励性的原创作品；在"讲述一代好家风"项目中，我们要求学生在传统文化和文化礼堂中找寻素材，用书法（毛笔、硬笔）、画作（国画、漫画、速写、海报）等形式"寻找一句好家训""记载一段好家规""讲述一代好家风"，甚至可以创作一首有关好家风的村歌，此举创新性地将课堂教学和专业教学结合在一起，紧跟社会热点、紧扣教学重点，对于巩固课堂教学内容、提高学生学习的主动性和创造性，并在把握历史态势、树立家国情怀等方面取得了一定的效果。同时，优秀的学生作品又可以成为教师的教学素材。

所谓"演学结合"实践教学，即思政课教学不仅局限于课堂教学这一阵地，还应加强与专业系部的合作交流，发挥专业优势，运用戏剧演出、舞蹈比赛、诗词朗诵、美术创作、电影拍摄、民间采风、校外写生等专业教学，守好各段渠，种好责任田；将思政教学与专业教育紧密结合，勠力同心、砥砺同行，创排思想精深、艺术精湛、制作精良的优秀作品，使专业教学成为思政教学新阵地。"演学结合"是工学结合在艺术类高职教育中的典型表述，是将与舞台表演相关的所有艺术实践活动和课堂教学紧密结合，并以系统完整的体系贯穿人才培养的全过程。[7]密切与党团组织的联系，通过志愿服务、暑期社会实践、"三下乡"学生社团等多种形式，不仅能全面拓展学生的艺术视野与思想深度，多维度培养学生的艺术实践能力与创造力，还能够磨炼品质，弘扬工匠精神，了解群众文化需求，深刻领会艺术根植于人民、服务于人民的要义。

艺术类高职院校思政课教学品牌的打造，需要进一步丰富品牌内涵，突出特色、强化特性，不断提高核心竞争力，从根本发挥以美熏陶、以美育人、以美塑人的功能。只要全校上下、各个部门形成统一认识并齐心协力、步调一致和系统推进，就能形成更好的成果，进而获得公众的进一步认可，这也更能够激励思政教师锐意进取、勇于探索、勤于实践。

参考文献

[1] 关于印发《现代职业教育体系建设规划（2014—2020年）》的通知 [EB/OL]. 中华人民共和国教育部网站, 2018-07-05.

[2] 李雄杰. 职业教育历史一体化课程研究 [M]. 北京：北京师范大学出版社, 2011.

[3] 胡卓群. 高校思想政治理论课教师职业自觉探析 [J]. 高教论坛, 2018 (20).

[4] 徐国庆. 职业教育课程论（第二版）[M]. 上海：华东师范大学出版社, 2015.

[5] 李骏；党波涛. 公共艺术课程融入高校"大思政"教育创新体系研究 [J]. 中国高等教育, 2018 (1).

[6] 胡卓群. 德育审美化模式的思考与实践 [J]. 职业技术教育, 2011 (11).

[7] 黄杭娟. "演学结合"：高职艺术院校实践教学体系设计 [J]. 中国高教研究, 2009 (7).

艺术类高职院校思想理论教育主体心理环境理论分析与实践应对

——与艺术专业教学的对比考察

孙 彪[*]

摘要：艺术类高职院校的思想理论教学有其特性和路径依赖。这与艺术生习得的思维惯性、理论基础、情感心理有关。身处艺术院校的思政教师，需要进一步制定更契合艺术院校校情和学情的实际教学目标、教学内容和教学方式。本文考察并分析思想理论课教学的主体环境影响因子并提出相应对策，有一定的现实价值和实践意义。

从不同院校思想理论教育环境的对比中，我们发现艺术类高职院校的思想理论教育相对于普通本科院校和普通职业技术学院来说，面临的挑战更大些。即便同在艺术院校，在与艺术专业教学环境的对比中，我们也发现艺术类高职院校的思想理论教育环境也相对复杂。这与思想理论教育的主体和主体间所生成的系统环境有关。马克思在论述教育与人的关系时指出："环境正是由人来改变的……环境的改变和人的活动或自我改变的一致，只能被看作，并合理地理解为革命的实践。"① 荣格在《未发现的自我》中指出"行为个体都会不自觉地受到周边环境的影响，同时也对周边环境施加影响"②。制度经济学理论家诺思认为"心智与文化遗产和个人经验之间的相互作用型塑了学习"③。艺术院校的思

---

[*] 孙彪，浙江艺术职业学院马克思主义学院讲师。
① 马克思. 关于费尔巴哈的提纲 [M] //马克思，恩格斯. 马克思恩格斯选集（第一卷）. 北京：人民出版社，1995：55.
② 荣格. 未发现的自我 [M]. 北京：国际文化出版公司，2001：75.
③ 道格拉斯·C. 诺思. 制度、制度变迁与经济绩效 [M]. 上海：上海人民出版社，2008：43.

想理论课的学生和教师及其相互间生成一种思想理论教育的主体间性的环境，通过个体间或新人与旧人的互动交流或人机互动而形成的艺术生舆论环境或公共场域或公共空间，无论是开放的或封闭的，均对艺术生的思想理论学习产生重要影响。而利用有利环境因素、规避不利环境因素、摆脱路径依赖，是一个现实问题。中共中央和国务院联合下发的《关于加强和改进新形势下高校思想政治工作的意见》中强调要注重学生成长规律，把握师生思想特点和发展要求，遵循教育教学思政工作等规律，注重理论教育和实践活动相结合，为我们破解艺术院校思想理论教育提供了科学指导。

一、艺术生学习心理环境因素

根据皮亚杰的发生认识论原理和哈贝马斯的主体间性理论，思想理论教育是一种外化与内化的循环建构过程，而不是单向单一的学习建构过程。思想理论教育只有通过思想理论教育双方——师生间相互作用才能发生效力，才能使思想理论教育真正内化于心，而在这种循环建构过程中营造学生积极主动自觉的学习心境异常重要。

（一）动态与静态的情境转换

对于艺术生的日常习得来说，动是常态，静是变态。专业学习与文化学习的情境状态是不一样的，艺术生的思政课开始前后大都处于一种动的状态。相反，学习思考理论问题需要保持静的心态。因此在专业课与文化课间需要转换调整心境。皮亚杰指出，个体对外界环境的调节和适应趋向于顺应环境①，我们认为也可能在调适反馈中出现排斥或逆反心理。如果艺术生不能迅速调整状态，在思想理论学习过程中就会处于不协调或不平衡状态，甚至有的艺术生根本就进入不到思想理论学习的静态情境之中，可能始终游离于理论和思政课堂之外。艺术生专业学习的动与思想理论学习的静间需要转换，动、静或动静间的转换构成艺术生思想理论学习的心理环境因素。正如汤普森所说"习惯是与环境和心态相联系"②的，这种心理和环境也会影响思想理论教育的效果。如果按照一张一弛文武之道的观点来看，动与静间的冲突可能会促进艺术生学习。但无论是促进还是妨碍均需要主体建构良性环境来转换不利因素。

---

① 皮亚杰. 发生认识论原理 [M]. 北京：商务印书馆，1985：66.
② 爱德华·汤普森. 共有的习惯 [M]. 上海：上海人民出版社，2002：3.

(二) 形象与抽象的思维变换

康德所认为的知识是感性直观与理性思维概念综合作用的结果。① 与哲学家们相反，艺术家们往往强调感性和情感。② 根据解释学家伽达默尔的说法："理想的趣味裁决者仍似乎是这样一种人，他是按照'他所感觉到的东西'，而不是按照'他所想到的东西'去判断。"③ 我们发现艺术生们大多属于理想的趣味裁决者，他们会根据自己的偏好选择感性、情感强的内容。这与艺术生从小的爱好习惯和所受的专业训练有关。正如经济学家诺思所说："知识的发展方式型塑了我们对周遭世界的感知，而这些感知又型塑了我们对知识的追求……知识的发展方式影响着人们对周围世界的感知，进而影响他们理性化那个世界、解释那个世界以及证明其为合理的方式。"④ 大部分艺术生长于情境思维和形象思维，而理性反思和逻辑思维相对弱些。在现实中我们又发现艺术生擅长感性思维或灵感奇想，而这有别于理性思维。在情与理间徘徊、由形象思维变换到理性思维，构成了不少艺术生思想理论学习的心智辨识环境。

(三) 专攻与博取间的偏差

面对当前社会趋向的影响，不少艺术生来到艺校的目的并不纯粹，甚至受到个别父母功利化心态的影响而只关注于专业技术层面的匠术。不少艺术生所认为的"艺"太过狭窄，不是真正的"艺"。艺术生的这种心态所导致在专与博间，他们往往选择专而忽视博。而在有些艺术生看来，思想理论课内容与其所学的专业没什么关联，对其专业的提升也没什么助益，反而会减少他们上专业课的时间。其实思想理论课是综合性非常强的课，而对于理论学习较少的艺术生来说，要掌握广博的理论绝非易事。狭窄的功利的学习取向会影响他们学习思想理论。

(四) 利己与利他间的取向转化

"人们总是倾向于从经验的、单独的人中寻找个体，而个人主义就是以个体为出发点。"⑤ 商业经济的冲击和庸俗艺术感性及人的功利性的联袂，导致不少艺术工作者功利化、利己意向凸显，尤其当思想理论教育"所提供的解释模式与

---

① 康德. 纯粹理性批判 [M]. 北京：人民出版社，2004：51.
② 苏珊·朗格. 艺术问题 [M]. 北京：中国社会科学出版社，1983：7.
③ 伽达默尔. 真理与方法 [M]. 北京：商务印书馆，2007：69.
④ 道格拉斯·C. 诺思. 制度、制度变迁与经济绩效 [M]. 上海：上海人民出版社，2008：105.
⑤ G. 拉德布鲁赫. 法哲学 [M]. 北京：法律出版社，2005：63.

被感知到的社会现实之间的差异"拉大时,"认同问题会变得越来越尖锐",① 这会降低思想理论课的效力。另外,从专业角度上看,艺术需要张扬的个性和思想的解放以及心灵的释放,艺术生为了独抒"性灵",就可能会不拘"格套"。这些容易导致他们个人主义趋向递增,也会扩大利己主义倾向。而思想理论教育宣扬的是一种利他的集体主义。利己与利他间的价值抵牾,"如果经常是处在自相矛盾的境地,经常在他的倾向和应尽的本分之间徘徊犹豫"②,致使艺术生相对利己目标与思想理论教育利他取向之间形成强烈反差。

哈贝马斯认为:"理想价值的改变受到了世界观发展逻辑的限制,系统整合的命令对这种逻辑毫无作用。社会化的个体形成了一个内在环境,从控制的角度看,这种环境具有导论色彩。"③ 由于习惯观念、情感态度、心理倾向和环境的影响,人们不知不觉地产生走老路的一种不自觉的行为。艺术院校的特殊环境型塑了艺术生们的行为习惯、心智构念及专业偏好,学生个体的心智环境与学生群体间的交叉作用又无形中型塑着学生思想理论课的学习心理环境。如果不良心理因素不能被克服,将永远成为艺术类职业院校思想理论教学的瓶颈。

二、思政教师教学心理环境因素

思政教师承担着传播马克思主义、引领学生理想信念、滋养学生精神品格和素质及情感的神圣使命。教师的理论水平、热情度和责任感关涉思想理论教学的亲和力和感染力。艺术类高职院校的思想理论教师所经受的心理感受方面的挑战相对更大些。当艺术生在思政课堂上变成"沉默的小伙伴",把思政教师所说的内容当成"耳旁风"时,思政教师上课会成为"独角戏""一言堂",也会削弱教师备课、上课的积极性,更会影响思政教师作为教师职业的成就感和获得感。习近平总书记在"七一讲话"时告诫我们:"要把理想信念教育作为思想建设的战略任务……自觉做共产主义远大理想和中国特色社会主义共同理想的坚定信仰者、忠实实践者,做到真学、真懂、真信、真用,在胜利和顺境时不骄傲、不急躁,在困难和逆境时不消沉、不动摇。"④

(一)确立教学目标难

在国家统编的教材框架内,教学体系的重新建构一直困扰着思政教师。在

---

① 尤尔根·哈贝马斯. 合法化危机 [M]. 上海:上海人民出版社,2009:96.
② 卢梭. 爱弥儿(上卷)[M]. 北京:商务印书馆,1981:10.
③ 尤尔根·哈贝马斯. 合法化危机 [M]. 上海:上海人民出版社,2009:11.
④ 习近平. 在庆祝中国共产党成立95周年纪念大会上的讲话 [N]. 人民日报,2016-07-02(01).

将教材体系转化为教学体系的过程中，对艺术生实行与普通本科生或职业技术类学生的思政课一样的教学目标，还是与人文艺术紧密相关的教学目标；是以学定教，还是以教定学；是以思想理论为先导，还是以艺术或时事为先导；是以专业艺术为穿插还是以时事热点来穿针引线；是采取启发归纳式教学还是灌输演绎式？这对于摇摆于艺术浸润还是技艺提升之间的艺术类职业院校来说，仍然是一个悬而未决的问题。对于思政教师来说，是侧重于抽象理论概念的笛卡尔式解读，还是偏重于对艺术性灵的维柯式人文主义启迪，至少在操作层面不应该只有一个一成不变的标准答案。思想理论课的主要任务，不仅是教给学生马克思主义及其中国化的理论，更重要的是让学生掌握马克思主义分析问题、解决问题的方法。以谁为中心或者不以谁为中心的考量，确立怎样的教学目标与培养什么样的艺术生这些问题，会一直萦绕在思想理论课教师的心头，也会成为制约思想理论课教师教学的心理瓶颈问题。

（二）结合艺情教学难

马克思在《政治经济学批判》中强调："历史从哪里开始，思想进程也应当从哪里开始。"这就告诉我们在思想理论教学中要以学生的实际情况作为备课和教学的逻辑出发点。否则，无视学情的备课和教学将归于无效。因为"在没有实际需要的时候，一切说教都是没有用的"①。心理学家杰罗姆·布鲁纳也认为："要想理解一个人，你必须理解他的体验过程以及他的意识怎样制约他的行为。"② 艺术院校的思想理论课教师需要了解艺术生和艺术专业，才能更好地备课、备学生，思想理论课才可能真正地进入艺术生的头脑和内心。然而，要想了解艺术生及其专业，对于出身于思政专业的教师来说绝非易事。在艺术类职业院校的思想理论教师不能不考虑如何将思想理论与艺术院校实际结合的问题，如何"直观地教给自己的学生如何实际运用这种方法"③，如何将思想理论巧妙地融入思政课堂的教学，是艺术类职业院校思想教师必须面对的理论问题和实践问题。

（三）赢得学生认同难

思政教育是以浸润学生的心灵情感、道德理想为宗旨的教育，应遵循主体

---

① 恩格斯.恩格斯致弗·阿·左尔格［M］//马克思，恩格斯.马克思恩格斯选集（第四卷）.北京：人民出版社，1972：455.
② 杰罗姆·布鲁纳.有意义的行为［M］.长春：吉林人民出版社，2008：32.
③ 马克思.道德化的批判和批判化的道德［M］//马克思，恩格斯.马克思恩格斯选集（第一卷）.北京：人民出版社，1972：177.

交互性——需要师生间的有效互动与对话交流。然而，艺术类高职院校的教师大都在唱"独角戏"。艺术生会把专业教师作为自己的榜样或自己今后想成为的对象，而再优秀的思政教师也很少能成为艺术生们努力的目标方向。我们发现，在艺术院校的毕业照上经常能够看到专业教师的身影，但很少见到文化教师的身影。文化老师缺席的原因姑且不论，但至少反映了思政教师在学生或专业系部中的大体位置。另外，艺术生经常集体给专业老师过生日，在毕业汇报演出时艺术生们会满含热泪地对专业老师说出感激的临别话，而很少提到文化老师。作为同样教过他们的文化老师会作何感受呢？教师是最光荣的职业。教师们不会太在意物质条件，最在意的是自己的学生的收获和自己从学生或学校获得的心理体验。思想理论教师在学生心目中的位置和艺术生对文化老师的付出缺乏尊崇的反应，这些因素无形中会影响思政教师的职业心理和教学心理。

思政教师是理论教学的主导和核心力量，绝大多数拥有对马克思主义的坚定信仰、对教育事业的热忱、对学生的无比热爱。对于穿行于政治与艺术之间的思想理论教师来说，要处理好思想理论与艺术、与艺术生、与艺校实情的结合问题，也要调整好从业的心态。习近平总书记告诫我们："审视马克思主义在当代发展的现实基础和实践需要，坚持问题导向，坚持以我们正在做的事情为中心，聆听时代声音，更加深入地推动马克思主义同当代中国发展的具体实际相结合。"①

三、思想理论教学的实践应对

"哈格里夫斯则从'团结'和'整合'的角度出发，认为教育及学校生活能够让人们体验到'集体'和'团体'的生活，这种经历能够使人们对自己的行为有所约束，从而避免一些失范现象的发生。"② 马克斯·韦伯认为："若一旦决定献身于教育，那么教师的目标应该不是只做一个'专业人'（fachmensch），他多少必须意识到生活的根本问题并不是单纯靠专业知识便足以解决的。"③ 所以我们的思政教师在课下应该更多地关注学生，关注学生的专业，丰富自己的艺术专业学识，深入艺术生的生活；在课上多采取形式多样的教学模式，包括增添实践教学的形式和内容。习近平总书记告诫我们："必须围

---

① 习近平. 在庆祝中国共产党成立95周年纪念大会上的讲话［N］. 人民日报，2016-07-02（01）.
② 宋宝安. 社会稳定与社会管理机制研究［M］. 北京：中国社会科学出版社，2011：135.
③ 沃尔夫冈·施鲁赫特. 价值中立与责任伦理——韦伯论学术与政治的关系［M］//马克斯·韦伯. 学术与政治（导言）. 桂林：广西师范大学出版社，2010：139.

绕学生、关照学生、服务学生"才能"以文化人""以文育人"。①

（一）教学模式嵌入主体间的互动

学，然后知困；教，然后才能知不足。教学模式必须改变原有的师对生的"填鸭式"教学，实行师生双向互动交流对话。主体间的互动式的教学可以充分利用艺术生独立性、自主性强，爱表现、会表演的个性心理特征，不但能够调动艺术生上课的积极性、主动性，一改以往沉闷的课堂，而且能够使教师更加轻松愉悦。这里面有两点需要注意：一点是互动的空间并不局限于思政课堂，课上、课下、线上、线下都可以进行师生互动；另一点是互动的内容并不局限于思想理论或社会时事热点内容，可以增加社会性、生活性、情感性的互动内容。教师可以在潜移默化中影响学生，达到润物细无声的效果。

（二）思政教学增加实践教学环节

学习借鉴普通本科或其他地区艺术类院校的实践教学经验，再结合艺术生的特色，可以在思政课堂上采取角色扮演和专业演出的形式进行革命文化、红色文化的课堂实践教学。对于综合类的艺术类院校来说，可以整合不同专业学生的专业优势，课下让学生们查找红色人物事例事迹，让编剧班或文笔好的学生编写剧本，让影视表演专业或有表演天赋的学生排练后，在思政课堂上展现给师生们。这样既能够加深学生对红色文化相关内容的理解，又能够锻炼提升学生的专业素养。

（三）教学体系融入校史文化元素

校史中蕴含着大量的文化因子，这些理应成为思政教学的素材。如浙江艺术职业学院几乎是伴随着社会主义中国一起成立起来的，而它的校史文化可以追溯到南宋时期。浙艺的校史文化中既有丰富的传统文化，如尺八、昆曲、越剧、民乐、古典舞等，又有像盖叫天等老一辈为艺术和党的事业奋斗的革命文化人物，更有西方音乐等世界文化元素，这些均是宝贵的教学资源。这是"弘扬中华优秀传统文化和革命文化、社会主义先进文化，实施中华文化传承工程，推动中华优秀传统文化融入教育教学，加强革命文化和社会主义先进文化教育"的重要环节。② 既能增强艺术生的爱校情结，又能促进师生的情感，也因此找到师生的共同话题和共有的自豪感，达到"以文化人、以文育人"的目的。

---

① 习近平. 把思想政治工作贯穿教育教学全过程 开创我国高等教育事业发展新局面 刘云山讲话 王岐山张高丽出席 [N]. 人民日报，2016-12-09（01）.
② 中共中央国务院. 关于加强和改进新形势下高校思想政治工作的意见 [EB/OL]. 思想政治工作网，2017-04-19.

（四）教学内容联系专业教学内容

考虑到艺术生对艺术专业理论或事例更感兴趣，可以在备课前多收集、整理艺术专业的人物的案例、事迹、故事等，再与教材中相关内容或精神相结合作为专题教学的导言或插曲，从而丰富教学课堂内容；也可以采取专题性教学的形式介绍马克思主义理论家的艺术经历或艺术成果，让学生受到马克思主义艺术观教育；还可以以艺术院校的校史为主线，整理学校专业名师和校友的先进事例，介绍名师校友的经典剧目等，并将这些专业教学内容融入思政课堂中。这需要思政教师多观摩艺术类的演出，多收集校史资料，必要时可以对校友进行交流访谈或对校友家人进行慰问式访谈等。

（五）思政教师要多深入学生生活

思政教师可以与专业教师或班主任多沟通交流，进一步了解学生的家庭情况和文化专业理论基础；可以利用开学初课前导论部分增加学生自我介绍的环节，以便多了解学生；可以采取调查研究的方式调查学生的实际情况；可以利用课下时间与学生多交流，随时解决学生的困惑或困难。这既能够让艺术生更多地体会到文化教师的温暖，又能增进思政教师与艺术生间的情感。

作为思想理论课堂的主导和核心主体，在艺术类院校从业的思政教师只有提升自己的艺术境界，转变课堂教学模式和内容，才能切实地将抽象的思想理论与艺术专业结合起来，"只有在表现了人民的用语言表达出来的理论本身的时候，人民才从理论上去看待它们"①，思想理论内容才能深入艺术生的内心。而且"只要'学生有了与解释者同样的知识'，或者'因为对解释者已有了很好的信任'，解释显然就没有必要"②，思想理论教育才能达到润物细无声的效果。当然，仅靠思政教师这一主体的调适是不够的，思想理论教育的其他主体，思想理论教育的客观环境，包括家庭环境、社会环境和网络环境的转变都是不可忽视的因素。习近平总书记在全国高校思想政治工作会议上的讲话中强调："因事而化、因时而进、因势而新""使各类课程与思想政治理论课同向同行，形成协同效应"③，才能补足思想理论教育的短板，在国内外大环境中发挥主阵地、主渠道的切实作用。应该发挥整体合力"通过教育引导、舆论宣传、文化熏陶、

---

① 马克思，恩格斯. 马克思恩格斯论艺术（第二卷）[M]. 北京：中国社会科学出版社，1983：34.
② 伽达默尔. 真理与方法 [M]. 北京：商务印书馆，2007：254.
③ 习近平. 把思想政治工作贯穿教育教学全过程 开创我国高等教育事业发展新局面 刘云山讲话 王岐山张高丽出席 [N]. 人民日报，2016-12-09（01）.

实践养成、制度保障等，使社会主义核心价值观内化为人们的精神追求，外化为人们的自觉行动"①。

参考文献

[1] 马克思. 关于费尔巴哈的提纲［M］//马克思，恩格斯. 马克思恩格斯选集（第一卷）. 北京：人民出版社，1995.

[2] 荣格. 未发现的自我［M］. 北京：国际文化出版公司，2001.

[3] 道格拉斯·C. 诺思. 制度、制度变迁与经济绩效［M］. 上海：上海人民出版社，2008.

[4] 皮亚杰. 发生认识论原理［M］. 北京：商务印书馆，1985.

[5] 爱德华·汤普森. 共有的习惯［M］. 上海：上海人民出版社，2002.

[6] 康德. 纯粹理性批判［M］. 北京：人民出版社，2004.

[7] 苏珊·朗格. 艺术问题［M］. 北京：中国社会科学出版社，1983.

[8] 伽达默尔. 真理与方法［M］. 北京：商务印书馆，2007.

[9] G. 拉德布鲁赫. 法哲学［M］. 北京：法律出版社，2005.

[10] 尤尔根·哈贝马斯. 合法化危机［M］. 上海：上海人民出版社，2009.

[11] 卢梭. 爱弥儿（上卷）［M］. 北京：商务印书馆，1981.

[12] 习近平. 在庆祝中国共产党成立95周年纪念大会上的讲话［N］. 人民日报，2016-07-02（01）.

[13] 恩格斯. 恩格斯致弗·阿·左尔格［M］//马克思，恩格斯. 马克思恩格斯选集（第四卷）. 北京：人民出版社，1972.

[14] 杰罗姆·布鲁纳. 有意义的行为［M］. 长春：吉林人民出版社，2008.

[15] 马克思. 道德化的批判和批判化的道德［M］//马克思，恩格斯. 马克思恩格斯选集（第一卷）. 北京：人民出版社，1972.

[16] 宋宝安. 社会稳定与社会管理机制研究［M］. 北京：中国社会科学出版社，2011.

[17] 沃尔夫冈·施鲁赫特. 价值中立与责任伦理——韦伯论学术与政治的关系［M］//马克斯·韦伯. 学术与政治（导言）. 桂林：广西师范大学出版社，2010.

---

① 习近平. 谈治国理政［M］. 北京：外文出版社，2014：164.

[18] 习近平. 把思想政治工作贯穿教育教学全过程 开创我国高等教育事业发展新局面 刘云山讲话 王岐山张高丽出席 [N]. 人民日报, 2016-12-09 (01).

[19] 中共中央国务院. 关于加强和改进新形势下高校思想政治工作的意见 [EB/OL]. 思想政治工作网, 2017-04-19.

[20] 马克思, 恩格斯. 马克思恩格斯论艺术（第二卷）[M]. 北京：中国社会科学出版社, 1983.

[21] 习近平. 习近平谈治国理政 [M]. 北京：外文出版社, 2014.

新时代高职思政理论课教学"生活化"模式的构建

——以团队活动化课堂为例

胡 芊[*]

摘要： 高校思想政治理论课是对大学生进行思想政治教育的主要渠道，是落实"立德树人"要求的基本环节。生活是思想政治教育的真实根基，思想政治教育源于生活且必须在生活中进行。当前，大部分高职院校思政理论课教学面临着种种困境，思想政治教育生活化是解决当前困境的必要措施。本文从新时代思政教育的现状出发，探究高职思政理论课教学融入"生活化"理念的必要性，并结合实际，构建在团队活动化教学方法背景下思政理论课"生活化"的教学模式，进一步解决思政理论课教学脱离大学生生活实际的问题，达到思政教育潜移默化的效果。

新时代高等职业教育呈现了新的特点和发展趋势，思想政治教育的生态环境和教育对象也发生了显著变化，这些都对高职院校思想政治教育提出了更大的挑战。在广大思政教育工作者的共同努力下，我国高职院校的思想政治教育工作现阶段取得了不错的成绩，思政理论课的教学质量也得到了较大的提升，然而目前我国高职院校思想政治教育工作仍面临一系列挑战，思政理论课的实效性不强、与现实生活联系不紧密等问题仍然是人们关注的重点。

一、高职思政理论课教学脱离生活的现状

（一）教育目标忽视学生的个体需求

作为大学生思想政治教育的主渠道，思政理论课教学承担了较重的任务。因此，在教学目标的制定上很容易出现"用力过猛"，如更多致力于对理论知识

---

[*] 胡芊，浙江艺术职业学院马克思主义学院讲师。

和制度规范的宣传与教育，忽视了在多元化社会中成长起来的学生的个体需求，容易造成思想政治教育与火热的生活实际相分离的状况。在教学目标的设定上，教师只是全神贯注地关注"讲解高度"，却忽视了学生的"成长高度"，教学目标过高或者过于模糊都会影响目标的实现，导致思政教育只入耳却不入心、入脑，最终容易走向形式主义。

（二）教学内容忽视学生的个体关怀

目前全国大学生的思政理论课使用的是统编教材，但高职（高等职业学校）和高专（高等专科学校）的学生与普通高等院校的大学生无论是在专业技能教育上还是在综合培养目标的制定上都有一定区别，使用统一的教材会在一定程度上忽略了高职、高专学生的个体差异。当然，有很多院校采用了以统一教材配合校本教材的方法来解决这一问题，但校本教材内容的筛选容易率性而为，内容不够严谨，存在很大的隐患。事实上，在"立德树人"的教育新时代，教学内容的呈现至关重要，如果不能在坚守政治立场和根本观点的基础上因地制宜地用好教材，用丰富的生活内容支撑教学内容，就会造成思想政治教育缺乏对学生的个体关怀，也会失去学生的心理支持。

（三）教学方法忽视学生的个体情感

在教学方法和方式上，目前的思政理论课教学模式大多还是以课堂灌输为主，虽然各高校都按要求增加了实践课程，但是具体落实的教学效果还有待考证。近几年，随着信息化教学的蓬勃发展，不少高校的思政理论课也在朝着这个方向努力，部分高校取得了亮眼的成绩，但同时也出现了形式化、理想化、教条化的现象，这都与教学方法的运用脱离了学生生活实践、无视学生生活的现实可能性和人的正常需求相关。如果在教育过程中教学方法过于保守甚至死板，或者一味地追求新颖独特而弱化了学生个体正在经受和体验的生活经历，忽视了学生的个体情感，则难以达到思政教育潜移默化的教学效果。

（四）考核评价忽视学生的个体价值

思想政治教育是入脑、入心的教育，其考核评价方式应区别于一般学科特别是理工科。但目前全国大多数高校思政理论课对于学生的考核评价都是相对程序化的，基本都是以平时成绩和期末卷面成绩为主，而平时成绩也都是由到课率、完成作业的情况等指标构成。信息化时代的到来加大了思想政治教育的难度，学生每天都会接收到大量的信息，这些信息或多或少都会对学生的思想产生影响，而目前高职院校中普遍都是"00后"大学生，他们普遍具有个性鲜明、见解独到，喜欢另辟蹊径的特点。因此，如果考核评价体系仍然是单纯的由平时成绩与卷面成绩两方面构成，忽视了学生要求全面发展的生活实际和个体价值，那么这样的考核方式就是片面的。

二、高职思政理论课教学融入"生活化"理念的必要性分析

思想政治教育生活化，就是让思想政治教育与学生的生活相融合，它来源于生活的沉淀，同时又能将教育成果反作用于生活实践，最终达到思想政治教育"春风化雨"的效果，是一种"以学生为主体，以生活为基础"的教学理念，也是一种"源于生活又高于生活"的教育模式。这种教学模式强调将学生容易触碰的生活案例经过教育加工，融入思想政治教育当中，积极引导学生在政治观点、思想观念、道德规范等方面逐步实现自我完善与提升，不断优化学生的政治认同、国家意识、文化自信、人格养成。

在高职思想政治理论课中融入"生活化"的理念有利于高职思政教育更关注学生特性，以学生为本，以学生的全面发展、提升学生综合素养为最终目标，立德树人，更好地用马克思主义的观点和方法论帮助学生在思想和行动上完成向准职业人的身份的转变。

（一）"生活化"理念是解决当前高职思政理论课教学现状的必由之路

一直以来，如何解决当前高职思政理论课课堂实效性不强、吸引力不足、参与度不高等问题是社会非常关注的一个话题，在诸多原因中很重要的一个原因就是思想政治生活化的缺失。教育目标、内容、评价方式等传统的教学经验太过注重教学的方向性、目的性而忽略了时代性和生动性，远离了学生的生活，容易扼杀学生的主观能动性，难以完成思政课"立德树人"的教育使命。因此，如果还是按照以往的"灌输型"教育模式，就算结合了再多"时髦"的信息化的教学手段，也只是老方一贴，也只是理想化有余而现实性不足。要让原本基础就相对薄弱的高职学生们对课本上的知识产生共情，就要在教学中引导他们从生活经验中汲取养分，才能使他们从内心接受这些理论，从而真正实现对他们的情感、态度、价值观的培育。

（二）"生活化"理念是思想政治教育学科发展的现实要求

思想政治教育学科是以马克思主义特别是中国化的马克思主义作为指导思想，主要是从大学生的道德和精神需求出发开展思想政治教育，从而实现自己的学科价值，而马克思主义理论不仅强调人的精神解放，也关注人的物质需求，最终促进人的全面发展。思想政治教育生活化是对马克思主义理论的一种回归。同时，思想政治教育学科也是一门以实践为基础的应用性学科，它在实践中产

生、在实践中发展，并通过实践来检验。"生活化"理念的融入，让思想政治教育学科在原有发展的积淀中迸发出新的活力，从学生火热的生活中来，再以马克思主义为指导到社会实践中去，拉近学生与"深奥"的理论知识之间的距离，最终能够自觉运用马克思主义的立场、观点、方法分析和解决实践中的问题。

三、团队活动化教学方法背景下构建思政理论课"生活化"教学模式

团队活动化教学方法在思政理论课课堂的运用，有助于学生依靠团队的力量在课堂中达到对理论知识的掌握，在生活实践中完成从感性认识到理性认知的飞跃。在团队活动化的课堂中，教师要注意将团队活动化这种教学方法与"生活化"理念相融合，使两者擦出新的火花，使教育回归学生的生活世界，让思政教育真正入脑、入心。

（一）教学目标要贴近学生实际生活

高职院校与普通院校因培养目标的不同决定了高职院校思想政治教育除了宣传必要的"主旋律"外，还应该强调其职业性，包括职业技能、职业道德等方面。课堂中，教师引导学生进行团队活动，设定的教学目标一定要贴近高职学生的生活实际，反映高职生活的真实情境，如在讲到职业道德时，多设置一些"本专业的你要了解的职业道德有哪些""谈谈你专业上的偶像是谁"等容易引起学生共鸣的具体的学习目标，使学生能够在活动中一步步领悟理论知识，从而在今后的生活实践中做到内化于心、外化于行。

（二）教学内容要关注学生个体差异

面对统一的教材，思政教师有义务也有责任按照统一要求做好规定动作。但在具体的课堂教学过程中，还要注意学生之间的差异性。如在团队活动化的课堂中，学生以团队合作形式开展学习，教学的内容就更应该关注团队之间、学生个体之间的差异。在具体的教学过程中，教学内容要丰富、有层次；教学内容要具体，不能高高在上，最好能落细落小；教学内容要与时俱进，不能因循守旧；这样的教学内容才是生活化的内容，才能随着时代的变化，满足不同层次的学生团队或者学生个体的需求，才能更好地让思想政治教育可感、可知、可践。

（三）教学方法要紧跟学生内在需求

教学方法直接决定思想政治教育的活动方式、存在状态和教育效果。随着高职教育的发展，高职院校思想政治教育的方法也在与时俱进，微信公众号、微课堂、慕课等，甚至疫情防控期间逐渐成长起来的"网络直播"，都是比较新

颖的教学手段，符合当代大学生的生活习惯且有一定的吸引力。不论什么形式的课堂，教师都可以将其与团队活动化方式相结合，让课堂更生动，如结合学生喜欢的信息化教学手段，让学生在各种团队活动中进行"做中学"，让学生在实践体验中有所收获，同时要注重显性教育与隐性教育相结合，让学生在团队活动中进行自我教育、自我引导。

（四）教学评价要体现学生动态变化

教育是一个过程，好的教学评价模式往往是多元性、动态性的。同样，思政理论课的教学评价也不该是一成不变的，它的课程特性决定了它的考核评价模式更应该是多元的、动态的，更能体现学生全方位的成长。在团队活动化的教学实践中，在评价内容上应改变以往的"平时分+期末分"这种以分数论高低的评价模式，应该从思想动态、道德考量等多方面进行评价；在评价周期上，最好能将传统的"一学期一评"改为"一节课一评"，这样能更好地监测学生的动态成长；在评价方式上，可以从传统的教师打分制改为360°的全方位的评价体系，如团队活动小组成员互评、师生互评、家庭参与、实践锻炼等方式，使评价体系更完善。

总之，新时代高职思政理论课教学"生活化"模式势在必行，作为高校思政教育的主阵地，"生活化"理念的融入能够更好地提高高职思政理论课教育的实效性，落实新时代思政教育"立德树人"的根本要求。

参考文献

［1］李焕明. 思想政治教育生活化［J］. 山东师范大学学报（人文社会科学版），2004（3）.

［2］舒志定. 人的存在与教育——马克思教育思想的当代价值［M］. 上海：学林出版社，2004.

［3］叶琳琳. 高职院校思想政治教育隐性课堂的构建［J］. 职业技术教育，2011（17）.

［4］赵自力. 生活化：思想政治教育工作的全新价值取向［J］. 黑河学刊，2008（3）.

团队活动化教学方法在高职思政课实践教学中的应用

——以"思想道德修养与法律基础"课程为例

胡 芊[*]

摘要： "思想道德修养与法律基础"是高校思想政治理论课的必修课程，对学生树立正确的"三观"具有重要的指引作用。目前，高职院校的这门课程虽以"大课"的形式开展教学居多，但为进一步提升思政理论课的吸引力和实效性，多数高职院校都采用理论结合实践的形式进行教学。在实践教学中运用团队活动化教学方法，使学生以团队为基础完成多个合作项目，这对于提高高校思政理论课的教学质量有重要意义。本研究通过对高职思政理论课实践教学的理论和价值进行讨论，结合当下的现状问题，分析团队活动化教学方法的可行性，进而提出具体的应用策略，旨在进一步完善高职思政理论课的教学方法，为提高高职思政理论课的教学质量提供实质性的解决方案。

思政理论课是高校思想政治工作的课堂主渠道，随着社会的发展和教育事业的不断变革，进一步加强和改进高校思政理论课教育教学水平，提高实效性和针对性，是当前高校思想政治理论课建设的一项紧迫性任务。在高职院校思政理论课实践教学中进行团队活动化教学，转变思政理论课教学理念、改变授课模式，对于提升思政理论课的教学质量有重要意义。

一、高职思政理论课实践教学现状分析

随着社会的不断发展，高职院校对于思政课实践教学日益重视，多数院校已经初步建立起实践教学体系，实现了社会热点问题与课程理论知识的有机结

---

[*] 胡芊，浙江艺术职业学院马克思主义学院讲师。

合。有些院校还在开展实践教学过程中，应用了"互联网+"等新媒体技术，整体上的教学现状不错，但是仍有一部分高职院校的实践教学不尽如人意，具体问题如下。

（一）师资队伍建设仍需加强

思政课实践教学本质上是教学的社会活动，当时代发生变迁后，实践的内容与形式也应当随着周围环境的变化而变化。当下思政实践教学的教师队伍建设仍有待提高，多数教师并未参加过有针对性的思政课实践活动教学培训，在进行实践教学设计时，往往是凭借个人多年理论教学的经验，同时脱离"以人为本"的原则，还是以教师为教学主体，学生仍然是被动地接受知识。

（二）整体关注仍需提升

许多学校认识到了实践教学的重要性，行动上却停滞不前，对于实践教学的投入较少。教学内容也多数以教材内容为主，仅仅是将课本上的文字改为演示文稿（PPT），通过多媒体开展教学，将实践活动的特点边缘化，弱化了学生的主体特点，进而也不能真正触动学生的内心情感。同时部分教师的实践教学内容较为单一，长时间采用一种教学内容形式，会造成学生的反感与抵触。虽然思政课是每个学生的必修课程之一，但一般都采用上大课的方式进行，即便有实践教学活动，也仅仅是参观一些博物馆或革命根据地，并无专业的教师在旁进行讲解来加深学生的理论知识，只是让学生简单参观一下即可，这样一来教学效果有待商榷。

（三）实践教学实施困难

多数高职院校并未建设完善的实践教学体系，使得实践教学活动的学时很多未按照教学计划进行安排；在组织过程中，部分院校考虑安全纪律问题，也就放弃了实践教学活动的安排，采用理论教学进行代替；当下多数高职院校采用分工责任制，每个教室都有自身的职责任务，使得相互之间的信息并未达成有效合理的共享，导致实践教学教师需要的资源信息无法得到及时有效的支持；经费问题也是导致实践教学实施困难的主要因素之一。

二、运用团队活动化教学法的必要性和可行性分析

团队活动化教学作为一种行之有效的教学模式，能够有效促进思想政治教育的发展，优化现阶段的教学效果，引发知识共振，使得学生实现全面发展。这其中需要老师进行积极的引导，从文化方面使学生形成合力。

从该学科的本身特性分析，团队活动化教学能够很好地适应高校思想政治

教学的思路与理念，其操作性较强，能够有效应用于授课。

从政策环境分析，在教学改革的大潮下，思政教育内容也发生了变革，出现了大量利好的政策性文件。此外，国家各部门也对如何优化高校思政教学、完善思政教学体系给出建议，对现有的思想政治教学模式、路径、思路提供了思路，营造更加浓厚的思想政治教学环境。在此基础上，教师依据教学理论和教学经验并结合学生的实际特征，为研究如何进行团队活动化教学提供了便利条件，营造了良好的氛围。

从实践教学方法的特点看，实践教学是思政课教学中的另一种重要的教学形式，与理论教学一样，主要是以实现最终的教学为目标，为学生树立科学的人生价值观，使其能够更加适应社会发展需求的教学形式。主要特点有四个方面：一是教学形式较为多样化，如"思想道德修养与法律基础课"的实践教学，可以组织学生参加社会政治教育讲台、观赏相关的影视资料、对社会用人单位的政治观念进行调查、每次实践活动结束后进行感想论文创作等；二是教学实效性较强，通过实践教学方式开展课程，学生对理论知识的理解更为深刻，将其在课堂上学习到的所有知识融会到实践中进行验证，进而触发其最真实的感受，促使其将课程知识的理性和感性认知有机融合，陶冶自身情操，培养优良的政治思想素养，对于树立正确的人生价值观有极大的促进作用；三是具有特定性，实践教学需要考量每次活动地区或内容的特点，结合学生对理论知识的掌握程度，针对特定事件、特别对象开展教学；四是教学形式内容较为具体，理论教学主要是教师通过讲解传授实践内容的本质规律，学生接收到的信息一般都是抽象的，而思政课的实践教学活动往往是通过具体的实体对象而进行，一般都是与学生生活学习紧密相连的事物，进而以具体形象触动学生的感官，对学生的道德品质进行科学塑造。

从学生角度分析，由于思想政治课程在有些学生看来较为抽象，在团队活动中，不同专业背景的学生可以根据本专业的知识结合每个人不同的经历与大家一起讨论解决问题，不仅在问题的解决上有了针对性，也使得学生在对待老师的态度上少了反感情绪，有助于提高学生的学习热情和积极性。此外，营造学生之间的学习氛围，有效地降低其对思政学习的抵触心理。学生的配合式学习也让学生产生责任感与压力感，促使其主动地肩负起自己所承担的责任，避免因自己的问题导致团队受损，这种感知也可以被称为集体荣誉感。

从教师水平分析，思想政治教师是党的理论的践行者，具有较高的思想觉悟，也是大学生心理、思想健康成长的引领者。思想政治教师在对课程内容和形式上进行的优化研究有一定的优势，而且大多数思政教师有着坚定的理想信念、综合能力较强、专业功底扎实、认知精准，对某些内容能够精细研究，能够灵活、高效地使用有关理论与工具，能将马克思主义切实应用到实践中去，这是实现团队化教学的主观基础。

三、团队活动化教学方法在思政课教学中的应用

团队活动化是将拥有共同目标或初衷的学生组织到一起，将每个人所掌握的专业知识、思想观念、处理事件的经验等，通过相互交流或共同工作的方式进行内部群体的传播，使资源得到充分共享利用，进而推动团队整体的进步。学生的思政课学习，要注重行为过程的变化，将课堂传授的理论知识从静态转变为动态，从知识内容层次转变为学生的认知感受。而在开展团队活动化教学时，应当以学生为主体，通过真实的情景构建整个教学内容，教师从旁加以解析，学生能够在做中学、在学中悟。

以"思想道德修养与法律基础"课程为例，开展相关的应用策略阐述，如下：

（一）初期阶段，树立目标

此阶段是团队活动化教学的第一个环节，让学生能够清楚地知晓本门课程学习的目标，旨在培养提高自身的思想道德素养，同时掌握基本的法律知识。具体实施如下：

1. 科学分组

教师应认真考量班级学生的综合能力，包括理论知识掌握水平、动手认知能力、日常兴趣等，保证每个组内成员的能力能够互补促进，同时不同组之间的差异性要尽可能地减小。

2. 确定团队教学课题

教师与学生共同研究课程内容，基于教材，联系实际生活，确定符合学生认知的相关课题，要切实与社会发展相连，在激发学生兴趣的同时，发挥出实践教学的本质意义。

3. 教师指导

教师应当在此活动中担任指导工作，同时告知学生应认真用心地倾听他人意见，每个组员都应充分表达和参与此活动，相互协助，共同完成活动目标。

在此过程中，教师需要对学生进行科学的指导，帮助学生获取一定的合作技巧，这样才能够使得这种模式的教学顺利进行。相应的，学生应具备以下品质：

(1) 尊重他人

学生在合作过程中要注意他人的想法、注意倾听,这是对团队其他成员的尊重,也是确保团队紧密、高效合作的必备条件。这就需要学生善于倾听、善于控制自我。

(2) 善于表达

众人的思想会汇总成团队的思想,因此每个人要勇于并善于表达自己的思想,言简意赅地让别人快速了解你想表达的意思,这对于团队工作的顺利开展有着非常重要的意义。

(3) 共同协作

在学习时,不仅要将自己的学习任务高质高效地完成,还要主动帮助他人解决问题,实现学习的共同进步。

(二) 中期阶段,合作探讨及相互交流

根据小组分工开展活动项目课题研究工作,对每一次活动的具体工作内容、工作时间分段加以明确;认真查阅本门课程的相关文献,同时对于社会上的道德法律素材加以收集,每一次活动后都在组内进行分享讨论;要求学生定期上交活动数据,教师根据汇总结果加以审批,并指导每个小组进行课堂分享,实现组间资源共享;根据不同小组的数据资源,每个小组切实考虑自身实际情况,对自身的策略加以优化。

此外,教师还需要创造良好的合作环境,通过多种教学手段对学生进行鼓励,促使其主动探索、主动学习、协作配合,切实体会到团队合作所带来的乐趣;在此基础上,教师要增强小组内成员的相互依赖性,使每个小组成员都能感觉到任何一个人都与小组的最终成败关系紧密,使其了解他人的价值并产生群体压力,从而驱使所有成员都努力学习;教师还应该对学生进行全面监控,由于学生身心并不是很成熟,因此容易在团队合作中产生矛盾,尤其是生活习惯、思维模式、观念观点不同的同学,会导致其在诸多方面存在认知差异,这时,老师就必须充分利用各种知识,客观、辩证地引导学生学习。

(三) 后期阶段,评价体系

建立学生自评、教师总评及组间互评的基本评价体系,根据每个小组及成员的实际实践经验总结,进行全方面、多维化的评价,使学生清楚地认识到自身道德素养及法律知识掌握程度的提高,同时也能够意识到自身实践中存在的不足。对于学生的实践结果要给予充分肯定,根据评价结果进行分数评定,并计入学期成绩;同时将研究结果交由专门的报社进行发表,以此激发学生的求知欲望。

评价的最终目的是总结问题以及获得有效的激励,因此对于学生和老师的评价要评价主体,保证评价具有针对性。在评价的过程中需要注意的是,评价的主体指的是小组而不是单纯的个体;评判某一学习任务的完成度,不能够只看其中某一部分的学习水平,还应评判其整体的实力。评价奖励的方式一定要多样化,从多个方面对学生最终的团队成果表示肯定,并根据这些肯定进行适度奖励,保证学生对学习的积极态度。

四、结束语

在思政理论课的实践教学中运用团队活动化教学方法,可以发挥团队的力量,促进实践教学的顺利实施,让每个学生在思想上和能力上都得到根本上的提升,对学生树立正确的人生价值观有极大的推动作用。当然,团队活动化教学方法也需要根据学生及社会的实际需求不断改革,进一步建立、健全高校思想政治理论课实践教学环节,真正达到开设思政课的初衷和意义。

参考文献

[1] 陈安琪,傅新文. 高职院校校园文化活动中的思政课实践教学资源开发 [J]. 西部素质教育,2016,2 (3).

[2] 高星,朱权. 提高高职院校思政课实践教学实效性的思考 [J]. 齐齐哈尔大学学报(哲学社会科学版),2016 (8).

[3] 周玮. 关于高职院校思政课实践教学的思考 [J]. 改革与开放,2017 (18).

[4] 李杰. 高职思政课社会实践教学项目化管理研究 [J]. 青春岁月,2017 (7).

艺术高职院校思政实践教育基地建设的对策与思路

高小伶 施 程*

摘要：思政实践教育基地建设是当前高校思政理论课教学改革的重点，旨在通过"实践育人"的途径，改变思政理论教育过程中理论脱离实际和"满堂灌"的传统教法，以提高思政理论课实效性和针对性。相比普通高职院校，艺术高职院校具有特殊的办学思维和培养目标，学生的学情与也与普通高职院校学生有很大的差异，因而学校思政理论课程实践教学改革应更具针对性。本文意在详尽分析在艺术高职院校思政实践教育基地工作中存在的问题，探究一种新的对策与思路以更好地充分开发、整合、利用实践教学资源，从而提高思政课实践教学的实效性。

思想政治教育实践基地是高校在校内或与校外的特定单位合作建设的促进思想政治教育长期稳定的实践教育场所。开发、利用这些实践教育场所，构建新型有效的思政教育实践基地，更好地帮助学生实现思政课程理论结合实际，将理论内化于心、外化于行，形成坚定的马克思主义信仰，这是高职院校探索思政课教学改革的必然选择，也是习近平新时代中国特色社会主义思想背景下提高思政课教学实效性的客观要求。

一、高职院校思政实践教育基地建设的必要性

马克思主义认识论认为，实践是认识的来源，是认识发展的动力，也是检验认识真理性的唯一标准。中国共产党正是在伟大的革命、建设和改革开放的实践中，才形成了中国化的马克思主义理论成果，并取得了举世瞩目的成就。

---

* 高小伶，浙江艺术职业学院马克思主义学院讲师；施程，萧山高级中学教师。

高职院校思政课要把这些理论成果教授给学生，就必须充分认识到实践教学的必要性和重要性。

（一）思政实践教育是实现思政教学改革的客观需要

首先是国家层面对高校思政实践教育的重视。严格按照教育部"05方案"①的要求，重视和加强实践教学，使实践性教学在高职学生的德育教学体系中发挥应有的作用。社会上各教育基地单位要积极为实践活动提供稳定场所，加强设施建设，为实践基地建设提供重要支撑。其次，在我国长期应试教育的背景下，政治课教学模式多采取灌输式的理论说教，另外在高职教育没有应试压力的情况下，学生们大多对思政课不感兴趣，往往只求及格拿学分而忽视了政治素质的培养。将思政实践教育纳入思政常规教育，可以打破学生认为思政课枯燥无用的这种陈旧思想，是提升思政教学实效性的有力措施。

（二）思政实践教育是体现高职院校育人特点的客观需要

高等职业教育具有较强职业性和应用性，主要目标是培养适合自身专业的职业技术人才，这决定了在教学设计中实践教学成为高职院校人才培养的重要手段和方法。发展和利用思政实践基地的教育作用，实现理论教学与实践教学相结合，是高职教育思政课改革的客观要求。思政实践教育可以帮助学生提高面对社会复杂问题的分析认识能力和价值理性选择，有助于提高他们更快地融入社会、适应社会的综合素养，这和高职院校应用性教育思想相得益彰。

（三）思政实践教育是体现高职院校学生特点的客观需要

第一，从学生生源特点上分析，高职院校的学生大多思政理论知识不牢固，知识体系还不完整，理论学习能力和动力也较为缺乏，且理性认识较为缺乏，易受网络上消极信息的影响。况且我国高校思政理论教学使用的是全国统一的教材和教学模式，对高职院校学生来说缺乏针对性和契合度，因而一些学生对目前的思政课不感兴趣也不重视。

第二，从学生学习能力上分析，高职院校学生在应用型人才培养的教学背景下，形成了较为系统的实践能力。学生的这些能力可以辅助思政理论实践教学，从实践的角度出发弥补理论教学的不足。

所以，探索思政实践教育模式对高职院校提高思政教学水平和教育实效更

---

① 中共中央宣传部，教育部．关于印发《〈中共中央宣传部 教育部关于进一步加强和改进高等学校思想政治理论课的意见〉实施方案》的通知（教社政〔2005〕9号）［EB/OL］．中华人民共和国教育部网站，2005-03-02.

为迫切。而探索思政实践教育模式的重要着力点，就是要加强思政实践教学基地建设，更好地开发、利用高职院校思政实践教育基地资源。

二、高职院校思政实践教育基地的现状

目前，应国家教育部门的要求，为满足思政课课程的实践教学需要，各高职院校都建立了不同功能的实践教学基地，使思想政治实践教学在大学教学中得到了一定程度的应用，取得了一定的成绩，但就整个思政教学成效上看，思政实践教学仍任重道远。

（一）思政实践教育基地建设缺乏完善的保障体系

在高职院校所强调的职业性和应用性教育的背景下，很多高职院校出现了实践教学基地建设缺乏应有的保障体系。一是组织机构不完善，缺乏实质性的实践基地建设领导机构和专人管理，没有形成教育基地的具体实施思路、发展规划。二是实践教学专项经费利用不到位。由于缺乏相应的资金使用保障，思想政治理论教学很难走出校园开展行之有效的实践教学。三是制度保障不到位，一线思政教师在实践教学中体现自我职业发展有一定难度，影响了教师开展实践教学的积极性，同时，也很难得到实践基地或对方单位的人才支持，思政教育的合力作用很难充分发挥。

（二）思政实践教育基地流于形式

1. 思政实践教学的教学手段较为单一

思政实践教学在实际操作中和教学方法上较为保守，形式单一。从实践方式上看，思政实践教学往往以依托学校的社团活动、暑期社会实践以及校园文化活动等方式开展，在这些实践活动中缺乏专业的思政老师指导，思政教育作用不够明显。从考核方式上看，目前普遍采取的形式有社会实践报告与调查报告两种形式，且都不能很好地起到及时追踪和激励作用。

2. 思政实践教学的执行力不够

一些高职院校对思政课重视不够，多采取大课堂合班教学，这种大课堂在开展实践教学活动时有较大的管理难度。再加上一些院校并没有对开展实践教学做制度性要求，使教师的实践教学不能很好地落实，大多是在课堂进行讨论活动或专题教育，学生较少走出教室，真正参与相应的实践活动。

另外，思政实践教学中对一些实践基地的开发利用程度不够。大多数高职院校的思政教学基地只停留在表面建设和游览参观上，并未得到充分开发、利用，更谈不上以实践基地提高思政教学实效。

三、艺术高职院校思政实践教育基地建设工作的对策与思路

（一）完善组织管理制度

1. 整合"大思政"教师队伍，合力共建思政实践教育基地

思政课实践教学的开放性和复杂性决定了思政实践教育基地建设不仅需要整合一线思政教师的力量，还需要整合各相关部门的人力资源。只有合力共管共抓，才能营造出重视学生思政实践教育的校园氛围，并提高思政实践教育基地的实践育人水平，真正提高学生参与的积极性和学习的实效性。

2. 完善思政实践教学设计

思政课程安排必须制定专题式教学目标，定期组织学生赴实践教学基地开展教学活动，如根据课程安排开展专题志愿服务、参观学习、社会考察、红色之旅等活动，把课堂所学理论知识与社会现实联系起来，回答并解决大学生普遍关注的社会热点和生活中遇到的困惑，帮助他们理性认识国情省情和社情民意。

3. 健全考评监督体系

具体操作的重点，一是学校层面完善实践教学考评体系，监督教学单位落实思政实践教学。二是将实践教学纳入思政教师综合考评中，督促一线思政教师重视且高效地组织学生开展思政教学实践。三是完善学生思政课程考评，运用灵活的评价方法，对实践教学全程给予及时的反馈和考评，督促与监督学生的实践教学活动。这样从学校、教师、学生三方面健全考评监督体系，从而促进思政实践教学工作的推进。

（二）搭建与专业相结合的实践平台

1. 充分发挥高职院校的实践教学特色

高职院校为了更好地培养应用型人才，无论是在教学模式上还是课程安排上都更加强调实践教学。思政实践教学探究更应该充分发挥高职院校实践教学这一特色，在学生众多的专业实践中引入意识形态教育，既充分遵循高职类学生的学情，提高学生的学习主动性，又能促进学生全面发展，提高他们的综合素质。

2. 充分发挥学校特色，构建校内合作实践平台

一是在认识上，更加重视思政课实践教学的作用，以校内专业实践平台开展行之有效的思政实践教学。二是在管理上，建立思政教育和专业教育综合运作模式，加强思政实践教育与专业实践的融合度，使学生在专业实践的同时接

受思政教育，提高学生学习思政课的积极性和实效性。

3. 因校而异，开展特色的教学实践

充分利用艺术高职院校得天独厚的艺术服务能力，在实践基地建设中通过艺术作品弘扬时代精神，唱响主旋律，如在和谐社会与新农村建设教育基地开展专题汇报演出，在学生较为擅长的专业实践方面，贯彻引入思政实践教学，进而提高学生自身的思想政治素质和服务社会的能力。

（三）建立共建互惠的制度

共建互惠是指实践教学基地的建设应坚持共同建设、互利共赢的原则，实现教育效益和社会效益的共享。

1. 开展合作平台，实现思政实践基地的长效发展

以我院在浙江省丽水市王村口镇红色景区挂牌成立的思政教学实践基地为例，这里的红色景区处于交通不便、经济发展状况较弱的山区，一是可以通过开展学生实践教学的契机来增强当地经济发展活力；二是可以依托我院的人才和技术支撑，帮助当地开发特色的农产品市场等。通过思政实践基地对接活动，不仅可以给对接单位以发展福利，还可以实现思政实践教育基地的长效发展。

2. 搭建对话平台，实现基地建设的协管机制

在社会实践基础建设过程中，双方需要定期举办研讨会和交流，分析存在的问题，总结成功经验，并以此指导基地建设，使基地逐步完善；定期监测各自在基地共建中的职责和义务的履行情况，确保基地建设正常化、制度化、有序化，推动双方实现良好的共建互惠，切实提高教育基地的实践教学效果。

综上所述，思政实践教学可以使学生由被动接受转化为积极主动地参与思政教学活动，提高思政课教学的实效性。而艺术高职院校更应充分发挥自身的办学特点，更好地开发、利用思政实践教育基地，从而提高学生思想政治素质、综合素养以及观察分析社会复杂现象的能力。

参考文献

［1］刘翠. 高校思想政治理论课实践教学改革探究［D］. 无锡：江南大学，2015.

［2］王萍萍. 加强高校思想政治教育实践育人研究［D］. 重庆：重庆工商大学，2014.

［3］宋成鑫. 高校思想政治理论课实践教学模式创新研究［D］. 哈尔滨：东北林业大学，2012.

［4］唐寅. 高职院校增强思想政治理论课实效性问题探索［D］. 西安：西安科技大学，2013.

［5］文建杰. 大思政视域下思政课实践教学的方法和途径［J］. 赤峰学院学报（自然科学版），2012（12）.

"三全育人"视角下高职院校少数民族学生思政工作探究

沈霄媛*

摘要： 高职院校少数民族学生的思政工作一直以来是高职院学生思政工作中的重点和难点，民族文化、宗教信仰、风俗习惯的差异决定了少数民族学生群体的特殊性，因此如何准确把握少数民族学生思政工作中的特征，引导少数民族学生树立正确的人生观、价值观、世界观，提高少数民族学生的综合素质已迫在眉睫。本文试分析高职院校少数民族学生思政工作中面临的主要困难，通过探索"三全育人"新机制，针对这一特殊群体提出新的工作路径以提高学生思政工作中的实效性。

少数民族学生是高校学生群体中的特殊群体，高职院校的少数民族学生各有不同的民族文化、宗教信仰、风俗习惯、生活环境。因此充分做好高职院校少数民族学生的思想政治教育工作，是我们思想政治教育工作的重要组成部分，对于维护国家社会稳定和校园安全稳定也具有重大的现实意义。习近平总书记指出："要坚持把立德树人作为中心环节，把思想政治工作贯穿教育教学全过程，实现全程育人、全方位育人，努力开创我国高等教育事业发展新局面。"① 因此在新形势下，要求全面树立"育人为本，德育为先"的理念，教育工作者可试图在高职院校少数民族学生的思想政治教育工作中探索"三全育人"新机制。

---

* 沈霄媛，浙江艺术职业学院办公室干事。

① 习近平. 把思想政治工作贯穿教育教学全过程 开创我国高等教育事业发展新局面 刘云山讲话 王岐山张高丽出席 [N]. 人民日报，2016-12-09 (01).

一、"三全育人"体系在高职院校少数民族学生思政工作中的作用发挥

（一）构建"三全育人"体系有利于在少数民族学生中积极培育和践行社会主义核心价值观

从习近平总书记在北京大学师生座谈会、全国高校思想政治工作会议、纪念五四运动100周年大会上的发言可知青年大学生践行社会主义核心价值观的重要性。在"三全育人"背景下将社会主义核心价值观融入少数民族学生的日常生活和学习教育中，崭新的思想和正确的观念便可潜移默化、悄然渗透。

（二）构建"三全育人"体系有利于提升教师队伍管理水平

一般高职院校的教育重在技能教育，轻视了德育教育，在"三全育人"格局下对全体教职工育人意识的要求极度上升，思想政治教育不仅仅是辅导员的工作，更是全体教职工的工作任务，专业教师须自觉承担，将思想政治教育渗透到教学各个环节中，和思政教育者一起形成"教书育人、管理育人、服务育人"的良好氛围。

（三）构建"三全育人"体系有利于提升少数民族学生的综合素质

通过构建"三全育人"体系帮助少数民族学生建立自信心，学生能更快适应高校生活和学习，思政教育工作者足够的重视可以帮助其解除矛盾和困惑，引导学生树立正确的人生观、价值观、世界观，掌握专业技能，增强学习意识、安全意识和法制观念，帮助他们提升踏入社会的核心竞争力。

二、"三全育人"体系在高职院校少数民族学生思政工作中运用的有效途径

"三全育人"体系的运用是德育理念在高校思政领域的一种新形式，也是高校开展德育工作的新的挑战。只有不断推进和完善"三全育人"体系，开展细致创新的德育工作，才能切实提高育人工作实效。

（一）强化全员育人，加强德育队伍建设

以往的思政教育着重学校、家庭、社会的共同努力，忽略了少数民族学生本身的主体力量，因此应通过这四方面的共同作用，在充分尊重少数民族学生的风俗习惯和宗教信仰的前提下，激发学生的自主意识，不断提高其政治素养，促使其思想得到进步。

1. 加强教师队伍建设，发挥学校主体作用

教师作为传道授业的主体，应重视德育教育，加强全体教师队伍的教育、管理、服务水平，树立教师责任意识，刚可加大问责执行力度，柔可共谱师生

情感日记，强调立德树人导向，注重传承教育。

2. 促进家校合作联系，制定家校联动机制

将家校工作落到实处与同家长的联系密不可分，可采用现代信息技术和多种沟通方式，以保证家长及时了解学生在校状态，做好谈话记录和家庭联系记录，做到有据可查。

3. 搭建社会有效平台，奠定校企合作基础

依托政府部门的相关保障政策，利用校企合作的资源优势，助力少数民族学生经济解困，提供校外教育和校外实习实践平台，提前感受就业环境，为学生踏入社会奠定基础，也可借助社会的监督力量保障学校的育人工作。

4. 加强学生自我教育能力，增强自我管理、自我服务意识

加强少数民族学生主人翁意识，通过学生管理制度的完善和制度的保障加强学生的自我意识，快速的自我成长才会促使学生在日积月累中不断筑梦、追梦、圆梦。

（二）推动全方位育人，融合各方资源

1. 教学育人，思想引领不偏航

教学是一所高职院校最基本也是最重视的环节，应将思政课程落实到专业教学中，关注每门课程的开设情况，对少数民族学生的思政教育起到润物细无声的效果。

2. 文化育人，注重校园文化建设

通过开展丰富的校园文化活动为少数民族学生管理工作提供强有力的抓手，从而营造积极向上的氛围，丰富校园德育形式。比如，国旗下讲话可安排少数民族学生进行发言，将爱国教育无声渗透。

3. 资助育人，国家政策恰到好处

面对少数民族学生中的困难群体，除了做好国家资助政策的扶持和帮助以外，更要让同学们明白懂得感恩回报社会的道理。比如，可以通过感恩征文、快闪拍摄等各种活动形式达到资助育人的效果。

4. 实践育人，践行知行统一

构筑良好的外部环境来拓展校外育人途径，借助校外力量培育学生成长成才。比如，寒暑假的社会实践和打工兼职都可以作为课堂的延伸和补充来培养少数民族学生的创新精神和实践能力。

5. 网络育人，合理运用新媒体网络，适应时代发展

坚持与时俱进，通过微信、朋友圈、微博、"学习强国"等新兴网络平台，

拉近与少数民族学生之间的距离，了解他们的兴趣爱好，从而对其进行有效的引导和教育。

6. 心理育人，帮助学生学会自我调节

配合学校心理健康教育中心，对有需要的少数民族学生进行单独建档，以心理健康为目标，有针对性地开展心理疏导工作，对此群体也可适时安排团辅，帮助其建立自信心，增强适应能力，克服心中不适。

7. 党团育人，发挥模范作用

通过党建带团建的形式，将更多的少数民族学生吸引到党团队伍中，尤其是采取党员发展的形式进行理想信念教育，保持党员的先进性，以点带面，在少数民族群体中发挥党员的先锋模范作用。

（三）实施全过程育人，纵向到底

将育人贯穿少数民族学生从入学到毕业的全过程，从入校开始，给每人建立一个电子档案，配备相关的教师党员和学生干部；建立党员联系少数民族学生制度，一个党员负责一个或两个少数民族学生，进行一对一帮扶；安排寝室的优秀学生干部予以扶持管理工作，强化宿舍育人效果。

大一期间重在帮助其适应大学生活，做好合理的大学生涯规划和职业生涯规划；大二注重培养学生的专业技能和综合素质水平，在此期间可充分发挥专业教师的教学水平，专注于技能培养，要有"踏遍青山人未老"的执着，才会收获"风景这边独好"；大三注重培养学生的实践能力和社会适应能力，帮助其开阔眼界，在就业实习阶段，辅导员和书记关注其心理动态，解决其就业难题。

参考文献

[1] 秦月，秦基. 高校思想政治工作"三全育人"体系构建 [J]. 林区教学，2019（03）.

[2] 高岩. 新时代少数民族大学生思政工作探究 [J]. 文学教育（上），2019（03）.

[3] 王洁. 高校学生思政工作中"三全育人"体系的应用探索 [J]. 齐齐哈尔师范高等专科学校学报，2017（06）.

[4] 郭芳. "三全育人"模式下高校思想政治教育工作的开展 [J]. 西部素质教育，2017，3（20）.

[5] 郑娅. 新形势下加强和改进民族高校学生思想政治教育探析 [J]. 湖北民族学院学报（哲学社会科学版），2016，34（03）.

[6] 袁飞,才珠措姆,沈玲.内地高职院校少数民族大学生社会主义核心价值观认同教育研究[J].福建茶叶,2019,41(10).

[7] 王小东,邓康一.社会责任视阈下少数民族学生"四位一体、协同育人"思政教育模式创新研究[J].贵州民族研究,2018,39(12).

体验式教育与艺术类大学生思想政治优化研究

王芳芳*

摘要：体验式教育契合艺术类大学生个性、心理特点，体验式教育与艺术教育有多方面的共通之处，我们可以利用体验式教育的特点，切实从"低""近""实"的实践领域着手，优化艺术类大学生思政教育，增强针对性与实效性。

艺术类大学生是我国高等教育体系中的特殊群体，他们肩负着传承中华民族优良文化的历史重任，也担任着吹响建设社会主义文化强国时代号角的排头兵。他们的思想动态、价值取向状况无时不牵动着社会主义建设的神经。然而艺术类大学生的学习成长环境不同于普通院校，他们普遍存在重专业轻文化、个性张扬而敏感的特点，因此，需要思想政治教育者不断用新颖、有针对性的教育方式引导艺术类大学生成长成才、服务社会，进而实现自我价值。

一、艺术类大学生思想、行为特征

艺术类大学生既有一般大学生的普遍特点，如自我意识、竞争意识强等；但由于艺术专业教育环境的独特性，又有以下特点。

（一）崇尚自由，张扬个性

艺术崇尚自由、追求个性的特点致使艺术生难免片面理解艺术的自由与个性，在大学生活过程中出现我行我素、不服管教等行为特征：情感丰富、感性而直率、缺少计划、随意性强。从艺术类专业与普通专业的课堂考勤率上便能直观地看出艺术类专业学生的散漫性特征。

---

* 王芳芳，浙江艺术职业学院党委学生工作部干事。

（二）重专业轻文化，组织纪律性不强

艺术类大学生尊重专业学习，崇拜专业能力强的老师或者同学。但在文化课堂存在纪律散漫、干扰课堂秩序的行为。他们对于本专业的学习观摩很积极主动，但是对于非专业类的讲座和活动等不愿意参加，集体观念不强。

（三）淡化政治，综合素质相对薄弱

如今艺术类大学生生长在新中国改革开放腾飞之后，他们感受到的是祖国的富强与繁荣，家庭经济相对优渥与舒适。对于革命传统知之甚少，政治参与度不高，觉得政治过于空洞，经济建设或者专业建设才有实际意义。入团入党积极性不高，甚至觉得党团等集体活动花费了他们专业练习的时间。同时参与非专业类的集体活动少，致使他们综合素质得不到全面发展。

艺术类大学生的行为特点使得思政教育工作者必须在传统工作方法之外寻找出适合他们信念养成、行为规范的方法。

二、体验式教育内涵

体验式教育由来已久，在教育界的最早应用可以追溯到古希腊苏格拉底的"产婆术"，即教师用情景对话和对话发问的方式，协助学生发现真理。后来，美国著名学者杜威的"从做中学"，皮亚杰阐述的"体验认知发展理论"等思想都体现了体验式教育的实践理念。二战期间，英国的汉斯建立了"阿伯德威海上学校"进行拓展训练（outward bound），让参加者提升生存和人际交往能力，改善人格和心理素质，为体验式教育提供了实践基础。在中国，荀子也提出"知之不若行之"的教育理念，近代学者陶行知提出将生活和社会当作学校和课堂。

体验式教育是指在教学过程中，根据学生的特点和认知规律，为了达到既定的教学目的，引入创造或创设与教学内容相适应的具体场景与氛围，以引起学生的情感和认知体验；将内容内化于心，以达到教育目的。体验式教育与过去理论式教育模式相比，有独特、新颖的一面，能够使大学生从体验中感悟，从感悟中实践，再从实践中获得真正的理解。西方对于体验式教育的应用较多，西点军校是其中最成功的一个案例，目前也已经形成了比较成熟的模式，各类高校纷纷效仿，在施教过程中得到广泛运用。电视媒体中各路明星在生活中体味各类职业的辛苦，也让我们看到体验式教育的强大功能。

三、体验式教育与艺术教育的契合

（一）注重实践性

体验是实践中的体验，教育的最终目的也是应用于实践中。体验式教育的出发点与落脚点都在实践中，它通过受教育者的两次转变完成。一是通过实践体验，将道理上升为情感与道德，并内化于心；二是将道德品格外化于实践的行为。这两次转变都是通过实践来实现的，实践既是动力，也是最终的目的。艺术专业的学习更是通过实践来获取的，专业学习要求教师首先做示范，学生通过"冬练三九、夏练三伏"的一遍遍实践练习，最终才能出成果。因此，注重实践是体验式教育与艺术专业学习的共同特征。

（二）多维互动性

在体验式教育中，学生主体通过参加情景教育等各类社会活动获得情绪情感体验，因此需要广阔的空间和人与人之间的交流等获取全方位的信息。这样的环境设定类似于学生在艺术实践过程中磨合舞台、感知舞台、热爱舞台。因此，体验式教育与获得艺术实践经验的过程相似。

（三）强调主动性

体验式教育不是教育者填鸭式的灌输传授，而是借助教师丰富的阅历，引导受教育者能动地对教育主体进行把握，继而上升为自我感知，最终指导实践的过程。"师傅领进门，修行看个人"，艺术专业的学习从来不是在传统技艺上的复制与描绘，而是通过自我对艺术的感悟，"取其精华，去其糟粕"地传承与创造，追求百花齐放、百家争鸣。

（四）目标实效性

体验式教育通过有目的性的情景设定等体验活动达到教育目的，尝试体验的目的就是使教育者获得设定目标。传统的教育方式作用于脑，靠学生的理性去学习领会，不会直接引起学生的情感共鸣；而体验式教育通过有目的、有计划、有组织的系列体验活动，完全由体验者自我感知、感悟，收效直观。通过有目的性的教学，使受教育者获得某一方面的技能，达到教育目的。

四、体验式教育在思想政治教育中的运用

体验式思想教育因与艺术类大学生熟悉的专业教学重实践、讲感悟、易内化等教学方式人有相似性，使得他们更易于接受，这对大学生的思想政治教育优化工作意义十分重大。

（一）根据年级特点，设定体验式活动

不同年级大学生有不同的心理特征与成熟度，对于他们的体验式教育活动也将贯穿于整个大学生涯。低年级时注重集体意识的培养，可以侧重于班团活动的研发预设，如利用刚开学时的军训活动，树立艺术生不怕苦、不怕累的精神，将宿舍卫生管理制度、考勤管理制度等纳入考核，强化规矩意识，从而为他们形成良好的行为规范打好基础，另外，素质拓展活动也能激发大学生团结协作意识、班团意识。

中年级时，专业学习任务加重，学习难度也逐渐增强，我们需要引导学生树立学习信心，排除困惑。艺术类学生对本专业有着强烈的认同感，他们会对专业成绩优秀的学生，甚至有影响力的专家学者充满崇拜之情。因此，可以发挥榜样的作用，加强专业学习的良性互动，请专业成绩优良的学生现身说法讲述学习要领或者邀请专家学者亲授、讲学等。这期间，也尽可能安排艺术实践活动，让学生在实践锻炼中摸索专业学习的道路。

高年级时，继续升学、就业成为他们关注的重点。学校可时常开展就业、考学等讲座。模拟企业招聘现场开展应聘体验活动，或者辅导员带领同学们走进就业单位观摩学习，以此成为高年级同学情境体验教育的重要内容。总之，要针对不同学生和学生所处的不同阶段时常开展体验式教育活动。

（二）根据学生特点，设定体验式活动

通过走进革命根据地、聆听红军事迹等党团活动，培养入党积极分子和学生党员的服务意识，坚定社会主义事业的信念，增强社会责任感；通过党员"一对一"帮扶活动强化同理心，细化党员先进性体现内容；志愿服务队的组建能更多地带领同学们投身志愿服务，弘扬雷锋精神，宣传正能量，也让同学们的大学时光多一些美丽的色彩，既富有意义，又能培养优秀品格。

安全是学生问题的重中之重，安全情景的设定不可或缺。艺术生的专业教室各有特色，如舞蹈排练厅地上铺有地胶，音乐专业小班教学，琴房往往只供一至两位同学使用，表演教室铺有地毯等。公寓、排练厅安全设施的介绍和防火断电知识至关重要，因此每年安排一至两次的消防安全演练十分必要，使得同学们在实践中真正懂得生命的深度意义，从而增强全体同学的安全意识。

通过各类活动的组织策划，增强学生干部组织协调能力，学会资源合理分配等，增强综合素质；尤其在艺术实践过程中，团学干部踊跃承担起组织调配、舞台设计、灯光管理、节目制作等职责，使他们更全面地了解艺术活动流程、培育职业道德，为日后就业打好通道；通过高雅艺术进校园、农村文化礼堂的

实践演出使得同学们及时接触社会,了解大众文化需求,以便更好地创作出人民喜爱的文艺作品,提升其艺术修养。

综上所述,体验式教育符合艺术类大学生成长成才的需要,为高校思政工作提供了一种行之有效的方法,值得广大教育工作者借鉴。同时,这样的工作方法对教育者的能力、教育管理制度的改革也有新的要求,需要更多学者及教育工作者继续积累经验、加强研究。

参考文献

[1] 杨云鹏. 试论高校体验式思想政治教育 [J]. 教育与职业,2013 (8).

[2] 王丽霞. 高职院校体验式思想政治教育路径探析 [J]. 黑龙江教育,2014 (10).

[3] 李良虎. 全程体验视阈下大学生日常思想政治教育四个课堂模式的构建 [J]. 广西教育,2015 (2).

[4] 郝文军. 大学生体验式思想政治教育实践模式探究 [J]. 教育评论,2014 (2).

[5] 童庆炳. 现代心理美学 [M]. 上海:上海三联书店,2005.

[6] 李伟. 教育社会化背景下的大学生思想政治教育研究 [D]. 苏州:苏州大学,2011.

疫情防控期辅导员的使命与担当

王育英　吴　颖*

摘要：2020年突发新冠肺炎疫情，不仅给国家和人民带来了巨大的苦难，也给高校辅导员工作带来了新的挑战。高校辅导员要坚持思想政治工作因事而化、因时而进、因势而新的工作要求，及时转换工作思维，提高政治站位。勇担高校辅导员在疫情特殊时期的职责使命，努力引领学生做防疫抗疫的积极践行者、崇尚科学的追求者、正向舆论的传播者、心理健康的守护者、勇担时代使命的追梦者。

新冠肺炎疫情是新中国成立以来我国遭遇的传播速度最快、感染范围最广、防控难度最大的重大突发公共卫生事件，使人类社会经受了一场艰苦卓绝的历史大考。① 高校人群密集、群体特殊，其疫情防控要求更为严格。高校辅导员作为高校进行学生管理和开展大学生思想政治教育的主要力量，承担着守护学生生命健康安全、助力疫情防控的重要作用。因此，高校辅导员要根据疫情带来的一系列新问题、新挑战，深刻的认识自己肩上的责任和使命，勇担重任、冲锋在前，提高抵御重大风险和化解重大问题的能力。

一、高校辅导员在疫情防控期面临的新挑战

新冠肺炎作为一种新型的传染性疾病，发生突然且传播速度非常快、影响范围非常广。高校疫情防控，辅导员的作用至关重要。疫情的发生严重威胁师生的生命健康安全，也使高校辅导员面临工作重心发生转移、传统的教育教学

---

* 王育英，浙江艺术职业学院党委学生工作部（保卫处）干事；吴颖，浙江艺术职业学院党委学生工作部（保卫处）副部长。

① 习近平. 在全国抗击新冠肺炎疫情表彰大会上的讲话［EB/OL］. 新华网，2020-09-08.

方式发生改变的重大挑战。

（一）辅导员的工作重心发生转移

疫情发生后，习近平总书记发出"生命重于泰山。疫情就是命令，防控就是责任"的重要指示，指出要把人民群众生命安全和身体健康放在第一位，我们一定能打赢疫情防控阻击战。① 因此，在疫情背景下，全面落实学校防疫部署，守护学生身体健康是高校辅导员一切工作的重心。疫情发生之初，尚没有高效的信息技术工具协助辅导员开展防疫工作，情况摸排和数据统计基本全靠人力，所以辅导员面临工作量大、开展工作难度高的困难。一方面，要及时联系所有同学，掌握学生所在地疫情的基本情况，做好学生每日基本情况的摸排、上报，还要关注学生面对突发疫情出现的不良情绪，及时进行心理疏导；另一方面，关注学生的思想和网络空间动态，及时进行舆情监督和引导，维护意识形态的安全性，及时对学生进行防疫健康知识的宣传教育，引导学生科学防疫。

（二）辅导员的工作方式发生改变

传统的辅导员工作以与学生面对面交流和沟通为主、网络平台的信息交流为辅。防控期间，原有的交流方式被打断，信息的传达全部依赖于网络信息技术，辅导员只能通过"居家办公"的方式开展学生工作，如通过线上的方式开展主题班会、知识讲座、思政教育等，这不仅对辅导员运用现代信息技术的手段提出了更高要求，同时由于辅导员与学生之间的距离被拉开，信息传递的效果有了更多不确定性，这也对辅导员创新工作方法、进一步提升学生工作的吸引力提出了更多挑战。

二、疫情防控期高校辅导员的使命与担当

（一）做好疫情防控的情况摸排，引领学生做防疫抗疫的积极践行者

疫情发生后，高校将疫情防控作为一切工作的重中之重，把师生的生命健康安全放在第一位，辅导员是高校贯彻疫情防控工作的主要落实者，在疫情落实防控阻击战中要提高政治站位，树立大局意识，充分认识疫情防控任务的严肃性和艰巨性。在工作中要主动创新工作方法，严格落实国家和学校疫情防控相关部署要求，守好防止疫情向学校扩散的"最后一公里"。第一，全面、及时、准确地摸排学生基本信息，提醒学生积极配合当地的疫情防控工作，积极

---

① 中共中央政治局常务委员会召开会议 研究新型冠状病毒感染的肺炎疫情防控工作 中共中央总书记习近平主持会议［N］. 人民日报，2020-01-26（01）.

引导学生居家隔离,最大限度地降低感染风险。第二,建立疫情常态化背景下以学生干部为依托的"学校—学院—班级"的三级联防体系,筑牢学校疫情防控网络。充分利用信息技术等新媒体工具,做好信息的收集和统计,及时掌握学生的去向和动态,准确报送各项统计数据,严格落实"日报告""零报告"制度。第三,密切关注学生身体、思想等基本情况,对疫情高风险地区的学生,采取"一对一"联系机制,掌握其行程和健康等基本情况,提醒其做好防控和隔离工作。第四,引导学生服从学校防疫的统一安排,不提前返校,外出主动报备等,切实成为保障学生健康安全的守护者。

(二)进行疫情防控知识宣传,指引学生做崇尚科学的追求者

打赢疫情防控阻击战不仅需要全体医务人员的精准救治和无私奉献,更需要全民对新冠肺炎防治的科学认识。因此,高校辅导员首先要加强对学生疫情防控相关知识的普及和宣传教育,引导学生提高疫情防控的相关意识,少聚集、勤洗手、戴口罩、常通风等,掌握疫情防控的有效方法,推进疫情防控的科学性和精准性。其次,加强对学生的生命健康教育,在疫情防控中引导学生反思生命意义和价值,学会尊重自然规律、敬畏自然、珍爱生命,促进人与自然的和谐共生。

(三)主动构建意识形态话语权,引导学生做正向舆论的传播者

新冠肺炎疫情作为一种新型的传染性病毒,人类对其认识尚不充分,网络上对疫情的相关报道也铺天盖地、鱼龙混杂。辅导员要有强烈的敏感性,利用相关平台及时关注和掌握学生的动态,并及时传达国家官方公布的准确信息,引导学生正确区分和辨别网络上各类信息,做到不信谣、不传谣、不造谣,科学防治、从容应对。同时由于网络上充斥着各类故意抹黑、侮辱中国抗击疫情的不实报道,高校辅导员要积极关注和回应学生讨论热烈的时政问题,加强对网络舆情的监督管理,筑牢疫情防控的安全网络,保证舆情发展的正确导向,牢牢掌握意识形态的话语权,传播正能量,维护社会稳定。

(四)发挥思想价值引领,讲好中国故事,引领学生做勇担时代使命的追梦者

疫情给人类社会带来了巨大的苦难,但也孕育着新的机遇,辅导员要主动化危为机,将中国人民抗击疫情的伟大事迹及在抗"疫"斗争中涌现出的感人事迹、先进人物作为开展大学生思想政治教育活动的鲜活素材,让学生直观感受中国"全国一盘棋,集中力量办大事"的制度优势;感受雷神山、火神山、方舱医院平地而起的中国速度;感受中国人民众志成城、齐心抗疫的中国精神;

感受中国坚持人民至上、生命至上的人民情怀；感受中国主动分享抗疫经验，积极援助各国抗疫的大国担当。让学生在抗击疫情的实践中增强他们的民族自尊心、自信心和自豪感，培养强烈的爱国意识，引导学生将个人的理想信念与国家社会的发展结合起来，树立家国情怀，在时代发展的浪潮中担当作为。

（五）注重心理疏导和人文关怀，帮助学生做心理健康的守护者

重大公共卫生事件不仅威胁人类的身体健康和生命安全，也会对人类心理问题产生不同程度的影响。面对突发的新冠肺炎疫情，学生由于对疫情未知的担忧和不确定，表现出不同程度的恐慌和焦虑，部分学生甚至出现悲观抑郁的情绪，特别是毕业班学生对自己的就业前途感到迷茫和焦虑，情绪会出现较大波动，容易产生严重的心理问题。因此在疫情背景下，高校辅导员更要关注学生的心理健康问题，详细了解学生产生心理问题的具体原因，通过开展线上线下的学习辅导、就业指导、心理健康知识的宣传、防疫卫生知识教育等活动，帮助学生解决面临的实际难题，加强对学生的心理关怀和疏导，帮助学生缓解疫情带来的不良情绪，给予学生一定的支持，做学生健康心理的守护者。

参考文献

[1] 罗亮. 提升高校思想政治工作队伍重大疫情应急管理能力探究 [J]. 思想理论教育，2020（03）.

[2] 刘建军，朱喜坤. 思想政治教育在应对突发事件中的作用 [J]. 学校党建与思想教育，2003（06）.

[3] 葛晨光. 做好大学生舆情引导的意义及高校学生工作价值 [J]. 思想教育研究，2011（01）.

[4] 侯坤. 基于突发性公共卫生事件的高校思政教育工作方式研究 [J]. 东北农业大学学报（社会科学版），2020，18（02）.

[5] 张建林. 新形势下高校应对重大疫情的有效实践与理论思考 [J]. 理论观察，2020（04）.

[6] 叶昶. 新冠肺炎疫情期间高校辅导员角色再定位 [J]. 科教文汇（上旬刊），2020（06）.

[7] 杨凤美. 重大疫情防控中高校辅导员工作途径的研究 [J]. 内江科技，2020，41（10）.

探析"大思政"视域下高校思想政治理论课教师之职业自觉

胡卓群*

摘要： 高校思想政治教育是一个开放的、复杂的、特殊的系统性工程，大思想政治教育理念是高校思想政治教育工作的理想状态。作为思想政治教育的中坚力量，高校思想政治理论课教师是实现"大思政"教学理念的一个不可忽视的重要方面。思政教师须与时俱进、奋发有为，从职业特征、教学理念、学科发展等角度，积极思考自身使命、育人和研究诸方面的自觉担当，努力寻求可持续的职业发展道路。

近日，习近平同志在全国高校思想政治工作会议上强调，把思想政治工作贯穿教育教学全过程，努力开创我国高等教育事业发展新局面。① 高校思想政治教育是一个复杂的系统工程，大思想政治教育理念（以下简称"大思政"）是对思想政治教育工作的理想状态的描述。通俗来讲，"大思政"即"以人为本、尊重人的发展"的人本哲学思想，是"育人为本、德育为先"的工作理念以及"全员育人、全过程育人、全方位育人"的方法论的有机统一，它试图从根本上加强和改进大学生思想政治教育，其最终目的就是通过建设一支高校思想政治理论课教学工作者、马克思主义理论与思想政治教育研究工作者和思想政治教育实际工作者"三位一体"的专业化、职业化、稳定型的大学生思想政治教育队伍。

高校思政理论课教师（以下简称思政老师）是思想政治教育工作的中坚力

---

* 胡卓群，浙江艺术职业学院马克思主义学院副院长，副教授。
① 习近平. 把思想政治工作贯穿教育教学全过程 开创我国高等教育事业发展新局面 刘云山讲话 王岐山张高丽出席［N］. 人民日报，2016-12-09（01）.

量,《普通高等学校思想政治理论课教师队伍培养规划（2013—2017）》明确要建设一支"让党放心、让学生满意"的高校思想政治理论课教师队伍,是党和国家对思政教师队伍的殷切期望。思政教师队伍的职业发展,是内外因共同作用的结果。马克思主义认为,推动事物发展的决定性因素是内因,队伍建设要成长,内因是关键。李政涛教授曾说过,"爱自己就要栽培自己",教师要由外力走向内需,要由"被发展"走向"主动发展",清晰认知自身职业特征,准确理解"大思政"教学理念,自主投入强化职业自觉,依靠自身努力寻求可持续的职业发展道路。

一、把握职业特性,强化使命自觉

（一）高校思政教师是教师队伍中的一员

尽管人们出于不同的研究目的,对教师职业特征的表述和理解存在差异性,但认为其工作对象是活生生的、具有主观能动性且性格各异的个体；其工作方法具有鲜明的示范性,是要用自身知识、智慧和人格魅力说服学生、传播知识、启迪智慧；其工作过程具有较大的灵活性和创造性已基本达成共识。由此可知,教师职业是人类社会中最富挑战性的工作之一,教师是人类灵魂的工程师,它关系到人的真实生活及其生命质量,关系到社会的全面进步与发展,是太阳底下最光辉的事业。

（二）高校思政教育工作的独特性决定思政教师职业特性

思政教师职业特性不是授予学生安身立命的一技之长,而是授予学生伴随终生的理念和方法,传递反映一定阶级或社会集团的利益和要求的观念体系,表达统治阶级根本利益的价值观的理论体系,即意识形态性。意识形态是一种思想体系,是植根于一定阶级的经济基础上,依托经济发展的反映本阶级的思想体系,是对社会阶级的反映。"意识形态工作是党的一项极端重要的工作",事关党的前途命运,事关国家长治久安,事关民族凝聚力和向心力。一个称职的思政教师,必须自觉树立职业特性所赋予的传播社会主义意识形态的神圣职责,捍卫课堂主渠道、坚守新媒体阵地,积极作为,为维护中国特色社会主义政治制度服务。

1. 传播核心价值观

马克思曾说"如果从观念上来考察,一定的意识形态的解体足以使整个时代覆灭",可见意识形态对社会的发展、对人们价值观的形成具有举足轻重的作用。思政教师须主动有效地传播、阐释马克思主义科学理论,确立信仰的在先性和信仰的至高无上性,义正词严向学生传授马克思主义的基本原理,中国特色社会主义理论体系,党和国家选择的发展道路、制度和理论所取得的重大成果,党和国家的重大方针、政策,探究产生各种社会思潮的根源及解决的对策,有效抵御西方反马克思主义思潮的消极影响,消弭学生怀疑科学理论的倾向,巩固马克思主义在意识形态领域的指导地位,从而确立其科学信仰。竭力传播代表社会整体理性的核心价值观念,维护统治阶级地位和统治权力,协调社会各阶级的利益,推动社会稳定和发展,凝魂聚气、强基固本,使学生在具体利益矛盾、思想差异上最广泛地达成价值共识,形成团结奋斗的强大精神力量和行动力量。

2. 捍卫课堂主渠道

课堂教学是"大思政"理念的教学主渠道,是教师宣讲和传播科学理论和核心价值观的主要阵地,思政教师应树立忠诚坚贞的马克思主义战士形象,坚定不移地坚持马克思主义指导地位,进行社会主义核心价值观的宣传教育,守住这块阵地,真正做到"寸土不能失、片瓦不能丢、丝毫不能让"。当然,理论的本质隐藏于不易为人所察觉的现实的背后,而大学生对现实问题的感受更直观。在课堂教学中,教师要紧密结合理论教学内容,及时关注政治动态,时刻了解社会的热点和大学生的思想疑惑,涵养敏锐的政治研判力,把握学生的思想脉搏,启迪学生对相关热点进行剖析、发表见解,并对其立场、观点进行必要的评说,逐步提高甄辨能力,在问题的解答中展现马克思主义理论的彻底性。

3. 坚守新媒体阵地

新媒体是指相对报纸、杂志、广播、电视等四大媒体而言的第五大媒体,联合国教科文组织将其定义为"以数字技术为基础,以网络为载体进行信息传播的媒介"。随着信息技术日新月异地发展,微博、微信、论坛、QQ 等新媒体承载多种多样、良莠不齐的信息,学生成为网络舆论的制造者和传播者,传统单一的、自上而下的信息控制和舆情引导格局已演变为多向的、多元的格局。"大思政"理念的全过程、全方位育人的方法论,敦促教师主动认清新媒体是维护意识形态斗争的新阵地,是宣传马克思主义大众化的舆论阵地。思政教师应重视、利用和引领新媒体,熟练掌握多媒体教学技术与现代传播学的基本原理和方法,用年轻人所熟悉和习惯的方式与之沟通,通过好友关注,加入微信群、QQ 群等方式,分享马克思主义理论文章,将更多的马克思主义理论成果推向社会。转发重要会议精神,充分发挥专业优势,提供方向正确、评议有力的言论,打通学生圈、社会圈和学术圈的壁垒,掌握意识形态工作的话语权和主动权,引导网络舆论的良性发展,推动信息技术同思想政治工作传统优势高度融合以及线上和线下的有效结合。

二、更新教学理念,强化育人自觉

习近平同志强调,"高校立身之本在于立德树人"①,但一些高校依旧存在重智轻德的主智主义和道德虚无主义,使得多数高校教学时常偏重"教书",而疏于"育人"。高校思想政治理论课要承担帮助个体成长、促进价值实现、走向政治认同、引领意识形态的教学任务,以单一的知识传递为标志的传统教学理念已经无法满足学生思想政治教育的发展诉求。"大思政"理念本质上就是一种育人模式的转变。思政理论课教师应当主动更新教学理念,自觉注重了解大学生的思想状况并加以正确引导,满足学生的价值需要,从实践育人、分类育人、评价育人和协同育人诸环节出发,透视育人本质,实现育人目标,达至育人自觉。

(一)实践育人砺品质

实践的观点是马克思主义哲学首要的基本的观点,实践育人是马克思主义实践观在高等教育领域的直接运用。思政教师要改变教学内容和方法,探索行之有效的实践教学模式,使实践教学真正成为学校课程体系的组成部分;主动设计教学实践项目,可按照功能划分为爱国情操、公德践履、网络道德、法治中国、田野调查、志愿服务、勤工俭学、社团活动;尝试实行项目运作,从策划项目、实施方式、实践活动、成果展示到反思不足,建立起一整套规范程序;联系校内外实践教学基地,开展长期稳定的学院发展相统一的特色思政实践;指导学生带着问题深入社会实际,加深对思想政治教育内容的理解。

教师要充分认识到实践对于育人的重要意义,通过实践育人,创新性地将学校、社会和学生的自我教育结合在一起,帮助学生获得解决实际问题的能力、团结协作的能力、适应社会的能力和创新意识的能力;帮助学生形成科学的世界观、人生观和价值观,养成他们积极的生活态度,让学生在实践的熔炉中长见识、强本领、砥砺品质。

(二)分类育人促成长

在传统思政教学中,我们不自觉地将教学对象视为同一水平层次,以至于

---

① 习近平. 把思想政治工作贯穿教育教学全过程 开创我国高等教育事业发展新局面 刘云山讲话 王岐山张高丽出席 [N]. 人民日报,2016-12-09 (01).

教学实效总是差强人意。事实上不同个体的学生其思想政治素质或道德水准并非一致，他们的理论水平也存在较大差距。思政课堂基本上为合班上课，思政教师在课堂教学中须主动开展课堂调查，了解班级学生的专业方向、生源类型（文理科）和生源地，根据不同层次、不同类别、不同个性学生的特点和成长规律，注重教学内容的层次与类别，因材施教，把握学生思想的实际问题，寓教于学生成长成才全过程，加强针对性、增强吸引力、扩大受益面。

在实践教学中，充分尊重学生的兴趣与需求，把握规律与特点，厘清层次与阶段，有效衔接、整体推进，尽量让每位学生都有机会参与不同的实践活动，低年级段学生着重"体悟式"实践，以参观爱国主义教学实践基地、考察新农村、参观大型企业的方式感受我国社会主义建设的伟大成就，坚定社会主义的道路、理论和制度自信。高年级段学生着重"职业式"实践，重点开展专业实习实训、撰写调研报告、认真思考和规划职业道路，尽早树立正确的择业观和创业观，将个人发展与社会需求结合起来。

（三）评价育人重过程

教学评价是学校教育教学的重要环节，同样也承担着育人的基本功能。但现实并非如此，评价的功能已被窄化，在很长的一段时期，它误导了学生、家长乃至社会的价值取向，甚至彻底被异化为管控教师和学生的工具，致使评价应有的育人功能完全缺位。思政教师应遵循评价标准与培养目标一致性的原则，自觉探索多元的、发展的、激励的和整体的以及体现学科特色的过程性评价机制。

应确立过程性的评价内容，减少机械记忆的内容，着重考查学生解决实际问题的能力，引领和指导学生全面而有个性地发展，提高学生对党的理论和路线、方针、政策的理解力和认同度，不断优化课堂实践教学。

建构过程性的评价方式，将定性评价与定量评价、形成性评价与终结性评价有机结合，准确地评价学生的课堂表现、课内课外的实践活动，促使学生学习活动的良好发展方向，给社会以正确的教育价值导向，将教育教学目标转化为学生成长成才的目标，真正发挥评价的育人功能。

（四）协同育人优统筹

协同育人是指教育者基于共同的教育目标在教育系统中充分发挥各自的资源、要素功能，通过有效协调、配合和共享，对学生开展教育的活动。在相当长一段时期内，少数思政教师认为自身课堂主阵地作用发挥好就行了，自身和辅导员、专业课教师、政工队伍没有交流的必要。

在"大思政"新格局中,探索多层面的协同育人是形成思政合力的关键点。思政教师要自觉搭建与专业教师、辅导员、政工队伍的联系,主动承担兼职辅导员和班主任工作,为学生进行实践活动提供必要的理论指导和实践支撑;定期与辅导员沟通交流,根据学生的思想状况和个性特征,设计和组织教学内容;积极参与专业实践,深化教学改革,拓展学科的应用性,着力挖掘专业学科中思想政治教育的内容,配合参与专业实践课程的各个教学组成部分,有目的地提高学生的思想素质,培养积极的心理品质,如克服困难、解决问题、团结协作、攻克难关,从而提高思政教育教学整体水平。

三、关注学科发展,强化研究自觉

教育家苏霍姆林斯基指出,"如果你想让教师的劳动能够给教师带来一些乐趣,使每天上课不至于变成一种单调乏味的义务,那你应当引导每一位教师走上从事一些研究的这条幸福的道路上来,"因为,"在人的心灵深处,都有一种根深蒂固的需求,这就是希望自己是一个发现者、研究者、探索者。"教师不是像蜡烛一样,照亮了别人就要毁灭自己,而是要在教育教学中深入学习、研究,不断提高自己的专业水平。

研究是促进自己提升的重要途径。高校教师成为研究者,已经是国际教育界的共识。"大思政"理念不仅要求思政教师将教书与育人有机结合起来,还需要壮大"马克思主义理论与思想政治教育研究工作者"队伍,要求思政教师从"单纯公共课教学"转型到"教学科研复合型"上来,关注学科发展,加强科学研究,弘扬自身的主体精神,从而获得教师专业能力的自主、可持续发展。

(一)研究有底气

学科的建设和发展,是教师从事研究的学术保障。在党和国家、全国理论工作者的共同努力下,思想政治教育的学科经过了近30年的发展,实现了由"工作"到"科学"到"专业"再到马克思主义理论一级学科目录下独立二级"学科"的跨越,学科结构比较合理、学科层次逐步提升,为提高思想政治教育的科学含量、促进思想政治教育实践的科学化提供了重要的学科支撑,学科建设取得了长足发展,学科地位已得到实质性提升。习近平总书记在近期主持召开的哲学社会科学工作座谈会上对哲学社会科学的高度重视与明确定位,更是对思想政治教育学科的关心与重视,为其开展并发挥更大作用创造更为有利的条件。思政老师要增强学科的理论自信和底气,在科学研究的道路上执着地走下去，扎扎实实、认认真真做好学术研究工作。

（二）研究须大气

"海纳百川、有容乃大"，与传统学科相比，本学科正处于发展之中，其学科渊源、学理背景、理论体系、话语系统等仍有进一步完善的空间，思政教师须摆脱事务工作者的思维模式，拓宽视野、拓展渠道，学习和汲取其他学科的理论知识，增强集体攻关的团队精神和科研能力。思想政治教育学科的综合性特点，有利于把握和适应性地整合研究中的各种教育教学影响力量，改变学科发展中的不足，明确学科发展方向，采取多元发展路径，鼓励多种学派、多元范式、多样方法共同发展、共同促进，推动思想政治教育学科建设的良性发展。

（三）研究接地气

思想政治教育研究的最终目的在教育实践中得到有效运用。思政教师需要有大视野，同时需要研究"真"问题，明确学科定位，清晰研究方向，扎实开展学术研究，切合思想政治教育学科理论与实践结合的特色。深入研究与马克思主义理论的发展紧密联系的问题，能够把马克思主义理论的发展推进到更深层次的问题，例如，马克思主义理论学科与思想政治理论课程之间的关系问题、马克思主义理论教育的效果问题、思想政治理论课教学的吸引力和亲和力问题等；又比如始终站在时代发展的前列，保持一种观察和思考社会生活的敏锐性，研究经济社会发展中的重大问题，针对与人民群众利益息息相关的现实问题进行深入的研究阐释等。

（四）研究展才气

劳伦斯·斯滕豪斯（Lawrence Stenhouse）提出的"教师成为研究者"的口号越来越受到国内教育学者和教师的广泛关注。教师借助掌握大量信息、广泛涉猎知识、深入学习理论的方式，通过对知识和问题进行有意识的整理和有目的的反思，挖掘教育教学中的科研兴奋点和突破口，能够提高其强烈的科研激情；通过在教育理论指导下进行深入细致的探索研究，主动吸收教育理论和同行经验，尝试摸索教育规律，能够创造性地找到解决问题的新角度，形成新思想、新观点、新理念，主动创造、大胆开拓，成为主动、积极的研究者，展现自身高水平的科研实力，创造出有深度、有影响、有建树的学术成果，使自己不再是传统的传道授业的教书匠，而是向学者型、专家型教师发展，步入"实践—理论—实践"的良性循环，在职业生涯中通过科研的路径获得成功。

四、结语

思政课是"一门最容易上手的课",又是"一门最难以上好的课",即便开设的课程是公共必修课,在普遍实行学分制的竞争环境下,教学工作无忧无虑,旱涝保收,感受不到"专业上不投入、学生不选课、经济收入受到影响(或脸面上挂不住)"的现实压力,但的确很难体会成功的收获。思政老师也时常呼吁评价体系倾斜、激励机制保障,强调对教师的培训、培养等外推动力,却忽视自身动力。在"大思政"理念下,思政教师必须紧跟时代潮流、认清形势、与时俱进,积极自觉地转变当前的角色定位,充分发挥自身的优势,思考自身职业发展路径,对自身的职业、各种责任担当、各种关系和问题的能力状况以及对自己精神成熟度有所认识和觉悟。

使命自觉、育人自觉和科研自觉基本构成了职业自觉的三个重要支点。其中,使命自觉是针对"大思政"的教学内容而言的,即"教书",必须把握意识形态的主导作用;育人自觉是针对"大思政"的教学方式而言的,即"育人",全程育人、全方位育人,思政教师要有主动与相关人员沟通联系的意识;研究自觉是针对"大思政"的队伍建设而言的,强调学科建设和学科研究的重要意义,以研究者的眼光审视教育教学实践中的问题。不待扬鞭自奋蹄,思政教师要认识到自身的社会责任和职业使命,保持对教育实践高度的投入状态和深刻的焦虑状态,认识到自己在整个社会活动系统中的地位和作用,为自身的职业发展和教师队伍的建设贡献力量。

参考文献

[1] 马克思,恩格斯. 马克思恩格斯全集(第四十六卷下)[M]. 北京:人民出版社,1962.

[2] 高良坚. 论新媒体语境下高校思政课教师意识形态权威性的建构[J]. 课程教育研究,2015(22).

[3] 龙斌. 新媒体时代高校思政课教师如何有效传播正能量[J]. 红旗文稿,2015(17).

[4] 何其颖,石红梅. 思想政治理论课实践育人与高校创新人才培养[J]. 思想理论教育导刊,2014(01).

[5] 田保华. 评价即育人——微论道德课堂理念下的教育评价指向[J]. 基础教育参考,2015(24).

［6］蔡亮，欧阳凤莲. 增强高校思想政治理论课育人实效性研究［J］. 教育与职业，2014（05）.

［7］王晓红. 基于实践育人理念下大学生思想政治教育创新研究［J］. 湖北社会科学，2012（10）.

［8］向金玲. 高职院校教师要增强研究意识［J］. 金华职业技术学院学报，2010（03）.

［9］佘双好. 思想政治教育学科发展的问题与走向［J］. 思想教育研究，2014（01）.

第三编 03

教育工作交流

艺术高职院校学生精神生态现状调查及对策研究

——以浙江艺术职业学院为例

朱海闵　王占霞[*]

摘要：艺术高职院校学生作为新时代中国特色社会主义文化建设的有生力量、引领时代风尚的未来主力军，其精神生态平衡必然影响未来社会的价值取向、道德选择及社会风貌。艺术高职院校要认真分析部分学生精神生态失衡的原因，研究优化艺术高职院校学生精神生态的对策。

"鲁迅先生说，要改造国人的精神世界，首推文艺。举精神之旗、立精神支柱、建精神家园，都离不开文艺。"[①] 文艺工作者要承担起灵魂工程师的历史使命和责任，首先必须是一个全面和谐发展的人。但"人全面和谐发展，仰仗于人精神生态的平衡。换句话说就是，当人的世界观、人生观、价值观具备全面和谐的特质时，才能整合成推动一个人全面和谐发展的深邃的精神助力"[②]。艺术高职院校学生作为新时代中国特色社会主义建设的有生力量，也是繁荣发展新时代中国特色社会主义文艺、引领时代风尚的未来主力军。其精神生态平衡必然影响未来社会的价值取向、道德选择及社会风貌。因此，艺术高职院校学生精神生态现状调研具有重大意义。

为了深入了解艺术高职院校学生精神生态现状以便更有针对性地提出对策，课题组选择以入围浙江省优质高职建设单位、艺术门类齐全、在全国艺术高职

---

[*] 朱海闵，浙江省文化和旅游厅党组成员、副厅长、副研究员；王占霞，浙江艺术职业学院退休教师。

① 习近平. 在文艺工作座谈会上的讲话 [EB/OL]. 新华网，2015-10-14.
② 陈思敏. 追求大学生精神生态的平衡——"以人为本"在高校校园文化中的实践 [J]. 内蒙古师范大学学报（教育科学版），2008（07）.

院校具典型性的浙江艺术职业学院为例，对艺术高职院校学生精神生态现状进行了实证调查。本次调查课题组采用匿名问卷调查的方法，调查对象覆盖了表演类和非表演类的学生，共发出问卷135份，回收问卷135份，回收率100%。

人的精神生态可以通过多方面反映出来，本次调查问卷设计主要从基本情况、理想信仰、大学生活、人生观、价值观、世界观、道德观、人际交往、心理健康等方面展开，希望通过这些方面反映艺术高职院校学生的精神生态现状。

一、调查结果反映出的艺术高职院校学生精神生态现状

（一）艺术高职院校学生总体上是积极、健康、向上的，他们有理想、有抱负，愿意承担社会责任，但也有部分学生对未来发展表示迷茫甚至悲观

在被调查的学生中，有32.6%的学生担任学生干部，17.8%的学生是入党积极分子；63.7%的学生认为自己"有理想、有抱负，抱着乐观的态度积极为自己的目标努力着"；40%的学生认为"人人都应该有自己的信仰，信仰的力量是巨大的"，46.7%的学生"希望在大学能加入党组织"；58.9%的学生"希望成为对社会有用、能为国为民做贡献、事业上有成就的人"。但也有52%的学生表示"没有明确的政治信仰"，18.5%的学生表示"我就是我，我只信我自己"；27.4%的学生表示"知道未来形势严峻，但现在很茫然，不知该如何努力"，5.9%的学生"过一天算一天"，2.96%的学生表示"对自己的前途很悲观，不知道什么才是真正有意义的"；40.7%的学生对在大学入党表示"无所谓，能入就入，不能就算了"；20.7%的学生"希望做个有钱的人"，6.7%的学生表示"就想做个普通人"。

（二）艺术高职院校学生生活态度总体来看是端正的，大学生活是丰富多彩的，他们作息规律、努力学习、关心时事，积极参加校园活动，有自己的爱好，但也有相当数量的学生生活状态令人担忧

在被调查的学生中，59.3%的学生作息规律；83.7%的学生认为在大学期间最应该做的事情是"获取知识和提高综合素质与能力"，50.3%的学生认为大学里最快乐的事是"学习、交友，参加集体活动、参加各种竞赛"，42.2%的学生"经常参加学校的实践活动"，80.3%的学生关注社会、经常看新闻，91%的学生保持着自己的爱好，48.1%的学生觉得自己目前的生活状态"丰富多彩、充满生气"。但也有40.7%的学生作息不规律；4.4%的学生认为大学期间最应该做的事是"应付学业、恋爱、做兼职挣钱"，27.4%的学生认为大学里最快乐的事是"上网和恋爱"；71.1%的学生除餐饮花费外的其他花费用在"上网、购买

日常用品和朋友聚会"上，只有11.1%的学生用在"购买学习资料"上；对于校园活动，15.6%的学生表示"很少参加，除非强制性的"，3.3%的学生表示"不会参加，浪费时间，没有意义"，68.9%的学生课余时间用来"玩手机"，而"参加社团活动、看书、运动"的学生只占14.1%；59.3%的学生"只关注娱乐方面的新闻，对政治等其他方面的新闻毫无兴趣"，有19.3%的学生"从不看新闻"；只有20%的学生目前"刻苦学习，为将来打基础"，21.5%的学生表示"缺乏目标，无所事事混文凭"；53.3%的学生上网"每天平均2小时以上"；对于上网的主要目的，53.3%的学生回答"聊天"，43%的学生回答"玩网络游戏"，60%的学生回答"欣赏音乐、电影、小说等"，35.6%的学生表示"频繁购物"；对于如果没有网络，12.6%的学生表示"就无法活下去"，36.3%的学生表示"生活没了滋味"。

（三）艺术高职院校学生的人生观、价值观、世界观总体上看是正确的，他们对人生的目的、价值及对社会现象的认识和评价是客观的，但也有部分学生较为偏激

参与问卷调查的学生中，55.6%的学生认为人活着除了生存和发展还要"履行人生责任"，27%的学生认为还要有"精神追求"，43%的学生认为个人的价值最主要在于"事业是否成功和对社会贡献大小"，22%的学生认为是"生活是否舒适和自己及家人安康"，58.5%的学生认为"家庭美满、事业成功的人"是最幸福的，66.7%的学生向往"在一定的经济基础上，尽可能追求个性张扬和风格独立的自由生活"，13.3%的学生"向往平静稳定的生活"，57%的学生表示"不会与同学进行生活用品的攀比"；对于大学生"傍大款"现象，68.9%的学生表示"不可以为了金钱放弃一切，自己不会这么做"。但也有12%的学生认为人活着要"享受优厚的物质生活"和追求"无尽的享乐生活"，7.4%的学生认为人的价值主要在于"财富多少、权力大小和名望高低"，5.9%的学生认为"锦衣玉食、有钱有势"的人是幸福的；8.9%的学生认为与同学进行生活用品的攀比"没什么不好"；对于大学生"傍大款"现象，有5.9%的学生表示"有机会自己也会这么做"。

（四）艺术高职院校学生道德观念较强，他们对善与恶、荣与辱、是与非心知肚明，大多数学生也在努力践行，但部分学生在道德操守上相对较弱

参与问卷调查的学生中，89.6%的学生能准确或部分说出社会主义核心价值观的内容，并认为树立社会主义核心价值观是必要的；75.6%的学生表示如果家境贫寒会"坦诚承认"；对于诚信问题，52.6%的学生认为现在"大多数人

还是讲究诚信的",31.1%的学生表示"别人诚信与否我不管,但是我要讲诚信",8.9%的学生表示"别人对自己诚信,自己才对别人诚信",2.2%的学生表示"有严格的监督就讲诚信,否则就不讲";对于在公共场合插队问题,68.9%的学生表示"从不在公共场合插队",27.4%的学生表示"偶尔",3.7%的学生表示"经常"在公共场合插队;当不小心将垃圾丢在地上时,88.1%的学生表示会"捡起并丢进垃圾桶",5.9%的学生表示"如果周围有人就捡起来丢进垃圾桶",5.9%的学生表示会"视而不见";对于大学生考试作弊行为,49.6%的学生表示"自己从不作弊,学校应从重处罚作弊行为",32.6%的学生表示"十分正常,自己也偶尔操作";对于大学生抄袭作业或者论文、在墙上和课桌上乱写乱画、随地吐痰乱扔垃圾、在公共场所大声嬉闹喧哗、从窗户往楼下倒水扔杂物、在校园内吸烟喝酒、说脏话、打架斗殴、上课或开会时聊天吃东西玩手机行为,47.4%的学生表示"从不做",但有48.9%的学生对上述行为表示"偶尔做",还有29%的学生表示"经常做"。

（五）艺术高职院校学生人际交往能力普遍较强,他们善于沟通、能够正确解决人际交往和恋爱中出现的问题,但责任意识较差

参与问卷调查的学生中,40%的学生表示自己"善于交往,人际关系十分和谐",45.9%的学生表示"人际关系较和谐,偶尔出现的矛盾能自己解决",57.8%的学生表示与宿舍同学关系"亲密无间";与同学发生矛盾时,68.9%的学生表示会"主动沟通,消除矛盾",19.3%的学生表示会"请别人帮忙,协调解决";对于大学生谈恋爱,80%的学生表示"顺其自然,一切随缘",70.4%的学生表示"以前谈过或正在谈恋爱",68.1%的学生表示希望恋爱双方能"互相关心互相帮助,共同进步";对于失恋的态度,42.2%的学生表示"可以转移自己的注意力,靠时间恢复",42.2%的学生表示"分析原因,自我完美"。但也有14%的学生表示"性格内向,不善交往,人际关系一般",0.7%的学生表示"人际关系不和谐,不善于处理矛盾"。关于与宿舍同学关系,25.2%的学生表示"时好时坏"、2.2%的学生表示"势同水火";28.9%的学生谈恋爱是为了"满足心理、生理的需要",6.7%的学生"不在乎天长地久,只要曾经拥有";对于大学生男女同居现象,71.1%的学生表示"双方愿意就可以";对于大学生中男女交往不得体现象,7.4%的学生表示"完全接受"、78.5%的学生表示"可接受,但要注意场合"。

（六）艺术高职院校学生心理健康状况普遍良好,对待挫折的态度基本较为理性,但也有差强人意之处

参与问卷调查的学生中,46.7%的学生认为自己经常处于"快乐和平稳"

状态，24.4%的学生表示自己"没有压力，心理健康状况良好"，65.2%的学生表示自己"有点压力，通过自我调节可以保持良好"，22.9%的学生表示自己"有压力，需要通过心理帮助维持良好"，4.4%的学生表示自己"有压力，不知怎么办"；对导致心理压力最主要原因，64.4%的学生表示是"学习和就业压力"，17.8%的学生表示是"感情问题"，8.9%的学生表示是"成长经历中的阴影"，24.4%的学生表示是"经济原因"；对大学生活中感觉最苦恼的问题，35.6%的学生表示是"校内竞争激烈，学习紧张"，42.2%的学生表示是"社会竞争激烈，就业前途未卜"，6.7%的学生表示是"对所学专业感到没有前途，失去兴趣"，15.6%的学生表示是"上学费用高，经济困难"；关于在遭遇挫折、困惑、承受压力时经常采取的方式，42.2%的学生表示会"找人倾诉"，14.8%的学生表示会"哭泣或发怒"，38.5%的学生表示会"独自承受，不想被人发现"，28.1%的学生表示会"写日记、吃东西、购物、运动等"；对遇到问题时最可能的咨询对象，67.4%的学生表示是"同学、朋友"，28.9%的学生表示是"父母、家人"，25.9%的学生表示是"自己处理"，只有5.2%的学生表示是"辅导员"。

二、艺术高职院校部分学生精神生态失衡的原因

（一）异质的价值观的冲击消解了社会主义主流价值理念的地位

艺术高职院校学生"由于知识薄弱，加上思想上的稚嫩和不成熟，有相当部分学生缺乏敏锐的洞察力和高超的识别力。在世界大发展、大变革、大调整，各种思想文化交流、交融、交锋更加频繁的背景下，面对文化全球化背景下多质性的伦理文化及异质的价值观的冲击，面对我国社会转型时期现代社会弊病的影响"[①]，"面对突如其来的、猛烈的外来价值观念的冲撞，矛盾性、无序性、困顿性就十分清晰地显露出来，出现了现代化刺激伦理秩序与价值的失范与混乱之局面，甚至出现较严重的道德沦落与社会生活失序的现象"[②]，导致艺术高职院校学生文化认知上的混乱和游移状态。"这种对文化认知、定位的游移就会造成不同质的价值观在大学生个体的价值观世界中共生并产生冲突，造成了困

---

① 王占霞. 高职院校学生社会主义核心价值观培育和践行的路径［J］. 开封教育学院学报，2014（06）.
② 曾盛聪. 伦理变迁与道德教育——市场化、全球化、网络化际遇中的现代性追寻［M］. 广州：广东人民出版社，2006：25-26.

惑、茫然，缺乏崇高的理想，缺少奋斗的动力，产生'无所适从感'和'信仰危机'。"①

（二）教学评价体系的缺陷弱化了道德实践的养成

高校要"以立德树人为根本"，"把社会主义核心价值观体现到教书育人全过程，引导师生树立正确的世界观、人生观、价值观……"② 社会主义核心价值观是高校思想政治教育的重要内容，培育和践行社会主义核心价值观也是高校目前的中心任务之一。但大多数高校在教学中往往偏重于对其政治内涵上的解读与引申，而缺少对其文化层次上的深入发掘，在教学评价中往往单纯以理论学习成绩为道德评价标准，却往往忽略作为价值观念外化的日常行为规范。在许多高校，合力育人仍旧是个概念，教师和政工干部各自为政，教师更多地关注学生对理论的掌握和课堂上的表现，辅导员、班主任也很难兼顾到学生的学习和生活等方方面面，对学生的评价失之偏颇。有些主管干部往往通过有限的印象和主观臆断以及学生的汇报、推优、荐选评价学生，导致推荐的部分入党积极分子培养对象和各级优秀学生往往不能真正服众。高职艺术院校的学生大多从小就学习艺术，参与过较多的艺术实践，受社会上负面影响也比较多，因而与一般的理工科学生相比容易因一些有失公允的事情产生困扰，从而造成心理上的失衡。

（三）学习和就业等压力下的焦虑打破了心灵上的和谐

艺术高职院校学生大多在中小学时代就开始接受艺术素质教育，从小把大量时间和精力投入专业知识学习中，文化基础普遍薄弱。第一，进入大学以后，在学分制教育改革背景下，文化基础课学分的要求使部分学生颇感压力，需要文化底蕴支撑的专业理论课更使其不堪重负，而无尽的专业训练和频繁的专业实践就可能成为压倒某些学生的最后一根稻草；第二，虽然新时代中国特色社会主义文化强国建设给艺术人才的发展带来了更多的机遇，但艺术领域唯有出类拔萃，方可独领风骚，因此，艺术领域的竞争更为激烈，这也使许多学生感到前途渺茫、事业发展生死未卜；第三，艺术院校学费较高，部分学生家庭经济本就一般，如遇家人生病，困难在所难免，再加上部分学生对所学专业失去兴趣、情感问题、成长经历中的阴影等，以上诸多因素，任何一种遭遇都会使

---

① 陈思敏. 追求大学生精神生态的平衡——"以人为本"在高校校园文化中的实践 [J]. 内蒙古师范大学学报（教育科学版），2008（07）.

② 中共中央，国务院. 印发《关于加强和改进新形势下高校思想政治工作的意见》[EB/OL]. 新华网，2017-02-27.

学生感到困扰、焦虑，而随之心灵的和谐便无从谈起。

三、优化艺术高职院校学生精神生态的对策

（一）强化教育引导，以社会主义核心价值观引领学生成长

"坚定的理想信念、正确的价值观、人生观是青年学子成长成才的基本支柱和精神底色。"①"社会主义核心价值观是当代中国精神的集中体现，凝结着全体人民共同的价值追求。"②"我们要在全社会大力弘扬和践行社会主义核心价值观，使之像空气一样无处不在、无时不有，成为全体人民的共同价值追求，成为我们生而为中国人的独特精神支柱，成为百姓日用而不觉的行为准则。"③在艺术高职院校学生中强化社会主义核心价值观的教育引导，可以帮助他们在各种思想差异中找到价值认同上的最大公约数，有效整合纷繁复杂的社会思想意识，避免思想上的对立和混乱。当然，教育要讲求方式方法，切忌简单粗暴、生吞活剥，以免逆反抗拒。因此，教育者首先要尊重学生价值观世界中的"多元性"，在此基础上春风化雨般深入分析各种价值观的深刻内涵和精神实质及阶级立场，让学生在比较中认识"'三个倡导'所彰显的时代精神、民族精神和理想与现实的诉求及折射出的包容精神，品味其所体现出的中华民族高度的文化自觉、文化自信"，④进而自觉选择社会主义核心价值观作为其成长成才的价值引领，并成为其根植于内心的修养。

（二）完善学生评价体系，形成统筹联动的合力育人格局

学生评价体系作为重要的教育手段，如同一个指挥棒，可以有效引导学生的发展方向。建立一套将理论与实践相统一、知与行相统一、言与行相统一，完整全面的全方位、全过程、全员参与的艺术高职院校学生综合考评体系，不但可以对学生作出客观、公正的评价，实现学生心灵的和谐，而且可以引导艺术高职院校学生在实践中实现能力的不断提升、精神的不断升华。因此，艺术高职院校要以完善学生评价体系为契机，"确立'大思政'理念，充分调动各方面力量，整合各方面资源，发挥各部门优势，各级组织相互协调、互有侧重，各个环节相互配合，全校上下拧成一股绳，以学生发展需求为切入点，以贴近

---

① 靳诺. 坚持立德树人 培养优秀人才［N］. 光明日报，2017-04-10（01）.
② 习近平. 在中国共产党第十九次全国代表大会上的报告［EB/OL］. 人民网，2017-10-28.
③ 习近平. 在文艺工作座谈会上的讲话［EB/OL］. 新华网，2015-10-14.
④ 王占霞. 高职院校学生社会主义核心价值观培育和践行的路径［J］. 开封教育学院学报，2014（06）.

实际、贴近生活、贴近学生为原则，以学校发展和学生成长为本位，教育、管理、服务各司其职，形成思想政治教育实践育人的整体合力，努力开创艺术院校全员、全程、全方位实践育人工作的新格局"①。

（三）加强人文关怀和心理疏导，培养阳光和谐的艺术人才

"高校立身之本在于立德树人。""要坚持不懈促进高校和谐稳定，培育理性平和的健康心态，加强人文关怀和心理疏导，把高校建设成为安定团结的模范之地。"② 艺术高职院校一定要树立"专业成才，精神成人"的教育理念，充分认识精神力量在学生成长成才过程中的重要作用，把学生的精神成长纳入教育教学计划；要密切关注学生的精神生态现状，及时发现、及时解决学生的学习、生活等现实问题和思想问题；对重点群体要给予更多的人文关怀，关心他们的内心感受，在解决好他们现实问题的同时加强心理疏导，引导他们正确对待自己、他人和社会，正确对待困难、挫折和荣誉；也可以利用艺术院校自身优势，让学生通过丰富多彩的艺术形式，"释放人的情感，满足人的自我观照、自我宣泄，实现人的自我需求，调节人的心理状态，维持人的心理平衡"③，给自己的灵魂以栖息之地；对个别特殊学生，也可以运用当前心理学上比较成熟的正念疗法（包括正念减压疗法、正念认知疗法和正念行为疗法）进行训练和治疗。总之，艺术高职院校要把培养阳光和谐、德艺双馨的艺术人才作为神圣使命，为新时代中国特色社会主义文化强国建设不断努力。

参考文献

［1］习近平. 在文艺工作座谈会上的讲话［EB/OL］. 新华网，2015-10-14.

［2］习近平. 在中国共产党第十九次全国代表大会上的报告［EB/OL］. 人民网，2017-10-28.

［3］习近平. 把思想政治工作贯穿教育教学全过程 开创我国高等教育事业发展新局面 刘云山讲话 王岐山张高丽出席［N］. 人民日报，2016-12-09（01）.

［4］中共中央，国务院. 印发《关于加强和改进新形势下高校思想政治工

---

① 王占霞. 艺术院校思想政治教育实践育人模式研究［J］. 高教学刊，2017（10）.
② 习近平. 把思想政治工作贯穿教育教学全过程 开创我国高等教育事业发展新局面 刘云山讲话 王岐山张高丽出席［N］. 人民日报，2016-12-09（01）.
③ 刘媛. 精神生态视域下当代大学生幸福观研究［J］. 科技视界，2014（34）.

作的意见》[EB/OL]. 新华网, 2017-02-27.

[5] 曾盛聪. 伦理变迁与道德教育——市场化、全球化、网络化际遇中的现代性追寻 [M]. 广州：广东人民出版社, 2006.

[6] 靳诺. 坚持立德树人　培养优秀人才 [N]. 光明日报, 2017-04-10 (01).

[7] 陈思敏. 追求大学生精神生态的平衡——"以人为本"在高校校园文化中的实践 [J]. 内蒙古师范大学学报（教育科学版）, 2008 (07).

[8] 王占霞. 高职院校学生社会主义核心价值观培育和践行的路径 [J]. 开封教育学院学报, 2014 (06).

[9] 王占霞. 艺术院校思想政治教育实践育人模式研究 [J]. 高教学刊, 2017 (10).

[10] 刘媛. 精神生态视域下当代大学生幸福观研究 [J]. 科技视界, 2014 (34).

全真环境下高校学生记者团用人与育人融合培育机制探析[*]

马向东[*]

摘要： 学生记者团是高校新闻宣传工作的生力军，对于高校新闻宣传起到积极的促进作用，在准新闻专业化的实践培养下，学生记者团成为应对高校人才培育和社会人才需求而被"使用式培育"的特殊学生团体。本文通过对高校学生记者团生存和发展现状调研，探索在新闻全真环境下，基于用人和育人双重办团宗旨的学生记者团（新闻选修课）培育机制，使对学生记者的"使用"和"培育"有机融合，使学生记者在为高校新闻宣传做贡献的同时自身也得到新闻专业的培训和实践，成为具有不同专业背景优势的"准专业"新闻人才。

随着教育事业的发展，学生记者团在高校新闻宣传中发挥着越来越重要的作用。学生记者团用实力和业绩证明其作为一个特殊的学生社团，在校园文化中所具有的独特的地位和作用。然而，学生记者团在发展中也面临诸多问题，主要是用人与育人机制上存在不对称，存在"三重三轻"：重用人，轻育人；重产出，轻投入；重精神引导，轻职业吸引。学生记者在高校新闻工作中被充分使用，却较难获得新闻专业教育培养和职业技能评定。根据党的十八大精神，浙江省委十三届三次会议提出促进高校服务创新驱动发展战略，提出"大力培养创新人才"，要"紧贴经济社会发展需求，认真研究社会需求和创新人才培养要求，建立健全创新人才培养体系。""进一步落实高校专业设置的自主权，……建立健全专业退出和淘汰机制，增加学生二次选专业的机会，强化学生学习的选择

---

[*] 马向东，浙江艺术职业学院党委委员、宣传部（统战部）部长，教授。

权。①"将高校新闻工作与新闻专业培训相融合,依托公共新闻选修课规范对学生记者的培育,使学生记者团体现当下新闻宣传的工作性和未来新闻岗位的职业性这两个属性,使非新闻类专业培养出具有各种专业背景的新闻人才,增加大学生新闻专业学习机会和未来新闻岗位就业机会,使用人和育人达到和谐统一,这应是高校人才培养的题中应有之义。

一、高校学生记者团的作用

高校学生记者团具有"传播学校新闻动态、丰富学生文化生活、培养学生宣传能力、促进校园文化建设"等特点。从各高校学生记者团发展状况来看,大多数高校学生记者团发展迅速、规模较大、影响较广,许多学生记者团扩展为学生新闻通讯社,甚至一些社会媒体在高校设立大学新闻社、记者站,使学生记者团的社会化、专业化和综合化发展趋势明显。记者团一般设有新闻部、文学部、摄影部、多媒体部、办公室等部门,有较为成熟的招新、培训、采编、管理和评优等管理制度。随着学生记者团队伍不断扩大、工作机构不断增多、工作内容不断丰富,不仅为高校新闻宣传做出显著成绩,还营造出浓郁的校园记者文化氛围。学生记者团的作用主要有以下三个方面。

(一)承担新闻宣传职责,架起学校与师生和社会的沟通桥梁

高校是一个浓缩的社会。高校新闻机构与社会媒体在职能上日益趋同,但高校新闻机构人员配备却远不如社会媒体。就主管新闻宣传的高校宣传部而言,管理涉及面广,其新闻工作却不能如社会媒体那样配备齐全的专业记者、编辑、采编人员,面对信息量巨大的校内外新闻,学生记者成为高校新闻宣传的主体力量。同时,学生记者来自各院系各专业,有不同的专业优势和背景,对新闻工作有兴趣,触角敏锐、思维敏捷、年轻活跃、接近基层,又有良好的文字功底或摄影基础,稍加新闻专业知识培训,便可成为校园的"无冕之王",能够迅速捕捉新闻动态,反映师生心声,其发稿量和作品质量往往居于高校作者群之首,在社会媒体上发表新闻也较为普遍。通过新闻宣传报道,学校师生和社会各界得以全面了解高校教育教学成果,形成良好的学校美誉度和学校凝聚力。

(二)陶冶学生人文情怀,培养学生记者良好的新闻素质和能力

学生记者团对于学生记者的成长成才作用很大。学生记者有机会"走近高

---

① 中共浙江省委关于全面实施创新驱动发展战略 加快建设创新型省份的决定[EB/OL]. 人民网,2013-06-08.

端"，参与采写学校重大工作和活动，接触名家，提升认知、开阔视野；同时深入基层，了解实际，在实践中提升"铁肩担道义，妙笔著文章"的认识。通过新闻实践，培育学生的采访沟通、新闻写作、摄影摄像、语言表达、组织协调等能力素质，从而培养大批优秀学生记者。如浙江艺术职业学院学生记者团是具有广泛号召力和影响力的学生社团，不仅获评全省高校优秀学生社团，历届学生记者团团长、副团长和首席记者等，还连续多届当选校"十佳大学生"，特别是在第三届评选中，有4位学生记者同时入选"十佳大学生"，由此学生记者团实力可见一斑。不少学生记者毕业后进入新闻媒体单位工作，有的成为知名记者。

（三）丰富校园文化生活，"以文化人"形成校园文化品牌

作为学习性、工作性和实践性并重的学生记者团，其多年新闻实践活动和记者节纪念活动形成的独特的记者文化，往往吸引校内外师生广泛关注、积极参与。校庆、校运会、重要演出、招生招聘、综合展演季等大型活动，学生记者的采访活动及新闻报道等引人瞩目，吸引师生和社会关注，使学生新闻活动成为校园的人文风景；学生记者团组织举办的记者节纪念活动、为灾区群众祈福、新闻知识讲座研讨、社会实践考察、文学摄影设计比赛、新闻访谈模拟等活动，广泛吸引师生参与，增添了校园人文气息；学生记者团与社会媒体建立良好的工作联系，成为社会媒体的大学生通讯社，应邀参加媒体举办的新闻采风、新闻比赛等社会活动；学生记者撰写的人物散文、文化随记在校报、校网发表并入编高校校园文化丛书。这些新闻活动达到"以文化人"的效果，提升了大学生精神文明素质，尤其在艺术院校中起到"以文化人"的校园文化品牌集聚效应，由此，浙江艺术职业学院学生记者团在学校首届校园文化品牌评选中，名列校园文化品牌榜首。

二、高校学生记者团发展的特殊性及其存在的问题

学生记者团是高校新闻宣传事业发展的一个衍生成果，虽然有"无冕之王"的行业光环和职业认可，但在组织体系和专业支撑上却存在先天不足，其特殊性及其问题表现在三个方面。

（一）工作性质的特殊性造成学生职业兴趣倦怠

高校学生社团的目的主要是培养学生兴趣爱好、锻炼学生技能才干，学生记者团固然有此目的，但办团宗旨主要是为了缓解高校新闻宣传力量相对薄弱与高校新闻宣传需求日益扩大的矛盾，是由高校宣传部创建并管理的，带有明

显的学校主导性质，其工作形式和活动内容与学校密切相关，工作强度远远高于其他社团，工作自主性较低，与其他学生社团相比，显得工作任务性偏重、活动娱乐性不足，学生记者在新鲜感消失后，容易产生兴趣减退、工作倦怠，尤其是未受到"重用"的学生记者，会因为接受任务少、新闻作品少而缺乏成就感，比较容易逐渐疏离并退出记者团，出现"虎头蛇尾"的现象。

（二）组织管理的特殊性造成综合评价体系缺位

学生记者团有一套自我管理的组织架构，直属于高校宣传部或新闻中心，其工作活动相对独立，未被列入学生社团组织管理体系。主要由宣传部或新闻中心承担对学生记者团的考核评优，其激励和考核主要来源于对新闻工作的兴趣度和责任感的精神引导，以及年度优秀学生记者评比。对于学生记者团的评价机制没有纳入统一的教学考核或团学组织综合考核评价体系中，游离于团学组织系统的"学生评价体系"，难以形成良好的组织归属感和职业认同感。

（三）培养模式的特殊性造成专业支撑缺乏

学生记者团是应对高校新闻工作需要而被"使用式培育"的学生组织。这种高校新闻需求与社会新闻需求相似，学生记者通过新闻实践得到较好的锻炼。然而，对于学生记者的新闻专业性要求较高，但在培养上却与专业教学大相径庭。学生记者培训仅限于数量有限的新闻知识讲座和日常的新闻稿修改辅导，没有专业师资、专门时间和系统化、规范性的新闻课程培训作保证；学生记者接受新闻培训课不能如其他选修课一样计入选修课学分，发表新闻稿不能在专业学习中体现成绩；新闻指导老师的辅导工作不能列入教师评价考核体系，针对学生记者的培训时多时少、时有时无，新闻培训缺乏科学性，学生记者的新闻能力不能得到全面有效提高。究其原因在于学生记者团新闻专业培训没有上升或归类为新闻专业教学层面，没有新闻专业支撑的培养模式在师资、课程和经费等支持方面都是不规范、不到位的。

三、建立高校学生记者团用人与育人融合培育机制

一方面，高校新闻工作已然培养了大批优秀新闻人才，使学生记者团发展红火，许多非新闻专业学生记者毕业后从事新闻或与新闻有关的工作，在非新闻专业高校中培养新闻人才成为一种可选择之路。另一方面，随着学生记者团发展壮大，其面临的学生记者专业化培育和考核机制等出现脱节的问题。通过对正反两方面的现状分析，根据高校学生记者团发展中出现的局限和问题，结合高校以学生为本，人才培养和学生就业多样化、职业化的要求以及学生记者团的发展优势，对学生记者团可采取用人与育人相融合的培育机制。

（一）融合培育机制的内涵和目标

1. 内涵

用人与育人融合即"同时并举"，就是将学生记者团与新闻公共选修课相融合。一方面，学生记者团是学生新闻社团，沿用原有的学生记者团管理运行模式；另一方面，将对学生记者团的培训纳入公共选修课体系中，使学生记者团成为学校新闻业务的培训机构。

2. 目标

培养具有不同专业背景的、实用型新闻人才。将学生记者使用与新闻人才培养相融合，拓展教学专业，丰富育人内容，增设新闻选修专业，增加新闻培训比重，规范对学生记者的考核评定，调动学生记者和新闻指导教师的积极性，为学生记者毕业后从事与新闻相关的职业铺路。

实行融合培育机制，一方面，科学合理地管理和培训学生记者团，增强学生记者团的吸引力、凝聚力和学生记者的积极性和创造性；另一方面，将新闻培训纳入公共选修课程体系，使学生记者在系统性、规范化的新闻专业学习中获得新闻工作所需要的专业知识和技能。新闻选修课程的开设满足了社会对具有各种专业背景的"准新闻人才"的需要，也使学生记者增加了就业机会。

（二）融合培育机制的组织实施

1. 新闻选修课的组织管理

对学生记者团的教育培训依托新闻选修课开展。由宣传部或新闻中心主办并申报开设新闻选修课，确定授课教材、安排课程内容、聘请授课教师、组织考试考核；经学校批准后，由教务处将新闻选修课纳入公选课教学计划和管理体系，对新闻选修课进行统一管理，安排授课时间、确定授课教室、统一安排考试考核和成绩学分登记等。

2. 新闻选修课的学生选拔

新闻选修课作为一种职业吸引力较强、内涵种类丰富、培养较多才能、注重新闻实践的专业，必然受到学生欢迎。与一般公选课网上"抢报"不同，新闻选修课招收学生通过考试选拔或推荐审核产生。新闻选修课选报和学生记者选拔相结合，可采取三种方式：一是通过公选课报名，明确新闻选修课所录用的学生可以加入学生记者团，对报名者通过集中命题面试，择优录取；二是各院系推荐学生记者，经宣传部审核，吸收优秀学生参加记者团，同时接受新闻选修课培训；三是在日常工作中发现优秀学生加以吸收。选拔标准包括政治素质、思想素质、学习成绩、写作能力、摄影摄像能力、组织协调能力等。新闻选修课班长兼任学生记者团团长，新闻、文学、摄影等各专业组对应记者团各部门，形成严密的"课团合一"的学生组织机构。

3. 新闻选修课的课程设置

新闻选修课分为新闻理论课和新闻实践课两大类。理论课即课堂讲座和理论研讨活动，实践课即记者团采访采风活动。理论课每周安排一次课，开设两个学期，程度由低到高：第一学期是新闻基础知识和技能学习，讲授新闻写作、新闻摄影等基本知识和技能；第二学期是新闻提高和理论研究，结合新闻理论学习和新闻工作实践，掌握写作深度报道、新闻评论和学术论文的能力。课程以大类分设新闻采写、编辑组稿、摄影摄像、美术设计、网络设计等，授课内容以基础性、应用性、提高性为要。实践课包括新闻采访采风，由指导教师带领学生记者参加校内外各项重大工作和活动，开展宣传报道。新闻选修课教材应以普及性、基础性、实用性新闻写作和技巧辅导教学为主，如选用《校报学概论》《校园新闻实战手册》《高校校报编辑记者简论》等有针对性、实用性的教材，将新闻理论知识与生动案例相结合进行授课，体现趣味性、实用性和实践性。

4. 新闻选修课的教师聘请

校内聘用与校外聘请相结合，系统新闻课程与专家新闻讲座相结合，新闻公选课授课教师同时聘为记者团指导教师。校内教师主要有宣传部教师、校报编辑和文史、美术、摄影等专业教师，校外教师有媒体编辑、记者和新闻专业院校教师等。课程形式包括新闻理论、采访实践、情景模拟等。新闻选修课通过邀请校外媒体记者编辑做新闻采写、摄影摄像和编辑等专题讲座的方式，可以营造新闻职业环境，形成新闻职业引领，使学生记者通过接触社会媒体，培养新闻敏感度以及新闻职业道德和素质。校内教师授课和记者团指导教师实践辅导均统计课时，发放课时费，纳入教师考核和职称晋升绩效。

（三）融合培育机制的管理评价

实行融合培育的学生记者团，公选课与记者团的管理评价制度更为科学合理有效，两套管理制度可以实现优势互补。

1. 课程管理制度

新闻选修课管理制度从教务管理上保证学生记者的到课率和课堂学习秩序，保证学生记者的学习培训效果，规范考核和结业程序；记者团管理制度保证学生记者有效参加新闻采访实践和推出新闻作品，使新闻选修课考勤纪律更为规范、课堂学习氛围更为融洽、学生的学习目的性更为明确。

2. 学生退出制度

新闻选修课培训成绩不合格的同时，退出记者团，避免有的学生加入记者团带有盲目性而不愿认真接受培训的消极现象；在记者团中工作不力或业绩较差，经考察不合格，退出记者团，同时中止新闻选修课学习，杜绝有的学生只想混学分而不想真正学新闻、做新闻的消极现象。两种退出制度相互融合、相互促进，使学生记者培养与使用保持统一，保证新闻选修课的培育质量和学生记者团的整体素质，从而促进学生新闻队伍的专业化建设。

3. 考核评优制度

学生记者团考核兼有新闻选修课专业学分和记者团评优双重机会。新闻选修课成绩由两部分组成：一是选修课考试考核分，包括书面考试和结业论文分，考试包括新闻基础知识、新闻实训模拟、新闻访谈、新闻摄影摄像等，结业论文考核学生记者对新闻培训和实践的思考；二是学生记者新闻稿录用数，按刊用媒体级别系数计分，记者团评优以每月发稿量和录用量及日常工作为准，参考日常学习和工作表现。学生记者团评优还应纳入社团组织和社团干部评优体系中，提高学生记者团与团学社团的融合度。

综上所述，将学生记者团与新闻选修课相融合，形成学生记者团的新闻人才用人与育人融合培育机制，使学生记者团在新闻全真实践环境下受到新闻专业培训和参加新闻活动实践，兼顾高校新闻宣传工作需要和学生成长成才需要，为大学生架起进入社会媒体、参与新闻工作的桥梁，增加大学生就业机会，提高大学生适应社会的能力，同时也可以将学生记者培育成具有某一方面专业背景的高素质、高技能、应用型新闻人才，为各类社会媒体机构提供特色专业新闻人才。

参考文献

[1] 中共浙江省委关于全面实施创新驱动发展战略加快建设创新型省份的决定 [EB/OL]. 人民网，2013-06-08.

[2] 程曦. 高校学生记者团："用人"更要"育人" [J]. 科教导刊，2012 (25).

[3] 杜春华. 高校宣传工作中学生记者团的培养与管理浅谈 [J]. 中国教育技术装备，2011 (24).

[4] 张晓冰. 高校校报学生记者队伍建设研究 [J]. 新闻爱好者（理论版），2009 (07).

［5］杨红. 试论高校校报学生记者队伍的培养［J］. 南京财经大学学报，2005（06）.

［6］王卫明，等. 校园新闻实战手册［M］. 南昌：江西人民出版社，2011.

［7］曹苇舫，金一斌. 校报学概论［M］. 杭州：浙江大学出版社，2011.

［8］杨洪波. 高校校报编辑记者简论［M］. 北京：科学出版社，2011.

高职艺术院校劳动教育和实践路径

李旭芳*

摘要：本文在对国内高职艺术院校现有劳动教育资源进行梳理分析基础上，提炼新时代高职艺术院校劳动教育的内涵及特征，阐释高职艺术院校开展劳动教育的重要意义，进而提出高职艺术院校有效实施劳动教育的实践路径。

正如全国教育大会所提出的，要培养德智体美劳全面发展的社会主义建设者和接班人，在学生中弘扬劳动精神，教育引导学生崇尚劳动、尊重劳动，懂得劳动最光荣、劳动最崇高、劳动最伟大、劳动最美丽的道理，长大后能够辛勤劳动、诚实劳动、创造性劳动。① 无论是培养数以千万计的高素质专门人才和大批科技创新人才，还是培养数以亿计的高素质劳动者，劳动教育都是培养更高水平人才的关键工程。劳动教育关系国家命运、民族未来，把劳动教育融入立德树人全过程，在学生中弘扬劳动精神，切实有效开展劳动教育，培养学生劳动素质，是每个学校的政治使命。

高职艺术院校作为国家艺术教育的一种类型，长期以来为国家培养了一大批高素质、技能型、文化艺术专门人才，为促进文化事业、文化产业发展做出了重要贡献，在建设文化强国、教育强国中起着重要的人才支撑和智力支持作用。高职艺术院校开展劳动教育，是培养德智体美劳全面发展的社会主义建设者和接班人的必然需要，是高职艺术院校遵循艺术类人才培养内在规律的逻辑需要，也是高职艺术院校坚持立德树人推进思想政治教育工作的现实需要。

---

* 李旭芳，浙江音乐学院资产与设备管理处处长，副研究员。
① 习近平. 坚持中国特色社会主义教育发展道路 培养德智体美劳全面发展的社会主义建设者和接班人 [N]. 人民日报，2018-09-11（01）.

一、高职艺术院校劳动教育的内涵特征

劳动教育是指以提升学生劳动素质进而促进学生全面发展为目的的教育活动。劳动教育具有以下基本特征：第一，劳动教育具有普通教育的特征。劳动教育具有立德、益智、健体、育美等较为全面的教育功能。第二，劳动教育具有价值教育的属性。劳动价值观是劳动素质的核心，即确立正确的劳动观点、积极的劳动态度，尊重、热爱劳动过程和劳动主体。第三，劳动教育具有强烈的时代特征与社会属性。具体表现为随着社会不断发展，脑力劳动的比重不断增加，新形态的劳动不断形成。高校劳动教育应依据劳动形态的演进而与时俱进，创造条件让学生参加社会服务形态的劳动和利用专业知识开展创造性劳动等，形成当代劳动教育的新方向。

高职艺术院校劳动教育是指以提升艺术类学生劳动素质为目的，在正确的劳动价值观指导下，尊重劳动、乐于劳动，精进技艺、服务社会，持续提高文化综合素质，促进全面发展。首先，高职艺术院校劳动教育同样具有普通教育的特征，应充分发挥以劳树德、以劳增智、以劳强体、以劳育美的重要作用，以其全面的教育功能促进学生全面发展。其次，高职艺术院校劳动教育更具有价值教育的属性。培养艺术类学生尤其是培养戏曲表演、舞蹈表演等舞台表演专业类学生，一方面需从小培养；另一方面则要求学生必须流得了汗、吃得起苦，发挥老底子中国戏班、剧团"冬练三九、夏练三伏"的传统，为的是"封箱歇夏不退功"。无论是在校期间还是寒暑假期间，艺术类学生都必须按照教师要求每日练功，必须比同龄学生承受更多的苦、更多的累，日夜摸爬滚打，方有可能成才。这种常年的刻苦训练对艺术类学生来讲，就是一种劳动；这种刻苦训练的精神就是劳动精神。要教育引导学生不断提高刻苦训练的自觉性和主动性，尤其是培养在寒暑假自主训练的自律意识，这就是劳动教育的价值。最后，高职艺术院校劳动教育具有强烈的时代特征与社会属性。这种强烈的时代特征与社会属性，集中表现在高职艺术院校服务社会的职能履行上。随着新时代中国特色社会主义文化建设持续推进，不仅需要高职艺术院校不断培养文化强国建设需要的文化艺术专业人才，也需要高职艺术院校做好服务高质量发展文章，充分发挥行业优势，扩大艺术教育实践，用师生劳动服务社会，助力基层文化建设发展，助力乡村文化振兴，这也是当下高职艺术院校劳动教育的新方向、新作为。

二、高职艺术院校劳动教育的重要意义

全国教育大会提出:"要努力构建德智体美劳全面培养的教育体系。"这个要求明确地把德智体美劳作为一个整体予以考虑,揭示了德智体美劳五育之间的内在联系与相互融合、相互促进的发展规律。劳动教育具有融通性特质,它的融通性就是指它的功能、它与德智体美四育的关系。劳动教育的实施对贯彻教育与生产劳动相结合,促进身心素质全面发展具有重要意义,是促进德智体美各方面都得到发展的重要措施,即"以劳树德、以劳增智、以劳强体、以劳育美"。高职艺术院校"以劳树德、以劳增智、以劳强体、以劳育美"主要表现为:

(一)以劳树德,劳动教育促进艺术类学生德育发展

劳动教育对艺术类学生品德的形成有着重要作用。高职艺术院校在日常教育教学和学生管理中,要充分融入劳动价值观教育,引导学生树立正确的劳动观念和积极的劳动态度,使学生在日常高强度的枯燥技能训练中锻炼吃苦耐劳、勤于劳动、坚韧不拔的劳动精神和学艺工匠精神,进而以劳动精神支撑日复一日的刻苦训练,不断提高自身技能,增强自身劳动品质。同时,学校也可以组织学生赴艺术剧团、文化企业甚至基层农村文化礼堂参加艺术实践、文化下乡活动,抑或直接到田间地头参与劳动,切身体会"粒粒皆辛苦"的道理,体会劳动的艰辛,使学生慢慢懂得劳动最光荣、劳动最崇高、劳动最伟大、劳动最美丽的道理,慢慢养成崇尚劳动、尊重劳动的品质。

(二)以劳增智,劳动教育促进艺术类学生智育发展

苏霍姆林斯基主张,学生生活的智力丰富性,在大多数情况下取决于能不能把智力活动和体力劳动密切结合起来。衡量一个艺术类学生所收到的智力成效,应该就是掌握规定文化知识基础上的专业技能掌握水平,而艺术类学生专业技能的掌握,往往需要使用自己的肢体,融入情感,将技能技巧不断重复且进行循序渐进的持续练习,这种持续练习其实就可以视作艺术类学生的劳动。从这种意义上讲,艺术类学生的专业课就是劳动课,教师在课堂上传授技能的过程和行为,就是劳动教育。因此,艺术类专业人才培养及其教育教学的过程,是智力活动和体力劳动紧密结合、融为一体的过程。学生在这个过程中,肢体、情感与创造紧紧联系在一起,通过劳动提高专业技能水平,即智力水平。在这个过程中劳动不是最终目标,而是通过这样的劳动,学生得到思考与创造,技能水平得到提高。同时,学校举办一些简单的劳动教育活动,让学生自主参加

一些诸如拍摄微电影、创排小型音乐舞蹈节目、出游写生、制作陶艺作品等劳动,将劳动与创新更好地融合以培养学生的创造性思维。

(三)以劳强体,劳动教育促进艺术类学生体育发展

从上述可以看出,一方面,艺术类学生的专业技能训练,本身就可以被视为一种劳动,学生上专业课就是一种体力劳动付出,可以帮助学生练就强健的身体,激发学生对日常学习和平时体育锻炼的热爱,促进学生身心各个方面的发展。另一方面,高职艺术院校体育课,从某种意义上说也是一种劳动教育,帮助学生养成锻炼习惯、掌握运动技能、增强学生体质。此外,学校设计开展形式多样的体育劳动活动,帮助学生走出网络、走出宿舍、走向操场,强身健体。在体育劳动过程中,将体力劳动与脑力运动紧密结合起来,在锻炼学生身体的同时,磨炼学生意志,增长学生才干,使劳动成为学业中的消遣放松,让劳动成为一种精神上的享受。

(四)以劳育美,劳动教育促进艺术类学生美育发展

美不仅存在于自然界和艺术中,也存在于人们的创造性劳动中。劳动创造了美。创造性生产劳动不仅生产着审美客体,也完善着审美主体。艺术类学生本身就需要具有较强的审美能力,只有这样才更能懂得艺术,才更能生产出美的作品。不管是专业课堂的劳动,还是实际的生产劳动,学生不仅能体会到劳动的快乐和收获,也能通过自身刻苦训练不断提高专业技能水平。一个专业技能水平不断提高了的自我,就是通过劳动生产出一个审美客体,即一个专业技能更为优秀的学生。同时在自身刻苦训练的劳动过程中,对技能水平精益求精的进取心、排除困难的坚韧意志和团结互助的集体主义精神得到不断养成,完善审美主体,即一个审美能力更高的学生,两方面互为促进、相辅相成。随着社会物质文明和精神文明的进步,劳动将不再作为谋生手段,而是成为人们的生活要素,那时劳动过程的审美作用和审美价值将会提到一个更新的高度。把劳动教育作为审美过程,就应该教育人们在劳动过程中积极主动地创造美,从而使自己获得美。通过劳动,真正懂得美、理解美。

劳动教育作为整个教育的基础,渗透融合到德智体美教育的全过程之中,它们之间相互促进、相互联系;劳动教育可以促进德、智、体、美的发展,离开了劳动,任何一项都无法单独发展起来;既不能以劳动教育代替德智体美教育,也不能以德智体美教育混淆劳动教育。

三、高职艺术院校劳动教育的实践路径

（一）加强对劳动教育价值引领和制度体系构建

坚持以马克思主义指导高职艺术院校劳动教育实践。加强对学生劳动历史教育、劳动经济教育，引导学生逐步树立奋斗意识，为实现"两个一百年"奋斗目标、实现中国梦不懈奋斗，鼓励学生养成"尊重劳动、辛勤劳动、诚实劳动"的态度，以劳动教育带动德智体美四方面的成长发展，真正将劳动所特有的综合育人功能最大化。要充分凸显劳动教育的综合性与统领性，让劳动教育成为一种价值召唤；充分强化劳动教育的激励性与基础性，让劳动成为一种积极的生存方式；充分凸显劳动教育的主体性与责任性，让劳动教育成为一种制度建构。

（二）加强对劳动教育系统化教学体系构建

切实加强高职艺术院校劳动教育，必须建立科学的多元化、系统化劳动教育教学体系。首先，要建立完善劳动教育课程设置。一方面，可以开设专门的劳动教育课程，如"劳动教育概论""劳动价值论"等，促使学生掌握劳动教育以及与劳动、就业等相关的劳动知识。鉴于艺术院校的特殊性，可梳理界定相关专业技术技能课的劳动教育属性，在专业技能课中同步开展劳动教育。另一方面，充分挖掘思想政治教育理论课、各专业课程、社会实践课程中的劳动教育元素，将劳动教育思想渗透到各门课程中，使各门课程与劳动教育同向同行、形成协同效应。其次，大力教育引导教师树立劳动教育意识，提高劳动教育教学能力。一方面，引导专业技能课教师转变观念，充分认识技能课的劳动教育属性，上好专业技能课即上好劳动教育课。另一方面，所有教师的观念也应逐步转变，让教师认识劳动教育的重要性，在各门课程中有效融入劳动价值观教育，守好各门课程劳动教育的一段渠、种好责任田。此外，有条件的艺术院校还可以通过拓宽培养渠道、鼓励脱产培训、聘请能工巧匠等方式培养专兼职劳动教师队伍，从而提升劳动教师专业化程度。

（三）加强对劳动教育实践体系构建

高职艺术院校要增强艺术教育服务创新发展能力，培养更多适应高质量发展的各类艺术人才，并积极履行好服务社会职能。高职艺术院校师生具有服务社会的天然优势，要不断提高艺术教学实践劳动服务社会的能力。当前，随着乡村振兴战略的全面实施，全国基层文化发展势头迅猛，为高职艺术院校学生参与文化惠民、用艺术教学成果服务社会提供了广阔天地。一方面，高职艺术

院校应积极融入乡村振兴战略，组织师生大行文化下乡、文化进村活动，将艺术教育实践成果转化为文化劳动惠民赠民，使广大农民群众享受高雅艺术、接受文明洗礼、丰富心灵世界。另一方面，教育引导学生返乡创新创业，反哺故里、报效乡梓，通过返乡创办文化实业，充分开发乡村、乡土、乡韵潜在价值，从而以劳动带动村民实现文化富民。

参考文献

[1] 王连照. 论劳动教育的特征与实施 [J]. 中国教育学刊, 2016 (7).

[2] 常蓉. 试论苏霍姆林斯基的劳动教育思想 [J]. 湖南人文科技学院学报, 2013 (2).

[3] 肖绍明, 扈中平. 重释劳动教育的人性意义 [J]. 现代教育论丛, 2013 (4).

[4] 李珂. 习近平新时代中国特色社会主义劳动思想探析 [J]. 思想教育研究, 2018 (1).

[5] 徐溪远. 新时代大学生劳动教育研究 [D]. 西安: 西安理工大学, 2017.

[6] 孙秋霞. 高校劳动教育功能探析 [J]. 山西青年, 2018 (10).

师德修养与高职院校青年教师的工作满意度研究

胡芊[*]

摘要：青年教师是高职院校师资梯队中最具活力的组成部分，也是高职院校长期发展的潜在动力，其水平的高低及其贡献程度的大小关系高职院校自身发展的好坏，更会直接影响到教育质量的高低。本文以浙江艺术职业学院为例，从高职院校青年教师的师德修养和工作满意度的内涵及重要性分析入手，对高职院校青年教师工作满意度展开调研，进而探讨两者之间的关系，并对提升师德修养、增强教师的工作满意度提出相应的建议。

高职院校青年教师作为高职院校教师队伍的新生力量，他们的师德状况、工作态度直接影响着学校的发展和高职教育的未来。目前，大部分高职院校都在强调"全心全意为学生服务"的教育理念，因此，相对学生群体，教师群体的发展特别是青年教师群体的自身发展受到较少的关注。就当前而言，不少青年教师尚未形成稳定的教师职业观念，青年教师对教师角色及行为标准还有一个逐渐认同的过程。因此，学校因时因地采取有效促进师德教育的措施，增强教师的教学动力，提高教师的工作满意度，对进一步提升师德境界，实现高职教育的目标具有十分重要的意义。

一、高职院校青年教师师德修养的内涵与重要性分析

教师的职业道德，简称"师德"，指教师在从事教育工作时，根据教育伦理、教育本质的基本要求，在道德方面对自我的一种约束、改造、提升的活动。它是一名教师最重要的素质，也是每一位教师职业操守的目标与方向。高职院

---

[*] 胡芊，浙江艺术职业学院马克思主义学院讲师。

校青年教师注重自身师德修养的提升,可以促使青年教师面对这份神圣而光荣的职业时,做到爱岗敬业、脚踏实地,并在教育教学过程中不断积累、总结、创新,从而提高高职学生的整体素质,为社会培养更多的人才。

(一)有利于提升高职院校教师队伍的整体素质

教师的职业道德是教师必须具备的最基本的素质。高职院校青年教师作为学校教师队伍中的重要组成部分,其师德水平决定着教师队伍的整体素质。若教师团队中的青年教师在工作中表现出积极的工作状态,热爱学生、积极奋进、为人师表,他们良好的状态可以在教师集体中营造出活泼向上的氛围;反之,青年教师在团队中情绪倦怠、自由散漫、心术不正,则会严重影响整个教师团队的气氛。因此,加强高职院校青年教师的师德建设,不仅能够提升他们的道德情操,也能够增强其工作责任感、使命感、自豪感,从而进一步提升高职院校教师队伍的整体素质。

(二)有利于提高高职院校人才培养的质量

目前,高职院校的在校学生基本都是95后,他们往往崇尚自由、彰显个性,排斥自上而下的"管教",当遇到问题时,他们更愿意听取同龄人的意见,并效仿他们的做法和行为。高职院校青年教师年龄大多和学生相差不大,有着相似的成长环境和思维模式,他们的言行很容易成为学生模仿的对象。对于人生观、价值观正在快速形成、碰撞、不稳定的学生来说,青年教师对于学生的影响是巨大的,其师德水平可以直接影响到学生的道德水平。因此,加强青年教师的师德建设,让青年教师以身作则,为学生做好榜样作用,对于高职院校培养高素质人才具有重要意义。

(三)有利于提升社会整体道德水平

一方面,高职院校青年教师是广大社会群体中的一员,师德修养又是社会道德的重要组成部分,因此高职院校青年教师的师德修养对于社会道德有一定的影响。另一方面,高职院校青年教师其职业的特殊性具有言行传播广、影响大、认可度高的特点,他们个人所表现出来的道德水平对全社会的整体道德水平有巨大的影响。当然,作为青年教师,他们更能够激励和影响他们的学生。学生是国家的希望,是未来的栋梁之材,随着一批批学生的成长,他们的道德修养,小则会影响周围亲朋的言行,大则影响整个社会的道德氛围。因此,努力培养一支业务精良、师德过硬的高素质青年教师队伍,加强教师的师德修养对于形成良好的社会道德风尚有促进作用。

二、高职青年教师工作满意度及现状分析

高职院校青年教师师德修养的提高是一个系统工程,需要国家、社会、学校、教师本人等各方面加以配合。教师的工作态度直接关系教育的质量和学校的发展。如果青年教师在入职阶段对其角色及行为标准没有形成强烈的认同,必然会对其工作积极性产生一定影响,还较易增强其离职的意向或可能性,使其工作流动性倾向趋于明显。

随着社会的飞速发展,我国高校教师队伍的思想观念和行为方式发生了巨大的变化,高职院校教师作为高校教师队伍中的一员有其自身发展的特点。本文通过问卷调研、访谈等形式,以浙江艺术职业学院为例,展开青年教师工作满意度调研。调研对象为36名高职青年教师,从性别、年龄层次、婚姻状况、学历层次、工作年限、在校岗位分布情况等维度进行了测量。

(一)描述性统计分析

高职院校青年教师工作满意度是指高职青年教师对于所从事的工作本身及工作的内容、状态、薪酬、环境及条件的整体看法与心理状态。本调查从"组织管理、工作报酬、工作内容、工作环境和条件、人际关系"五个维度测量高职教师的工作满意度。调查发现,该校青年教师的工作满意度总体较高,平均值为4.116,占82.32%。其中,"人际关系"的满意度最高,平均值为4.528;"工作报酬"的满意度最低,平均值为3.371,这代表该校青年教师普遍认为同事间相处融洽,而对单位的福利待遇这一块需求较强。

(二)人口变量对工作满意度的影响

高职青年教师中个人的不同情况对工作满意度有不同的影响,如不同的性别、年龄、婚姻状况、学历层次、工作年限、工作岗位等,对工作满意度的影响都是有差异的。调查显示,男教师较之于女教师普遍工作满意度更高;年龄小较之于年龄长的教师满意度更高;未婚的青年教师较之于已婚的青年教师满意度更高;岗位差异对青年教师的工作满意度也有一定的影响,从事专业技能教育的专业教师,工作满意度相对较高,平均值达4.215,基础教学部的文化课教师满意度最低,平均值在3.854;此外,青年教师的学历高低、参加工作时间长短对工作满意度高低也有影响,其中,学历越高满意度越高,而参加工作时间较短的青年教师满意度更高一些。

三、高职青年教师工作满意度与师德修养的关系

青年教师的师德修养与对工作的满足感、幸福感共生于教育过程中。亚里

士多德认为，幸福的生活是合于德行的生活。教师对工作的满意程度很大程度上与教师本身的职业道德有密切的联系，两者关系相辅相成、密不可分。

（一）青年教师师德修养的加强是提升教师工作满意度的必要条件

加强青年教师的师德修养是提升教师工作满意度的基础，良好的师德修养能够促进满意度的提升。一名教师如果不热爱自己的职业，对自己的职业没有认同感、神圣感，那他就很难产生幸福感。而只有当他是一名师德高尚的教师，才能端正工作态度，明确教师工作的意义，热爱教育、崇尚知识，将教书育人当作一项事业来做，而不仅仅是一份工作。如果把教育作为神圣的职业，尽管苦其身、累其筋骨也无怨无悔，工作满意度自然也就比较高。因此，教师的师德修养可以指引青年教师在职业道路上不忘初心、继续前行，引领青年教师在职业行为上严于律己、以身作则，它是教师职业规范的内在灵魂，也是提升教师工作满意度的基础。

（二）提高青年教师的工作满意度是教师师德修养建设的出发点和落脚点

青年教师对于工作的满意程度是师德修养深层次的体现，是师德修养的深化。影响教师工作满意度的因素有很多，本文第二部分的问卷调查显示，主要体现在组织管理、工作报酬、工作内容、工作环境和条件、人际关系等方面。提高青年教师的工作满意度也将从这几个方面着手，外部环境得到改进，内部心境也得到升华。教师的职业生活既是育人又是育己的过程，教师个体只有在工作中不断突破自我、成就自我，才更容易获得满足，更加认可这份工作带来的意义与价值。因此，教师工作满意度提高的过程就是师德修养提升的过程；同样，师德修养提升的出发点和落脚点，就是提高教师发自内心的对于这份工作的幸福感和满足感。

四、提升高职院校青年教师的师德修养与工作满意度的对策

高职院校青年教师的师德修养与工作满意度是高职院校对于青年教师培养关注的重点问题，因为这两方面的建设是一项长期任务，影响着高职院校的自身建设、高职教育的长远发展。因此，高职院校应准确把握两者之间的关系，一方面，通过规范制度、制造舆论严格监督高职院校青年教师的师德修养，组织多样化的师德培养教育活动吸引青年教师主动参加，提升自身的师德水平；另一方面，要加大对青年教师培养的支持力度，联合社会、政府、学校组成一个联动的体系，为青年教师提供一个成就自己、展现自己的平台，提升其工作满意度。

(一)健全师德评价制度,丰富师德培养手段

加强高职青年教师的师德修养应把握好外因和内因的作用。一方面,通过外在的制度等方面加强对教师的管理,如设置青年教师师德培养的组织机构、细化师德评价的各项指标、建立有效的激励机制等,将提升师德修养的要求贯彻于青年教师的管理、教学、服务的全过程。另一方面,提升师德修养仅靠外因起不了决定作用,最终还得依靠青年教师自身的觉悟即内因起着决定作用。高职院校可以突破传统,采取符合时代特征的形式、丰富的师德培养模式及手段,吸引青年教师的关注,通过外因作用于内因,化被动为主动,养成自动遵守教师基本职业道德的习惯,自觉提高自身师德水平。

(二)构建科学管理制度,关注青年教师成长

社会、学校要切实关心教师的身心健康,尊重他们,关注他们生存发展的需求,赢得他们的信任,从而促使其为教育事业满怀热情地无私贡献。为此,高职院校在对教师的管理上,可以借鉴一些现代的科学管理制度,如一些企业对员工的管理方法,在"以人为本"的理念下,以企业将利润最大化和员工工作满意度作为效能指标,同时关注学生和教师的成长,才能保持高职教育发展的生命力。

(三)发挥师德修养影响,提升教师工作满意度

通过本文对师德修养与工作满意度关系的研究,我们可以总结出师德修养是教师对自身工作感到满意的基础,也是教师对工作感到满意的必由之路。德行和幸福是不可分割的,一名师德高尚的教师,更容易在工作中获得幸福感、满足感。教师的工作满意度取决于自身人格特点和外界环境的相互作用,在外部环境相应得到改善的同时,青年教师只有在工作中注重提升自我的师德修养,才会更热爱教育,获得工作带来的满足感,从而提升工作满意度。

参考文献

[1] 曲洪志. 高等学校教师职业道德修养 [M]. 济南:山东人民出版社,2004:78.

[2] 饶细丽,林爱菊. 论师德修养强化对教师职业幸福培育的作用 [J]. 教育与职业,2012(6).

[3] 胡芊. 高职院校青年教师组织承诺与工作满意度关系研究 [J]. 长江丛刊,2017(6).

［4］赵春影.教师职业道德和教师幸福［J］.黑龙江教育学院学报,2016(3).

［5］胡晓霞,王霞.高职教师工作满意度的现状与对策［J］.职业技术教育,2008(12).

习近平青年观探析

王芳芳*

摘要：青年兴则国家兴，在纷繁多变的国际形势和艰巨繁重的国内改革时期，习近平总书记站在历史新的起点上看待青年问题，以国际视野关心青年成才成长，用时代发展的眼光审视重视青年的教育与培养，极大地丰富了马克思主义青年观，对新时代的青年工作有着重大的指导意义。

国家的希望在青年，民族的未来在青年，青年是国家发展和民族复兴的中坚力量。习近平总书记多次对话青年，从历史的维度和时代的高度发表系列讲话，就青年工作发表重要论述，将青年工作上升到国家战略层面，逐渐形成了新时代习近平青年观。这对全党全国人民重视青年、关爱青年提供了重要的思想基础和战略保障，为新时代青年工作指明了正确的方向和科学的路径。

一、思想来源及形成背景

（一）思想来源

1. 习近平青年观是对马克思主义青年观的继承和发展

马克思在 17 岁的时候写下《青年在选择职业时的考虑》，表达了为人类服务的崇高理想。恩格斯也说我们的未来比任何时期都更多地取决于正在成长的一代。列宁不仅充分肯定了青年的积极作用，也明确指出青年对无产阶级政党存在和发展的特殊意义，强调布尔什维克"永远是先进阶级的青年人的党"。斯大林教导青年要为建设社会主义而斗争，引导他们成为社会主义革命和建设的领导者。

---

* 王芳芳，浙江艺术职业学院党委学生工作部干事。

2. 我党成立之初就高度重视青年的成才与成长

无论是在新民主主义革命时期、抗日战争时期、解放战争时期还是在社会主义建设和改革时期,广大青年都承担起救亡图存、社会革新、争取民族独立富强的重任。毛泽东主席把青年人比作八点钟的太阳,"世界是你们的,也是我们的,但是归根结底是你们的"。邓小平同志恢复高考,选拔青年人才,改革开放更为青年人提供了前所未有的舞台。江泽民同志和胡锦涛同志面对国内外复杂形势和新世纪的发展机遇,对青年也有着深厚的感情,寄予了热情的期望。习近平新时代青年观不断丰富了中国化的马克思主义理论成果,在新时代的背景下赋予了中国特色社会主义理论体系更系统、更深刻的内涵。

3. 中国传统文化的熏陶为青年观的形成提供了丰裕的沃土

习近平总书记认为"中华优秀传统文化已经成为中华民族的基因"①。新时代,面对各种复杂问题,还是要从优秀传统文化的精神家园中寻求解决思路,"和而不同"的世界观,"天下兴亡,匹夫有责"的家国责任观,"德不孤,必有邻""仁者爱人"的道德观,"出入相友,守望相助"的和平发展观,无不体现着习近平对于新世界人类和平发展和繁荣发展的把握,以及对于新时代青年努力将个人的小我融入祖国和民族的大我的期望和嘱托。

4. 习近平早期个人经历为青年观的形成提供了实践基础

从上山下乡的知青岁月开始,他从一个迷茫、懵懂的少年,成长为一个有担当、敢作为的青年。在陕北的实干中,培育了他的人民情怀。在梁家河的七年,他更没有忘记勤学笃实的相互结合,不断充实精神世界,学会了独立思考。随后各地踏实肯干的基层工作经历,为青年观的形成发展提供了丰富的实践经验。

(二)时代背景

1. 纷繁多变的国际环境

经济全球化将各国紧紧地融合在一起,在经济的带动下联系日趋频繁,资源争夺、文化侵蚀、人才竞争等各种软手段又凸显着各类危机与不稳定。青年好奇敏感、蓬勃好动,既是全球化浪潮的受益者,同时西方各种不良文化的侵蚀也会诱导他们接受错误的价值观。而目前,各国的竞争归根到底是高素质人才的竞争,因此习近平青年观要帮助青年树立正确价值观,在国际舞台上积极倡导建立人类命运共同体,从而传播中国声音,增强中国话语权。

---

① 习近平. 青年要自觉践行社会主义核心价值观——在北京大学师生座谈会上的讲话 [N]. 人民日报, 2014-05-05 (02).

2. 实现中华民族伟大复兴的使命担当

"我们比历史上任何时期都更接近中华民族伟大复兴的目标。"① 中国共产党成立以来，实现了民族的独立和解放，带领全国各族人民走向繁荣富强。我们终于有了实现复兴的机遇，而广大青年是同时代共同前行的一代，他们既是亲历者，又是书写者，还是见证者。现实中我国正处于艰巨繁重的国内改革发展期，面临各类深层次矛盾，广大青年更需要练就过硬本领，让个人前途和国家命运紧密相连，接过历史的重任，不辱时代、不负期望，让中华民族伟大复兴的中国梦在青年的奋斗中梦想成真。

3. 当代青年的现实反思

受国际国内大环境的影响，当前我国青年群体思想上存在一定的风险和挑战。首先，思维活跃，但部分青年理想信念缺失。当代青年是在大数据和互联网的覆盖下成长的，获得信息途径多，虽然关心政治，具有强烈的国家荣誉感，但因价值观尚未稳定，极易受西方自由主义影响。他们享受着祖国改革开放带来的繁荣，又看过形形色色的社会现象，再加上受到西方"自由主义、政治民主"等思潮影响，难免产生怀疑动摇。虽说青年群体都接受马克思主义教育，但是又觉得自己一时用不上，从而忽视马克思主义的内化，在功利主义引诱下，容易造成理想信念缺失。其次，部分青年意志消沉，泛娱乐化。受网络泛娱乐化的影响，一些青年学生崇拜明星光鲜亮丽的外表、向往网络主播看似轻松且高收入的职业，沉迷网络低俗视频，从而意志消沉，缺乏职业规划，内心空虚，重个人利益，轻社会利益。青年是祖国建设的中坚力量，但是青年的成长成才道路并非一帆风顺，需要帮助他们重新扬起理想信念的风帆，走出荆棘、踏平坎坷，实现自我价值。

二、习近平青年观的主要内容

（一）明确青年的历史地位

党的十八大以来，习近平在多个场合提及青年工作的极端重要性，并把促进青年更好成长、更快发展作为国家的基础性、战略性工程。"青年兴则国家兴，青年强则国家强。青年一代有理想、有本领、有担当，国家就有前途，民

---

① 习近平在中国科学院第十九次院士大会、中国工程院第十四次院士大会上的讲话 [N]. 人民日报，2018-05-29（02）.

族就有希望。"① 这是习近平以青年的历史地位和时代使命为逻辑起点,科学分析和正确对待青年与青年工作,形成习近平青年观的基础。他将千千万万中国青年的成长与十九大提出新的"两步走"战略紧密串联起来,根据国家发展目标,对青年地位和历史作用有了新定位、新要求,深刻阐释了新时代青年的历史使命和肩负的时代责任。

建设社会主义现代化强国,广大青年是生力军和突击队,中国梦终将在一代代青年的接力奋斗中变为现实。2012年以来,习近平明确了实现中华民族的伟大复兴,是新时代整个中华民族为之努力的奋斗方向。一方面,中国梦的提出能为广大处于迷茫期的青年做好个人定位,指明未来前行的方向,不为错误思想左右。另一方面,中国梦的实现过程也是青年人自我实现、不断证明自我价值的过程,青年造就中国梦,中国梦成就青年。时代呼唤青年,而青年也正塑造着这个时代,新时代下的青年们,把自己的理想信念与国家的伟大事业联系起来,努力学习,练就过硬的本领,为民族伟大梦想的实现贡献自己的力量。

(二) 加强党对青年的引领

党是领导一切的。加强党对青年的引领,是指从思想、组织、纪律、作风等全方位的引领。首先,要强化基层党组织职能,无论是从思想理论上,还是从组织纪律上的严格自律、作风上的严谨踏实,时刻秉持为人民服务的宗旨开展日常工作,充分发挥基层党组织凝聚广大青年智慧和力量的职能,赢得青年的信任。其次,党对青年的引领和组织培养要充分考虑青年这个受众群的个性特征,创新教育手段。他们社会参与度高,但主流意识缺乏。喜欢新颖、时尚、有创意的内容,一听到生搬硬套的理论学习就退避三舍。这要求党的引领工作要紧密结合时代的发展变化和青年的自身特点,利用新媒体时代优秀的互联网技术,开设生动活泼的教学环节,不惧怕学生提出的问题,而要积极应对,通过社会热点及学生关心的时事,分析社会发展运行过程中所存在的突出问题,讲事实、摆道理,深入浅出抢占社会主义核心价值观教育先机,要增强教学互动意识,注重学生的参与感,只有学生的头抬起来了,我们的党的理论才能真正入脑入心。最后,加大宣传力度。党对青年的思想宣传教育不应该局限于单一的途径和小范围,现在的青年是互联网中成长起来的,应利用互联网时代的技术优势,联合社会各界力量进行广泛有力的宣传,如加强自媒体手段对党各项工作的宣传力度,搭建青年党建群体沟通交流的平台,宣传党的思想和社会

---

① 习近平. 决胜全面建成小康社会 夺取新时代中国特色社会主义伟大胜利——在中国共产党第十九次全国代表大会上的报告 [EB/OL]. 新华网,2017-10-27.

主义建设，实现宣传方式和载体的多元化。

（三）重视青年的教育与培养

青年的素质教育将成为经济发展和社会进步的基石，这是关乎国家人才储备，影响国际竞争力的大事。首先，要以社会主义核心价值观引领青年。面对世界范围内思想文化交流、交融、交锋形势下价值观较量的新态势，面对改革开放和发展社会主义市场经济条件下思想意识多元、多样、多变的新特点，社会主义核心价值观有力提升了民族和人民的精神境界，丰富人们的精神家园，是全社会共同遵循的价值准则。特别是对于当代青年而言，面对多元的思想激荡，能够扣好人生第一粒扣子，这是民族之幸、人民之福。其次，以中国优秀传统文化涵养青年。中国优秀传统文化既是我们民族的珍宝，又是实施改革开放和社会主义建设的力量源泉，更是我国不断增加文化软实力，提升国际竞争力和影响力的重要法宝。青少年的教育和培养不仅离不开优秀传统文化的熏陶，他们也需要根据时代需求推陈出新，做优秀传统文化的继承者、传播者和创新者。最后，以创新创业教育激发青年。创新是一个民族进步的灵魂，青年本就有探索的兴趣，有勇于开拓的勇气。我们需要营造创新创业的环境，鼓励青年将自己的科技创新与国家进步结合起来，开放敏捷思维，不畏艰难，敢于创造，勇往直前。

（四）关心青年的成才与成长

在纪念五四运动 100 周年大会上，习近平站在党和国家事业长远发展的战略高度，提出"做青年朋友的知心人、青年工作的热心人、青年群众的引路人"①的具体要求，鼓励青年用汗水创造出新奇迹。第一，立志。习近平多次强调，没有理想信念，精神上就会"缺钙"，会得"软骨病"。志当存高远，要帮助青少年树立崇高理想信念，将个人理想和中国特色社会主义共同理想以及共产主义的远大理想结合起来，将个人的青春奋斗融入社会主义建设中。第二，勤学。青年阶段是练就过硬本领、增长才识、累积专业知识的黄金关键时期。当今时代发展迅速，社会发展任务重，因此习近平强调，青年要有知识更新的紧迫感，如饥似渴地学习积累，虚心求教、不耻下问。同时，习近平反对不切实际的死学，强调实践的重要性，要检验学习成果，将学习中的水分挤出去，就要应用于实践。第三，修身。人才培养以德为先，积极引导他们树立正确的价值观，提升明辨是非的能力，努力成为社会主义核心价值观的践行者，成为

---

① 习近平. 在纪念五四运动 100 周年大会上的讲话［EB/OL］. 人民网，2019-04-30.

格致诚正、修齐治平的可为青年。第四,笃实。广大青年要坚持学以致用,积极参与社会实践才能掌握真才实学。在社会主义建设的探索和磨砺之下,努力成为才华横溢、能担重任的人,才能实现个人的自我价值。同时,年轻人要通过实践提升心理耐受力和抗挫折能力,增强自信心,才能成为对社会有用的实用型人才。

习近平关于青年工作的一系列重要论述,丰富了马克思主义理论在中国的发展,面对新形势、新变化,中国青年须承担起时代赋予他们的使命与责任,在党的领导下自觉将个人理想融入中国特色社会主义共同理想的追求之中,立鸿鹄志,做奋斗者,求得真学问,练就真本领,为实现中华民族伟大复兴的中国梦奉献青春力量。

参考文献

[1] 习近平. 决胜全面建成小康社会 夺取新时代中国特色社会主义伟大胜利——在中国共产党第十九次全国代表大会上的报告 [M]. 北京:人民出版社,2017.

[2] 习近平. 青年要自觉践行社会主义核心价值观——在北京大学师生座谈会上的讲话 [EB/OL]. 人民网,2014-05-05(2).

[3] 习近平谈治国理政 [M]. 北京:外文出版社,2014.

[4] 习近平. 在纪念五四运动100周年大会上的讲话 [EB/OL]. 人民网,2019-04-30.

[5] 陈梦. 论习近平青年观的科学内涵和践行路径 [J]. 湖北经济学院学报(人文社会科学版)2019,12(12).

高职院校图书馆信息素养教育研究

——以浙江省为例

周 安*

摘要：通过向浙江省内高职院校图书馆发放网络调查问卷，了解此类院校在信息素养教育上开展的情况。在了解浙江省高职院校信息素养教育状况的基础上，结合近年我省开展的信息素养教育的发展、变化，对高职院校图书馆信息素养教育进行了探讨。

一、信息素养的定义

"信息素养（Information Literacy）"的本质是全球信息化需要人们具备的一种基本能力。信息素养这一概念是信息产业协会主席保罗·泽考斯基（Paul Zurkowski）于1974年在美国提出的。简单的定义来自1989年美国图书馆学会（American Library Association，ALA），它包括：能够判断什么时候需要信息，并且懂得如何去获取信息，如何去评价和有效利用所需的信息。1992年道尔（Doyle）在《信息素养全美论坛的终结报告》中，对信息素养的概念做了详尽表述："一个具有信息素养的人，能够认识到精确和完整的信息是做出合理决策的基础；能够确定信息需求，形成基于信息需求的问题；确定潜在的信息源，制订成功的检索方案，包括基于计算机的和其他信息源的获取信息、评价信息、组织信息以应用于实际，将新信息与原有的知识体系进行融合以及在批判思考和问题解决的过程中使用信息。"

二、浙江省高职院校信息素养调查现状

根据浙江高职教育网数据显示，浙江省现有高职院校51所。2015年6—7

---

* 周安，浙江艺术职业学院图书信息中心党支部书记、副主任。

月,笔者通过网络在线调查统计平台"金数据"发放网络调查问卷,最终收到有效问卷14份。根据有效问卷可看出其所涵盖的高职院校在省内的特色,具有一定的代表性。

此次调查问卷共17个问题,其中,在线形式信息素养教育情况5题、非在线形式信息素养教育情况9题、信息素养教育开展后期评价情况2题。

(一) 在线形式信息素养教育情况

调查问卷中"关于学校图书馆主页中是否已开设用户信息素养教育专栏",其中已开设的学校共有10所,占所调查学校的71%;"图书馆是否已拍摄宣传片且上传至图书馆主页",已拍摄且上传的学校有8所,占所调查学校的57%,其中已拍摄未上传和未拍摄的学校各3所,占所调查学校的21%;"图书馆主页是否有在线信息素养教育课程",有在线课程的学校有2所,占所调查学校的14%;"图书馆主页是否开通在线咨询服务",开通服务的学校有14所,开通率为100%,开通的形式为留言板或论坛;"图书馆是否开通网上在线咨询服务",开通在线咨询服务的学校有14所,100%开通,开通的形式分别有微信、微博和QQ咨询专号等,其中三种形式都开通的学校有6所,占所调查学校的43%。

(二) 非在线形式信息素养教育情况

调查问卷中"关于图书馆是否已编印读者指南",其中已编印指南的学校有13所,占所调查学校的92.86%;所有学校都对全部新生"开展入馆教育";所有学校都"举办信息素养(含数据库)专题讲座",且每年达到4次以上的学校有8所,占所调查学校的57%;所有学校都"开设文献检索课并定为选修课";"文献检索课所使用的教材",其中有4所学校为自编或合作编写教材,占所调查学校的29%,其余10所学校均为公共材料;"文献检索课的师资情况"调查中,有4所学校除在兼职教师以外还有专任教师担任教学的情况,其余10所学校都只有兼职教师担任教学,占所调查学校的71%;"文献检索课的课时量情况"调查中,有6所学校的课时量≥32课时,占所调查学校的43%;有6所学校"信息素养教育能嵌入课堂教学",占所调查学校的43%;"针对毕业生的论文专题指导"中,有4所学校已开展了此项工作,占所调查学校的29%。

(三) 信息素养教育开展后期评价情况

通过问卷调查得知,各学校在经过各种形式的信息素养教育后,学生具备的信息素养的能力和之前相比较,有13所学校的学生有一定的进步,占所调查学校的93%,只有一所学校的学生进步不明显;关于开展信息素养教育存在的问题,有11所学校认为重视的程度还不够,占所调查学校的79%;有6所学校认为开展的形式还不够多,占所调查学校的43%;有8所学校认为覆盖面还不够广,占所调查学校的57%;有8所学校认为学生自主学习能力有待加强,占所调查学校的57%;有6所学校认为开展的软硬件都有待提高,占所调查学校的43%;有10所学校认为缺少完善的教育后评价体系,占所调查学校的71%。

三、浙江省高职院校图书馆信息素养教育存在的问题

（一）对信息素养教育重视程度有待提高

图书馆应加强与学校相关教育职能部门的协作和联系,制定一套完整的信息素养教育机制和教育评价体系,把信息素养教育融入学校整个教学体系。在调查的高职院校中,所有学校都把文献检索课定为选修课,并且在教材的特色、任课的教师、授课的课时上都有需要加强和提升的空间。

（二）信息素养教育的广度和深度有待提高

我省大部分高职院校虽然都开设了文献检索课程,但很少有将文检课作为公共必修课的,这使得能真正接受系统信息素养教育的学生数量是个瓶颈。同时由于大部分的院校没有专任的文检课教师,兼任的教师大多由图书馆内的馆员担任。因而馆员本身的知识水平、工作技能和组织管理能力对图书馆承载的信息素养教育职能起决定性作用。目前,由于绝大多数高职院校图书馆是从中专学校图书馆升格而来,馆员总体素质水平不高,缺少信息导航能力和创新能力,使得现有的文检课总体层次不高。

（三）信息素养教育的形式有待拓展

根据笔者对浙江省高职院校信息素养教育的调查情况,信息素养教育的形式大致可以分为在线教育和非在线教育。这两种形式的教育方式也都有可提升拓展的空间,例如,通过图书馆网站加入微课和慕课的教育形式,或者根据院校自身的职业特点量身打造适合本校学生信息素养需求的教材,以凸显高职院校的特色化教学。针对应届毕业生的论文写作要求,一定要把论文写作指导纳入文献检索课教学与考核的内容。

（四）信息素养教育缺乏有效的评价体系

信息素养教育内涵丰富,而通过新生入馆教育、文献检索课或一些网站的在线教育方式也只能是或多或少涉及了部分内容,但对具体的信息素养能力指标很难进行评估,这方面有待进一步研究以形成一个较为完整且操作性强的信息素养教育评价体系。

四、浙江省高职院校信息素养教育改革的思路

(一) 加强领导重视，提高管理水平

要加强学校领导对信息素养工作的重视，通过学校层面的宏观协调，把信息素养教育纳入学校的教学工作计划中，保证信息素养教育的经费投入和教学条件的保障，同时把信息素养教育的成效作为图书馆工作的评估内容之一，加强督促检查。同时，图书馆应与教学管理部门协商，逐步将信息素养课程转变为必修课，嵌入系部专业课程中并成为学分课程，学生毕业前必须修满相关学分。统一制定教学大纲，统一使用具有本校专业特色的教材，依据高职院校专业课程建设的模式重视信息素养教育课程的设计、开发与评价。目标是要建构一个学科交叉、协同合作、务实有效、重在创新的体验式实践课程教学体系。

(二) 改变教学模式，提升教育质量

传统的课程教学模式已经不再适应新的形势，应更多地以学生为中心，引导学生学习，这需要我们整合现有资源，因地制宜地进行信息素养网络课程建设。根据浙江省在线信息素养教育的调研情况，已开展利用网络教育平台的学校还比较少，因此有条件的学校应该从自身的专业特色、学生类型、馆藏资源、技术条件等实际出发，因地制宜、循序渐进地进行本校信息素养网络课程的建设。网络教育平台的建设一方面可以突破时间和空间的限制，促进图书馆和学生之间的进一步交流，另一方面，将音视频、图像、文本、网页、文档和幻灯片等多种资源整合起来，形成一个便利而丰富的 E-learning Management system，即在线学习系统环境，提供个性化服务，提高学习效率，增强学生的自主学习能力。因此，面对日新月异的网络发展，信息素养教育也应该从内容上到形式上不断与时俱进，进行改革创新。

(三) 加大教师的培养力度，建立健全合理的评价体系

教师素质直接影响信息素养教育的成果。图书馆作为信息传播者，在与用户提供和获取信息的互动中，每个图书馆员都肩负着培养用户信息素养能力的重任。通过引进专任教师逐步改变图书馆人员的业务素质和知识结构；同时要支持担任信息素养教学的馆员继续深造，参加区域性或全国性的教师馆员培训，多为他们提供参加各种学术研讨会以及培训班学习和交流的机会，加强信息素养教育教学方法的研究。从事信息素养教育的教师也应自练"内功"，如加强教育学等相关知识的学习。

建立健全合理的评价体系是实施信息素养教育评价在图书馆内部管理上的

必然要求。合理全面的评价体系是指依据信息素养标准建立的学生信息素养的评估体系。在制定信息素养标准的同时，从信息获取、信息评价、信息利用及信息创新等多个方面测量学生的素养，由此才能了解学生的信息素养能力与水平，推进教学形式以及内容的不断改进，提高教学质量，在发展中不断改进教学模式和方法。

参考文献

[1] 陈培钢. 浙江省高校信息素养教育的现状分析与改革［J］. 图书馆学研究，2006（4）.

[2] 曾湘琼. 湖南高校图书馆信息素养教育现状的调查与分析［J］. 晋图学刊，2006（1）.

[3] 王慧，陆思东. 高职大学生信息素养教育探索［J］. 中国成人教育，2012（8）.

[4] 邵莉娟，周云. 高职院校信息素养教育实施研究［J］. 中国教育技术装备，2012（9）.

[5] 张晓娟，等. 高校信息素养教育的基本模式及国内外实践研究［J］. 大学图书馆学报，2012（2）.

[6] 袁玉英. 高职院校图书馆信息素养教育现状及对策分析——以广东省40所高职院校图书馆为例［J］. 河南图书馆学刊，2013（7）.

[7] 叶小娇，李检舟，郑辅伦. 高校信息素养教育微课平台的构建研究［J］. 国家图书馆学刊，2014（4）.

[8] 徐春. 我国"985"工程院校图书馆信息素养教育调查与分析［J］. 科技情报开发与经济，2014（6）.

高职艺术院校"导师型"班主任制度的探索与实践

赵建萍*

摘要: 班主任队伍建设是高职艺术院校学生管理工作的一项重要任务。高职艺术院校的教育特点要求班主任由传统型向"导师型"转变。为此,探索"导师型"班主任制度、创新班主任的工作内容与要求,使之适应高职艺术教育的需求显得十分必要。

高职艺术院校教育是高等职业教育重要而又有着鲜明特点的组成部分,目前,我国独立设置的公办艺术高职院校约有18所,作为培养社会主义文艺领域合格人才的阵地,对于建设中国特色社会主义文化、推动社会主义文化艺术的大繁荣具有重要意义。班级作为学校活动的基层单位,其管理水平对学生的健康发展、对圆满完成各项教育教学任务都起着举足轻重的作用,而班主任则是班级管理中最主要的管理者。因此,有针对性和实效性地开展班级教育管理,对培养适合高职艺术院校特点的班主任队伍,意义十分重大。

一、"导师型"班主任制度建设的原因与内涵

(一)高职艺术教育需要"导师型"班主任

1. 高职艺术院校的学生特点需要"导师型"班主任

高职艺术院校学生是大学生中具有鲜明特征的群体,由于高职艺术类学生普遍受专业知识学习和专业思维模式的影响,其思维非常活跃,看问题角度多样化,但做事情较容易冲动,不考虑后果的严重性;受到艺术思维的影响,理想信念淡化,较少关心国家大事;虽注重专业课学习,但往往忽视文化课学习;

---

* 赵建萍,浙江艺术职业学院党委宣传部(统战部)思政主管。

重视情感交流，重视同学情谊，但组织观念不强，团队合作意识淡薄，集体荣誉感不强，个人得失心较重；时间观念淡薄；等等。

高职艺术类学生的普遍特点，决定了传统型的班主任不仅无法有效满足学生的需求，班级管理的效果也欠佳。而"导师型"的班主任，则能够针对学生的特点和需求，恰当地对学生进行思想引导、学习引导、生活指导、心理疏导、就业指导等，尊重学生个性发展，从而促进高职教育的发展。

2. 高职艺术院校的班主任现状要求班主任由传统型向"导师型"转变

目前高职院校班主任的工作职责还停留在传统的工作范围，从学生入学报到、交费、注册、发放教材，到学校的规章制度的学习、班干部选拔、日常管理工作、学风班风培养，对学生进行思想政治教育工作及学习纪律的检查等，烦琐的任务使得班主任工作流于形式、表面化、简单化、流水账式管理等问题逐渐暴露出来，导致班主任工作难以达到预期目标；在完成硬性的班主任工作要求外，大部分教师不愿意再继续当班主任。为了消除传统班主任制度的弊端，必须解放班主任，重新确定班主任的工作职责，转变工作重心，推动班主任由传统型向"导师型"转变。

3. 高职艺术院校完善的学生管理体系为班主任由传统型向"导师型"转变提供了可能

目前高职艺术院校一般都配有学生辅导员和班主任助理，学生的管理工作除了班主任、辅导员、班主任助理外，还有教务处、专业系部、学生处、团委、学生会、学生社团等部门参与，因此，完全可以利用这些部门和人员，系统地划分学生管理工作的职责与范围。例如，可以考虑辅导员负责学生的学习和日常生活管理；班主任助理负责协助班主任完成新生接待与管理工作，班主任不在校时代理班主任工作；教务处负责考核学生的学习；专业系部负责组织学生实习、考证等；学生处和团委负责学生的组织纪律、入团入党等；学生会、学生社团负责学生的学习纪律、实践活动等。通过系统地划分职责与范围，班主任从目前纷繁芜杂的日常班级管理事务中解脱出来，在"职业导向、融入专业"的高职教学改革中，更多做一些引导性和建设性的工作。

（二）"导师型"班主任的内涵

1. "导师型"班主任的概念与队伍构成

近年来，国内各高校都在探索研究生教育以外的高等教育导师制。导师制从制度上规定教师具有育人的责任，教师在从事教学科研以外，还对学生进行思想、学习、科研、心理等方面的教育和指导。这种制度要求教师和学生之间建立一种"导"与"学"的新型关系，导师充分发挥其所属专业的特长和优势，强化了对学生在专业方面的指导和帮助。同时在指导每名学生的过程中，通过自身高尚的人格魅力、严谨的治学态度在潜移默化中将符合社会发展要求的思想观念、道德规范传递给学生，避免了各种说教，使教育更具有实效性。上述新型导学关系，也同样适用于班主任及班级管理工作，结合对导师制的理解，笔者以为，"导师型"班主任是对学生进行思想、心理、学习、就业、创业等方面教育和指导的新型班级管理者。

结合高职艺术院校的管理部门与人员现状，"导师型"班主任制度建设，涉及的不仅仅是班主任队伍建设，同时还涉及对辅导员及班主任助理等其他学生管理主体的职责划分。"导师型"班主任、辅导员及班主任助理等人员构成了全方位的学生管理队伍，他们都直接参与学生管理工作，但工作的侧重点又有所不同，"导师型"班主任作为"指导者"，要跳出传统的班主任管理模式，依托辅导员、班主任助理以及学生党、团主要干部和班委会成员，做出班级工作的指导性规划，有前瞻性地提出指导意见，特别是负责指导学生掌握专业的发展方向及前景，指导学生专业课程的学习，培养学生的实际应用能力、创新能力，对学生将来的就业或继续深造给出合理建议等。

2. "导师型"班主任的基本素质与职责

"导师型"班主任的工作重点在对学生各个教育环节的指导与引导而非事事躬亲上，这就要求"导师型"班主任首先必须具备高尚的品格、人格，具备较高的综合素质；其次要有"辐射力"，"导师型"班主任要具备一种把其品德、思想、知识、智慧和创新能力传送到学生内心和行动中的能力；再次要有创造力，一个没有创造素质、没有创造力的老师，是很难培养出具有创新能力的学生的；最后要有学习能力，在指导学生的过程中，只有不断充实完善自己，才能在学识和人格上吸引学生，做到上有所施、下有所效。

"导师型"班主任的职责主要有以下三个方面：一是根据人才培养目标和专业培养计划，对学生的专业学习、选课过程给予指导；二是及时了解学生的思想动态，将思想教育融入专业课、班级活动中，让学生树立正确的人生观和价值观；三是根据学生的专业特长、学习兴趣和个性特征，引导学生创新学习，加强创业能力培养，解决学生因就业带来的恐慌心理。

二、"导师型"班主任实践中存在的问题

（一）部分班主任缺乏必要的思想政治教育素养

班主任工作要求任职人员具备一定的思想政治素养以及必要的心理学、教

育学乃至管理学知识，但在实际操作中，很多刚工作的年轻专业教师就被委以班主任之职，对他们来说，由于走上工作岗位时间短，对教育教学实践尚且缺乏足够的感性认识和实际操作经验，更兼大多数艺术院校的老师并非师范教育毕业，缺乏必要的教育学和心理学训练，因此很难开展思想政治教育，更遑论将思想政治教育融入专业学习和班级活动中。

（二）班主任日常任务重且与其他学生管理主体职责分工不清晰

许多高校往往忽视班主任并非专职这一特殊性，班主任职责繁多、要求严格、责任重大，令不少专业教师视如畏途，如笔者所在的学院，班主任工作内容包括思想教育、新生军训、选课指导、请假审批、班团建设、评优评先、入党、奖助学金、助学贷款、违纪处分、宿舍管理、毕业生就业等；更兼大部分班主任为专职教师，肩负教学科研重任，显然，在时间和精力有限的条件下，专业教师和班主任之间的角色冲突在所难免。即使很多专业教师出于职称评定的需要，不得不承担班主任工作，但面对繁杂的班主任工作又敷衍了事，这或多或少都会给高校的正常工作带来负面或者不利的影响。

三、加快推进"导师型"班主任制度建设的思路

（一）打造合理稳定的"导师型"班主任人才库

在一项问卷调查中，当我们问"在艺术院校，你认为谁来当你们的班主任最为合适？"结果51.63%的同学选择了"专业老师"。因此组建"导师型"班主任人才库首先需要打造专业教师队伍，聘任各个专业教师，鼓励具有相关专业背景的教授、副教授或硕、博士学位的教师担任，并且根据专业培养的需要，聘任社会名士担任兼职班主任。充分发挥专业老师在教育管理中的核心作用、"偶像效应"。其次，组建"导师型"班主任人才库还需将政治素质过硬、思想作风好、学历层次高、具有较强教学能力、科研能力、组织能力和创新意识的优秀中青年骨干教师，特别是党员教师，纳入"导师型"班主任人才库中。"导师型"班主任人才库要由专业教师、人文社科类教师和熟悉学生就业各个环节业务的其他教师与管理员的合理搭配，使不同学科背景和教育经验的教师在充分发挥学科优势、教育管理优势、熟悉就业市场优势的情况下能够相互交流、共同发展。

（二）进一步明晰"导师型"班主任的工作职责

推进"导师型"班主任制度建设就必须具体划分各学生管理主体的工作职责，特别是要进一步明晰"导师型"班主任的工作职责，重点突出其专业优势，

避免面面俱到、疲于应付。"导师型"班主任要把主要精力放在对学生的引导上，其他的具体事务包括请假审批、评优评先、奖助学金、违纪处分、宿舍管理、助学贷款等则转由其他学生管理主体如专职辅导员、班主任助理、团学干部等为主负责为宜。

（三）建立健全"导师型"班主任的考核激励制度

"导师型"班主任承担了大量的教学、科研和教学实践任务，他们很难有更多的时间和精力投入具体的学生管理工作中，在创新班主任工作内容的同时，要从政治上、工作上、生活上主动关心他们。在政策和待遇方面给予适当倾斜，构建"导师型"班主任的激励保障制度，提高班主任的津贴水平，给予"导师型"班主任在评优评先以及职称评定、职务晋升等方面优先资格并通过制度细则的方式明确规定，坚定执行；同时构建科学且可操作性强的考核评价制度，将学生作为评价对象，以考查学生培养是否达到预期的目标作为评价的主要内容，量化评价指标体系，同时加大班级学生群体的评价权重。最终形成优秀教师能够积极加入"导师型"班主任人才库、争当"导师型"班主任的氛围。

（四）建立健全导师型班主任教育培训制度

高职艺术院校要为"导师型"班主任专业素养的提升提供培训与交流服务，优先考虑给予"导师型"班主任外出培训和进修的机会；根据班主任的工作职责，有计划地定期组织班主任进行社会考察、参观访问和参加有关学生工作专题研讨会、经验交流会；创建"导师型"班主任定期交流学习机制与平台，制定班主任定期交流、考察制度；积极创建班主任交流平台，如建立"导师型"班主任交流网站、开辟工作专刊、专栏等，不断增强"导师型"班主任的理论知识和业务水平，提高"导师型"班主任的履职能力和综合素质。

完善高职艺术类学生的教育管理，提高管理成效是一个长期摸索的过程。通过"导师型"班主任队伍建设，可以充分利用高职院校现有的各种师资，充分发挥各种师资力量的作用，同时，在合理划分现有学生管理主体职责、发挥各个管理主体功能的基础上，将班主任从各种琐碎的日常学生管理中解脱出来，开展各种具有高职特色、更有价值的指导性工作，形成新型、和谐的导学关系，进一步将高职院校班级管理工作推向深入。

参考文献

[1] 胡宇刚.高职院校专业教师担任班主任的实践与思考［J］.湖北广播电视大学学报，2012（4）.

[2] 史晓蓓. 高职院校班主任工作浅析 [J]. 科技信息，2012（5）.

[3] 王俊琰. 高校本科生导师制实施现状调查分析 [J]. 当代教育论坛，2012（1）.

[4] 杨晓慧. 本科生导师制实施效果及存在问题分析 [J]. 高等教育研究学报，2010（9）.

战"疫"背景下高职艺术院校爱国主义教育的实践探索

许 瑛*

摘要：爱国主义教育是高校立德树人的重要内容。2020年全民抗击新型冠状病毒肺炎疫情，书写了新时代中华民族爱国主义精神的新篇章，这场没有硝烟的战争是一堂生动鲜活的爱国主义教育大课。本文针对高职艺术院校学生特点，挖掘战"疫"中蕴含的爱国主义教育价值内涵，探索多层次、多元化的爱国主义教育实践路径，进一步提升爱国主义教育成效。

"青年兴则国兴，青年强则国强。"[1] 青年爱国则国强国兴。高校肩负培养社会主义建设者和接班人的使命，加强新时代爱国主义教育尤为重要。2018年全国教育大会上，习近平总书记强调："要在厚植爱国主义情怀上下功夫，让爱国主义精神在学生心中牢牢扎根，教育引导学生热爱和拥护中国共产党，立志听党话、跟党走，立志扎根人民、奉献国家。"[2] 2019年，中共中央、国务院印发《新时代爱国主义教育实施纲要》指出，新时代加强爱国主义教育具有重大而深远的意义，要把青少年作为爱国主义教育的重中之重，将爱国主义精神贯穿于学校教育全过程。[1] 2020年，突然发生的新冠肺炎疫情是一次全球性的重大公共卫生事件，其危害程度、破坏强度、影响深度前所未有。在中国共产党的领导下，中国人民众志成城、共克时艰，展现了爱国主义精神的强大力量，也

---

* 许瑛，浙江艺术职业学院戏剧影视学院党总支专职副书记。
① 新时代学习工作室. 临近毕业季，习近平对青年们说的这些话言犹在耳 [EB/OL]. 人民网，2019-05-23.
② 习近平. 坚持中国特色社会主义教育发展道路 培养德智体美劳全面发展的社会主义建设者和接班人 [N]. 人民日报，2018-09-11（01）.

进一步提升了高校爱国主义教育。

一、战"疫"背景下加强爱国主义教育的重要意义

(一)适应时代发展需要,更加具有深度

爱国主义是历史的,富有强烈的时代性。[2]中华民族在战"疫"中奋起,催生出具有新时代显著特征的抗疫精神。伟大抗疫精神,同中华民族长期形成的特质禀赋和文化基因一脉相承,是对爱国主义、集体主义、社会主义精神的传承和发展,是对中国精神的生动诠释,丰富了民族精神和时代精神的内涵。[3]由此可见,战"疫"背景下爱国主义教育的价值意蕴更有深度,有助于提升爱国主义理论教育的时代特性,有助于强化爱国主义的认同教育和实践教育。

(二)符合立德树人任务要求,更加具有温度

爱国主义是具体的,是指导新时代青年成长成才、引领青年投身社会主义建设事业的一面旗帜。苦难面前最见力量,新冠肺炎疫情是一次大考,也是落实立德树人根本任务的一个契机。在抗击新冠肺炎疫情的人民战、总体战、阻击战中,涌现了一批可歌可泣的英雄事迹,见证了万众一心的中国力量,体现了慷慨奉献的爱国主义精神。这些是弘扬伟大民族精神、凝聚最大正能量、厚植家国情怀的生动的爱国主义教材。用好这些教育素材,将爱国主义教育从抽象的精神世界引申到具体的现实生活,能够促进爱国主义教育有温度,也更接地气。

(三)贴合艺术人才培养目标,更加具有效度

爱国主义是最深层、最持久的情感,是中华民族精神的核心,是一个人的立德之源、立身之本。德艺双馨是艺术人才的培养目标,德育教育以爱国为本,爱国主义教育需要理论灌输,更需要在生动实践中引导学生将爱国心化为报国行。艺术类专业学生普遍形象思维活跃,抗击新冠肺炎疫情对于艺术院校来说就是最有效的爱国主义教育实践,通过将战"疫"中的所见、所闻、所感融入教学、融入实践,用独特的艺术方式呈现,有助于学生坚定爱国主义信仰,在艺术创作过程中不断提升对爱国主义的认知。

二、战"疫"背景下高职艺术院校爱国主义教育的主要内涵

(一)强化爱国主义的理论认同

抗击新冠肺炎疫情斗争所取得的重大战略成果,充分展现了中国共产党领

导和我国社会主义制度的显著优势，充分展现了中国人民和中华民族的伟大力量、中华文明的深厚底蕴、中国负责任大国的自觉担当。习近平总书记用"生命至上、举国同心、舍生忘死、尊重科学、命运与共"① 短短20个字，高度概括了伟大的抗疫精神，深刻阐明了我们党团结带领全国各族人民打赢这场惊心动魄的抗疫大战的精神实质。抗疫实践拉近了爱国主义教育与艺术类专业学生的时空距离，强化了学生对爱国主义的理论认同。

（二）厚植爱国主义的情感认同

爱国主义的基础是对祖国深厚的热爱，是以情感为基础的认知方式。[4]艺术类专业学生普遍对情感有着敏锐和极为特殊的感受，在对事物的认识上，情感占据极为重要的位置。在这场战"疫"中，每个中国人都是当事人。大家看到的是84岁的中国工程院院士钟南山第一时间冲向最危险的第一线；看到的是"白衣天使"逆行而上，与时间赛跑、与病魔斗争，筑起一道坚不可摧的生命防线；看到的是建筑工人日夜兼程，神速建成火神山、雷神山、方舱医院；看到的是海外华人华侨心系祖国，源源不断地捐献物资。"岂曰无衣，与子同袍。"这份情，饱含了14亿中华儿女并肩战"疫"、同心同行的爱国之情。对于广大艺术类专业学生来说，这种感同身受的情感最真实，最容易被接纳，也最容易浸润心田。

（三）以艺战"疫"彰显爱国主义的责任担当

只有将爱国热情转化为爱国行为，才能真正达到爱国主义教育的目的。艺术源于生活，又高于生活，是一定时代事件背景下的时代主题的承载方式和社会图景再现。在全民抗疫中，艺术院校扛起以艺战"疫"的责任担当，发挥戏剧、音乐、舞蹈、美术等各专业学生的特长，将不同形式的艺术作品通过塑造舞台形象展示，或者用极具视觉冲击力且可以瞬间传递信息的书画、平面设计，让学生产生强烈的爱国震撼，达到宣传防疫知识，致敬最美逆行者，表达爱党、爱国、爱家的目的。

三、战"疫"背景下高职艺术院校加强爱国主义教育的实践路径

（一）多措并举，战"疫"与爱国情、报国志同知共情

艺术院校有丰富的爱国主义教育资源，可以依托校园文化环境，开展校园

---

① 习近平. 在全国抗击新冠肺炎疫情表彰大会上的讲话［EB/OL］. 新华网, 2020-09-08.

文化活动，运用"线上+线下"的不同载体，多管齐下推进爱国主义教育，促进学生深刻理解爱国之情，力行报国之举。

1. 聚焦战"疫"，构建特色校园文化

一方面，以校园文化环境为依托，在校园宣传栏展出中国抗疫年鉴图片，开展抗疫书画作品展览，营造浓郁的同心战"疫"氛围。另一方面，将校园文化活动与战"疫"相结合，上好开学第一课，开设战"疫"英雄事迹报告会，组织抗疫微党课比赛，以赛促学。利用各种活动仪式，如升国旗、主题团日、主题班会等，推进爱国主义精神植根于学生心中。

2. 聚焦战"疫"，唱响网络主旋律

加强战"疫"背景下爱国主义网络内容建设，开展网上主题教育活动，在学校官网、微信公众号、微博、班级微信群、"学习强国"等网络平台，制作推介体现抗疫精神的爱国主义内容、适合网络传播的文章、音频、短视频、纪录片、微电影等，让爱国主义充盈网络空间，构筑网上正确的舆论导向模式。

(二) 多点发力，思政课程与课程思政同频共振

高校是爱国主义教育的基地，学生是爱国主义教育的主体，所有专业的教学都可以从这次抗疫中寻找到爱国主义教育的切入点。艺术院校要多发力，让抗疫过程中展现的中国力量、中国精神、中国效率走入课堂、进入教材、融入教育教学，以点带面，始终把抗疫这堂爱国主义教育课讲好、讲透、讲到位。

1. 抓好思政课堂，发挥主渠道作用

思政课堂是爱国主义教育的主阵地，要加强理论知识传授，将抗疫精神的科学内涵融入爱国主义教育，结合国内外疫情防控形势讲清中国共产党为什么"能"、马克思主义为什么"行"、中国特色社会主义为什么"好"。通过图片、影片等多媒体手段，运用讨论、辩论、微课、演讲、朗诵等方式，提升思政课的亲和力、吸引力，使学生加深对抗疫精神的理解。

2. 推进课程思政，种好责任田

艺术学生最重视专业课学习，随着课程思政的深入推进，"守好一段渠，种好责任田"已成为对专业教师的基本要求。在专业课程中挖掘思政元素，渗透抗疫主题的爱国主义教育，犹如给学生注入了"精神疫苗"。比如，戏剧影视表演专业在表演课程的成品小品训练阶段，将取材于抗疫期间真实故事的电视剧《在一起》编排成小品；表演艺术专业台词课程加入抗疫情景朗诵；美术专业广告设计课程加入抗疫宣传、赞颂抗疫英雄的海报设计以及抗疫故事的连环画设

计等，以此抒发爱国之情。

（三）多方联动，实践创作与志愿服务同向共行

爱国主义要内化于心，外化于行，将爱国主义精神付诸实践行动。以艺战"疫"，要多方联动，发挥艺术的力量，用最特殊的形式抗疫，讲好抗疫故事，实现艺术创作和志愿服务始终保持与党和国家同向共行。

1. **联动专业，积极投入艺术创作**

立足专业，结合所学，引导学生将疫情带给他们的触动和感受作为艺术创作内容，可以是执笔书写忠诚、抚琴奏响赞歌，也可以用礼仪操宣传防疫、朗诵传递希望、小品诠释担当，以"说""唱""写""拍""画""演"等艺术形式解读政策、宣传普及防护知识、讴歌医护人员及各战线抗疫英雄的感人事迹，用文艺创作体悟抗疫瞬间，用文艺作品鼓舞斗志，用文化滋养厚植爱国主义情怀，传播爱国主义精神。如原创影音视频《疫情下的我们》就是以疫情为创作背景，由表演专业联合多媒体技术专业共同完成，作品融流行审美于爱国情怀，真实记录了艺术专业师生在疫情下的学习生活，在作品中融进现实、梦想和希冀，致敬守护生命的英雄、致敬伟大的中国，展现莘莘学子在艺术道路上的坚持与努力。

2. **联动基层，积极投入志愿服务**

社会即课堂，现实即教育。联合街道社区、文艺团体、基层单位，以参与防疫宣传、文艺演出、志愿服务等形式，将爱国主义教育润物细无声地融入实践各环节。如有的学生参与家乡疫情防控执勤，有的学生参与文艺单位抗疫作品排演，有的学生参与防疫宣传工作，连续14天实地跟拍抗疫现场，真实记录下抗疫的点滴，并集全班同学之力创作视频《暖·阳》。

人无精神不立，国无精神不强。爱国主义教育是永恒的话题，只有把握时代脉搏、聆听时代声音、响应人民召唤，才是鲜活的、真实的。在这场没有硝烟的战斗中，高职艺术院校应把握好战"疫"的爱国主义教育先机，用好战"疫"这本"活教材"，发挥以艺战"疫"正能量，促进爱国主义教育入脑入心。

参考文献

[1] 新时代爱国主义教育实施纲要 [N]. 人民日报，2019-11-13（06）.

[2] 梁宇嫣. 爱国主义教育的三个维度 [N]. 山西日报，2020-02-17（10）.

［3］习近平. 在全国抗击新冠肺炎疫情表彰大会上的讲话［N］. 人民日报，2020-09-09（02）.

［4］杨宇辰，卢洋. 疫情防控与爱国主义教育的耦合关系探析［J］. 华北水利水电大学学报（社会科学版），2021，37（1）.

艺术院校"3+X"实践育人载体建设探析

苏珊珊[*]

摘要：实践育人是高校人才培养的重要环节，是课堂教育教学的延伸，是改进大学生思想政治教育工作的有效手段，在高等艺术院校育人过程中尤为突出。在深刻认识艺术院校实践育人载体建设重要意义的基础上，本文旨在从课堂实践教学、校园文化形态和社会实习实践三个方面，探索"3+X"实践育人载体机制与模式，有目标、有计划地建设实施"三位一体"实践育人网，形成良好的育人氛围，以充分展现实践的育人价值，进一步推进思政教育改革创新，为培养新时代文艺新人提供理论与实践支撑。

《高校思想政治工作质量提升工程实施纲要》指出："坚持理论教育与实践养成相结合，整合实践资源，强化项目管理，丰富实践内容，创新实践形式，拓展实践平台，完善支持机制，教育引导师生在亲身参与中增强实践能力、树立家国情怀。"实践育人是拓宽学生思想政治教育的重要途径，是提高人才培养质量的重要举措，是全面深化教育综合改革的重要任务，学生能够在实践活动中认识自己、锻炼能力、完善自我。

近年来，在"三全育人"大德育观的影响下，实践育人越来越被重视，在德育教育中发挥了一定作用，但仍存在一些问题。如实践活动不均衡，实践内容过于简单，学生的参与意愿不够高；重视校内教学实践，对于校外社会实践缺乏有效指导；学生实践的评价机制不够科学，缺乏系统性。由此，我们需要转变思想观念，构建富有特色的实践育人载体，进一步加强实践育人效能。

---

[*] 苏珊珊，浙江艺术职业学院演艺与教育学院教务员。

一、艺术院校"3+X"实践育人的含义

"3+X"实践育人载体紧密结合艺术专业特点,以培养学生的综合素养为核心,以培养学生创新创业和实践能力为重点,聚焦课内课外、校内校外,以课堂实践教学、校园文化形态和社会实习实践三个方面为载体,围绕知识传递、职业道德养成和文化传承三个维度开展各类实践活动。"3"为三个载体平台相互依存、相互促进。"X"指对于学校内部,包括教学、服务、管理、思想、文化等方面的系统工作,强调全员、全过程、全方位育人;对于学校外部,包括搭建社会实践平台、实习就业平台、志愿服务平台,强调社会适应力、社会责任感、历史使命感。

二、艺术院校的"3+X"实践育人载体建设的意义

高等艺术院校探索建立一系列实践教育教学手段,多路径育人载体,为培养艺术人才提供物质结构和概念支撑,实现实践育人的价值目标。

(一)有助于增进艺术院校学生的文化涵养

艺术人才具有精湛的技艺和卓越的技能,能够通过创造性的实践为社会做出贡献。实践具有时代性和社会性,"3+X"实践育人载体建设有助于艺术院校学生在社会生活和自然中寻找和体验美,并积极运用这种美的发现、表达和创造,使青年学生接受情感教育,培养爱国主义情怀,培育热爱生活的积极态度,提升学生的人格和品格。第一,塑造性格。艺术人才培养的特殊性,使得学生形成了相对独特的个性。在充满丰富情感的环境中,学生享受学习成果和成长带来的喜悦,通过实践可以加强学生的自我修养,提高整体素质。第二,发展技能。加强教学实践环节,将专业知识与实践技能相结合,从实践中反哺知识,提升理论水平,对于培养应用型艺术人才、提高学生学习效率有积极作用。第三,激发动能。不同实践平台的设置可以激发学生参与实践的主动性,通过体验真实社会,启迪心智、增强文化内涵、调整职业态度、培养职业信心。

(二)有助于促进艺术院校的教学改革

教学改革不仅仅是课堂教学所反馈的闭门造车,更多的是来源于实践育人最直接的检验和反馈。"3+X"实践育人载体建设,是一个"学习—实践—再学习"的提升过程。教师在教学育人的过程中,课堂教学与课外实践、校内文化实践及社会实践服务有效衔接,能够及时弥补课堂教学短板,直观体现教学内容,有效表达艺术作品感染力,提高学生的学思践悟能力。鼓励教师参与实践育人载体建设过程中,通过有效搭建专业实践基地,以校企文化交流为载体,加强校企合作,创建名师工作室,共同为教师实现个人价值创造必备条件,有效提升教师与行业的融入性,充分掌握行业最新动态,以多元化的眼光和思维创新教育教学方法,形成教学实践的良性互动,从而有效转化教学成果,实现教学成果市场化,行业作品课堂化,育人模式多元化。

(三)有助于培养艺术院校学生的创新创造能力

艺术教育教学过程是学生想象力和创造力发散优化提升的过程。"3+X"实践育人载体建设创新艺术类教育教学模式和方法,能够培养学生的感知能力,以发展的眼光培养学生,提高学生的综合素质,促进学生全面发展。在"开放""自由"的艺术实践中,通过乐器、声势训练、律动、戏剧情景、多媒体信息技术等手段及媒介,多元地激活学生的感性思维,充分调动和发挥学生的表现力,充分体现艺术来源于生活而又高于生活的特性。

(四)有助于发挥艺术院校的文化传承功能

文化是人类社会实践的产物,文化可以滋养心灵、涵育德行、引领风尚。"3+X"实践育人载体建设,坚持校内校外相结合,借助各类艺术实践活动,发挥专业优势,使学生在讲好中华文化故事、感受中华文化魅力的同时增强文化自信,教导学生"学艺先学做人",引导学生传承优秀传统文化,弘扬红色基因,树立家国情怀。通过挖掘社会资源潜力,探索育人平台,在"校企渗透""校社交融"文化育人载体建设中强化校企合作,加强校社合作,在学校、企业和社会的渗透中构建文化载体,打造实践品牌,发挥文化传承功能。

三、艺术院校实施"3+X"的实践育人载体建设

(一)基于文化形态的实践育人载体

艺术院校文化形态主要由能够体现独特文化内涵的教学实践框架组成。传统的文化形态教育载体,包括体现学校特色的建筑主体,展现校园的景观文化、校训、校歌等。现代教育的文化形态是以校园文化形象和语言为载体的价值取向教育的体现,即学校管理理念、办学目标、办学特色和办学模式相结合的独特文化载体,营造独特的文化氛围。对学生来说,温馨良好的校园文化教育具有重要的影响,引导、鼓舞着学生,可以使其获得受益一生的精神营养。让其在校园文化浸润下获得生命的成长,树立正确的人生观和价值观,培养学生人文素养、创新的精神和创作的积极性是高校文化实践教育的体现形式。艺术院校校友资源也是文化的一种体现,在艺术院校育人过程中发挥着巨大的引领和

影响作用，这些校友往往是社会和行业的"明星"，通过发挥校友的"回归"功能，使在校生与校友交流合作，从思想上、行为上产生正向影响力。

（二）基于校企共同体的实践育人载体

艺术院校实施"3+X"是院校与企业合作办学、合作育人、合作就业、合作发展，积极对接产业、行业、社会团体等，拓展实践育人工作平台，形成校内实践—社会实习实践的长效育人机制。校企合作"订单式"培养模式，发挥现代学徒制优势，强化院校双主体教学，推动校企之间的深度合作，促进产教融合育人模式，培养德艺双馨的新时代文艺新人。以实习、实践基地、企业的专业人才培养基地为依托，抓好教育质量，有针对性地为企业培养人才，学生通过参与企业现场合作教学，切实提高人才培养的针对性和实用性。大力推行"校企联动，资源互补"实践育人模式，构建实践育人共同体。有效推进课堂教学内容社会化、市场化，充分参与文化产业良性竞争中，有效降低学校教学内容与企业行业市场资源的转化门槛，促进职业教育市场化，为行业发展提供人才储备和无缝衔接，打破学院教育与市场准入规则的壁垒，充分发挥职业教育的优势，切实将家国情怀融入实践教学中，将行业品格融入实践教学中，将大国工匠精神融入实践教学中，培育"三观"正确且信念坚定的社会主义建设者和接班人。

（三）基于社会服务的实践育人载体

新时代社会主要矛盾的转变，充分体现了基层人民群众对于艺术人才实践送文化的需求，建立健全覆盖全社会的实践育人载体，有利于及时满足社会所需，同时为艺术实践提供广阔而丰富的实践平台和素材，能够不断提升基层人民群众对于精神文化生活的鉴赏力，从而有效传递社会正能量，传播和弘扬真善美的道德情操。艺术人才的茁壮成长离不开校园与社会实践的结合，要想培养好艺术实用型人才必须加强对于教学实践环节的重点关注，这样才能更好地培养出实用型的艺术类人才，才能让他们成为服务于社会的艺术类综合性人才。让学生走出校园，在亲身体验中认识国情、了解社会，受教育、长才干，在实践中提高综合能力，培养政治过硬、技能过强的艺术人才。"3+X"实践育人载体充分发挥课内实践教学育人功能，将课程思政元素有效地融入专业教学，开展有针对性与实效性的思想政治教育。艺术院校要充分学习领会党的文化政策和文化市场发展方向，紧紧围绕服务社会经济发展和国计民生所需，在新时代背景下将具体业务和社会服务相结合，对接地方文化局、文化馆等单位，建立文化志愿服务基地。

四、总结

实践育人是新时代教育教学工作的重要载体,艺术院校作为艺术人才培养高地,要因事而化、因时而进、因势而新,坚持理论教育与实践教育相结合,明确育人导向,整合各类实践资源,丰富实践内容,拓展实践平台,突出价值引领,不断强化思想政治工作的渗透性,努力构建"大实践"格局,进一步提升实践育人的实效性。

参考文献

[1] 中共教育部党组. 关于印发《高校思想政治工作质量提升工程实施纲要》的通知 [EB/OL]. 中华人民共和国教育部网站, 2017-12-06.

[2] 钱玉婷, 王昊川, 解泉华. 高校"五微+3+X"学生社区育人创新模式研究 [J]. 就业与保障, 2020 (12).

[3] 俞艳. 3+X: 艺术教育与廉洁文化的有效融合 [J]. 教师, 2019, (11).

[4] 刘岚. 新时代艺术院校思想政治理论课育人实现路径探析 [J]. 北京教育(高教版), 2018, 831 (09).

[5] 林照华. 三全育人背景下艺术院校课程思政的探索与实践 [J]. 大众文艺, 2020, 495 (21).

[6] 孙长庚, 关智武. 就"3+X"谈高校教学改革的方向 [J]. 华北水利水电学院学报(社会科学版), 2000 (03).

[7] 于书全, 何竟轩. 育人"三融合": 开拓学校心理教育特色发展之路 [J]. 辽宁教育, 2018 (24).

[8] 普慧. 高校艺术专业教师应以"育人"为本 [J]. 大众文艺, 2010 (03).

[9] 陈璐. 论艺术院校辅导员在三全育人综合改革中的履职路径探索 [J]. 北极光, 2020 (01).

[10] 寇疆晖, 焦磊. 从比利时三所美术类高校教学体系浅析欧洲美术院校艺术教育 [J]. 天津美术学院学报, 2012 (03).

新时代大学生奋斗精神四重维度的实践路径探析

沈霄媛*

摘要：习近平总书记曾多次在重要讲话中提及奋斗精神，为新时代的青年发展提供了根本遵循。因此弘扬青年奋斗精神是贯彻习近平总书记重要讲话精神的实践途径。大学生作为青年的主力军，肩负着中华民族伟大复兴的重任，因此高校应大力培育新时代大学生奋斗精神。本文尝试从"认知、情感、意志、行为"四个维度出发，探讨大学生奋斗精神的必要性，提出"树立正确三观、培养热忱感情、锤炼品德修为、练就过硬本领"四条实践路径。

新时代是奋斗的时代，青年要做新时代最美的奋斗者。习近平总书记讲过很多关于奋斗的金句，他在 2020 年全国劳动模范和先进工作者表彰大会上讲道："社会主义是干出来的，新时代是奋斗出来的。"[①] 总书记在多次重要讲话中论及青年奋斗精神，可见青年奋斗的必然性和重要性，新时代的青年已经贴上"奋斗"的标签。2020 年年初，面对突如其来的新冠肺炎疫情，全国人民共克时艰，疫情防控收到了重要成效，在这场大考中，我们见到许多青年主动请缨，不仅仅是"白衣天使"，还有许多其他志愿工作中冲锋在前的青年，他们用青春甚至是生命诠释了当代青年的担当与奋斗使命。正如习近平总书记所说："展望未来，我国青年一代必将大有可为，也必将大有作为。这是'长江后浪推前浪'的历史规律，也是'一代更比一代强'的青春责任。"[②] 可见新时代的青年无疑是担当中华民族伟大复兴大任的先锋力量，而大学生便是这青年中最积

---

* 沈霄媛，浙江艺术职业学院办公室干事。
① 习近平. 在全国劳动模范和先进工作者表彰大会上的讲话 [EB/OL]. 人民网，2020-11-25.
② 习近平. 时代的责任赋予青年，时代的光荣属于青年 [EB/OL]. 人民网，2018-05-09.

极的一股力量，因此，弘扬奋斗精神既是新时代对大学生的客观要求，又是大学生全面发展的主观需求，该项工作目前已是刻不容缓。从"三全育人"的角度来看，奋斗精神的培育不能只注重于一时半刻，而是需要在育人全过程中时刻融入，贯穿于大学生的整个教育过程，因此高校工作者可试图从"认知、情感、意志、行为"四个维度培育大学生的奋斗精神。

一、新时代大学生奋斗精神的必要性

（一）新时代背景下的应运而生

随着社会的日益发展，我们正在经历世界百年未有之大变局，处于中华民族实现伟大复兴的关键时期，全国上下正在努力确保"十四五"开好局、起好步，我们相信中华民族伟大复兴的中国梦终将在一代又一代青年的接力棒中变为现实。当代大学生正在努力用奋斗来诠释当下的青春、责任和担当，他们正脚踏实地地为我国实现社会主义现代化强国的奋斗目标添砖加瓦。从这个角度来看，高校许多思政教育工作者积极做青年奋斗精神的论述不仅是理论研究，也是对青年的鞭策和希望，更是在新时代背景下水到渠成的一种现象。

（二）坚持和发展中国特色社会主义的内在要求

我党从成立至今的一百年里，坚持解放思想和实事求是相统一，不断创新理论，不断推进马克思主义中国化，形成了毛泽东思想、邓小平理论、"三个代表"重要思想、科学发展观、习近平新时代中国特色社会主义思想等中国特色社会主义理论体系，切实提高了思想理论水平，为党和人民事业的发展提供了科学理论。我们党用实际行动展示了马克思主义中国化的丰硕成果，在疫情面前，我党与全国人民同呼吸、共命运，一起为打赢脱贫攻坚战努力，种种迹象都表明在坚定大学生理想信念的关键时期要激发他们的奋斗精神。

（三）促进学生个人全面发展的必然需要

大学生个人的全面发展代表着大学生的综合素质能力、社会竞争能力，大学生的竞争实力直接影响着社会发展进程。因此，促进大学生的全面发展是青年实现奋斗目标必不可少的关键因素，在互联网高速发展的新媒体时代，只有拥有智慧和知识、富有创新意识的人，才会成为社会的推动者，而人才的培养离不开教育，高等教育是大学生全面发展的基本渠道，因此，在高等教育过程中离不开奋斗精神的弘扬和培育。我们只有培育好大学生的奋斗精神，才会更好、更快地实现个人的全面发展。

二、新时代大学生奋斗精神的四重维度

"知情意行",是在德育工作与心理学理论中经常见到的说法。"知情意行"是循序渐进地整合和逐渐稳步上升的过程,从认知到触动,再到意志与行动,由浅入深,集腋成裘。因此从这四个维度来分析和探讨大学生的奋斗精神,不仅是一种创新思维,也体现了实操性和实效性。

(一)从"认知"维度把握历史规律

"知"即认知,是通过心理活动获取知识,是情感、意志和行动的基础和前提。从"认知"的维度看,把握历史规律是加强大学生奋斗精神培育的基础和前提。历史是最好的老师,只有全方位、多角度、深层次、多领域地学习历史,才能认清和把握新时代的规律和特征,从而准确实现自身定位,充分意识到新时代背景下对大学生奋斗精神培育的迫切需要。在大变局的新时代中,我们要充分发挥党的历史"以史鉴今、资政育人"的作用,以党史涵养大学生奋斗精神。恰逢中国共产党建党 100 周年,可通过加强党史教育,使大学生从内心自觉传承奋斗精神。

(二)从"情感"维度厚植爱国情怀

"情"指情感,是外界事物引起的情绪,有积极的情感与消极的情感之分。从"情感"的维度看,爱国情怀是个人积极情感的一种表达方式和体现,也是一名大学生应该具有的良好素质。爱国情怀是奋斗精神的思想基础,饱满和热忱的爱国之情可以转化为责任担当和民族自信,大学生厚植爱国情怀往往源于自身对生命的热爱,源于所接受的教育引导,源于无数先辈舍生忘死的感人事迹,源于国家和人民团结的力量。因此,我们要厚植爱国情怀,这是弘扬奋斗精神的基础要求,也是加强新时代自强不息的奋斗精神教育的主题思想。良好的情绪可以提升对"知"的认识,最终将情感转化为信念。

(三)从"意志"维度砥砺报国之志

"意"即意志,是自觉克服困难的心理过程,我们平常说的勤奋、吃苦、自制、毅力、奋斗都是意志的具体体现。从"意志"的维度看,一个人只有拥有坚强的意志,才能保证实际行动的付出,因此意志也是大学生成长、成才的根本条件。放眼未来,大学生也应当志存高远,坚定强国信念,树立危机意识,百折不挠、锲而不舍、化压力为动力,才能指引方向;放眼全局,是国家的共同理想指引着大学生凝聚奋斗力量,指引大学生为实现"两个一百年"奋斗目

标、中华民族伟大复兴的中国梦贡献智慧和力量。

(四)从"行为"维度践行强国使命

"行"即行为,"知、情、意"是人类心理活动的三个步骤,而"行"是前三者的外部表现。从"行为"的维度看,在教育中实现知行合一,将奋斗理念落实到脚踏实地的奋斗之行才是关键。因此奋斗并不是喊口号,当下不少大学生存在好高骛远的现象,奋斗精神只有被实践才能赋予它真正的意义。古今中外数不胜数的奋斗案例,都在用实际行动证明实践是检验真理的唯一标准。我们需要引导大学生将爱国之情、报国之志投入努力学习专业知识,投身报效祖国的实际行动中。

知是基础,情是动力,意是根本,行是关键。

三、新时代大学生奋斗精神四重维度的实践路径

(一)树立正确三观是认知时代变革的前提

1. 要用理想信念点亮青春

在大变革的新时代下,我们面临各种挑战,要从正确的历史观、民族观、大局观中分析历史规律的真实性、理论性、实践性,从中领悟到中国人民奋斗不息的历史价值和意义。当代大学生应树立正确的三观,坚定理想信念,筑牢奋斗意识,树牢对马克思主义的信仰、对中国特色社会主义的信念、对中华民族伟大复兴中国梦的信心,将个人的梦想和国家梦想、民族梦想融合,让青春之花为实现中国梦而绽放。

2. 树立正确的三观是培育大学生的奋斗精神的一项基本途径

高校需要注重在思想政治教育过程中融入奋斗精神的教育,让大学生加强对奋斗精神的认同,开展一系列以"奋斗精神"为主题的理论学习讲座和主题教育活动,树立正确的人生观、价值观、世界观。在学校举行的各类社会活动中,通过积极锻炼来提升综合素质水平,帮助树立正确的三观。同时在大学生的暑期社会实践中,引领大学生积极参与志愿服务,下乡体验,致力于乡村振兴,在贫苦中成长,磨炼吃苦耐劳品质,激发自身的奋斗精神,帮助大学生提前适应社会,增强社会竞争力。

(二)培养热忱感情是实现民族复兴的动力

1. 要用爱国情怀激发青春力量

"常思奋不顾身,而殉国家之急。"习近平总书记在北京大学师生座谈会上

的重要讲话中,对广大青年提出"要爱国,忠于祖国,忠于人民"的要求①,表明青年要励志培养爱国情怀、树立爱国意识、擦亮奋斗底色,将爱国情怀与个人奋斗结合起来。除了在中小学的教育过程中加强爱国主义教育以外,在大学生的理论教学和技能教学中融入爱国主义教育也是很有必要的,比如,思政课程与爱国主义教育的融合、岗位竞争与专业技能教学的融合。在实现民族伟大复兴的重任面前,我们必须怀揣足够的热情和深厚的感情,用实际行动表明忠心爱国的情感,为祖国奉献自身力量。

2. 培育热忱感情是培育大学生奋斗精神的一项动力途径

始终怀揣家国情怀是激励大学生奋斗精神的动力源泉,因此在培育过程中不要局限于理论宣讲,也可组织一些丰富多彩的活动,比如观影活动,观看一系列的爱国影片,如《建国大业》《建军大业》《红海行动》等。在视觉效果中融入爱国教育,将影像与传统教育相结合,达到情感迸发、精神凝练的效果。

(三) 锤炼品德修为是磨砺坚韧意志的关键

1. 要用品德修养守护青春

新时代的大学生要自觉从传统美德中汲取道德滋养,从时代英雄身上感悟榜样力量,从自身内省中提升品德修为。高等教育是促进大学生锤炼高贵品格的主渠道,积极加强大学生的心理健康教育可以提高大学生思想道德修养。大学生的心理健康发展是培养大学生良好的道德品质的前提,也能提高大学生的情绪调节能力、遇挫应对能力、综合素质能力。在高质量发展的新时期,对人才培养有着高质量发展的迫切需求,是推动奋斗精神教育的关键。

2. 锤炼品德修为是培育大学生奋斗精神的一项关键途径

高等教育必须以人为本,把加强素质教育贯穿于人才培养的全过程,比如可以通过开展校园文化建设等促进学生优秀品德的培养,养成其良好的行为习惯,磨炼其坚忍的意志。

(四) 练就过硬本领是实现自我奉献的核心

1. 要用奋斗拼搏激励青春

在纪念五四运动100周年大会上,习近平总书记勉励广大青年练就过硬本领、锤炼品德修为。大学生应当发挥奋斗拼搏的精神,正所谓"闻道有先后,术业有专攻",大学生一方面要通过党团建设、文化活动等提升综合素质,另一

---

① 习近平. 在北京大学师生座谈会上的讲话 [EB/OL]. 新华网,2018-05-03.

面还要通过专业教学、社会实践等夯实专业知识。《中华人民共和国高等教育法》中明确指出，高等教育的任务是培养具有创新精神和实践能力的高级专门人才。各高校本就提供了齐全的教学设施、配备了优秀的教师队伍、营造了积极的学习氛围，大学生应求知若渴地抓住拥有一技之长、增长才干的黄金时期，为自己的职业生涯牢牢打好地基。

2. 练就过硬本领是培育大学生奋斗精神的一项核心途径

千锤百炼才能造就英才，当今时代，新媒体技术不断普及，新业态层出不穷，我们只有不断创新方式方法，对大学生提出更高、更新、更全的要求，才能为大学生社会实习提供施展才华、奋斗青春的广阔舞台，促使其以真才实学服务人民，以创新创造贡献国家。

参考文献

[1] 宋欢. 基于知情意行理论下的高中生坚毅品格的培养 [J]. 学苑教育，2020（10）.

[2] 李馨宇，杨爱萍. 新时代高校劳动育人的三重维度 [J]. 沈阳师范大学学报（社会科学版），2020，44（03）.

[3] 邱菁芳. 把握新时代青年奋斗精神的三重维度——习近平总书记关于新时代青年奋斗精神的重要论述研究 [J]. 漳州职业技术学院学报，2020，22（01）.

[4] 徐国亮，邓海龙. 新时代青年爱国主义教育的四重维度 [J]. 马克思主义理论学科研究，2020，6（01）.

[5] 李伟弟. 培育新时代青年奋斗精神的三重维度 [J]. 人民论坛，2019（32）.

[6] 张戈. 新时代青年弘扬爱国奋斗精神的三重维度 [J]. 山西师池大学学报（社会科学版），2019，46（02）.

艺术院校辅导员压力源与应对方式研究

钱玉玲*

摘要：近年来，作为开展大学生思想政治教育工作的骨干力量，高校辅导员因繁重的工作任务过早地进入职业倦怠期，辅导员队伍不稳定直接影响了意识形态领域的育人成效。本文以质性研究的方式，在访谈的基础上归纳总结了艺术院校辅导员压力源及其应对方式，并有针对性地提出了缓减辅导员职业倦怠的对策和建议，为构建高校"大思政"格局、坚持"立德树人"的办学理念提供有效服务。

高校辅导员是高校教师队伍的特殊群体，具有教师和干部的双重身份，是开展大学生思想政治教育的骨干力量。辅导员职业能力标准把辅导员的工作分为九大板块：思想政治教育、党团和班级建设、学业指导、日常事务管理、心理健康教育与咨询、网络思想政治教育、危机事件应对、职业规划与就业指导、理论和实践研究，而新时期构建"大思政"格局的现实需求，则赋予了辅导员更多的任务和新的挑战。来自学院各部门的指示、纷繁复杂的工作任务、多重角色的冲突，都给辅导员带来了较大的心理压力。尤其是来自艺术学院的辅导员更要面临艺术生普遍具有思维活跃、个性化突出特点的挑战，越来越多的辅导员因为各方的压力源过早地进入了情绪枯竭、去个性化以及低成就感的职业倦怠期，这对高校思政工作的开展甚至教学工作的推进都产生了极大的影响。因此，分析高校辅导员的压力源以及他们的应对方式对稳定辅导员队伍、提升辅导员职业幸福感具有重要意义。

---

* 钱玉玲，浙江艺术职业学院党委学生工作部干事。

一、压力源

肖晓哲把压力源（stress）称为应激源或紧张源，是指对个体的适应能力进行挑战，促进个体产生压力反应的因素。[1]压力源分为生物性压力源、精神性压力源和社会环境性压力源三个类别，本文所分析的辅导员的心理压力源主要是以精神压力源为主的一种职业压力源，它包括来自工作、生活及其周围环境各个方面的压力。由于艺术类学生普遍具有个性鲜明、不服管教、思维活跃等具体特征，艺术类院校的辅导员在实施思想工作时必然遭受更大的压力。

本文通过对浙江省内三所艺术类院校的20位辅导员进行深度访谈，并进行质性分析，归纳访谈条目获取当前艺术院校辅导员的压力源（见表1）。

表1 艺术院校辅导员压力源

编号	条目	归纳	压力源
JL5	"除了日常的学生事务，我们往往还要承担其他部门交办的任务"	忙碌	工作负荷
JL12	"我常常加班到晚上八点以后"		
JL18	"忙起来忘记吃饭是常有的事"		
JL20	"不知道能不能坚持做下去（辅导员），当然也不一定有机会转岗"	职业困惑	自我发展需要
JL5	"我也想做一些课题研究，甚至以后转教师岗，但学工线缺人，应该转不了"		
JL20	"我想辅导员都有一样的体会，相比于专业老师来说，我们总是低人一等"	低价值感	职业认同
JL11	"学生总是对我们直呼其名，没有感受到作为老师应有的尊重"		
JL8	"通常其他部门不愿意接的费时间、费心力的工作都会落到辅导员身上"		
JL18	"任课教师通常比较反感我们去查课，继而发生一些误会和不解"	纠纷	人际关系
JL3	"我们很难做到让职能部门、专业老师以及学生都满意"		

续表

编号	条目	归纳	压力源
JL1	"老公常常因为我加班而闹情绪,我也的确对学生比对自己的小孩都上心"	家人不理解	家庭压力
JL12	"经常在约会时突然要回学校处理学生突发情况,女朋友很不高兴"		
JL17	"因为入住学生公寓,找对象总是遥遥无期"		
JL2	"我睡眠质量很差,一有风吹草动,我就会惊醒,生怕学生又出事"	身心症状	躯体化
JL16	"我持续跟踪几个心理问题学生,常常提心吊胆,神经紧绷"		

(一) 工作负荷

在艺术院校,辅导员任务具有多样性、复杂性、烦琐性的特征,思想政治教育、奖勤贷助、学风建设、团学党建、社团班级、安全稳定、心理健康、就业指导等教育和服务工作,都是辅导员每年要应对的常规工作。由于艺术院校学生普遍具有个性突出、思维活跃的特点,常常显示出难以管教的特性,辅导员在做好日常工作的同时,还经常要占用休息时间"下宿舍""登舞台",组织学生"下农村"、进社区开展各项社会实践活动。甚至绝大多数辅导员被要求住在学生公寓,与学生同吃同住,在与学生的交往中摸透学生的个性差异,以便开展针对性教育,与一般教师相比,辅导员的工作时间更长、条件更艰苦、环境更复杂。在此基础上,一些高校并未严格按照教育部1:200的比例配备辅导员,人员少、负荷重、任务多、要求高、头绪杂、期限紧,辅导员很难平衡好各项工作,致使容易产生不良心理反应和过大压力。[2]

(二) 自我发展需要

辅导员被认为是德育教育、大学生思想政治教育的骨干力量以及大学生健康成长的指导者和引路人,要按照学院党委和学工部的要求给予学生学业指导、思政教育及心理辅导等。但大部分艺术学院的辅导员专业背景差别较大,只有一小部分与思政、教育和心理相关,大部分辅导员在经历岗前培训之后就马上上岗,往往是在工作中重新学习思政理论和心理咨询技术,缺乏在岗的继续教育和培训,造成辅导员工作的盲目性,从而产生对职业生涯发展的茫然。过大压力所导致的职业倦怠，以及低收入待遇，使得一些辅导员致力于寻求转岗机会，而学校缺乏与辅导员相关的转岗和晋升的保障机制和激励机制，辅导员自我发展需求得不到较大程度的满足。

（三）职业认同

相比经常给学生上课的专业老师，辅导员和学生鲜有课堂互动的接触机会，加之辅导员从事一些与学生相关的行政事务性工作，学生通常对辅导员没有较高的认可度。入住在学生公寓的辅导员要和管理员阿姨一起管理学生的起居、卫生环境、作息时间等，由于工作重点和方式区别于一般老师，与学生对辅导员的角色期待出现冲突，学生往往把辅导员误认为管理员阿姨，从而导致一些辅导员自身定位不够清晰，容易产生对职业本身的困惑，自我认同感较低。一些学校的辅导员并不在事业单位编制范围内，却往往要承担更多、更重的工作任务，安全感缺失，中途离职的情况屡见不鲜，继而导致辅导员队伍的不稳定。

（四）人际关系

辅导员在做好本职工作的同时，通常要承接其他职能部门部署安排的工作任务，在执行工作任务的过程中通常按照事情轻重缓急来排序，但这并不能平衡各部门的时间和质量要求，导致沟通上存在误解。另外，辅导员在处理问题时遇到涉及部门、教师和学生之间的冲突，往往不能够平衡所有人的期待，导致其他老师和学生的不理解，尤其在学风检查过程中，任课老师通常对辅导员赴课堂检查学生上课情况颇有微词，对学生上课使用手机等违纪情况"谁管理""谁惩罚"的议题颇有争论，学生自身也对学风检查、没收手机的辅导员不置可否，辅导员常常处于左右为难的境地。

（五）家庭压力

在受访的辅导员中，有5位男士，15位女士。其中已婚辅导员5位，占总人数的25%；未婚15位。在访谈过程中，已婚辅导员均表示伴侣对其工作状态有所抱怨，大部分冲突来源于辅导员并未能平衡家庭和工作的时间分配，影响了家庭生活的质量；少部分未婚辅导员在恋爱过程中也往往受到婚恋对象的质疑，只有相当少的婚恋对象能对辅导员工作性质表示理解和支持，而一些需要入住学生公寓的辅导员甚至没有时间寻找适合的婚恋对象，导致个人问题一拖再拖。

（六）躯体化

处于学生工作的第一线，辅导员维护着学生的安全稳定，在处理学生问题时，辅导员往往是第一责任人，尤其是承担心理健康教育工作的辅导员更是责任重大,学生的心理状况、危机事件的处理和干预等都很大程度上增加了辅导员的心理压力,很多辅导员表示出现神经衰弱和睡眠障碍。学生工作无小事,学生身上发生的任何小事都会牵动辅导员的心弦,因此辅导员一般都是24小时待命,连休息时都是神经紧绷的状态,丝毫不敢懈怠。

二、应对方式

应对是应激和心理健康之间重要的中介因素,苏珊·福尔克曼(Susan Folkman)和理查德·拉扎勒斯(Richard S. Lazarus)将"应对"定义为:"当一个人判断与环境的交互作用超出自己拥有的资源、可能会为自己带来负担时所做的认知和行为上的努力,为了处理这种交互作用的内、外需求",应对方式很大程度上影响着个体的心理健康。[3] 拉扎勒斯和福尔克曼认为,应对是任何预防、减弱和消除压力源的付出,无论是有意识的或潜意识的、健康的或是不健康的,这种努力也可能是以最小的痛苦方式来忍受压力的影响。[4] 曾凡敏的研究发现,应对方式对职业倦怠有预测作用,因此研究辅导员的压力应对方式有助于帮助他们缓减职业倦怠,提高职业幸福感。[5]

通过质性分析的方式,本文归纳了20位辅导员访谈记录中面对工作压力时采用的应对方式。(见表2)

表2 艺术院校辅导员压力应对方式

编号	条目	归纳	应对方式
JL3	"对于相对繁重的任务我都会拖到截止日期再干,日常很不愿意触碰"	逃离工作	逃避
JL20	"放假的时候喜欢去唱歌,可暂时脱离繁重的工作"		
JL5	"总是很耐心地解答学生的问题,而对家人却很烦躁"	对内攻击	攻击
JL1	"学生的问题没处理好,我总是内疚,甚至怀疑自己"		
JL11	"平时工作很累,假期就会约朋友一起出去旅游"	转移注意	寻求支持
JL16	"工作中出现负面情绪,常常找同事聊,互相打气"		
JL18	"工作上受了委屈,打个电话给爸妈聊聊家常,就什么都好了"		

续表

编号	条目	归纳	应对方式
JL16	"工作没做好，我并不会轻易否定自己，或许是方式或方法不到位"	改变想法	认知重建
JL8	"现在忙一点也是在积累经验，为了更好地创新工作模式"		

（一）逃避

在访谈中，女性辅导员比男性辅导员更多地采用逃避压力的方式来应对工作中遇到的压力源，男性辅导员较少采用这种应对方式。这可能是由于女性辅导员相比于男性辅导员，在家庭经营上付出了更多精力。工作和家庭的双重压力使得女性辅导员不堪重负，往往倾向于选择逃避的应对方式，而事后她们又表示逃避并不能很好地解决问题，继而陷入更深的焦虑情绪中，可见逃避是一种消极的应对方式，并不能缓减事业倦怠的状况。

（二）攻击

大多数辅导员都表示，在工作中秉承"以生为本"的理念，对学生表达出来的负面情绪均以包容的心态去接纳、去关怀，往往在自我关怀和照顾家人情绪上考虑较少。他们把自身在工作中产生的焦虑和抑郁情绪通过对内攻击的应对方式，伤害了自我，也伤害了家人。显然，这依然是一种消极的应对方式，只会加剧职业倦怠的进程。值得欣慰的是，在访谈中只有两位辅导员表示采纳此种应对方式，大部分辅导员能够较好地进行自我调节，心理健康水平较高。

（三）寻求支持

多数访谈对象表示，支撑自己面对源源不断压力的支柱是在寒暑假期中能够无所顾忌地与家人享受天伦之乐。女性辅导员在工作中遇到压力更倾向于寻求朋友和家人的支持，她们在假期与朋友、家人去远途旅游，甚至时常保持电话联系，在情感需求上有所寄托，通过寻求支持的应对方式，她们能够较快地调整心态，保持积极和正能量。而由于社会对男性角色的期待，男性辅导员通常较少表露或宣泄自身的负面情绪，他们希望在家人和朋友中树立积极正面的形象。相比于女性辅导员，他们较少使用寻求支持的应对方式。

（四）认知重建

绝大部分受访辅导员均表示采用认知重建的方式调适自身的心境，辅导员作为大学生思政教育的实施者，通常掌握很多谈话的技术，因此在自身遇到负面情绪时,他们表示大家往往互相倾诉、互相劝导,通过改变自己的认知来改变自身的情绪,通过这种应对方式,他们能够在长时间高压的态势下,保持自身健康的心理水平,在探索中不断创新工作模式,理顺工作思路和工作方法,较好地适应辅导员工作模式。

三、缓减辅导员职业倦怠的建议

(一)给予人文关怀,健全心理健康教育机制,提升辅导员职业幸福感

辅导员的精神面貌取决于他们的情绪管理能力,积极阳光的态度往往能给学生带来正面影响,而辅导员在高强度工作和家庭生活双重压力下出现负面情绪是很正常的情绪表达,学校并不能以偏概全地将其归结为心理异常。负面情绪需要疏导,工作之余需要生活保障。涧吾森认为:"社会支持水平会直接影响个体的心理健康水平,社会支持水平越高,心理健康水平就越高,主观幸福度就越高,心理症状就越少。"[6]学校应联动院系两级党政领导,支持和关心辅导员职业发展,发挥"一岗双责"的作用,为辅导员提供强有力的社会舆论支持。在学校心理中心的年度工作中加入教师心理健康疏导的模块,为辅导员提供必要的心理咨询,也可以通过座谈会的方式收集和吸纳辅导员压力源,协同各职能部门和教学系部共同帮助他们解决遇到的现实困难。同时购置一些放松设备放置在"教工之家",开展团体性的有益于辅导员身心健康的活动,通过朋辈沟通和及时干预的方式,提高辅导员心理健康水平。

(二)明确岗位职责,强化激励机制,增强满意度和成就感

职责不清是很多辅导员工作堆积如山的主要原因,辅导员队伍执行任务效率高,完全服从上级安排,因此很多职能部门因为辅导员"叫得动、肯吃苦"而把工作一股脑儿地安排给他们,造成辅导员多重角色的冲突和超负荷的工作量,忙碌中容易出乱出错,反而被领导批评,效能感较低。艺术院校应建立科学有效的业绩考核体系,对辅导员的劳动予以认可和积极评价,强化激励机制,保障辅导员的工资和福利待遇等,促进辅导员更好地成长和发展。分阶段、分梯度选拔一些德才兼备的辅导员升任领导岗位,在职称评审条件和要求上给予一定的照顾,在生活上给予关心和帮助,解决他们的后顾之忧,鼓励辅导员发展可持续专业和突出技能,切实推进辅导员专业化、职业化发展。[7]

(三)增强辅导员决策参与度,化被动承担为主动参与,提高辅导员职业认同

辅导员作为学校和学生之间上传下达的纽带,往往是被动地参与学生日常

事务的管理，较少参与学校重大事项和活动实施方案的讨论，高校管理层在对学生工作进行相关决策和评价时，应更多地吸纳来自一线辅导员的意见，鼓励他们主动地参与制订方案和讨论，提升评价体系的科学性与实效性，从而提升辅导员的成就感和满意度；建立联通机制，搭好学院党政领导和辅导员的沟通平台，从而减轻辅导员角色冲突压力，在事务性工作上做到件件有着落、事事有回应，有效增强参与和管理各项工作事务的责权。管理层还应合理规划辅导员的工作流程、机制和内容，理顺学校党委、各职能部门、院系三方与辅导员的关系，克服多重领导的弊端，使辅导员能够专心致志地从事本职工作，推动辅导员专业化、职业化发展，促使其拥有更多的工作主动性、积极性和创造性，强化辅导员职业认同，提升其职业幸福感。

参考文献

[1] 肖晓哲. 高校辅导员压力源与心理健康的相关研究 [J]. 社科纵横, 2011 (9).

[2] 姚天增, 沈秀清, 李海鹏. 高校辅导员的压力与压力管理研究 [J]. 山西师范大学学报（社会科学版）, 2011 (5).

[3] FOLKMAN S, LAZARUS R. S. Appraisal, coping, health status and psychological symptoms [J]. Journal of Personality (Social Psychology), 1986 (50).

[4] FOLKMAN S, LAZARUS R. S. Stress, appraisal, and coping [M]. Newyork: Springer, 1984.

[5] 曾凡敏. 高校辅导员应对方式与职业倦怠相关研究 [J]. 社会心理科学, 2012 (6).

[6] 涧吾森. 社会支持、心理控制感和心理健康的关系研究 [J]. 中国心理卫生杂志, 2000 (4).

[7] 梅娇. 高校辅导员心理健康问题成因及对策分析 [J]. 西北医学教育, 2007 (6).

第四编 04
文化校园建设

第四篇

文化转型期

艺术高职院校"文化校园"建设的问题和对策

马向东[*]

摘要：艺术类高职院校兼具职业性和艺术性的双重特质，其本身蕴含并传承着人文艺术资源和优势。总结文化校园建设的经验并提出新的思路方法，对于推进"看得见、摸得着、感受得到"的艺术高职院校文化校园建设，推进"立德树人""以文化人"语境下的文化校园建设具有重要实践价值和现实意义。

"校园文化"概念的提出是20世纪80年代中后期，是以校园为空间，以学生和教师为主体，以课堂教学以外活动为内容，以文化交流和生活交往为基本形式，具有学校特点的群体文化，是学校所具有的特定的精神环境和文化气氛，包括校园物质文化、校园精神文化和校园制度文化。而"文化校园"的概念是近年来教育领域专家学者提出的一种新的校园文化观。所谓"文化校园"大体被认为是以校园精神文化、环境文化、文化活动为载体，以优良校风、教风、学风为集中体现，在所有育人因素共同作用下形成的全方位育人氛围、育人环境的统称，是构建"和谐校园"的重要组成部分。党的十八届三中全会提出要"改进美育教学，提升学生审美和人文素养"。《关于进一步加强和改进新形势下高校宣传思想工作的意见》指出："推动文化传承创新，建设具有中国特色、体现时代要求的大学文化，培育和弘扬大学精神，把高校建设成为精神文明示范区和辐射源。"浙江艺术职业学院有着60多年的历史文化艺术传统，以其为例考察艺术高职院校的特性，总结文化校园建设的经验，探究文化校园建设的新路径、新方法具有一定现实价值和实践意义。

---

[*] 马向东，浙江艺术职业学院党委委员、宣传部（统战部）部长，教授。

一、高校"文化校园"建设存在的可能空间及现实问题

近年来高等教育快速发展,在"教育 GDP"理念引领下,高校办学出于顺应经济社会发展需要,一味重视学科专业、科研成果和社会服务等硬性指标,大学文化建设未得到应有的重视,出现的问题越来越明显。第一,大学精神传承缺失。大学生精神文化涵育缺乏,重物质享受、轻精神追求,重专业引领、轻素养提升,大学生的综合素养和人文底蕴有所弱化。第二,校园环境育人弱化。高等教育发展使新校区扩建,老校区底蕴深厚的文化环境在新校区未能得到较好继承,大多数新校区的校园文化环境建设相对薄弱、层次不高、内涵不足、特色不浓,缺少学校历史传承和学校人文精神,环境育人受到影响。艺术类高职院校大多由原来的艺术中专升格而建,校园文化环境建设与本科院校相比更为欠缺。第三,校园文化活动式微。校园文化被边缘化为"校园文化活动",指代文体娱乐和兴趣活动等,在综合教育体系中,地位低、受轻视、少投入、参与度小、影响力弱,缺少大学文化、大学精神和核心价值观的内涵支撑,作用发挥不明显。实施多年的高校校园文化品牌建设在一定程度上促进了高校校园文化发展,但在全方位打造大学精神方面还存在较大不足。而与此形成鲜明对照的是社会文化尤其是网络文化对于青年大学生在世界观、人生观、价值观形成中的影响良莠不齐,令人担忧。

对重塑大学精神的重要性的认识催生出高校"文化校园"建设这一重要举措。"文化校园"建设是根据党的十八届三中全会精神、适应高校发展需要而提出的新理念。从"校园文化"到"文化校园",体现了高校办学未来发展的目标和要求,从发展文化软实力的维度上,提升到了一个新的高度,即高校文化建设的要求和目标,是在中国梦教育和文化强国建设背景下,使高校成为文化强校的先行区,成为践行社会主义核心价值观和塑造社会主义精神文明的示范区和辐射源。文化校园建设的指导思想是以"文化"建设校园,以"文化"建校引领和倡导高校发展路径,重在对"校园物质文化"和"校园精神文化"进行梳理、整合和创建,通过对学校和学生的"文化"培育,着力建设体现社会主义特点、时代特征和浙江特色的高校文化环境。通过校园文化精神的培育、宣传和校园文化环境的营造,以校园精神引领高校办学和发展,深化高等教育改革,强化高校人文精神的目标。这是对高校办学"立德树人"根本任务的回归,也是现代大学精神重塑的新认知。

高校"文化校园"建设的重点是优化校园文化环境,凸显了"文化"建校、"文化"育人的特质,是对于高等教育跨越式发展、高校迁址新校区后带来的校园环境缺乏文化、内涵不足和特色不浓等问题的反思和归正。文化校园建设的具体举措包括传承校训，传唱校歌，建设校史馆，打造校友文化、雕塑文化、寝室文化、场所文化等内容，是文化校园建设中文化环境和文化精神建设的主要方面，集中体现了文化校园的思想性、教育性、文化性和艺术性，将成果落到细微处和实处，让校园文化既有深度和内涵又体现文化的可及性，使师生"看得见、摸得着、感受得到"，以此推动文化校园建设，提升学校整体文化形象，促进大学精神塑造，推动社会主义核心价值观的培育和践行。"文化校园"相对于"校园文化"来说，是一种全新的概念和理念，为新时期和谐校园的建设提供了理论指导和巨大空间。

二、艺术高职院校"文化校园"建设的资源优势及缺陷

艺术高职院校大多是由创建于新中国成立初期的艺术中专升格而建，有着五六十年的艺术教育办学史，在文化校园建设方面有着丰富的资源优势。然而纵观艺术高职院校，文化校园建设却不平衡，大多院校尚未将文化校园建设上升到重要地位，呈现的效果并不尽如人意。主要体现在四个方面。

（一）精神文化有传承、有内涵，但缺乏传播载体

学校精神是学校整体精神面貌的体现，是一所学校的灵魂和富有生命活力的精神文化状态，是历代师生努力奋斗、积淀、凝练、发展而成的较为稳定的学校传统、教风学风和理想追求，是学校的核心价值观。具有几十年艺术教育办学史的艺术高职院校，大多形成了传承已久、富有人文内涵的学校精神。这缘于新中国成立后国家倡导文艺"二为"方向、"双百"方针，重视发展社会主义文艺事业，一方面为培养文艺人才创建艺术学校，另一方面"推陈出新""出人出戏出精品"，培养了一大批德艺双馨的艺术家和艺术工作者。艺术家和艺术工作者往往兼有舞台演员和艺校教师双重身份，经年累月传承熏染，艺术学校的学校精神由此形成，其核心就是"德艺双馨"，其实质是中国传统文化观照下艺术从业者审美价值取向和职业规范要求的标准，即"学戏先学做人""学艺必先修德"。这一标准是社会主义文艺工作者职业操守和艺术水平的最高要求，突出强调了文艺工作者的社会责任、职业目标和思想境界。然而进入高职时代，学校精神传播载体殊为缺乏。传承载体弱化，诸多新扩建校区的艺术高职院校，将经费、精力和关注点投在专业建设上，较少有学校在筹建新校区时将校史馆、艺术博物馆、校训主题公园等规划进去，在新校区里感受不到艺术传承的精神和气息。老教师逐渐退出，年轻教师陆续加盟，传承主体弱化，年

轻教师对校史了解有限，对专业教学以外的学校精神传播兴趣不高，满足于上好本专业知识课，学校精神的传承力下降，学校教育从原来的"人文式教育"进入"技术式教育"。

（二）环境文化有资源、有体现，但缺乏布局整合

校园环境文化是文化校园建设的一个生态系统，是学校精神和校园文化的物质承载和固化，能体现学校精神、学校形象、师生精神、校风学风和舆论倡导，良好的环境文化可以起到陶冶情操、启迪智慧、激励进步、塑造心灵、引导成才的作用。艺术高职院校具有丰富的精神文化资源，包括校训精神、名师大家、明星校友、行业规范、职业标准、专业要求等，然而校园环境文化布局和整合较为薄弱，大多数艺术高职院校新校区校园景观和绿化有规划、有设计，校园自然景观优美，绿树花草、假山池塘尽显生态之美，但缺少学校人文精神，文化艺术气息不浓，仅限于制作摆放校训石、明星签名石，教学楼道张贴名师名家、明星校友和剧节目演出照片，零星制作一些名师和艺术雕像等，这些环境文化建设缺乏明晰统一的设计理念，缺少艺术性设计和布局，产生不了环境文化和整体性优势，本应该以艺术取胜的艺术院校，在校园环境的艺术性方面却有短板。

（三）制度文化有继承、有出新，但缺乏大学视野

校园制度文化是校园文化的内在机制，包括学校的历史传统、行为规范和规章制度，是维系学校正常秩序的保障机制，是校园文化建设的保障系统。制度文化建设包括制度建设、组织机构建设和队伍建设三个方面。艺术高职院校有着中专时期规章制度的基础，进入高职教育后，为适应高职教育发展在制度文化方面有所完善和创新，制度建设有较大提升，但受原有的中专办学思维和眼界影响，制度建设既缺乏高等教育视野，也与职业教育要求有一定距离，特别是在德育教育和文化校园建设方面，较之于专业教学规章制度显得更为薄弱，在德育和校园文化建设中制度执行、组织机构队伍落实等方面也较为薄弱，诸多因素使得艺术高职院校文化校园建设的制度保障和执行力度受到影响。简言之，艺术高职院校校园文化建设中的制度文化有较大缺位，缺少大学精神的支撑。

（四）活动文化有特色、有优势，但缺乏内涵提升

活动文化即狭义的校园文化，专指以群体形式出现的师生课外文化活动以及以"第二课堂"为主要表现方式的文化氛围和精神活动，是一种以学生为主要参与主体，具有影响广泛、周期性、活动性、娱乐性等丰富内涵的校园文化。

艺术高职院校的活动文化因其专业优势和学生特长而具有艺术方面的优势，文艺表演、演讲朗诵、美术摄影等文艺活动较之于其他院校艺术水准较高。然而艺术高职院校活动文化只注重专业艺术素质体现，在表现和传承学校精神特别是大学精神的意识方面较为薄弱，活动内容体现专业技能充分，活动气氛热闹有余，但主题鲜明、内涵深刻、引人深思、给人启迪的优秀活动缺乏，活动的师生参与面也有限，且活动给人以扩展版的中专文化之感。

三、艺术高职院校文化校园建设的经验及路径

培养德艺双馨的高素质、高技能文艺人才，是艺术院校的育人目标和社会责任，理应做到"以文化人"，推进艺术高职院校文化校园建设。总结艺术高职院校办学五六十年的校园文化建设经验，借鉴本科院校校园文化建设经验，提出几点看法。

（一）顶层设计规划应具有全局性、前瞻性

文化校园建设的基础是顶层设计规划，核心是弘扬学校精神，目标是培养合格人才，路径是选择实践载体。这四个方面互相联系、互相促进，统一于文化校园建设中，构成文化校园建设体系。文化校园建设非一日之功，需要循序渐进，应明确指导思想、培养目标、核心理念、培养途径。顶层设计立意要高，要体现艺术职业教育的全局性视野、远瞻性目标，体现艺术高职院校在传承文化、培养人才方面的多元作用和长远影响。必须结合艺术教育专业特点，也要切合实际地提出文艺人才培养目标和办学定位，更要结合艺术专业学生的专业特点和实际需求，力求培养"一专多能"的复合型人才。

（二）学校精神文化应具有艺术性、职业性

学校精神是高校文化校园建设的灵魂，文化校园的终极指向就是学校精神的凝练、升华和传承。艺术高职院校脱胎于艺术中专，有着数十年艺术教育史、办学史，名家大师、明星校友、优秀作品层出不穷，形成积淀深厚、富有影响力和凝聚力的学校精神。艺术院校作为培养艺术人才的专业院校，其校训精神反映出艺术人才在思想道德、审美价值、艺术水平和修身自律四个方面的高度融合，体现了艺术性特点和职业性要求。校训校史教育应形成体系，其载体有校训石、校史馆、校史画册、学校宣传片、校园环境标识、网络虚拟展示馆、微信微博多媒体推送等；活动形式有新生入学教育、开学典礼、校情教育、主题班会等，常态化向学生讲述校训校史的历史底蕴，帮助学生学习和领会校训精神和校史文化。

（三）教师校友文化应具有示范性、传承性

教师文化是教师个人与集体间形成的组织氛围，优秀的教师文化有利于培养人才，营造良好的学习环境。口传心授、言传身教是艺术专业教学的特点，由优秀教师群体效应而产生的教师文化对于艺术专业学生有示范性和传承性。校友们对于母校的感恩和支持扩大着母校的影响，他们的艺术影响力和职业影响力让在校学生仿效，而使校友文化发挥其示范性、引领性、传承性作用。做好教师校友文化，首先要成立校友会，建立校友网络联系平台，主动联络和凝聚校友回母校举办讲座、学术交流、参观考察、捐资捐助等，以此回馈母校、影响学生、助校发展。还要展现名师校友和教师风采，特别是杰出名师名家校友和在职教师的事迹成就，通过网络新媒体、宣传片、校史馆、校友墙、明星石、明星壁挂等载体，以图文影像等形式展现，让学生在知名校友的榜样引领下努力进步。

（四）校园环境文化应具有自然性、人文性

艺术高职院校与其他高校相比，大多占地不大，校园环境文化建设的空间较为不足，比较重视"自然性"的花草树木培植，而忽视"人文性"的环境文化的布设。建设校园环境文化，就是要在保持校园环境"自然美"的前提下，提升校园环境的人文内涵，增加"人文美"，即优化校园环境布局，使"自然"与"人文"更融合。校园环境文化建设首先要规划区域功能，根据学校建筑布局，划分行政办公、教学学习、阅读自修、休闲娱乐、健身运动、休息就寝等区域功能。在各类功能区创设相应的办公文化、学习文化、休闲文化、运动文化、寝室文化设施和艺术化标语牌，建设内涵丰富的"墙面文化""大厅文化""楼宇文化"。其次，重点要美化校园中心广场等公共环境。校园雕塑主题应符合艺术教育特点和校园环境需要，应根据艺术教育的文化特征和仿古建筑布局，设置充满艺术性的人物塑像、纪念性雕塑、寓意雕塑和装饰性雕塑等，强化校园的文化氛围，营造昂扬向上、健康文明的校园风貌和文化气息，增设以"艺术"和"历史"为主题的校园雕塑，凸显校训精神。

（五）学校节庆文化应具有专业性、参与性

节庆文化以其风格各异的特色活动和特色项目成为校园文化的重要内容，体现师生广泛参与的群众性，是校园文化发挥魅力的生动舞台。节庆文化要以学院章程为依据，在制度性、规范性、专业性、层次性和参与性上下功夫。浙江艺术职业学院举办的校庆纪念活动、综合展演季、先进典型颁奖盛典、开学毕业典礼、大学生文化艺术节、寝室文化节、校运会、军训、校园读书月、心理健康月等活动已成为常规性主题节庆文化项目,在弘扬优秀传统文化、传承学校精神、增强学校凝聚力、满足师生精神文化需求、促进教育教学和谐发展等方面起到不可或缺的作用。传统项目要进一步提升人文内涵和人文关怀,扩大师生参与面和影响面,使师生在文化活动中获得切实收益;同时要适应时代特点和艺术专业学生特点,创新活动形式和内容。校园文化活动要体现专业性、思想性和娱乐性结合,吸引学生参与;学生社团文化要体现百花齐放,加强对社团的业务指导、规范管理和培训考核;志愿服务文化要体现学生的艺术专业能力和水平,让学生在奉献社会中获得进步和快乐。

《中共中央关于繁荣发展社会主义文艺的意见》指出:"弘扬中国精神、传播中国价值、凝聚中国力量,是文艺工作者的神圣职责。"《中共浙江省委关于繁荣发展社会主义文艺的实施意见》中提出:"加强高校文艺人才培养,高起点办好浙江音乐学院,发挥浙江大学、中国美术学院、浙江传媒学院、浙江艺术职业学院等院校的作用,从源头上抓好文艺人才培养。"艺术高职院校文化校园建设将为培养高素质、高技能文艺人才,为营造和谐生态的校园,为浙江文化强省建设起到重要作用。

参考文献

[1] 李晗龙,唐家玮,陈桂芝. 大学文化校园建设的理论探讨与体系构建 [J]. 黑龙江高教研究,2012 (5).

[2] 王骞. 文化校园:校园文化建设的新诉求 [J]. 黑龙江高教研究,2010 (7).

[3] 衣俊卿. 构建全方位育人的文化校园 [J]. 黑龙江高教研究,2007 (2).

[4] 王霁宁,王洪志. 论高校文化校园的构建 [J]. 辽宁经济,2012 (3).

[5] 王霁宁,李晓月,王洪志. 实现校园文化到文化校园的嬗变要把握几个根本点 [J]. 大学教育,2012 (5).

[6] 王剑,赵玉娟. 大学文化的追根溯源 [J]. 文化学刊,2009 (4).

[7] 衣俊卿. 大学使命与文化启蒙 [M]. 哈尔滨:黑龙江大学出版社,2007.

[8] 封海清. 西南联大的文化选择与文化精神 [M]. 昆明:云南人民出版社,2006.

艺术院校学生文化自觉和文化自信培育研究

王占霞*

摘要：高度的文化自觉和文化自信是改革开放以来中国学界的热切期盼，也是我国文化复兴的号角，艺术院校学生文化自觉和文化自信培育具有重要意义。本文在认真分析艺术院校学生文化自觉和文化自信的影响因素的基础上，提出了艺术院校学生文化自觉和文化自信培育的对策。

一、高度的文化自觉和文化自信是改革开放以来中国学界的热切期盼，也是我国文化复兴的号角

"经济社会转型下的文化自觉、自信与自强"，是《学术月刊》编辑部、《光明日报》理论部和中国人民大学书报资料中心在规范程序，不断提供评选活动权威性的基础上，经过读者调查、学者推荐、专家评议、投票确定等程序评选出的"2011年度中国十大学术热点"之一。

其实，关于"文化自觉"和"文化自信"的研究已经历了两次高潮。1997年，费孝通在北大举办的第二届社会学人类学高级研讨班上正式提出"文化自觉"概念后，关于"文化自觉"的研究出现了第一次高潮。内地和香港陆续组织了一系列以"文化自觉"为主题的学术研讨会，一些学术刊物还开办了"文化自觉"专栏，众多学者纷纷撰写论文论著。仅《文史哲》（2003年第3期）"文化自觉与社会发展（笔谈）"专栏就刊登了费孝通、张岂之、冯天瑜、乐黛云、闫纯德、成中英等人的文章。另外，北京大学学报、炎黄春秋、群言、学术研究、西北大学学报、广东社会科学、福建论坛、天津社会科学、中华文化论坛、社会科学战线等刊物陆续刊登了费孝通、张岂之、乐黛云、许苏民、

---

* 王占霞，浙江艺术职业学院退休教师。

李宗桂、方光华、冯征、张曙光、王宪能、方李莉等学者关于"文化自觉"的多篇文章。方光华还出版了著作《文化自觉与中国思想史研究》。这些研究成果既反映了中国知识分子在世纪之交对国家、民族和人类命运的理性思考和深刻关怀,为中华文化走向世界和人类文明的和谐发展提供了积极的思路,也表达了中国学界对实现文化自觉的热切期盼。

第二次研究高潮以十七大报告提出"更加自觉、更加主动地推动社会主义文化大发展大繁荣""兴起社会主义文化建设新高潮"为起点,研究内容从"文化自觉"到"文化自觉、文化自信、文化自强"。代表作是时任中宣部部长的刘云山同志(署名"云杉")在《红旗文稿》发表的题为《文化自觉 文化自信 文化自强》的一篇长文(2010年第15、16、17期连载),文章深刻而透辟地阐述了文化自觉、文化自信、文化自强的丰富内涵,表明了中央高层对文化建设的高度关注和重视。接着,以仲呈祥、王宪能、乐黛云、方光华、曹振明、阳国亮、田建国、方李莉等为代表的众多学者纷纷撰文,"经济社会转型下的文化自觉、自信与自强"也就成为2011年度的学术热点。继而,党的十七届六中全会通过的《中共中央关于深化文化体制改革推动社会主义文化大发展大繁荣若干重大问题的决定》指出:"要培养高度的文化自觉和文化自信,提高全民族文明素质,增强国家文化软实力,弘扬中华文化,努力建设社会主义文化强国。"这一科学论断,既是党对当代中国文化建设发展规律的历史性把握,又是实现文化强国建设的强大精神力量。吹响了我国文化复兴的号角,也吹响了中华民族复兴的号角,表明了党中央领导集体高度的文化自觉、文化自信和文化远见。

二、文化自觉和文化自信的时代内涵以及艺术院校学生文化自觉和文化自信培育的意义

所谓文化自觉,指的是一种文化的自我觉悟,主要是指一个民族、一个政党在文化上的觉醒和自觉的行动,包括对文化在历史进步中的地位和社会发展中的功能、作用有深刻的认识,对文化发展规律和趋势有正确的把握,对发展文化的社会与历史责任有主动的担当以及对文化建设的引领;包括对传统文化的批判与继承,对世界各种文化的判断与吸收,对历史经验教训的总结与汲取,对当代文化的定位与创建,也就是达到文化的自我觉醒、自我反省、自我超越。[1]"各美其美,美人之美,美美与共,天下大同"是费孝通对文化自觉历程的精辟概括。文化自觉和文化自信密不可分,文化自觉是文化自信的思想根据和认识基础;文化自信是文化自觉的价值提升和信念强化。所谓文化自信,则是指一个国家、一个民族、一个政党对自己的理想、信念、学说以及优秀文化传统有一种发自内心的尊敬、信任和珍惜,对当代核心价值体系的威望与魅力有一种充满依赖感的尊奉、坚守和虔诚。也就是对自身文化内涵和价值的充分肯定,对自身文化特质和生命力的坚定信念。[2]简言之,文化自信就是对我们自身文化价值的充分肯定和对自身文化发展的坚定信心。

文化强国是党的十七届六中全会提出的文化建设的目标,文化强国的实质是文化人才强国,而文化人才强国必须以文化人才的文化自觉和文化自信为前提。艺术院校学生作为未来引领风尚的生力军、主力军,承担着促进中华文化的传承与创新,推进文化强国建设的历史使命。在世界大发展、大变革、大调整,各种思想文化交流、交融、交锋更加频繁的特殊时期,艺术院校学生只有树立高度的文化自觉和文化自信,才能以昂扬的精神状态承担起促进中华民族文化传承与创新的历史使命,才能以高度的责任感积极弘扬中华民族凝心聚力的兴国之魂、强国之魄——中国精神,才能以科学的态度对待网络时代下的西方文化,才能满怀信心地高举中国特色社会主义文化的旗帜,在祖国的不断进步中使自己的艺术人生熠熠生辉,梦想成真。因此,艺术院校学生"一定要坚持社会主义先进文化的前进方向,树立高度的文化自觉和文化自信,向着建设社会主义文化强国的宏伟目标阔步前进"。

三、艺术院校学生文化自觉和文化自信的影响因素

一些学生存在文化底蕴不足和文化历史视野狭窄的问题,不能站在世界文明史的高度看待中国文化和世界文化,对本民族文化缺少自豪感和自信心,盲目追捧西方文化。其影响因素主要有以下几个方面。

(一) 文化素养的先天不足

艺术院校学生有些在中小学时代就接受了艺术教育,从小就把大量时间和精力投入专业学习,文化基础普遍薄弱,他们对中华文化的历史渊源、中华文化在历史进步中的地位和社会发展中的功能、作用缺乏深刻的了解,这种文化素养上的缺乏使其无法对我们自身文化价值做出充分的肯定,也无法对我们自身文化发展有坚定的信心。

(二) 多元文化的冲击

随着我国改革开放的不断发展,社会经济成分、组织形式、就业方式、分配方式的日益多样化,人们的思想观念和价值取向的日益多元化,正确的思想与错误的思想相互交织,进步的观念和落后的观念相互影响,各种文化相互激

荡。加上信息网络化的飞速发展，网络世界里的一些信息缺乏严谨性、权威性，使得思维活跃、接受能力非常强的艺术院校学生难免受到影响，也不可避免地导致辨别能力相对较差的学生在文化信仰上的迷茫和无所适从。

（三）外来文化的挑战

在文化全球化的今天，外来文化对艺术院校学生的影响是空前广泛的。西方文化的霸权主义尤其是以美国为首的西方文化强国凭借雄厚的文化资源和强大的文化传媒力量，推行文化霸权主义，试图对中国实施隐形文化侵略和精神洗脑，不断加强文化渗透和文化输出，大力推销西方资本主义的政治意识形态，宣扬西方资本主义的世界观、人生观、价值观。由于一些学生的文化历史底蕴薄弱，过分关注中国文化中的负面因素，把中国近代的落后归结于中国文化，从而盲目地推崇和仿效西方文化，贬低自己民族的传统文化。

（四）艺术领域的不良风气

艺术院校的学生具有良好的艺术天赋和创作能力，从小就编织"明星梦"，渴望在艺术的舞台上展现出彩的人生。但由于盲目的崇拜和较弱的分辨能力，很容易受不良风气的影响，从而极大地冲击着艺术院校的正面教育。

（五）艺术教育的缺陷

由于艺术崇尚个性，艺术教育授课方式、学习方式及其专业等的个性化，加上目前艺术院校生源的独生子女化，部分学生养成一切从个人的感悟、个人的喜好、个人才能的发挥、个人利益的获得、个人价值和理想的实现出发考虑问题的习惯，进而滋生以自我为中心、以实现个人目的与价值为取向的个人主义思想。加上较多地参加与经济利益交织在一起的艺术创作实践活动，他们的金钱观、物欲观得到了不正确的强化，价值取向日趋务实和功利化。导致在学习上高度重视专业学习，忽视文化基础和理论学习，忽视道德水准和综合素质的提高。

四、艺术院校学生文化自觉和文化自信培育的对策

（一）以理想信念教育为核心，深入进行世界观、人生观和价值观教育

理想信念是一个人成长的精神支柱，一个人有了崇高的理想，就会生成积极的人生态度、蓬勃的精神面貌、不竭的精神动力。理想信念教育是大学生思想政治教育的核心，也是艺术院校思想政治教育的重中之重。艺术院校要坚持不懈地用马克思主义武装学生的头脑，使他们正确认识社会发展规律，认识国

家的前途命运,认识自己的社会责任;要针对艺术院校学生思想认识和行为上存在的问题,有的放矢地进行世界观、人生观、价值观教育,引导学生树立正确的艺术观,坚定中国特色社会主义理想信念,增强学生积极投身于推动文化大发展、大繁荣的责任意识和理想追求。

(二)以爱国主义为重点,深入进行弘扬和培育民族精神、时代精神教育

人类艺术实践证明:一切受人民欢迎、对人民有深刻影响的艺术作品,都必须既反映人民精神世界,又引领人民精神生活,必须是在人民的伟大中获得艺术的伟大;一切艺术只有与时代同步,踏准时代前进的鼓点,回应时代风云的激荡,领会时代精神的本质,才能具有蓬勃的生命力,才能产生巨大的感召力。以爱国主义为核心的民族精神和以改革创新为核心的时代精神是中华民族生生不息、薪火相传的精神支撑,它们相互交融,深深熔铸在中华民族的生命力、创造力、凝聚力之中,共同构成中华民族自立自强的精神品格,成为推动中华民族伟大复兴的精神动力。艺术院校要以爱国主义为重点,把以爱国主义为核心的民族精神教育和以改革创新为核心的时代精神教育结合起来。引导学生在中国特色社会主义事业的伟大实践中,在时代和社会的发展进步中,坚持中国特色社会主义先进文化的前进方向;培育学生的爱国情怀、改革精神和创新能力,使学生始终保持艰苦奋斗的作风和昂扬向上的精神状态,为建设社会主义和谐文化,促进文化大发展、大繁荣不懈努力。

(三)以社会主义荣辱观为基础,深入进行公民道德教育

公民道德是一个国家的公民应当遵守的基本的道德规范和道德要求。以"八荣八耻"为主要内容的社会主义荣辱观作为社会主义核心价值体系的重要组成部分,旗帜鲜明地指出了在社会主义市场经济条件下,应该提倡和赞成什么、反对和抵制什么,为全体社会成员判断行为善恶、做出道德选择、确定价值取向提供了基本的价值准则和行为规范,集中反映了社会主义道德的本质要求。艺术院校要紧密结合学生的思想和行为特征,深入开展社会主义荣辱观教育,使学生真正树立热爱祖国的高尚情操和为人民服务的人生目的;养成热爱科学、尊重劳动、团结互助、明礼诚信、自觉自律、勤俭节约、自强不息的健康文明的生活方式;自觉抵制和反对损害祖国尊严和利益、违背人民利益和愿望、违反科学、贪图安逸、损害他人和社会、唯利是图、无视法纪、奢侈浪费的思想和行为。

(四)以学生的全面发展为目标,深入进行素质教育

爱因斯坦曾指出:"用专业知识教育人是不够的。通过专业教育,他可以成

为一种有用的武器,但是不能成为和谐发展的人。要使学生对价值有所理解并产生强烈的感情,那是最基本的,他必须对美和道德上的善有鲜明辨别力。否则,他连同他的专业知识就像一只受着很好训练的狗,而不像一个和谐发展的人。"[3]艺术具有强大的社会感染力,艺术人才是艺术产品的生产者和传播者,他们的自身素质将通过其艺术作品给社会带来直接而广泛的影响。艺术院校的学生只有具备良好的文化素质、思想政治素质和心理素质,才能创作出积极、健康、向上的艺术作品,才能坚持艺术为人民服务、为社会主义服务的方向,从而自觉地献身艺术、服务人民,才能赢得人民的信赖,受到人民的欢迎,真正成为人民的艺术工作者。因此,艺术院校要在提高学生专业素质的同时,加强学生多方面素质和能力的培养、多领域视野的拓展,使学生在知、情、意、行各方面得到全面和谐的发展。

参考文献

[1] [2] 刘芳. 对文化自觉和文化自信的战略考量 [J]. 思想理论教育, 2012 (01).

[3] 爱因斯坦. 爱因斯坦文集(第三卷)[M]. 许良英, 赵中立, 张宣三, 译. 北京: 商务印书馆, 1979.

中华优秀传统文化融入大学生核心价值观培育的实施路径研究

金银琴[*]

摘要：中华优秀传统文化是涵养社会主义核心价值观的重要源泉，对大学生成长具有重要意义。本文提出把中华优秀传统文化融入专业人才培养方案，充分发挥中华优秀传统文化在课堂教学、社会实践和校园文化中的育人作用，着力构建"大思政"教育体系，引导大学生培育和践行社会主义核心价值观，增强民族文化自信和价值观自信。

当前，我国经济社会的发展正处在新的转型期，各种思潮不断涌现，各种文化交流碰撞，西方国家借助互联网和各种文化产业，将西方价值观及各种宗教思想隐藏在一些影视作品、大众文化及新媒体内容中，向中国发起强大的文化攻势，妄图使我国民众接受和认同西方价值观，摧毁中华民族的文化自信和民族精神，进而改变国家的根本政治制度和性质。大学生正处于思想塑造阶段，思想不稳定、不成熟，好奇心强，容易受这些带有很强隐蔽性、欺骗性和高技术性的错误信息误导，如果任由此类情况发展而不加引导，当代大学生的价值观堪忧。加强中华优秀传统文化教育，对于引导青少年学生增强民族文化自信和价值观自信，自觉践行社会主义核心价值观具有重要作用。[1]本文探索运用中华优秀传统文化培育大学生社会主义核心价值观的有效方法，以期为高校开展大学生核心价值观培育提供有益参考。

一、把中华优秀传统文化融入专业培养方案

"立德树人"是高校的根本任务。立德树人强调德育要与人才培养融合，以

---

[*] 金银琴，浙江艺术职业学院手工艺学院党总支书记、副院长，研究员。

使所培养的社会主义建设者和接班人德才兼备，而培育和践行社会主义核心价值观是高校德育工作的出发点和落脚点。以习近平同志为核心的党中央洞悉中华优秀传统文化和社会主义核心价值观的辩证关系，指出：社会主义核心价值观反映了国家、社会、公民的伦理要求，体现了社会主义本质要求与中华文化道德理念的高度融合。中华优秀传统文化是"涵养社会主义核心价值观的重要源泉"[2]，培育和践行社会主义核心价值观必须加强中华优秀传统文化教育。

专业培养方案是高校根据一定的教育思想和教育目的，对某一专业或某类人才在人才培养目标、规格要求、课程设置、教学安排等内容上的指导性文件，是学校进行专业人才培养的基本依据。[3]因此，要将加强中华优秀传统文化教育落到实处，必须修订人才培养方案，明确人才培养目标中对传统文化传承和人文素养培育的具体要求，并将这些具体要求贯穿、结合、融入教育教学、社会实践、文化育人等各环节，调整现有的课程结构和课程类型，增加传统文化课程在通识课程中的比重，将古典诗词欣赏、汉语言文学、中国通史、中华美学精神等国学类课程设为通识课中的专门模块，要求学生毕业前必须修到一定的学分。同时结合专业特色深入挖掘各类课程所蕴含的育人因素，着力构建思政理论课、通识课、专业课和实践课全课程育人的"大思政"教育体系。

二、充分发挥中华优秀传统文化在课堂教学主渠道的育人作用

习近平总书记在全国高校思想政治工作会议上指出："要用好课堂教学这个主渠道，思想政治理论课要坚持在改进中加强，提升思想政治教育亲和力和针对性，满足学生成长发展需求和期待，其他各门课都要守好一段渠、种好责任田，使各类课程与思想政治理论课同向同行，形成协同效应。"[4]

（一）将中华优秀传统文化融入思政理论课教学

思政理论课是高校思想政治教育的主渠道，其目的是着力提高大学生的思想政治素质。传统的思政理论课教育常常偏重于对抽象的概念、理论、思想的剖析，过分强调政治意识形态功能，忽略了道德品格和文化素养的培育，教师往往一股脑地把理论知识灌输给学生，教学过程机械单调、枯燥乏味，有时非但不能激发学生的学习兴趣，反而容易使学生产生排斥的心理。要想改变这种情况，必须在教学内容和教学方式上做出改革。

1. 要充分挖掘和利用中华民族优秀精神资源

将中华优秀传统文化的思想精华融入思政理论课相关章节的教学内容中，如"天下兴亡，匹夫有责"的担当意识，"苟利国家生死以，岂因祸福避趋之"

的爱国情怀,"鞠躬尽瘁,死而后已"的献身精神等,把历史上涌现的许许多多鲜活的人物和事件以大学生喜爱和易于接受的形式展现出来,引导大学生树立正确的历史观、国家观、文化观,坚守中华文化立场,坚定文化自信,增强文化自觉,增进文化担当,同时使社会主义核心价值观培育更具文化底蕴。

2. 强调"以生为本",改变授课方式,充分发挥学生的主体性作用

教师尽量避免生硬的灌输和空洞的说教,应加强教学的互动性,综合、灵活地运用案例教学法、角色扮演法、讨论教学法、情境教学法、比较教学法等多种方法,努力调动学生的主动参与意识。引入新技术,把经过概括提炼的中华传统文化核心思想理念、中华传统美德、中华人文精神等内容以图片、文字、动画、音视频等形式进行生动展示,从而提升学生的学习兴趣,增强教学实效。

3. 着重提高学生对中华优秀传统文化的自主学习能力

中华优秀传统文化蕴含丰富的处世哲学和价值观念,教学应与社会现实密切联系,教师应针对社会热点问题,以中立的态度积极引导学生独立思考复杂的社会问题,结合实际情况客观公正地揭示运用传统文化应对当前社会问题的现实价值,探索理性的价值观念和价值态度。地方特色文化是中华民族文化的重要组成部分,教师应加强地方特色文化研究,以研究式教学、文化考察等多种形式将地方特色文化引入课堂,同时在阐述和分析当地特色文化的主要内涵和精髓中,帮助学生理解中华优秀传统文化的强大生命力和时代价值。

(二) 将中华优秀传统文化融入专业课教学中

价值观教育必须渗透、融入各学科专业教学之中。美国道德教育协会前主席托马斯·里克纳(Thomas Lickona)教授指出:"学术课程在价值观培养方面的作用是一个沉睡中的巨人,如果我们不能把这种课程利用为培养价值观和伦理意识的手段,我们就正在浪费一个大好时机。"[5]

把传统美德教育融入专业教学和实践环节,注重引导学生思考与专业相关的社会伦理道德问题和职业道德精神,使得职业技能与职业精神教育融合。学校应组织专业教师加强专业课程思政的研讨,重视大学生职业生涯发展中的道德要求,将德育内容与学生即将面向的行业岗位道德要求紧密结合,有针对性地编排职业道德教育内容。要求教师结合专业特色和学生特长进行有针对性的思政教育,内化社会主义核心价值观,如让艺术专业学生以自己感兴趣的历史事件和人物为切入点进行艺术创作代替传统的论文作业,让公共文化管理专业对公众文化消费方式进行社会调查等。引导学生关心国家命运,自觉把个人理想和国家发展、个人价值与国家需要结合起来,树立正确的职业理想、职业观、

择业观、创业观和成才观。培养学生爱岗敬业、勤于钻研、团结协作的良好职业道德意识，传承业精于勤、精益求精的中华传统职业美德和工匠精神。

三、充分发挥中华优秀传统文化在社会实践中的育人作用

（一）道德教育不能仅仅停留在理论层面，还要走向实践、融入生活，实现由"知"向"行"的转化

高校应建立完善的社会实践配套机制或制度，建立社会实践管理制度、指导教师激励制度、学生志愿服务制度、成果鉴定和业绩考核制度等，将社会实践纳入教学计划和大学生综合素质评价体系中；要求并积极鼓励学生参加多种社会实践，组织学生利用寒暑假、节假日深入社会、社区、企业、行业开展社会实践活动，使学生的道德认知在社会实践中得到真切感受，从而内化为道德自觉，增强道德责任感，不断深化对核心价值观的认识与把握。

（二）社会实践活动有实习实训、社会调查、志愿服务、公益活动等多种形式

可以安排学生顶岗实习，让学生在行业与企业一线切身感受认真负责、严谨踏实、协作互助、吃苦耐劳的企业文化，形成良好的敬业精神和职业道德，学生在顶岗实训期间，学校和企业既要对学生的专业技能水平进行考核，又要对学生的思想与职业道德表现进行评议；可以结合专业开展社会调研，撰写调研报告，如民族传统技艺专业学生对本地区某项民族传统技艺生存现状进行调研，引导学生热爱自己的专业，感受中华文化的源远流长，增强传承民族文化的自豪感和紧迫感；可以设计一系列任务要求，进行任务驱动，使课堂知识学以致用，达到观察社会、理解生活、了解需求、增强责任感的目的，如乡镇文化员专业学生深入农村文化礼堂组织开展各类活动、演出，民族传统技艺专业学生开展"非遗进社区"活动；可以让学生在中华优秀传统文化资源丰富的档案馆、纪念馆、博物馆、美术馆、图书馆等地方进行志愿服务，积极参与场馆的管理、维护、讲解等；可以鼓励学生到国家需要的地方去，亲身参与义务支教、"三下乡支农"、"送戏下乡"、"五水共治"（治污水、防洪水、排涝水、保供水、抓节水）等，引导学生关心他人、对社会尽责等道德意识。通过形式多样的社会实践活动，引导学生更加全面准确地认识中华民族的优秀文化和传统美德，践行社会主义核心价值观，培养学生高尚的道德情操。

四、充分发挥中华优秀传统文化在校园文化中的育人作用

注重校园文化在价值观教育方面的教化熏陶功能。要打造生动载体，用学

生喜闻乐见的方式，大力宣传重大节庆日、革命纪念日、民族传统节日、民族艺术形式等，开展特色鲜明的主题教育活动，加强大学生中华民族优秀传统文化、传统美德教育，弘扬民族文化，塑造民族精神，增强民族自豪感，提升核心价值观在学生中的情感认同、价值认同、政治认同和信仰认同。

挖掘自身校史资源，通过学校的校徽、校训、校标、校园景观与设施等硬环境和师德师风、教风学风、学校制度和各类活动等软环境，共同营造本校特有的校园文化氛围，以潜移默化、润物无声的方式浸润、教化学生，让他们在不知不觉中接受其中隐含的核心价值观。加强硬环境的传统文化氛围设计，如将教室、图书馆、宿舍、餐厅等融入优秀传统文化元素，体现出优秀传统文化的思想内涵；修建富有优秀传统文化特色的文化广场、文化长廊，建设校史馆等，尤其应将本校历史上和现职的优秀教师、知名校友的感人事迹予以充分宣传，使其精神、品德得到弘扬、传承。

加强对学生社团的引导，将思政教育融入丰富多彩的学生社团活动中，通过朋辈教育与交流，寓教于无形之中，有利于学生更好地接受并形成学校预设的价值观。

根据大学生喜爱微信、微博等自媒体平台的特征，推动中华优秀传统文化与新媒体技术深度融合，积极建好门户网站、微信微博等网络新媒体平台，使之成为传播中华优秀传统文化、培育社会主义核心价值观的重要阵地。将中华优秀传统文化和理论话语转换成大学生容易接受的生活化语言，采取个性化、互动式的服务方式，通过新媒体定向推送契合大学生思想的优秀文化作品和信息，使大学生能精准把握社会主义核心价值观的实质内涵和精神精华。或将中华传统美德的阐述、经典案例以及相关文献等以微电影、微课、慕课等形式供学生网上学习。

五、结束语

中华优秀传统文化是中华文明演化过程中孕育形成并存续至今的中华民族的智慧结晶和精神财富，把中华优秀传统文化贯穿于人才培养全过程，引导大学生培育和践行社会主义核心价值观并形成育人的有效形式和长效机制，是当前高校应有的历史使命和重大的时代责任。

参考文献

[1] 教育部. 关于印发《完善中华优秀传统文化教育指导纲要》的通知[EB/OL]. 中华人民共和国教育部网站，2014-03-28.

［2］党的十八大以来重要文献选编（中）［M］.北京：中央文献出版社，2016.

［3］赵冬臣，马云鹏，解书.本科小学教育专业培养方案分析［J］.当代教师教育，2010，3（02）.

［4］习近平.把思想政治工作贯穿教育教学全过程 开创我国高等教育事业发展新局面 刘云山讲话 王岐山张高丽出席［N］.人民日报，2016-12-09（01）.

［5］托马斯·里克纳.美式课堂——品质教育学校方略［M］.刘冰，等译.海口：海南出版社，2001.

工匠精神融入高职院校人才培养的路径探析

金银琴[*]

摘要：工匠精神在本质上是一种职业精神，主要包括爱岗敬业、精益精神、专注执着和开拓创新精神。当前高职院校在培育工匠精神的过程中存在学校办学理念偏位、教师实践能力不足、学生职业认同感低、校企合作深度不够等问题，不利于高素质技术人才的培养。高职院校应把工匠精神贯穿于人才培养全过程，充分发挥工匠精神在思政教育、专业教育、校企合作和校园文化建设中的作用，着力培养具有专业技能与工匠精神的高素质劳动者和人才。

党和国家高度重视职业教育，在《教育部关于深化职业教育教学改革全面提高人才培养质量的若干意见》中明确指出"高职院校作为技术技能人才培养的主阵地，承载着培养高素质高技能人才的艰巨任务，要重点培养'敬业守信、精益求精、勤勉尽责'等职业精神"[1]。2016年3月，李克强总理将"培育精益求精的工匠精神"写入政府工作报告。刘延东副总理在2016年12月2日召开的推进职业教育现代化座谈会上进一步指出"把职业教育摆在了前所未有的突出位置，加快培育大批具有专业技能与工匠精神的高素质劳动者和人才"。在国家做出顶层设计后，各级领导呼吁倡导，新闻媒体大力宣扬，工匠精神成为热词，培养"具有专业技能与工匠精神的高素质劳动者和人才"是当前职业教育改革发展的重要课题之一。

一、工匠精神及其在职业教育中的作用

工匠精神属于职业精神的范畴，是从业人员的一种职业价值取向和行为表现，与其人生观和价值观紧密相连，是从业过程中对职业的态度和精神理念。[2]

---

[*] 金银琴，浙江艺术职业学院手工艺学院党总支书记、副院长，研究员。

具体而言，工匠精神主要包括崇尚劳动、爱岗奉献的敬业精神，精益求精、追求完美的精益精神，内心笃定而着眼于细节的专注精神，不拘一格、巧夺天工的创新精神。[3]

从古至今处处可以看到工匠精神在我国各行各业显现的案例。春秋时期，木工祖师鲁班发明木工工具、农业机具、仿生机械等；东晋著名书法家王羲之用尽十八缸水，墨染洗砚池，最终将书法练到炉火纯青，入木三分；邓稼先等数十年研发成功两弹；南仁东20年铸就天眼；央视纪录片《大国工匠》记录了8位几十年如一日执着追求职业技能极致化的工人；等等。当前国家大力提倡工匠精神，不仅仅是要求传统手工业者对技术极致追求，更是要让工匠精神在全社会受到尊崇，让工匠精神成为社会各行各业的行为准则。

工匠精神体现在职业教育上就是要"德技并重"，不仅要培养学生做事的专业技能，更要把工匠精神融入高职教育的全过程，使工匠精神与专业技能培育有机结合，促进高技能人才培养从单一的职业技能习得向综合的职业素养养成转变，助推学生更好地成长为社会所需的优秀职业人才，满足经济社会对高素质劳动者和技能型人才的要求。同时，毕业生良好的社会声誉也会促进高职院校的可持续发展。

二、高职院校工匠精神培育现状

（一）学校办学理念偏位，人才培养工匠精神缺失

一方面，高职院校处于招生链的下游，随着部分本科院校向应用型大学转移、有些民办高职院校升本成功，高职院校生源素质出现下滑，不少高职院校想方设法向本科转型，没有真正静下心来思考如何立足于职业教育而培养具有工匠精神的人才。另一方面，学校评估、校优质课评比等经历使得大多数高职院校把关注点聚焦在就业率、升学率、教学成果奖、技能大赛奖、实验室建设、实训基地数量、特色和优势专业数量等易于数字化排名的标志性项目上，而工匠精神的培育是软指标，无法排名且见效慢，故往往成为高职院校工作中容易忽视的"盲区"，在人才培养方案设计中也缺失对于工匠精神培育的要求，而是片面强化专业技能而忽视职业精神的培育。高职院校没有立足职业教育办学定位、千方万计培育德技并重的学生的行为本身就缺失了工匠精神。

（二）教师实践经历不足，教学过程工匠精神缺失

高职院校在教师招聘时存在重学历、轻实践的情况，不少新招聘入职的教师学历都在硕士以上，但是相当比例的教师从高校毕业直接进入高职院校任教，没有企业工作经历和相关岗位实践经验，理论知识丰富但实操能力相对不足。教师考核和职称评审时，学术研究导向严重，教师科研任务重、压力大，无暇深入企业积累工作经验，顶岗实践流于形式，教学满足于完成任务，缺少精益求精的工匠精神。

（三）学生职业认同感低，学习过程中工匠精神缺失

许多高职学生受制于高考分数，被迫选择职业教育，对自己所学专业没有兴趣，缺乏职业认同感。相当数量的高职学生学习习惯不佳，因长期基础薄弱而缺乏学习自信心，遇到困难本能逃避，对专业学习缺乏认真钻研的主动性和持之以恒的精神，"混文凭"的学习观念凸显。做事急于求成，把眼前利益看得较重，部分学生把主要精力用于打工或创业赚钱上。

（四）校企合作深度不够，实践训练工匠精神缺失

大多数情况下，学校出于自身建设或者评估考核的需要，主动迎合企业，签订校企合作协议，表现出企业在人才培养中的角色定位不明确和义务要求规定不具体。大多数高校实行"分段式"培养方式，由学校负责前两年的专业课程设置与教学实施，而企业只负责最后一年学生的顶岗实习安排。不少企业为追求短期经济效益，只是将实习当作获取廉价劳动力的渠道，没有对实习学生进行细致系统的指导，对学生未来的职业生涯发展也不关心。这种培养方式使得学校无法根据学生在企业的实习情况实时调整学生的教育内容，且企业自身的这种职业态度对学生的职业精神甚至会产生负面影响，更谈不上对其进行工匠精神的培育。

三、工匠精神融入高职院校人才培养的路径

工匠精神引领高技能人才培养是一项长期的系统性工程，须贯穿到人才培养的全过程，并以循序渐进、潜移默化的方式进行。

（一）人才培养方案制订时融入工匠精神

人才培养方案也称专业培养方案、专业培养计划，是高校根据一定的教育思想和教育目的，对某一专业或某类人才在人才培养目标、规格要求、课程设置、教学安排等内容的指导性文件，是学校进行专业人才培养的基本依据。[4]要将工匠精神落到实处，学校必须在人才培养方案制订过程中有意识地将工匠精神渗透到课程设计、理论教学和实践实训、校园文化等全方面，使学生在人才培养全过程中接受工匠精神的熏陶；调整课程结构，把职业生涯规划、职业道德与法律等课程作为职业教育的必修课，使学生明确工匠精神的内涵，树立职业理想，明晰努力方向。

"校企合作、工学结合"是职业院校的办学特色,校企双方共同组建教育协调专家组,建立联席会议制度,定期召开联席会议,承担教育过程中重大事宜的协商与决策,落实招生计划、人才培养方案、师资聘任、实践项目、专业评价等决策与部署工作,共同监督、检查教学质量;校企双方共同制订和完善人才培养制度及标准,学校老师与企业导师围绕教学计划和课程标准,联合开发符合学生理论学习和企业实践特点的岗位课程教材,并配套相应的数字化资源。通过校企全面合作,整合学校与企业的优势资源,共司育人职责,构建双主体联合培养、一体化育人的人才培养模式。

(二)思想政治理论课教学是培育工匠精神的主要渠道

思想政治理论课是高校思想政治教育的主渠道,要把"做人"教育放在首位。将工匠精神融入思想政治教育工作,通过对学生价值观、人生观、世界观的引导,将社会主义核心价值观与工匠精神有机结合,在潜移默化中对学生开展教育,帮助学生树立崇高的职业理想和正确的职业态度。[5]推进课程教学改革,根据不同专业学生的特点和职业素养要求,设计不同专业的思想政治理论课内容,选取鲜活的专业案例,用学生喜闻乐见的形式,如情景设置、网络视频、课堂讨论、经典诵读、先进人物现身说法等手段端正学生职业态度,提升学生职业素养,培育学生工匠精神,从而达到育人的目的。如在民族传统技艺专业学生教育中,要求学生收看央视纪录片《大国工匠》《我在故宫修文物》等,从他们身上学习精益求精、精雕细琢、专业专注、创新创造的职业精神;组织学生参观企业、走近工匠,与工匠开展互动式访谈,了解工匠精神在未来就业和个人职业发展中的重要性;邀请本校优秀毕业生回校讲座,以其亲身经历来说服和感染学生重视工匠精神的培育,引导学生尽早做好职业生涯规划;鼓励学生采用慕课等形式选修"走进中国文化之门""文化传统与现代文明"等人文素养课,感受中华优秀传统文化和技艺,培养学生的自豪感并坚定职业理想。

(三)专业课程教学是培育工匠精神的重要抓手

专业课程教学要以就业能力为导向,专业教师应结合行业特点和职业岗位要求,将工匠精神融入课程教学目标、教学内容、教学过程及教学评价考核之中。课程标准对应岗位标准,教学目标的设置要体现培养工匠精神与提高职业技能的高度融合,教学活动要善于营造体验式的情境,让学生体验作为职业人的真实感受。例如,书画装裱、古籍修复等课程,在讲授传统技能的同时,教给学生严谨的操作流程,对工具的摆放和使用、具体的操作顺序都制定了严格的标准,要求学生规范操作、注重细节,使学生养成一丝不苟、精益求精的良好习惯。通过长期的实践磨砺，培育学生的工匠精神；深化实践教学，立足社会生产实际，通过着力推进校内外生产性实训基地、实训室建设，培养学生对新信息、新设备、新技术的敏锐度和求知欲；通过建设创新创业孵化园、创客空间等，培养学生创新创业意识；通过职业技能大赛等，创造学生同台竞技的机会，激发学生学技术、钻技能、比技艺的热情，培养其专注、执着、创新的工匠精神。

（四）校企合作是培育工匠精神的基本途径

企业是实施职业教育的重要场所，高职院校学生培养工匠精神，必须发挥企业的重要作用。高职院校要积极寻找、精心挑选优质企业开展合作，签订联合办学协议，明确校企职责。探索校企协同育人的长效机制，将高职院校人才培养、学生技能训练与企业生产经营有机结合，按照"合作共赢、职责共担"原则，融学生与学徒、教学与传艺于一体，建立校企互聘师资队伍选拔培养考核制度，实现校企双向兼职锻炼互聘互用，聘请企业师傅，特别是德艺双馨的大师到学校任教。成立大师工作室，汇集行业顶尖大师，为学生提供实践平台，也能够提升师生的技能水平，同时，鼓励在职教师定期到企业实践锻炼，以利于教师及时了解行业发展动态。组建由在职教师、兼职专家、返聘教授、知名大师组成的专兼结合、校企互聘的教学团队，形成一支由"实践型""学术型""大师型"等组成的多样化师资队伍结构。注重整合校企双方的优势资源，通过教师与工匠师傅的联合传授和精心指导，将课堂学习与岗位实践紧密结合，充分合作育人，从而提高学生的从业技能。利用校企合作的平台，不但让学生真正学到专业技能，而且在工匠师傅的传帮带中，实现对工匠精神的继承，培养学生对职业的敬畏、对技艺的执着。

（五）校园文化是培育工匠精神的有效载体

深入发掘高职院校自身的办学特色、行业背景和职业要求，在校园文化中渗透工匠精神，让学生在潜移默化中形成坚定的职业理想、精益求精的职业态度和持续创新的职业追求。结合学校建设发展规划，在学校楼宇、校园景观、道路、文化阵地建设和命名时渗透和展示工匠精神。要优化文化景观建设，努力形成若干突出工匠精神内涵、体现学校特色、与校园环境相协调的重点景观，让学生置身于校园的每一个角落都能切身感受以工匠精神为内核的物质文化的熏陶。[6]如建造工匠雕塑园，重点展示与本校各专业相关的知名大师的雕塑，详细介绍他们的动人事迹，为学生树立榜样。学校邀请业内专家、工匠大师共同研究和确定本校学生工匠精神培育的重点，找准人才培养中与产业需求的定位，结合行业企业要求，从顶层设计入手，构建一套有利于工匠精神培育的制度。通过校纪校规、管理制度、奖惩制度等规范学生行为，激发学生的内生动力，在日积月累中塑造工匠精神。加强对教师行为的管理，德高为师、身正为范，教师认真严谨的教学态度、孜孜以求的专业追求、与时俱进的创新精神是对工匠精神的最好诠释，会引导和感染学生。培养学生良好行为习惯，从日常学习、生活的每一个细节抓起，规范学生的举止行为，持之以恒培养学生的工匠精神。邀请行内知名的工匠大师来校分享个人成长经历，组织学生参观企业生产研发的各个环节，感受企业精益求精、严谨专注的做事氛围，引导学生养成做事认真细致、规矩守信的职业意识。

校园精神文化涵养工匠精神。寓教于各类活动中，精心策划具有学校特色，符合工匠精神养成需求，体现思想性和艺术性相统一、技术和人文并重的优秀文化活动。入学初，设计"校训"主题文化活动，组织各种形式的职业理想教育，加强对学生的专业教育，为学生介绍专业内容，客观剖析本专业未来发展前景，激发学生对专业的兴趣和热爱，培养学生的专业认知、职业情怀和责任担当意识。创建各种学习型、创新性社团，开展各类技能大赛、文化创意集市、创新创业大赛等具有工匠精神教育的活动，在激发学生苦练技艺的同时践行工匠精神。

四、结束语

工匠精神的培育非一朝一夕之功，将工匠精神融入高职院校人才培养全过程，注重学生专业技能和职业素养的同步提升，以增益工匠精神和推动职业教育，使职业院校成为高素质技术人才培养的主阵地和大国工匠的摇篮。

参考文献

[1] 教育部．教育部关于深化职业教育教学改革 全面提高人才培养质量的若干意见［EB/OL］．中华人民共和国教育部网站，2015-08-17.

[2] 王丽媛．高职教育中培养学生工匠精神的必要性与可行性研究［J］．职教论坛，2014（22）.

[3] 庄群华．培育工匠精神：高职院校的应为与可为［J］．南京航空航天大学学报（社会科学版），2016（3）.

[4] 赵冬臣，马云鹏，解书．本科小学教育专业培养方案分析［J］．当代教师教育，2010，3（2）.

[5] 刘宝民．职业教育尤须注重培育工匠精神［EB/OL］．中国政府网，2016-07-12.

[6] 侯红英．论高职学生职业精神的培育价值及路径［J］．学校党建与思想教育，2017（3）.

以传统文化为载体引导艺术类高职院校学生文明修身

陈 毅 宋 煜 胡海影[*]

摘要： 大学生文明修身教育是高校教育的重要组成部分，中华五千年文明遗留下来的精神财富对提高艺术类高职院校学生的思想境界和艺术造诣具有重要意义。本文从艺术类高职院校学生主体特征的把握、传统文化对艺术类高职院校的德育优势、传统文化引导艺术类高职院校学生文明修身手段三个方面来论述传统文化引入艺术类高职院校修身教育的必要性和可行性。以传统文化融合文明修身教育，催生艺术类高职院校学生的文化自觉与文化使命感。

随着我国经济社会迅速变革、互联网技术和新媒体快速发展，高校在意识形态领域也面临着多重挑战。各种社会思潮、价值观念的交流交融与交锋更加频繁，一些非主流思想通过新媒体的传播对人生观、价值观正在形成的青年学生具有很大的冲击，特别是对于艺术类高职院校学生尤为明显。就群体学习习惯而言，艺术类高职院校学生具有更多的特殊性。

一、艺术类高职院校学生主体特征的把握

（一）自我意识较强

艺术类高职院校学生大多具有一种或多种从小就在培养的艺术类特长，且通常在专业教育上投入了大量精力，经济条件也比较好。在中小学时期，他们比普通学生拥有更多脱颖而出的机会，在各类的文艺晚会、才艺大赛、大型活

---

[*] 陈毅，浙江艺术职业学院马克思主义学院直属党支部书记、副院长、副教授；宋煜，浙江艺术职业学院浙艺学文化艺术培训（杭州）有限公司总经理；胡海影，浙江艺术职业学院退休教师。

动中崭露头角，也有更多的机会被老师和同龄人关注，成为焦点式的人。久而久之，他们更加热爱别人对其与众不同的追捧，习惯于特长带来的自豪感。加之，某些音乐类学生上课多是一对一的小课方式，学生更加注重自我意识与自我表达，不善于换位思考；专注于专业能力水平的提升，不善于与集体合作；容易对学校管理产生抵触与反感情绪，且容易触犯规章制度。

（二）思维活跃，求新意识较强

艺术类高职院校学生大多感性思维比较活跃，想象力也较为丰富，多数具有浪漫主义情结，遇事感性思维容易占主导因素，考虑问题容易主观，纵向思考的深度不够。在专业学习上有着崇高的理想和追求，急于标新立异、求新求变。

（三）价值观易受多元化思潮影响

艺术高职院校的专业培养需要学生接受更多的新鲜事物，追求艺术上的独树一帜，且社会实践活动的机会比较多，接触社会上各种各样的文化和情绪的机会也较多。价值观还未完全形成的学生容易受到各种思潮的影响，在实际学生教育工作中，艺术类高职院校学生普遍重视专业技能的学习而忽视文化理论的积累。

加强艺术类高职院校学生对中华优秀传统文化重要性的认识，加深学生在学习过程中的文明修身和文化底蕴熏陶，重视中华优秀传统文化的德育功能显得十分迫切。

二、传统文化对艺术类高职院校的德育优势

（一）中华传统文化的文化自信

中华传统文化是中华五千年文明演化而成的反映民族特质和风貌的文化。它以儒释道为内核，包括诗、词、曲、赋、民族音乐、民族戏剧、曲艺、国画、书法等形式。在世界文化中，中华文化是最优秀的文化之一。中华传统文化的文化自信体现在：

1. 坚持博采众长

在民族发展与融合过程中，容纳了56个民族的文化。在与世界文化交流过程中，兼收并蓄，发展壮大。20世纪初，中国学习吸收马克思主义，并坚持与中国实际相结合，坚持与中国优秀传统文化相结合，注入了先进的思想内涵，奠定了当代中华文化发展的理论根基。

2. 立足科学实践

中国的文化与科技生产实践紧密相连，殷商甲骨文中就有关于日月食的记

载,汉代张衡就发明了演示日月星辰的浑天仪。中国的四大发明、丝织、制瓷、冶金、桥梁工程、造船技术很早就达到世界先进水平。中国人的发明创造,体现了文化与科学协调发展的理性光辉。

3. 注重以人为本

中国第一部系统的字书《说文解字》认为,"人,天地之性最贵者也",把人和天、地并列为"三才",认为人是万物之灵。注重人们的现实生活,重视人的节操修养。《论语》提出"兴于诗,立于礼,成于乐",提倡人文教育,强调人的道德修养,追求人格的完美和高尚的精神境界。中华文化倡导天人合一,认为宇宙各事物都存在普遍联系和相互影响。改革开放以来,我国国家文化软实力显著增强,国外民众对中国文化的认同也大幅度提升,更多优秀文艺作品走向世界,中华文化的国际影响力也不断提高。中华文化源远流长、自强不息,富有旺盛的生命力和创造力。

(二)将传统文化引入艺术类高职院校修身教育的必要性

习近平总书记在 2016 年 12 月的全国高校思想政治工作会议上强调:"好的思想政治工作应该像盐,但不能光吃盐,最好的方式是将盐溶解到各种食物中自然而然吸收。"① 艺术类高职院校尤其要重视意识形态工作,要办好有中国特色的艺术类高职院校就要把价值观塑造融入专业教学中,既深化了青年学生对传统文化的认识,又提升了学生的艺术审美品位,以传统文化的精神内核丰富学生的审美情怀。

《礼记·大学》中提道:"古之欲明明德于天下者,先治其国;欲治其国者,先齐其家;欲齐其家者,先修其身……身修而后家齐,家齐而后国治,国治而后天下平。自天子以至于庶人,壹是皆以修身为本。"古人把修身视为齐家、治国、平天下之根本。儒家把个人道德修养高度概括为"五常":仁、义、礼、智、信。道家追求内外兼修、天人合一的境界。墨家提倡"远施周偏,近以修身",强调道德观念产生于人对自身行为和责任的自觉。外在的伦理道德规范只有通过一定的修养方式,才能够化伦理道德规范的外在强制为学生的内在自觉,从而发挥伦理道德的规范作用。

艺术,具有生态的文化性格与和谐的形态特征,既高深又宽广,灵动且充分追求善与美,也是文化特征的一个符号。艺术受多种文化思潮交流和碰撞最为频繁,处于人生观、价值观还尚未成熟的艺术类高职院校大学生,很容易被多元艺术形式背后的文化内涵所影响,标榜个性、新奇与自我。在日常艺术教

---

① 李永胜. 好的思想政治工作应该像盐 [J]. 政工学刊, 2017 (11): 76-77.

学中，一些西化的作品、剧目以及西式的言语表达及引入非常多，过于崇尚西方艺术文化及表现形式的艺术类高职院校学生数量明显增加，以懂得并演绎西方的、小众的艺术形式为荣。借此，艺术类高职院校亟须引导学生树立正确的价值导向。高校立德树人的根本宗旨也正是我国传统文化中"育人""修身"等观念的延伸和现代化表达，将传统文化思想融入艺术类高职院校学生文明修身的日常中，从学校要求到学生自我选择，增强艺术高职院校学生文明修身的主动性。

艺术审美要结合历史环境和时代背景，才能更好地把握艺术作品的意象、折射出的人物观念、思想和情绪。只有具备了足够的文化积淀，才能激发艺术创作的灵感，诞生有灵魂的文艺作品。青年学生的创造力和想象力需要从传统文化艺术中汲取养分，以创造具有中国特色的当代意象，进而展现大国气质，树立文化自信。

三、传统文化引导艺术类高职院校学生文明修身手段

（一）以第一课堂的传统文化教育渗透学生文明修身

以传统文化为依托进行课堂教学，构筑校园文化建设，能更好地强化学生自我教育的意识。让学生"吾日三省吾身""知不足，然后能自反也；知困，然后能自强也""勿以善小而不为，勿以恶小而为之""见贤思齐焉，见不贤而内自省也"。

正如国画所强调的"意存笔先，画尽意在"，以形写神、形神兼备、气韵生动；书法的行云流水，落笔如云烟；秦砖汉瓦建筑美与艺术美的有机结合；中国戏曲独有的声腔与身段；古诗词的合辙押韵，大气而温柔；民族乐器优美的音色、优雅的演奏、悠远的意境；素坯勾勒笔锋浓转淡的中国瓷器。各类中国非物质文化遗产所凝结的是中国传统美学思想观，体现了中华人民的智慧与工匠精神。当下，艺术类高职院校在教学中引进中华传统经典曲目、剧目，以传统文化引入教学的方式对学生文明修身的耳濡目染是无形但卓有成效的。

（二）以第二课堂的传统文化活动指导学生文明修身

良好的校园文化作为一种潜在的隐形课程，对学生的思想渗透是耳濡目染的，具有情境性、持久性和激励性。校园文化的核心是校园精神，是一种统一的高尚价值观。荀子说"蓬生麻中，不扶而直"，体现了环境对人的影响力是潜移默化的。以大学生第二课堂的活动形式传播中华优秀传统文化思想，趣味性和竞技性更强，更有利于激发学生学习传统文化的热情。针对艺术类高职院校

学生的特点，可组织形式多样的文化活动来激励学生文明修身。如国学知识讲堂、校园诗词大会、文明修身作品征集和修身歌曲创作等，激发大学生思贤、崇善、上进的动机，在有趣味性的活动中强调文明修身。

（三）以新媒体宣传营造文明修身氛围

教育工作者要不断探索学生喜闻乐见的教育方式。要增强学生的认同感，调动学生的积极性，就要用他们感兴趣的方式使他们有所感、有所动、有所悟。随着新媒体技术的广泛传播与使用，"互联网+"已经运用到各个领域，艺术类高职院校也要借此东风开展"互联网+教育""科技+艺术"来传道授业解惑。

保护绿色校园网络环境，对垃圾信息及时拦截，广泛发动学生参与新媒体文明修身宣传中。将优秀传统文化修身观通过运用微博、微信公众号、贴吧、论坛等手段，引入名人讲坛、鼓励学生结合修身主题进行专业创作等形式增强教育效果，既能提高学生宣传设计水平，又从行动上加强学生的自我约束。以最先进、最快捷的方式传播最具中国文化内涵的文明修身观念，增强大学生的国家认同、民族认同和文化认同，构建健康的、生态的、富有内涵的校园文化氛围。

（四）以传统修身理念引导学生共建平安校园

无论是儒家的"仁、义、礼、智、信"，还是墨家的"兼爱非攻"，都提倡人与人之间要注重礼仪、和平共处。艺术类高职院校学生群体固然有某种共性，但不同的成长环境、性格特征、社会经验和心理品质等都构成了不同个体的差异性，那么在集体生活中就很容易产生诸多摩擦。我国传统文化教育我们考虑问题要"先天下之忧而忧，后天下之乐而乐"。个人利益要服从集体利益，个体的发展要扎根社会现实，在自我教育、自我管理和自我发展中探求和谐的生活与相处模式。传统修身理念可以引导艺术类高职院校学生增强社会责任感和遵守公共生活规范的自觉，面对应激事件，能够保持理性和冷静，从容应对人际关系，共同构建平安校园。

（五）以文化使命感引导学生护航健康校园

修身可正心，能在一定程度上缓解艺术类高职院校当下日趋严重的学生心理问题。中国传统修身观使人精神面貌积极向上，人际关系和谐，进而以日常行为的正能量影响个体的心理健康水平。心理健康乐观又能反过来指引个体的行为反应，两者相辅相成。

深化艺术类高职院校学生的文明修身，要致力于以文化人、以文育人、以文载道。根据艺术类高职院校学生群体的特质做到"因群施教"，根据专业人才的具体培养方向做到"因业施教",根据学生自身发展倾向做到"因材施教",根据不同年级大学生的发展特征做到"因时施教",有针对性地引导学生成长成才、服务社会,以文化艺术传承的使命感激发学生积极乐观、健康成长。

以传统文化融合专业教学与文明修身教育,对完善全员、全方位、全过程育人格局非常必要。在对外交流中,艺术类高职院校学生的综合素质就代表了一个国家的综合形象。在艺术类高职院校学生的思想政治教育方面,把握好由内而外的文化修身,坚持在个人素养和专业学习中融入中华优秀传统文化精神;把握好学习与服务的关系,坚持投身艺术文化建设惠民工程;把握好"中"和"西"的关系,坚持以客观、科学、礼敬的态度对待中华优秀传统文化,坚持在交流互鉴中不断提升中华文化的国际影响力。我们要全面落实好传统文化引导大学生文明修身,催生艺术类高职院校学生的文化自觉、文化使命感与责任感。

参考文献

[1] 邓球柏. 中国传统文化与思想政治教育 [M]. 北京:首都师范大学出版社,1999.

[2] 朱义禄. 儒家理想人格与中国文化 [M]. 上海:复旦大学出版社,2006.

[3] 李瑞兰,季乃礼. 修身·齐家·治国·平天下新论:中国传统整体主义价值观的历史理性与现代价值 [M]. 天津:天津社会科学院出版社,2001.

[4] 鲍娇. 从《离骚》主体思想看传统文化在高校思想政治教育中的价值 [D]. 兰州:兰州理工大学,2012.

[5] 涂健. 孔子"修身"思想探讨 [D]. 武汉:武汉理工大学,2008.

以图书馆空间再造提升校园文化建设

——以浙江艺术职业学院为例

周 安[*]

摘要：高职院校图书馆要想吸引师生，从而更好地发挥自身作用，就要改变传统的服务理念和方式，在合理布局各类馆藏的基础上，对部分阅览区域进行再造。专业特色鲜明的高职院校可以结合本校专业教学的特点，使图书馆在空间再造时为营造人文校园、提升全校良好的阅读氛围、进一步提升校园文化建设发挥一己之力。

一、引言

随着"互联网+"等信息技术的迅猛发展、高职专业学科教学模式的变革、图书馆的资源整合及读者需求的变化等，高职院校图书馆已不只是信息的获取地，更是读者间相互交流、思想碰撞、新知识产生的汇集地。新的教学模式使读者的学习方式、学习风格、研究习惯和使用需求等发生改变，这些都对图书馆空间布局提出了新的挑战。目前大多数用户到图书馆远远不只是为了借阅，更是想找个休闲的地方或是利用图书馆的其他衍生功能。图书馆的核心使命早已经从传承文化、获取知识扩展为提供思想交流、激发和支持创新。因此空间再造就自然成为图书馆的服务转型升级的最有效途径之一，图书馆应通过信息共享空间、学术交流空间、休闲阅览空间的打造，将图书馆建成知识分享、协作研讨以及终身学习的场所。

---

[*] 周安，浙江艺术职业学院图书信息中心党支部书记、副主任。

二、空间再造的定义与意义

（一）空间再造的定义

空间再造，是图书馆为适应读者的需求变化而进行的一种服务变革，这些变革通过对原有空间的创新再造、创新服务、创意理念的设计为读者带来全新体验。空间再造主要是指馆内别具一格人性化的服务设计、独特别致的空间设计以及设计方便和舒适的书架、阅览桌和休闲式座椅等，以达到吸引读者、留住读者的目的，从而让读者享受阅读带来的舒适感和愉悦感，大大提高对"新"图书馆的认知度。

（二）空间再造的意义

以浙江艺术职业学院图书馆的空间再造为例，在满足用户需求的基础上实现其功能的融合化发展，追求以读者为中心的，着重从"书的空间"向"人的空间"转变，对各类空间的功能进行合理布局，追求打造悠闲、舒适的图书馆学习、生活方式，体现亲切感、交流性和艺术性的特质，同时支持读者的创新性学习和思想交流等多种功能，使传统的藏阅空间向辅助教学、激发思维、交流讨论、轻松休闲及帮助读者寻找灵感和获取知识的新空间转变。空间再造对高职院校的图书馆整体服务效益的提升发挥着主导作用，现已成为图书馆创新发展的新动力和新引擎。在"互联网+"的新环境下，数字化、网络化、信息化正在改变大学生的学习习惯和方式，他们对阅读环境不断提出新需求，因此图书馆空间再造必须加快变革和创新的步伐，通过空间与服务的整合优化，为读者创造更为开放、便捷、舒适的信息交流与休闲共享空间。

三、空间再造的目标定位

空间再造的目标定位是关键，其本质是要明确空间再造的基本原则及服务目标。一是空间建设原则定位。应坚持从实际出发，遵循科学规律，本着共享、合作、互动、便捷的原则规划空间的结构设计，以保证空间建设的科学性、可行性、实效性和持续性。二是空间服务目标定位。最终的空间结构是图书馆空间再造的根本问题，它会影响再造后的空间服务的能力，所以要从服务理念、服务模式、制度建设、资源构成、文化营造、持续发展等层面进行系统而周密的规划，以制订图书馆空间再造的实施计划。

四、空间再造的内容

此次浙江艺术职业学院空间再造的具体内容有：电子阅览室空间、期刊阅览室空间和五楼公共空间及室外露台。

（一）电子阅览室空间再造

针对图书馆的"人、资源、空间"三个要素，提出发掘图书馆作为场所的价值。通过对空间、设备、电子资源和人力资源的整合与调整，逐步扩展和延伸电子阅览室的功能，为读者提供一个适合学习与协同研究的、新型的信息共享空间，为学校师生的教学、创新和科技活动创建一个开放式、一站式、全方位的知识环境与交流服务平台。

具体空间功能区域划分为：参考咨询区、独立学习区、交流研讨区、网上冲浪和视听欣赏区、休闲社交区。再造后的该空间侧重师生间的交流研讨活动，为师生在教学实践和科研活动中提供讨论的空间，根据师生的需要，图书馆工作人员将提供教学和研讨的相关纸质或者电子资源服务。图书馆积极联系本校专业系和教学实践部，将尽量收集本校各专业系部专业教学所需的音、视频教学或演出资料，并在后期上传到学校已有的教学资源库网络平台，为师生在网上冲浪和视听欣赏区提供本校相关资料，以及为师生在教学和创作上提供原始资料的参考。

（二）期刊阅览室空间再造

以实用型、艺术性、舒适性为出发点，改善阅览环境，提供多元化服务，吸引读者到馆，提高期刊利用率。具体空间功能区域划分为：咨询服务区、独立学习区、休闲社交区、专业报刊陈列区。再造后的该空间侧重于在相对宽松的环境下进行专业艺术类期刊及报纸的阅览功能；独立学习区配备有线、无线的网络接入，可让师生自带学习工具进行自主学习；自助打印、复印机随时为师生提供报刊资料的影印功能。

（三）五楼公共空间及室外露台改造

五楼公共空间将改造为类似书吧的休闲阅览空间，利用网络和信息技术，使读者获取信息的方式更便捷，移动阅读可随时、随处实现，从而使阅读更有自由性、休闲性。可用异形沙发或其他偏重休闲性的桌椅营造优雅、轻松、文艺气息的阅读氛围，让读者在阅读和交流中释放压力。该公共空间突出休闲性、舒适性，为读者提供部分休闲性较强的报刊和畅销图书。

室外露台为读者提供更为宽松的休息和闲聊空间，搭配上花卉绿植和舒适的藤制桌椅，让读者充分享受阅读外的闲暇时光。具体空间功能区域划分为：休闲社交区、休闲报刊陈列区、捐赠阅览区、露台阅享区。改造后的该空间侧重为读者提供休闲、舒适的阅读感受，在满眼的绿色中寻找一种平静的心境和繁重学业过后的安宁，从而使同学间的友谊在此传播和延伸。

五、空间再造对校园文化的影响

图书馆是高职院校的文献信息中心，其丰富的文献正是校园文化建设中不可或缺的资源保障，因此高职院校的图书馆校园文化建设具有举足轻重的地位和作用，图书馆也就成为校园文化氛围提升的主导力量和中坚力量。在"互联网+"高速发展的今天，高职院校图书馆以其安静的学习环境和阅读氛围、便捷的检索手段和途径、优质的学术资源，担负着学校教育、科研、创新创业的文化传承和学术信息传播职能。读者在图书馆既可以学到各种专业知识，又能够满足精神层面的多种需求。创建良好的高职院校图书馆文化，形成自己的文化品牌，加强高职院校图书馆的教育职能，通过开展各种文化活动，参与校园文化建设，营造良好的校园文化氛围，培育当代大学生积极向上的精神文化素养，这是图书馆应该肩负的一项重要使命。高职院校图书馆是校园文化建设的基地和窗口，更是校园文化建设的象征，具有高职院校其他机构或部门难以取代的职能和地位。

图书馆作为第三空间，已不只是公共空间，更是有历史积淀的文化空间、知识空间和信息空间。多少年来，书籍一直是图书馆的核心，静谧整洁的阅览空间，查询图书的一张张卡片，知识丰富、和蔼可亲的馆员，甚至一排排的书架、阅览桌椅都可以成为图书馆文化的代表和象征。因此，经过空间再造的图书馆在环境审美上，一定要突出而不是摒弃这种精神家园般的文化，在追求改革创新的同时也要保持自己的历史特色，在环境空间的美化上要体现自然、诗意、饱含艺术韵味，实现历史和文化的传承。

参考文献

[1] 贾晓彦."双创"背景下高职院校图书馆空间再造与服务创新——以顺德职业技术学院图书馆为例 [J].情报探索，2017（12）.

[2] 肖珑. 后数图时代的图书馆空间功能及其布局设计 [J]. 图书情报工作, 2013 (20).

[3] 吴丹. 高校图书馆参与校园文化建设实践研究 [J]. 图书馆学刊, 2018 (7).

[4] 施竹芳, 李嘉华, 李娜. 大流通模式下高校图书馆阅览空间再造探究 [J]. 四川建筑, 2017 (2).

[5] 周媛媛. 高校图书馆空间再造中休闲功能开发——以河南理工大学图书馆为例 [J]. 教育教学论坛, 2016 (36).

[6] 谢艳艳. 浅议图书馆"空间"再造 [J]. 中文信息, 2017 (10).

新时代运用自媒体做好高校宣传思想工作探析

吕清华[*]

摘要：高校宣传思想工作是党的宣传思想工作的重要组成部分，具有十分重要的地位。新时代，高校宣传思想工作要坚持学习宣传贯彻习近平新时代中国特色社会主义思想和党的十九大精神，始终坚持党的领导，弘扬社会主义核心价值体系，增强问题意识，查找补齐短板，直面工作中遇到的挑战与机遇，提升信息时代发展和舆论生态变化的适应能力，创设自媒体时代宣传思想工作机制途径。

高校宣传思想工作的核心就是加强和巩固意识形态工作。运用自媒体做好新闻舆论工作，是新时代对高校宣传思想工作提出的重要课题。新时代必须坚持党的领导，运用自媒体提升舆论引领能力，掌握舆论主动权，以此加强高校宣传思想工作。

一、自媒体的内涵与特征

自媒体，也称为"个人媒体"，主要指个人化、平民化、普遍化、自主化的传播者，以现代化、电子化的手段，向不特定的大多数或者特定的单个人传递规范性及非规范性信息的新媒体的总称。2002年，美国著名专栏作家丹·吉尔默（Dan Gillmor）最先提出"自媒体"的概念。美国新闻学会媒体中心在2003年7月发布了"We Media（自媒体）"研究报告，里面对"We Media"下了一个十分严谨的定义："'We Media'是普通大众经由数字科技强化、与全球知识体系相连之后，一种开始理解普通大众如何提供与分享他们自身的事实、新闻的途径。"

---

[*] 吕清华，浙江艺术职业学院办公室综合事务主管。

信息技术的发展和传播方式的进步，使自媒体应运而生并不断壮大。首先，自媒体具有平民化、个性化的特点。人们自主地在自己的"媒体"上"写写""说说"，利用多样化的平台共享信息、发布消息，其传播速度快、范围广、影响大，具有不可控性。如果自媒体上的新闻被大量评论和转发，就会引起传统媒体的报道，一旦被广泛关注将持续发酵成为新闻舆论。其次，自媒体互动性强、传播速度快。自媒体满足了人们渴望被关注、渴望被重视、渴望分享信息的心理，在一定程度上改变了人们之间的交流沟通方式。再次，自媒体入门简单，方便操作。用户免费申请账号，可以随时随地浏览、发布、转载、评论信息。最后，自媒体中传播的信息具有碎片化特点，影响其公信力和真实性、可靠性。

二、自媒体背景下高校宣传思想工作的现状

自媒体的快速发展广泛影响着大学生的学习、实践和生活。一方面，自媒体强大的功能，满足了大学生学习、实践、交友等多元化生活的需要，改变了学生们的学习生活。另一方面，自媒体的出现给高校宣传思想工作带来了机遇，同时也带来了挑战。

机遇主要有：第一，自媒体既融合了传统媒体的特点又图文音像并茂，传播速度快、内容广、交互性强，符合当下加强高校宣传思想工作的需要。它为高校宣传思想工作提供了广阔平台，也是提升其工作实效性的重要手段。第二，自媒体极大丰富了高校宣传思想工作的内容，及时传播正能量，架起师生、家校互动的桥梁，可以有效引导网络舆论。第三，宣传思想工作实效性不断增强，既可以实现一对多的教育，又可以及时掌握师生的思想动态。

挑战来源于以下几方面：一是传统的宣传思想观念方法在高校依然沿用，但已不适应新时代的发展。"说教式"单向灌输，往往简单、生硬，影响了正面宣传的说服力，大大影响宣传思想工作的效果。二是自媒体的发展对宣传思想工作的引领能力提出更高要求。当前，自媒体受到师生的广泛使用。利用好自媒体重建它的引导力，是摆在宣传思想工作者面前亟待解决的问题。三是增加了宣传思想工作的难度。对大部分高校来说，宣传思想工作部门的人手配备相对较少，高校宣传思想工作者需要花时间和精力去研究自媒体的特点和发展规律，要结合本单位实际，运用自媒体开展宣传思想工作，这在一定程度上影响了宣传思想工作的实效性。

三、新时代运用好自媒体加强高校宣传思想工作的对策研究

（一）新时代，要有新作为

新时代赋予宣传思想工作新的使命，也提出了更高的要求。随着信息技术快速发展，自媒体越发强大，高校所处的综合环境也越发复杂。高校要围绕立德树人这一根本任务，认真学习贯彻习近平总书记重要指示精神，贯彻好加强和改进新形势下高校宣传思想工作的意见、意识形态实施办法和网络意识形态实施细则，借助微信、微博等自媒体的宣传方式，拓宽宣传途径，使得师生能够全面接收和感知信息，提升宣传思想工作的影响力和辐射面，实现宣传工作全方位覆盖，牢牢把握宣传思想工作的话语权。

（二）新时代更要抓住学生特点，建设好各类网络平台

转变传统单项灌输的工作方式，运用师生喜闻乐见的形式开展思政工作，在师生互动中把理论学习、思想教育等融入日常学习、生活中。利用微信、微博、APP（手机软件）等平台，重点推出一批能够被大学生广泛接受并认可的网络作品，力争在高校打造一系列特色鲜明、有感召力的网络文化品牌，使各类新媒体工具成为提升宣传思想工作吸引力、影响力、实效性的有力抓手。

（三）新时代更要积极主动引领舆论，加强正面宣传

舆论存在被塑造的可能性。高校必须积极主动引领正向舆论，坚持正面宣传，做好主题宣传和典型宣传，对一定时期校内外涌现出的最突出、最具代表性、源于师生身边的先进典型，要通过多渠道进行宣传，深入挖掘其中的时代精神，发挥其示范作用，赋予典型更多的承载力。加强导向能力，处理负面的、消极的社会舆论，着重澄清事实、说明真相，为学校师生营造良好的教育环境。

（四）新时代更要随时关注舆论动向，加强思想动态调研

舆论不仅包括那些被媒体公开报道的事件，还包括课堂上老师的讲课、课下师生的谈话、自媒体上学生间的交流，都可以引起或大或小的舆论。高校宣传思想工作对主流思想动态的关注，不应仅仅局限在了解、知晓的层面，对于师生的合理诉求，应积极回应；对于师生的建议和意见，要加强关注；对敏感领域和问题，应预设方案、多方沟通。特别要积极关注并有技巧地开展网络舆论引导，早发现、早引导，早处置网上具有倾向性或处于萌芽状态的问题。

（五）新时代更要壮大网络思政工作队伍，提高新媒体运用能力

建立具备较高政治理论水平，熟悉大学生思想政治教育规律，又了解网络

文化特点，掌握一定网络技术的网络思想政治教育工作队伍。包括网络技术员队伍、网络舆论员队伍、网络舆论引导员和评论员队伍、学生宣传队伍等。要选拔思想政治立场坚定、有热情、熟悉自媒体情况的师生组成一支网络舆情引导员和评论员队伍，在QQ、论坛、微信、微博等自媒体上开展舆论工作，引导自媒体上的言论，加强对师生的宣传教育和思想政治教育工作。

参考文献

[1] 林伟莘，王婧琦. 自媒体时代高校宣传思想工作的路径选择 [J]. 泉州师范学院学报，2014，32 (4).

[2] 习近平. 在全国宣传思想工作会议上强调胸怀大局把握大势着眼大事努力把宣传思想工作做得更好 [N]. 人民日报，2013-08-21 (01).

[3] 杨振武. 把握好政治家办报的时代要求——深入学习贯彻习近平同志在党的新闻舆论工作座谈会上的重要讲话精神 [N]. 人民日报，2016-03-21 (03).

[4] 杨绍琼. 基于自媒体时代新闻舆论视角下的高校宣传思想工作 [J]. 南方论刊，2016 (10).

论新媒体内容和渠道合力中的社会主义核心价值观传播

——以浙江艺术职业学院"两微一端"为例

潘艺鑫*

摘要：新媒体已成为高校社会主义核心价值观传播的重要平台，但如何进行有效的传播依然需要不断研究和创新。本文以研究新媒体特性为前提，以浙江艺术职业学院"两微一端"的经验做法为例，从提高新媒体渠道的互动性和参与性、提升新媒体内容的可看性和贴近性、加强新媒体融合和扩大覆盖面三个方面分析了如何在发挥新媒体内容和渠道合力中进行社会主义核心价值观的有效传播。

移动互联网时代的校园新媒体，已然成为国内各高校对内对外发布信息、引导舆论、营造氛围、培育校园文化最及时快捷的综合信息发布平台。基于融合性，新媒体可以集文字、图片、视频、音频、直播等信息形式于一体，同时可以在微博、微信和新闻客户端之间进行信息共享；基于互动性，受众可以实时评论、点赞、投票、转发。然而，新媒体的强大功能并不能改变受众"选择性接触"信息、参与互动的习惯。因此，社会主义核心价值观在高校的有效传播还需要在新媒体传播渠道这样的"信息高速公路"上建设"美丽的景观"，将渠道和内容有机融合形成合力，提升信息内容的关注度和参与性，同时将社会主义核心价值观元素巧妙植入，达到润物无声的传播效果。

一、新媒体的概念及特性

"新媒体"在今天是一个被广泛使用的词，也是最难界定的模糊概念之一。

---

* 潘艺鑫，浙江艺术职业学院戏曲学院办公室主任。

在国内，还有一种说法叫"新兴媒体"。所谓新兴媒体更多的是从时间角度来界定的，也没有对应的英文概念。虽然在实践中使用它不成问题，但是，不宜把它作为一个学术性概念来对待。从该词的发展轨迹看，新媒体概念经历了一定的演变过程，在不同阶段指向不同技术。

清华大学新闻与传播学院博士生导师、新媒体研究中心主任彭兰经过系列研究后这样定义"新媒体"：主要指基于数字技术、网络技术及其他现代信息技术或通信技术的，具有互动性、融合性的媒介形态和平台。在现阶段，新媒体主要包括网络媒体、手机媒体及其两者融合形成的移动互联网，以及其他具有互动性的数字媒体形式。同时，"新媒体"也常常指主要基于上述媒介从事新闻与其他信息服务的机构。

本文探讨的新媒体正是基于移动互联网技术下的具有互动性、融合性的媒介平台，即校园微信公众平台、官方微博和新闻客户端。

二、通过新媒体培育大学生社会主义核心价值观的重要性

培育大学生社会主义核心价值观，是促进学生发展的现实需要、建设文明校园的有效途径、实现民族复兴的必然要求。提高大学生对价值观的再认识、促进大学生对全面发展的追求和引导大学生对价值观的自觉践行是大学生社会主义核心价值观培育的主要目标。对社会主义核心价值观内涵的科学解读和有效灌输，是大学生社会主义核心价值观培育的学理支撑。随着新形势下信息网络技术的不断发展，新媒体工具的日益普及，网络新媒体具有的交互性与即时性特点带来了信息的海量性与共享性。新媒体注重个性化与社群化的特征，改变了大学生获取信息、交流沟通的方式，也对其思想道德素质造成了明显影响。这种情况下，高校要用好、管好新媒体，把新媒体打造成为引导、服务、凝聚大学生的新平台，使得新媒体发挥好在加强大学生社会主义核心价值观培育上的作用。

三、在提高新媒体渠道的互动性和参与性中传播社会主义核心价值观

传播学中"选择性接触"机制的存在说明，受众在媒体面前并不完全被动，而具有某种能动性，媒体并没有随心所欲地支配和左右受众的力量。因此，校园新媒体的内容传播更应该借助渠道的可利用功能来提高互动性和参与性。例如，2016年4月，浙江艺术职业学院官方微信公众平台正式申请认证后，随即启动了第二届"我最喜爱的老师"评选活动。评选分组织发动、学生推选、宣传展示、投票评选等环节。在评选方式上坚持"学生推、学生选、学生评"的原则,根据学生海选推荐,产生19名候选人,通过校园网站、官方微信、微博等渠道宣传候选人事迹,进行官方微信投票,最终以现场展示投票数据和微信投票数据相结合的方式,评选出10名教师为浙江艺术职业学院第二届"我最喜爱的老师"。

在整个过程中,"我最喜爱的老师"评选从学生角度出发,一开始就最大范围地提高了该活动在学生群体中的关注度;内容上,评选活动信息发布和候选人事迹的宣传都植入了"自由、平等、公正、爱国、敬业、民主、文明"等社会主义核心价值观的精神内涵;渠道上,通过开发利用微信投票功能,使得学校官方微信公众号在12天投票期内的粉丝量增长了近10倍,每条与该活动相关的信息平均阅读量、转发率、点赞量也是前所未有。这是一个内容与渠道合力中的社会主义核心价值观传播的典型案例,学生在积极广泛的参与中,对评选条件和评选过程的价值判断以及对践行社会主义核心价值观的优秀教师有了更清晰、更深入的主动认识。

四、在提升新媒体内容的可看性和贴近性中传播社会主义核心价值观

"新媒体"的"新"是它可以集视频、音频、图片、文字等内容于一体,并且可以在移动环境下随时、随地发布和接收信息。就微信公众号而言,内容和排版形式的精美无疑可以提高可看性和美誉度,而短视频的到来或许更能为新媒体渠道增添光彩。中国互联网信息中心(CNNIC)数据显示,截至2017年12月,中国手机网络视频用户规模超过5.48亿人,使用率超过75%。带有短、平、快特性的短视频作为一种依托社交平台传播,能够拉近线上与线下空间的传播形态,无疑受到广大青年的喜爱。

短视频虽以动态影像为吸睛的优势,但也并不是所有的短视频都有很高的播放量。比如,2016年浙艺官方微信公众号曾推送的《郑义门》《两学一做》系列动漫短视频,平均每集播放量只有60次,点赞、评论更是寥寥无几。相反,不是纯知识化推介的、以发生在师生身边的真实故事为题材、经过精心制作且极具核心价值观元素的自制短视频《我的灵魂永不下跪》《最美教师包峥剡》《舞蹈系"点赞中国,奋斗新时代"手指舞MV》等在微信公众号推送后,平均单条微信阅读量达到3000次,而在腾讯视频上的平均播放量超过6000次。尤其是《舞蹈系"点赞中国,奋斗新时代"手指舞MV》,同步在学校的官方头条号客户端发布后阅读量破万次;《我的灵魂永不下跪》是浙江艺术职业学院戏剧系的一台话剧的宣传片,富有"公平、正义、自由"等精神内涵;《最美教师包峥剡》是舞蹈系省级优秀舞台艺术拔尖人才包峥剡老师参与全省"最美教师"

评选的宣传片，其中也融入了"求真 尚美 精艺 修为"的浙艺校训精神。这些短视频都是根据真实题材精心拍摄制作的，有极高的可看性和贴近性。

五、在加强新媒体融合和扩大覆盖面中传播社会主义核心价值观

在层次丰富、形态多样的新媒体环境中，虽然"内容为王"还是"渠道为王"仍有争议，但是这并不影响高校新闻工作者根据新媒体的特有属性来研究生产适合各类新媒体渠道发布的内容，只要是能为新闻宣传和传播社会主义核心价值观服务的渠道，都应该将适合其传播的优质内容放上去。浙江艺术职业学院官方微博、微信公众号和今日头条号（新闻客户端）在内容整合与渠道分发过程中就在不断"因地制宜"且深度融合。

（一）准确定位新媒体渠道特点

同样是可以依托移动互联网的校园新媒体，在新闻发布方式上，微博新闻主要是用户自生成内容，微信新闻主要是公众号后台推送；微信以虚拟场域人际互动为主，而微博兼具社交媒体和Twitter（推特，全球互联网访问量最大的十大网站之一）的特点；微博的优势在于短平快，文字、图片精简扼要，而微信需要排版精美、内容详尽，订阅号每天只能推送一次；从传播渠道来看传播效果，微博由于博主与博粉之间的社会网络关系特点而被称作"站在广场上的吆喝"，而微信由于是靠社交圈子的分享式传播而被称为"坐在客厅里的畅聊"。"头条号"是目前国内高校普遍使用的新闻客户端之一，"今日头条"对自己的介绍是"一款基于数据挖掘的推荐引擎产品"，它根据新闻标题的贴近性自动推荐给有需要的用户，让每个用户都能方便、及时地获取与他工作、生活相关的信息。

（二）内容生产和制作的创新与融合

校园新媒体间的创新和融合要从内容生产和制作着手。一是要进行内容生产整合，为不同媒体服务而非独立进行内容制作。二是进行内容深度共享。内容共享是要做到在适合的渠道和应用的领域，一次生产出可供多次使用的价值，从而服务于不同的传播渠道。浙江艺术职业学院的社会主义核心价值观传播以微信公众号的内容制作为基础，通过短视频创作、文字报道、图片拍摄等内容生产，几乎同步在三个媒体渠道进行发布，实现了内容的深度共享和多次利用。但同样的内容在这三个不同的渠道中发布时又经过了二次创作。比如，微信公众号的推送内容全面、立体；微博的文字更加精练，图片虽少但更直击主题；今日头条号的标题经过修饰更有贴近性和趣味性。数据统计，在同时利用好这三个新媒体渠道的情况下,浙江艺术职业学院新媒体内容阅读量较单一的微信公众号推送得到了 1.5 倍提升。

综合以上分析,无论是互动性、内容可看性的提高还是不同媒体融合度的提升,都需要在充分利用新媒体渠道优势的同时策划出优质的传播内容,并将社会主义核心价值观的内涵贯穿其中,形成渠道优势和内容优势的合力,才能使社会主义核心价值观的传播达到最佳效果。

参考文献

[1] 彭兰. 新媒体概念界定的三条线索 [J]. 新闻与传播研究,2016 (3).

[2] 赵振祥,王洁. 微博与微信:基于媒介融合的比较研究 [J]. 编辑之友,2013 (12).

[3] 陈宗章. "媒体融合"与社会主义核心价值观的传播路径创新 [J]. 重庆邮电大学学报,2016 (7).

[4] 邵培仁. 传播学 [M]. 北京:高等教育出版社,2007.

从新时代媒体融合看高职院校思想政治教育获得感的提升

潘艺鑫*

摘要：新时代网络媒体的发展极其迅速，对于高校大学生影响巨大，尤其给思想政治教育带来了全新挑战。本文以马克思主义作为指导理论，以高职院校的大学生作为研究对象，通过研究大学生的思想政治教育，以及媒体融合所带来的影响，结合当前高职院校大学生媒体习得，最后提出在媒体融合的情况下，如何更好地提高高职院校的思想政治教育工作以及相应的对策。

无论社会发展的节奏多么快，教育都是不容忽视的一个重要部分。对于我国而言，教育事业是实现我国伟大复兴的重要基础事业。如今，已经进入互联网时代，这个时代的网络发展使得信息一日千里不再是梦想，它使人们的生活、工作以及学习都更加便利，为人们的学习带来了无限可能。这也对高职院校思想政治教育产生了很大的影响，不仅丰富了思想政治教育的内容和手段，也增加了思想政治教育实践的难度。创新思想政治教育途径和载体，融合新媒体手段，更好地利用新媒体，更好地让每一个人都成为正向的新媒体传播源，将新媒体融合的优势发挥到最大限度，从而正确地弘扬高校政治教育价值观，这已经成为高职院校的思想政治教育面临的巨大任务。本文基于此，在新媒体融合的大背景下，将通过互联网手段以浙江部分高职院校的学生作为调研对象，研究新时代媒体融合背景下高职院校的思想政治教育获得感与大学生的媒体习得二者之间的关系，从而更好地促进大学生的思想政治教育。

---

* 潘艺鑫，浙江艺术职业学院戏曲学院办公室主任。

一、新媒体的时代特征

（一）融合性

新媒体是将不同的旧媒体相互交织、融合在一起，从而将它们一体化的过程。其与旧媒体最大的不同之处就是彰显了时代特征，突出数据化、信息化、科技化特点，不仅仅是在技术层面进行了加工、改造和创新，对于高职院校思想政治教育而言，还是文化、价值的融合与升华，更是媒体转型的革命性巨变，对于高职院校思想政治教育发展具有积极的促进作用。

（二）工具性

将新媒体应用到高职院校思想政治教育中，会极大地提高教育教学效果。通过慕课（MOOC）或网络化课堂的应用，将会更加有助于高职院校思想政治教育课程体系的建设，从而更好地激发高职院校思想政治教育课程活力，凸显新媒体工具的导向性，提升信息化教学渠道，从而更好地提升高职院校学生的思想政治能力，进一步深入推动高职院校的教育改革。

（三）平等性

当前，我国高等教育存在资源分配不均、教育水平不一的困境，亟须对教育不公平找寻其优化的路径。那么，新媒体将担负起高职院校思想政治教育资源共享、共促的历史使命。众所周知，由于高职院校的师资队伍不够强大，学源质量不尽如人意以及办学条件不够完善等原因，使得教学发展受到了一定程度的阻碍，通过新媒体翻转课堂、网络微课等形式将大大提升每名学生接受优质教育的公平性。

二、新媒体融合对于高职院校思想政治教育提出的挑战

（一）信息化

近些年，我国快速的科技发展、信息化发展给高职院校的思想政治教育带来了一定程度的影响。新时代，科技不断进步，时代的发展使得高等教育改革需要信息技术的引领和带动。当前，在我国的高职院校中依旧存在一些思想政治教育的问题亟待解决，尤其是在学生的教育内容、老师的教学模式以及教学方式上都欠缺一定的创新性。如果只是单纯闭门修炼，将会极大地阻碍高职院校思想政治教育的发展，势必会影响我国思想政治教育工作的改革与创新。

(二) 数字化

大数据时代下高职院校思想政治教育要挖掘数字化的功效，从而促进高职院校思想政治教学，利用数字化信息支撑思想政治教育教学与科研工作是当前亟须解决的又一课题。我国大力提倡"互联网+"战略，数字化走进高职院校思想政治教育课程已是大势所趋，但如何通过互动的、学生易于接受的模式进行教学，引入MOOC的优势和劣势都值得我们重新审视与考量。

(三) 开放化

大学的责任与使命是育人，而开放化的大学是培育高素质思想政治人才的圣地。当前，世界经济走向不容乐观，而反思高等教育，特别是高职院校思想政治教育需要以开放化的视野去深化改革，综合治理当前高职院校思想政治教育亟待解决的现实问题，以问题导向逐一反思高职院校思想政治教学工作的不足和隐患，排除不利于高职院校思想政治教育发展的因素。

三、新媒体融合时代高职院校思想政治教育的机遇

(一) 全球性

在全球治理背景下，高职院校思想政治教育也应该审时度势，大力提倡全球化视野办学、全球化视野立校以及全球化视野教学。目前，我国高等教育仍然存在资源不均衡、教学质量不一等现象，这就需要高职院校思想政治教育工作放眼全球，以全球化视角加强办学质量，推动高职院校思想政治教育的快速、稳步发展，并坚持正确的办学导向。

(二) 交互性

高职院校的思想政治教育工作本质上是教育的一个重要分支，而不仅仅是对于学生的思想政治。小到一个人，大到一个国，均需要互相交流，这样才能共同进步。对于高职院校的思想政治教育，我们更需要及时与其他院校保持联系，围绕思想政治教育核心问题开展深入研究，以思想政治教育推动祖国的稳定与发展。因此，高职院校思想政治教育不应缺少交互性，应互通互促，从而推动高职院校思想政治教育的健康发展。

(三) 时代性

在新媒体融合时代，高职院校要有宽广的胸怀接纳信息化、时代化、开放化的浪潮对思想政治教育的冲击，并加快新媒体的学习与运用，通过提升自我

认识,改变不良习惯,优化办学质量,促进高职院校思想政治教育的长期、稳定发展。

四、调查与分析

本文通过互联网问卷调查法根据近一年浙江部分高职院校(或浙江艺术职业学院)学生媒体习得的一些相关数据,对其进行设计、发放、收集、整理、统计和分析,结合媒体融合的指导思想、路径以及发展情况研究,总结分析新时代媒体融合背景下艺术类高职院校在提升思想政治教育获得感方面面临的挑战和提升路径。

(一)新媒体对现代教育的影响

通过对上述的调研结果进行分析,我们可以清晰地发现,智能手机在校园普及,对于大学生的思维方式、语言交流、心理价值与判断等产生了一定程度的冲击。QQ、微博、微信的快速发展与普及,正在潜移默化地改变着人们的生活和交流方式,从而进一步对高职院校大学生的学习和生活产生了一定的影响,同时也影响着高职教育的变革。

1. 新媒体的深度融合

智能手机的快速发展已经完全改变了人们的生活和交流方式,如今只要手指轻轻一点就会收到远在万里之外的消息,也可以在任何时刻对信息进行查询。如今新媒体正在以高速的进程发展着,高职院校教育也逐步摆脱传统的教学模式,通过对多媒体手段的应用,我们可以利用视频、动画以及图表更加清晰地表达教学内容,增加教学容量,改变教学形式。新媒体融合使教师自由地拓展知识,深层次挖掘和细化知识;教师利用软件灵活掌控课堂,提升教学质量。

2. 新媒体增进相互沟通

教师利用多媒体能够更加灵活地改变教学方法、控制教学课程,从而及时地了解学生的学习情况。利用微信群,除了在上课时间辅导学生,教师还可以利用课后时间与学生进行交流,对学生感兴趣的知识进行讲解与普及。利用新媒体的广阔平台,教师能有效把握教学进度,对学生进行全面了解,从而提高教学水平。

3. 新媒体影响大学生的创新思维

随着智能手机的普及,"拇指控"现象日益严重。部分大学生在课堂上打游戏、看视频、微信聊天,思想"开小差"的情况也更加凸显,从而无法保证学生的听课效率，导致学生知识掌握不够牢固。大学生利用网络媒体查找资料，主动获取知识的积极性不高。

（二）新媒体对高职大学生的影响

1. 新媒体拉近师生距离

媒体融合的最大优势就是信息传播速度极快，信息多元化、多样性、多角度传递，信息传递更加方便、准确、快速。它拉近了学生与老师之间的距离，使得思想平台更加宽阔、学科之间的关系更加密切，从而大大地激发了学生对于学习的热情与积极性，提升了高职院校大学生的思想认知水平。

2. 新媒体拓宽高职生的认知面

媒体融合能够将声音、文字与图画集于一体，这样的教学方式能够最大限度地让学生参与进来，以便更好地理解信息。同时，对于高职院校大学生学习知识、认识世界也有非常重要的帮助，如此，不仅能够让学生们提升眼界、拓展学习内容，也为大学生更好地提升自身的综合素质开拓了新途径。

3. 新媒体提升高职生的交往能力

新媒体融合了极其丰富的信息，具有传播速度快、形式多样的特点，能够为高职院校大学生提供更多、更先进的信息，还能为他们解决难题，获取第一手的信息资源，从而更好地激发他们的求知欲，逐渐扩大其自身的交际圈，最终实现丰富多样的人际交往目标。

4. 新媒体影响高职生的心理健康

新媒体自身的趣味性以及网络虚拟空间很强的一致性和隐藏性导致部分大学生沉迷其中，逐渐养成懒惰的心理，从而为他们逃避现实找到新的借口。部分高职院校大学生的自制力较差，容易沉迷网络，久而久之，就会降低与他人交流的能力，与现实脱节，导致性格孤僻，更有甚者会形成扭曲的心理，丧失融入社会的能力。

（三）提高思想政治工作的实效性

新媒体融合对于提升高职院校的思想政治教育工作实效性具有重要作用，我们要找到更加适合的方法最大限度地降低其负面影响，更好地发挥其优势。了解新时期高职院校大学生的新变化，从心理到行为，从学习到生活，全面剖析、深入研究，利用新媒体优势，从而更好地发展高职院校思想政治教育。

1. 融合新媒体，建设新队伍

我们要充分利用新媒体，加强对高职院校的思想政治教育工作。有针对性地选拔一批与时俱进、创新思想的优秀骨干教师，成立专门的管理团队。选拔辅导员、思想政治课教师以及一些具有良好品质的学生干部与党员干部作为新媒体信息员，进行相关业务培训。

2. 融合新媒体，搭建新平台

传统的思想政治教育课堂已不能满足当代高职院校大学生的信息需求。面对新时代要求，高校思想政治教育工作者要充分利用新媒体、融合新媒体，了解新媒体特点，发挥新媒体优势。

3. 融合新媒体，实现交互性

高校思想政治教育工作者可以提前将相关的热点新闻或话题发布到微博、微信或者班群中，鼓励学生发表观点，引导其将自己的正面价值观融入其中，教师通过和学生一起学习，增进了解，让思想政治教育工作搭上新媒体的顺风车。

4. 融合新媒体，管理不缺位

网络媒体的暴力、低俗以及不健康信息都会对高职院校大学生的心理及生活造成不可弥补的伤害。因而，我们要及时加强社会、高校与政府的应对和监管力度，净化网络环境，积极为高职院校大学生提供一个干净的新媒体环境。利用网络新技术，建立网上自动报警系统，过滤新媒体不良信息，限制不良信息对高职院校大学生的侵蚀，自动传播真善美正能量信息，从而帮助高职院校大学生获取知识、提升素养、不断进步。

5. 融合新媒体，坚持全方位育人

高职院校是培养高素质人才的基地，应肩负起对学生专业技能的培养以及实践能力的发展，从而更好地为我国输送大批优秀的专业技能型人才。高职院校要坚持将思想政治教育贯穿其中，做到真正意义上的全方位育人。以教育的思想引领思想的教育，培育新时代人才，是国家赋予教育工作者的历史使命和社会责任。

五、总结

高职院校一定要及时认识到新媒体时代带来的挑战和机遇，从而更好地全面掌握新媒体融合的发展方向，为进一步推动其纵向发展做准备。本课题从媒体融合和学生媒体习得的现状和变化趋势入手，分析高校思想政治教育工作与客观社会媒介生态环境之间的深层次关系和发展规律，对研究媒体融合规律和指导学生教育工作起到一段时期内的参考作用。

参考文献

[1] 李静. 新媒体环境下高职学生思想政治教育面临的问题与对策研究 [J]. 无锡商业职业技术学院学报，2011（6）.

[2] 苏艳宁. 新媒体环境对高职院校大学生思想政治教育的影响与策略 [D]. 苏州：苏州大学，2010.

[3] 葛自力. 融媒体时代高职院校思想政治教育发展研究 [J]. 智库时代，2019（27）.

[4] 李青. 网络环境下高职院校学生思想政治教育对策研究 [D]. 长沙：湖南大学，2013.

[5] 吴太胜. 高职院校思想政治教育的特性、困境与改进策略 [J]. 九江职业技术学院学报，2005（6）.

美育助推新时代高职院校社会主义核心价值观培育研究

顾 儒*

摘要：新时代高职院校正大力改革办学体制，大规模横纵扩招，高职院校学生的价值观早已与未来的社会价值取向环环相扣。美育讲求"托物言志，寓理于情"的情感渗透性教育，对高职院校社会主义核心价值观的培育与践行起推动作用。本文以美育自身与社会主义核心价值观的关联性功能教育为依托，多层次探讨以美育助推新时代高职院校社会主义核心价值观培育的具体路径。

一、美育在新时代高职院校社会主义核心价值观培育中的价值

（一）美育与社会主义核心价值观的内在联系

美育，情起于闳约深美，理落于审美教育。美育在中国历史长河中历来有着立德树人的优秀传统，力倡育人要"志于道，据于德，依于仁，游于艺"，这"艺"即"六艺"，虽不是今日之美育，但大体相通，明道、立德、修仁皆匀于立德树人及美育之中。中国化美育思想从蔡元培"艺术教育与科学教育二者不可偏废"发展至今，"大美育"的概念在国内逐步得到倡导，使得"美育"不仅是艺术教育，还是以美育人、以美化人、以美培元的"文化教育""精神教育""终身教育"。

在新时代背景下，推进社会主义核心价值观教育事关党和国家发展的兴衰成败，是具有全局性和根本性特点的重要问题，体现了当代中国精神，凝结着全国人民共同的价值追求，是发展和繁荣社会主义文化、建设文化软实力的紧

---

* 顾儒，浙江艺术职业学院产学合作处干事。

迫任务。不管是个体层面爱国、敬业、诚信、友善的需求，还是社会层面自由、平等、公正、法治的需求，抑或国家层面富强、民主、文明、和谐的需求，其都与新时代中国的"审美"运作牢牢相扣，推行和发展美育是助推社会主义核心价值观培育与践行的必备属性，其两者间文脉互通、互补共进。

（二）美育在新时代高职院校社会主义核心价值观培育中的作用

2019年政府工作任务中明确提出，改革和完善高职院校考试招生办法，鼓励更多应届高中毕业生和退伍军人、下岗职工、农民工等报考，大规模扩招100万人。由此可见，高职院校已然成为新时代技术技能人才的储备与输送的主战场。在高职院校大规模扩招多元化生源的情况下，做好高职院校学生社会主义核心价值观教育，预防及纠正该群体易出现的萎靡价值观、盲目消费观以及利己主义等教育壁垒，是为新时代培育新兴专业人才的有力根基。培养德智体美劳全面发展的社会主义建设者和接班人的课题成了新时代高职院校的教育核心。但是缺乏情感的社会主义核心价值观培育难以真正内化于心，而美育本身所具有的情感功能能够推动核心价值观教育根植于学生内心。美育以浸润性方式培养学生知美、审美、德美，将社会主义核心价值观内化于心，为新时代高职院校革新打下强心剂，为新时代高职院校社会主义核心价值观培育吃下定心丸。

二、美育在新时代高职院校社会主义核心价值观培育中的困境

（一）美育认识缺失，体系尚未形成

当前，高职院校在教学体系建设中聚焦于人才专业技能的培养与输出，在教学安排中也更为侧重于产教融合、专业实践等直线型培养模式的革新与发展。谈及美育的教学认识普遍缺失，其中不乏将其狭义解读成艺术类欣赏课程的职业院校，缺乏对于美育课程的重视，也甚少有意识地将美育教学与社会主义核心价值观的培育关联起来。在中华人民共和国教育部印发的《教育部关于切实加强新时代高等学校美育工作的意见》（教体艺〔2019〕2号）文件中指出的校园美育是培根铸魂的工作，提高学生的审美和人文素质，全面加强和改进美育是高等教育当前和今后一段时期的重要任务。美育绝不是教育的糖衣，其本质是高职院校专业性人才培育中思政教育的关键一环，旨在通过美育教育系统体系的构建及发展，更好地助推职业人才对于社会主义核心价值观的渗入式学习，把好高职院校培育的人才质量关，筑牢立德树人的职业教育人才培养防线。

（二）美育师资缺乏，培育形式单一

在高职院校的课程设置中，仅能从思想政治类课程中寻找美育教学的痕迹，单独开设的美育课程，也仅作为辅修学分的艺术门类选修课，课程效果及学生普及率低，授课教师多数为非美育专业类教师及学生工作思政辅导员。专业专职美育师资配备率极低。这导致美育的培育形式单一，助推社会主义核心价值观的培育收效甚微。在信息量过度爆炸的大数据时代，美育师资单薄、培育形式单一会使得学生在价值观培育中所受的正面引导缺失，一旦接受过多外界偏激、错误的引导性舆论，就会影响学生人生观、价值观的整体培育。

（三）育才维度拓宽，教学内容过时

新时代的高职院校学生普遍具有价值取向不稳定性、个性自由等鲜明特征，现加之职业人才培养扩招百万，更多不同年龄层、不同背景经历的学生加入了职业教育的待培育阵营。这意味着当下传统的思政教育模式的美育教育与新时代高职院校大学生的价值观教育已是风马牛不相及。将社会主义核心价值观的培育通过美育这一介质有效传递给学生，是职业教育育才维度拓宽后美育课程教学改革的重要方向。只有当教学内容符合学生群体特征需求时，美育才能真正与社会主义核心价值观培育相融合，构建新时代高职院校全员、全过程、全方位的美育格局。

三、美育助推新时代高职院校社会主义核心价值观的培育路径

在充分了解新时代高职院校美育助推社会主义核心价值观的培育困境后，做到对症下药是美育教学提升新时代高职院校学生价值观培育的当务之急。在培育路径中主张"外敷内治法"，"外敷法"快速缓解新时代高职院校革新所带来的职业教育人才输出要求的不断提升、招生生源数量不断递增、生源性质逐渐复杂化等急症。"内治法"则通过逐步扎实构建美育教学在新时代高职院校中的教育体系，厘清高职院校本身对于美育教学的认识与定位，真正理顺、改变美育教学培养方案，将美育教学在高职院校中真正运作起来，从根本上提升美育对于新时代高职院校社会主义核心价值观的长期培育效果。

（一）外敷，找准美育痛点，革新培育现状

1. 了解学生真正的美育需求

美育本身即是与人紧密相连的教学课程，只有将美育与人的全面发展联系起来，将美育的特点与高职院校学生的个体特征联系起来，才能真正发挥美育

的作用。在美育教学的过程中，我们应将学生的专业、性格特点以及生活的兴趣点都结合起来。以学生的专业学习、日常生活以及兴趣爱好为突破口进行美育教学，寻找美育教育的真正有效之道，只有找到学生真正需要的美育素材，才能从根本上用美育教学的手段潜移默化地提升新时代高职院校社会主义核心价值观的培育。

2. 丰富美育教学方式方法

网络新媒体急速发展的今天，学生接收信息的途径有了更多的选择，这对美育教学保证学生的课程兴趣度以及教学质量提出了更高的要求。让自己的美育教学在信息量大爆炸时代脱颖而出，让学生准确接收、根植社会主义核心价值观，运用何种美育教学方式方法成了关键所在。在美育教学的过程中，应突破传统的课堂单向教学模式，运用交互软件进行双向互动，适当选取新媒体信息、利用新媒体平台进行线上教学均是丰富美育教学的有效方式方法。在此美育课堂教学的基础上，也可以根据高职院校自身学生培养实际情况，开展线上线下的双向美育文化活动，提升美育教学的效果，规避和减少新媒体时代杂乱信息对学生价值观的不良影响。

3. 强化美育教学师资队伍

目前高职院校美育教师师资力量薄弱，导致美育教学在高职院校的日常教学中普及率较低，许多专业的学生培养过程中除了基本的思政教育课程，几乎没有美育教学的痕迹，其与美育教师队伍薄弱以及教师美育观念淡薄有着不可分割的紧密联系。为了加强美育教学以及将美育教学更好地渗透到新时代高职院校的日常教学中，我们应加强高职院校全体教师的美育教学培训，通过开展美育讲座等形式加强现有师资队伍对于美育的认识，针对已在进行思政课教学、专职学生团辅课程教学以及美育鉴赏选修课程教学的美育兼课教师、思政课教师、专职辅导员进行美育教学的专题辅导从而形成更专业的美育教学师资队伍。另外，在此基础上，高职院校还应拓宽美育教学师资队伍建设思路，通过外聘美育老师授课、邀请名师集中教授网课等借助外力的形式提升、强化美育教学师资队伍的整体实力。只有将美育教学师资队伍的力量建设起来，高素质的美育教学力量助推社会主义核心价值观的培育工作才能更有力地彰显美育成效。

（二）内治，打通美育脉络，理顺培育体系

1. 统一美育教学开展思路

在高职院校开展美育教学的过程中，全员须统一思路，明确美育在助力学生社会主义核心价值观培育过程中的不可替代的重要作用。美育可以从深厚广博的道德情操中进行吸取内化，也可以提升学生的整体审美感悟及追求，更可以在全面培养职业教育人才这一课题中为新时代高职院校教育工作者全面打开新思路。因此，必须明确美育教学开展的重要性、必要性，只有教师思想上对于美育教学真正认同，重视美育教学，才能进一步推进新时代高职院校美育助推社会主义核心价值观的培育工作。若仍有教师仅仅把所有教学重点放在专业培养上，忽略学生的美育教学，那么在整体高职院校美育教学开展的过程中，注定会因为缺少抓力而事倍功半。

2. 联动美育教学培育载体

美育教育要真正在助推新时代高职院校学生社会主义核心价值观培育中长久保持实效性，仅仅靠思政老师个人教学抑或零散的美育文化营造是远远不够的。美育教学有别于专业学习，其渗透于学生学习与生活的方方面面，因此在美育教学的培育过程中，我们必须与其相关的教学管理部门、学生思政管理部门及学生后勤管理部门等多重美育孕育载体联动，美育教学绝不是一两个名师的个人秀，应当是多部门配合打造的全方位教学团队战。只有通过多方美育载体的配合，才能在美育教学开展时搭建优质的培养皿，在社会主义核心价值观培育的过程中多方齐力共进。

3. 制订美育教学培养方案

在新时代高职院校学生美育教学的培养上，我们在统一思路、打通培育载体的基础上，需要打破美育"辅助教学"的固有思维，将美育课程纳入学生培养教学计划，并对于美育助推社会主义核心价值观培育做出科学完整的培育方案。着眼新时代新形势下高职院校社会主义核心价值观培育中的困境，清晰认知、踏实做好美育教学是推进高职院校改革之路，提升新时代职业人才价值观培养之路的基石。只有将美育教育做精、做细、做实才能更好地推进新时代高职院校的扩招及职业人才培养提质改革工作。不再将美育穿插在选修课、思政课、心理课的夹缝之中，而是设立独立必修学分，以美育必修课程、专业美育选修课、学生课外美育活动等构成美育"主线教育"体系，让学生真正了解社会主义核心价值观，提升道德情操，从而拥有明辨是非的能力，在品、行、道、意中获取成长养分，在拥有职业能力的同时，通过美育系统培养成为道德品质过硬的能为国家所用的全方位专业职业人才。

参考文献

[1] 教育部关于切实加强新时代高等学校美育工作的意见 [EB/OL]. 中华人民共和国教育部网站, 2019-04-11.

[2] 席靳. 西方美育思想简史 [M]. 北京：中国社会科学出版社, 1998.

[3] 杨嘉晨, 李庆本. 中国美育研究2018年度报告 [J]. 美育学刊, 2019 (1).

[4] 王钰淇, 姚沫. 试论美育视阈下高校思想政治教育模式的建构 [J]. 教育教学论坛, 2019 (59).

艺术院校有效开展"文明修身"教育的初期探索
——以浙江艺术职业学院为例

施少东[*]

摘要：大学生文明修身教育作为高校"立德树人"这一根本任务的一项重要体现、塑造"大学精神"的一项重要内涵，对高校育人有重要意义。本文以综合性艺术类职业院校——浙江艺术职业学院为背景，实证分析了目前大学生文明修身教育的现状和目标任务，依托推进素质提升教育、文明养成教育以及营造优良教风学风，探索多维度、多渠道、多元化的文明修身专项教育实践。

中国素有礼仪之邦的美誉，古籍《大学》在篇首中指出："大学之道，在明明德，在亲民，在止于至善。"强调了道德修养和探究事理两方面，即"明德"和"格物"。古人非常重视"修身"，在儒家教育思想中，坚持"修身为本"的伦理思想，注重道德主体的"自我""自觉""自德"，将个人道德修养与齐家、治国等紧密联系。构建与实施大学生"文明修身"主题教育实践活动，是继承和弘扬中华民族传统文化精髓的重要体现。

一、开展"文明修身"教育的意义

2004年8月，《中共中央国务院关于进一步加强和改进大学生思想政治教育的意见》把"以基本道德规范为基础，深入进行公民道德教育"列入加强和改进大学生思想政治教育的主要任务之一。2016年1月，《省委教育工委、团省委、省学联关于在全省高校开展"大学生文明修身"专题活动的通知》（浙教工委〔2016〕1号）对于大学生文明修身专项活动做了专题部署。可见文明修身教育在当今大学生思想政治教育中的重要作用。

---

[*] 施少东，浙江艺术职业学院党委组织部（人才办）干事。

时代的发展要求人才具备良好的行为习惯、健康的心理、健全的人格等，尤其是在2016年浙江杭州承办的"G20"峰会的在杭大学生，更是需要具备良好的形象风范。然而当今大学生群体受到现实社会中一些不良的现象、风气及思潮的影响，他们中的一些人虽然具有较高的专业素质、文化知识，但社会实践能力、创新能力较弱，存在过于注重个人利益与个人价值的现象，如以自我为中心，协作精神、合作精神不够，人际关系淡漠，诚信意识淡薄等。部分大学生道德失范的现象极大地损坏了大学生群体的形象。

因此，开展以理想信念教育为核心、以爱国主义教育为重点、以基本道德规范为基础、以文明行为规范为呈现的文明修身专项教育实践活动，对于教育引导广大青年学生积极践行社会主义核心价值观，提升当代大学生的思想道德水平和文明素养有重要的现实意义。同时，开展文明修身专项教育实践活动也是增强大学生的社会适应能力，指导和激励他们奋发有为、自觉成才的重要途径和有力抓手。

二、开展"文明修身"教育的目标

"文明修身"主题实践活动旨在从浙艺学子仪表文明、行为文明、思想文明入手制定《浙艺校园文明公约》和《浙艺课堂行为准则》，紧紧围绕"立德树人"目标设计各类活动载体，通过一年的探索实践，倡导践行"求真 尚美 精艺 修为"的校训精神，树立良好的形象风范，打造属于浙艺学子的"青春修炼手册"。在这一过程中始终坚持"体现一个主旨、贯穿一条主线、搭建一个平台、遵循一个目标"的"四个一"建设模式，提升活动层次，深化建设成效。

"体现一个主旨"：文明修身文化建设坚持体现加强当代大学生"理想信念教育"这一主旨。通过活动开展，不断提高大学生的责任感、紧迫感、使命感，营造文明修身的浓厚育人氛围。

"贯穿一条主线"：文明修身文化建设始终围绕"丰富学生'第二课堂'"这条主线，组织开展各类理论学习型、技能实践型、文体娱乐型活动，用学生喜闻乐见、易于接受的方式倡导健康文明的生活方式，寓教于乐，开展校园文化建设。

"搭建一个平台"：文明修身文化建设既需要氛围营造、舆论引导，也需要平台支撑。作为一个实践性、应用性特征较为凸显的活动，充分发挥共青团和学生会的组织优势，整合寒暑假社会实践与在校期间的校园文化活动，积极搭建平台，有效调动学生参与文明修身。

"遵循一个目标"：文明修身文化建设遵循积极服务学生成长成才这一目标，

协同各方力量实现协同育人，引领浙艺学子达到"德艺双馨"的价值追求。

三、开展"文明修身"教育的途径

突破以往比较僵化的以"校园活动"为载体的文化建设工作模式，从整合工作资源入手，以浙艺校训为支柱，依托校内、校外两种工作资源，调动教育者和受教育者两方的积极性，坚持党组织引导和学生自主参与双向互动，多角度激活各种功能要素，从而打造全新的教育模式，实现从点到面，从质到量的跃升。

（一）组织引导，整合资源增强实效

为强化辐射作用，提升育人功能，专题制订系统的"文明修身"活动方案，以学校文件形式下发各教学单位与行政职能部门，成立由党委学工部牵头，团委、学生会、社团联合会等共青团组织配合协调的工作小组。支持各教学单位立足自身已有的工作基础，明确自己的主题定位，精心制定规划，完善工作机制，使文明修身活动的建设和发展更具导向性，形成"必选+选修"的菜单栏目，使得每项子活动都能够广泛地面向全校学生，突破"表演专业"与"非表演专业"的自身局限，使活动具有更强的开放性。各项活动以一个或者多个教学单位资源为依托，使以前不完备的资源进一步整合，在更好发挥资源功效的同时，让学生更系统、更科学地接受"文明修身"教育。各个教学单位还针对学院学生的思想实际和特点，通过不同视角、不同方式、不同主题、不同内容的设计，让所有学生都能找到适合自己的德育教育平台，增强了教育的针对性和实效性。努力发挥"文明修身示范实验班"的辐射作用，通过班级整体文明修身氛围的提升，建立中期检查、验收评估、合格奖励等科学的激励机制，在"比、学、赶、超"中带动整个教学单位的文明修身氛围的营造，形成以点带面的效应。

（二）引育并重，强化文明修身意识

1. 强化养成教育

根据美国心理学家洛钦斯（A. S. Lochins）提出的首因效应理论，第一印象对今后交往关系会产生巨大影响，即"先入为主"带来的效果。因此，充分利用新生军训、开学典礼、新学期第一次升旗仪式开展包括仪式教育、典型教育、转型教育等在内的养成教育显得尤为重要；尤其是上好新生入校的第一课，在新生开学典礼上，邀请知名校友返校，以"大师姐""大师兄"的身份讲个人故事，激发学生对学校、对专业的荣誉感、认同感和归属感，从而更好地让学生在各项仪式、活动中感悟文明修身。

2. 实施渗透教育

没有规矩不成方圆，通过引导让学生自主编制校园文明公约，将在专业教室、文化课堂、公共场合的规矩以文字形式固化上墙。由于艺术类学生具有强烈的"专业优越感"，常常会把专业课堂与思政课堂区别对待，因此可把文明修身教育与专业教育相互渗透，采用参与式、实践化的教学模式，在潜移默化中大幅增强学生文明修身意识。

3. 注重典型教育

选树一批专业过硬、作风优良的"十佳大学生""十佳励志典型""优秀共青团员""优秀学生干部""优秀志愿者"等朋辈榜样，通过校报刊载、事迹报告、新闻推送等形式，大力宣传一批文明修身典范的典型事迹，发挥"校园明星"的榜样作用，辐射周边同学。

（三）知行结合，坚定文明修身意志

1. 充分发挥党、团、学组织的先锋模范作用

鼓励学生党员、优秀团学骨干在关键时刻"树正气、能担当、敢发声"，自觉成为周围学生的"文明修身"示范榜样；针对学生文明修身意志薄弱的问题，通过组织帮扶，引导浙艺学子增强文明意识，培养文明仪表、文明习惯、文明行为；提倡学生参与校园民主管理，通过"学风检查岗""食堂劝导岗""文明寝室监督岗"等形式，对于发现的问题及时反馈、及时整改。

2. 注重主流意识形态与文化导向

艺术源于生活，又高于生活，因此要让艺术类学生认同文明修身的内涵，就必须将文明修身教育生活化、艺术化，而不是将其强压式、"填鸭式"地灌输。围绕社会主义核心价值观的培育和践行，鼓励各个专业的同学用自己的专业技能表达"文明修身"的内涵，将传统的演讲赛戏剧化、枯燥的评选艺术化，营造"争做最美浙艺青年"的浓厚氛围，引导浙艺青年深化文明修身文化的内涵。

3. 立足专业特色和专业优势

成立浙江艺术职业学院文化志愿者服务大队，鼓励浙艺学子"带技能、带专业、带情怀"走出去，投身于"服务农村文化礼堂""高雅艺术进校园"等志愿服务。让学生在志愿服务中体会公益的力量、道德的力量，同时又能发挥专业所长，强化专业技能。

四、总结

大学生文明修身工程是根据当前时代特色和当代大学生群体的思想、学习与生活状况，在继承优良传统文化的基础上开展的专项教育实践活动。通过组织开展一系列丰富的主题教育活动、实践活动等营造一种良好的自律教育氛围，对引导当代大学生增强文明意识，培养文明仪表、文明习惯、文明行为，践行校训精神，树立良好的形象风范有重要的现实意义。尤其是在艺术类院校，学生的专业优越感、"先入师门为大"等传统观念往往会引起一些不必要的校园问题，而通过"文明修身"专项教育实践活动不仅能够优化校园管理，也能够增强大学生的社会适应能力，指导和激励他们奋发有为、自觉成才。因此，形成具有校本特色的多维度、多渠道、多元化的文明修身教育实践模式在校园治理中尤为重要。

参考文献

[1] 骆春花. 和谐校园视角下的大学生文明修身教育——以杭州师范大学为例 [J]. 科学导报，2014 (17).

[2] 蒋明军. 试论文明修身的理论意义和实践意义 [J]. 思想政治教育研究，2007 (1).

[3] 张金耀. 高职院校思想教育的新路径 [J]. 科教导刊，2009 (7).

[4] 王正坤. 浅论大学生"文明修身工程"在高校思想政治教育工作中重要作用 [J]. 商场现代化，2011 (1).

[5] 赵振华. 大学生文明修身工程的构建与实施 [J]. 黑龙江高教研究，2007 (5).

发掘传统文化源头活水 落实立德树人根本任务
——优秀传统文化培育大学生社会主义核心价值观的路径探寻

杜俏俏*

摘要：现阶段随着我国社会主义核心价值体系理念的不断深化，重视优秀传统文化传承成为大学生思想政治教育课程的重点教学方向。现代大学生社会主义核心价值观的良好构建，既有利于增进优秀传统文化的传承与创新，又有助于提升大学生民族荣誉感和良好世界观、人生观、价值观的构建。

文化是人类发展过程中逐渐总结和积累的成果，包含物质财富与精神财富，是在社会主义核心价值体系下对中华优秀传统文化的继承与发扬，经过积淀而遗留下来的思维方式、价值认同等精神财富。欲将中华优秀传统文化发扬光大，亟须将中华优秀传统文化融入学校思政教育之中，结合学校学生特点、办学特点，对传统文化中的精髓进行传承与推广，这具有深远意义。本文主要探讨在以浙江艺术职业学院（以下简称"浙艺"）为代表的艺术类高校大学生思想政治教育中，如何发掘中华优秀传统文化的精髓，积极主动转化成利于当代大学生良好核心价值观建立的思想基础，并润物无声地融入日常生活之中的路径。

一、优秀传统文化在大学生思想政治教育中应用的现状

（一）中华优秀传统文化的内涵及其特点

首先，中华优秀传统文化注重以人为本。在社会主义核心价值观体系下加强以人为本理念，在优秀传统文化传承与推广的过程中，重视个人创新性思维能力，将个人发展实际与民族精神、民族创新结合起来，将人民群众传统思维

---

* 杜俏俏，浙江艺术职业学院党委宣传部（统战部）党支部书记、部长助理、二级文学编辑。

观念与社会经济发展相融合,通过大学生思政课程教育的开展,对其思想道德观念与行为规范起到一定指导作用,使社会中每个人都能遵循社会经济发展规律、完善社会良好思想道德行为规范,促进全面型人才的培养。其次,强调以和为贵。"和"是儒家特别倡导的伦理原则。我国自古以来就是礼仪之邦,以和为贵是中国从古至今一以贯之的外交理念,包括在当今世界经济、文化发展热潮中,我国坚持和平共处五项原则的外交政策,在纷乱复杂的国际形势中保持自己的发展特性,不断提升自身创新能力与文化吸引力,促进中华优秀传统文化高质量传播。最后,我国在社会主义核心价值观建设过程中还应提高人民的思想道德素质。良好思想道德素质的培养对于提升当代大学生的思想道德观念、规范行为习惯、增强核心素养的培养有重要促进作用。道德是一个人在社会中展现个人魅力的重要标志,因此强调学生的思想道德素质建设就是强调社会发展过程中思想道德意识的培养,对于促进社会和谐稳定发展起着关键作用。

(二) 中华优秀传统文化融入大学生思政课教学的重要意义

贯彻落实《关于实施中华优秀传统文化传承发展工程的意见》对"中华优秀传统文化与思想道德教育全面融合"的总体要求,贯彻教育部《关于新形势下加强和改进高校思想政治工作的意见》的精神,对开展"中华优秀传统文化融入思想政治课教学"的教学改革研究具有重要意义。

二、优秀传统文化在大学生思想政治教育中的价值与必要性

高职院校在进行思想政治课程教育过程中需要与中华优秀传统文化相融合,贴合当代社会发展规律对学生进行思政教育,不仅可以提升学生对中华优秀传统文化的认可,还可以提升学生的民族荣誉感,帮助学生增强民族文化自信心,从而利于增强民族凝聚力。优秀传统文化与思政课程相结合,有利于高职院校大学生良好思想道德素养的培养,对于社会经济文化快速稳步发展起着关键作用,有利于中华优秀传统文化的继承与发扬。

(一) 中华优秀传统文化融入大学生思政课教学中的价值定位

中华优秀传统文化与大学生思政课程的融合,有利于学生在思政课程教育中发现自身的社会价值与炙热的爱国主义情怀。中国传统教育中强调以大局为重,个人利益服从于集体利益。

中华传统文化作为一种历史载体,把一帧帧历史通过口口相传的方式呈现到书本上,再发扬到中华民族每个人心中。想要更好地继承与发扬中华传统文化,需要全体中国人民齐心协力地保护和推广。中华优秀传统文化与高职院校思政课程相结合，对塑造学生良好思想道德观念有着广泛意义。传统文化的融入促进了学生对中华悠久文化历史的了解，拓宽了学生视野，增强了学生民族自信心和荣誉感。再配合现代教育体制下对传统文化的传承与发展，才会使学生更有创造性地融入这个世界。

（二）中华优秀传统文化融入高校思政课堂的必要性

高职院校在培养学生人文素质的过程中，教师自身的教学意识和思想道德认知都需要进一步提升。高职院校思政课教师应有足够的耐心对待学生，目前部分学生教育基础薄弱，综合素质与思想道德行为还需要进行严格规范与培养。教师应发挥职业素养对其进行重点教育，帮助此类学生在现有学习能力的基础上提升个人思维能力和语言表达能力。"立德树人"理念的遵守有利于增强高职院校学生对中国传统文化的认知，有利于帮助学生增强自身思想道德修养和文化学习素养，对其今后的成长和发展有着现实意义。在国家专业院校一直倡导人文素养教育教学的主题背景下，我国教育部立足于发展"立德树人"思想，把中国特色社会主义思想建设落实到校风建设当中，把教师的教育教学模式和当下立德树人思想结合起来，坚持学校自主办学原则，坚持党的基本路线不动摇，坚定不移地为国家培养德育优先的高素质专业型人才。

三、优秀传统文化融入艺术类高校思政课堂的主要原则

（一）扬弃原则

目前，我国处于经济发展水平稳步发展阶段，这就要求国家在推广学校立德树人素质教育理念的同时要拓宽高职院校办学条件，鼓励支持将中华优秀传统文化积极融入艺术类高校思政课堂教育当中。教育部应鼓励支持当地政府或民营企业引进新型电子信息技术，在拓宽学生对中华优秀传统文化了解的同时，对高职学生进行现代化信息教育，从而提升学生学习能力和创新思维能力。

（二）时代性原则

想要促进社会经济文化发展与推进社会主义核心价值观建设，就需要加强高职院校学生的思想道德教育。读书学习是学生增长知识、了解国家发展战略和国家实时创新发展技术信息的重要途径。部分职业院校仍存在教师教学水平不高、教学用具陈旧、教学计划过于老套的现实情况，所以增加地方财政支出，提升当代思政课教育教学能力、推动当地教育机构进行高科技素质教育成为我国财政支出的重点发展目标。

四、优秀传统文化培育大学生社会主义核心价值观的路径与方法

在艺术人才德育教育过程中,浙艺始终坚持文化引领,实施"优秀文化浸润计划",做出了大学生德育教育的有益探索。近年来,浙艺从文化艺术类院校自身特点出发,重视开展中华优秀传统文化教育,分主题开展家国情怀、社会关爱、人格修养等教育,以"成人"教育统领"成才"教育。做精"名师校友"文化,传承弘扬学校精神,激励学生立志成才、献身艺术。持续推进已经成立的"笛坛宗师"赵松庭纪念馆和"非遗"传承人沈凤泉江南丝竹音乐研究中心建设,继续挖掘"越剧皇后"姚水娟、"江南活武松"盖叫天、昆曲表演艺术家周传瑛等名师艺术家的高尚艺德和文化内涵,着力建设戏曲名家纪念馆,通过润物无声的展览展示,使大师们的高尚艺德在大学生身上代代传承。

除了吸收和传承大师先贤的高尚品德,还有诸多路径可以参考。

(一)利用中华优秀传统文化创新思政课堂教学内容

随着国家现代化素质教育的不断普及,提升学校为国家培养素质教育人才的重要性是倡导立德树人观念的重要前提条件。学校应紧跟经济时代的潮流把培养对国家和社会有用的创新型高素质人才作为办学目标,把国家精神文明思想道德建设作为校风标准,以培养社会主义接班人为核心,贯彻落实教育教学科学发展观,实现职业院校帮助国家和社会持续培养全面协调发展的高素质实用型人才。

(二)利用中华优秀传统文化创新思政课外教学方式

现阶段高职院校大学生想要提升自身综合素质不仅需要提升学习能力,还需要加强思想道德建设,加强社会责任感与社会良好行为规范和法治思维的培养。例如,在中华优秀传统文化与高职院校思政课程教学融合过程中,"仁、义、礼、智、信"的道德体系及相关的传统法治思想和观念应以"与时俱进、因势利导、因人而变"为原则。结合学生的年级、专业和认知特点,围绕生活、交往和学习中的道德问题,针对学生在成长过程中普遍存在的情感困扰等开展思政课教学,中华优秀传统文化是中华人民创造精神文明的重要果实,是整个中华民族传承和发展的重要介质。在优秀文化传承过程中,并没有局限传统文化传承的地域性。随着我国综合国力的不断增强,"民族的就是世界的"口号被日益打响。中华优秀传统文化不仅仅是国人的骄傲,更是全世界的宝贵遗产。

(三)利用中华优秀传统文化教学加强校园文化建设

中华优秀传统文化作为一种先进文化,为社会发展给予了精神力量,对人们认识世界、改造世界的过程提供了指导意义。中华优秀传统文化与思政课程相融合，可以帮助学生在感知、体验和创造中了解中华文明的博大精深，可以使学生把精神文明力量转化为物质力量，对学生学习生活和未来社会生活发展产生深刻久远的影响。这种影响不仅表现在个人成长历程中，还表现在民族和国家的历史发展中。优秀传统文化是先进、健康精神传承的代表，先进健康的文化对社会发展有着巨大的促进作用；相反，腐朽文化作为糟粕需要社会过滤来保障整个民族的健康发展。人创造了文化，文化也在塑造着人。优秀传统文化丰富了学生的精神世界，促进了学生身心发展，提升了学生外在气质和修养。积极参加健康有益的优秀传统文化传承活动，为学生提供了良好的思想道德标准和精神力量。这种灵活的中华优秀传统文化学习和继承方式在丰富学生校园生活的基础上，更是一种不可或缺的隐形教育方式，更加有利于思政教学和中华优秀传统文化知识在学生当中的渗透。

（四）利用中华优秀传统文化结合新媒体助益传播

随着社会发展，我国社会主义核心价值体系要求在职业院校教育教学体系中坚持以人为本，把人文教育看成新时代教育的重要发展目标。在立德树人观念下实施素质化教育对建立社会主义思想道德建设和品质型人才起着重要作用。通过"立德树人"的教育教学思想观念把学生带入全国思想建设热潮当中，让学生紧跟时代潮流，发挥主观能动性，把提升自身人文素质教育落到实处，有利于培养高职院校大学生的集体荣誉感和社会责任感。学生在受教育过程中要明确自身学习能力和未来发展方向，专业院校的设立就是为国家和社会培养高素质实用型人才，所以应重点提高学生实际操作能力和思维能力，把提升能力作为关键点。学生在课堂氛围中应尊重教师的教育教学模式，应主动积极配合教师完成课堂教学任务，提升自身思想道德水平和行为品质。在教师带领学生进行校企合作项目操作时，学生应把握住良好机遇进行学习补充和能力认证，若是自身学习能力不足以匹配当地企业项目发展现状时，学生应发挥主观能动性，对不足之处及时改正，在实际操作中实现个人专业技能的提升。

参考文献

[1] 马小红. 中华优秀传统文化融入高校思政课教学的意义及路径 [J]. 浙江树人大学学报（人文社会科学版），2020，20（2）.

[2] 丁秋怡，徐彦. 中华优秀传统文化融入高校思想政治教育微课教学研究——以《大学生正确逆境观的树立》微课脚本设计为例 [J]. 创新创业理论

研究与实践，2020，3（6）.

［3］张茂玻. 中华优秀传统文化融入高职院校思政课教学的价值定位和路径选择［J］. 创新创业理论研究与实践，2020，3（5）.

［4］谭绍江. 高校思政课"中华优秀传统文化"专题教学研究——以"思想道德修养与法律基础"课为例［J］. 文教资料，2020（2）.

［5］徐严华. 中华优秀传统文化融入高职思政课教学体系的几个问题［J］. 高教学刊，2019（25）.

高校校园新媒体思政功能的运用

俞珂瑶　马向东[*]

摘要：在高校充分发挥校园新媒体作用，对大学生开展以社会主义核心价值观为主要内容、以立德树人为培养目标的思政教育，收到良好的成效，是校园新媒体建设的题中之义。

面对突如其来的新冠肺炎疫情，中国打响了一场惊心动魄的抗疫大战。这又是一场艰苦卓绝的历史大考，在这场大考中，我们党团结带领全国各族人民，创造了人类同疾病斗争史上又一个英勇壮举，这成为大学生最生动、最及时的思政大课。在这场全民抗击疫情的思政大课中，微信公众号、微博、抖音、B站等广受大学生欢迎和青睐的校园新媒体起到了积极的作用，构筑了抗疫信息桥梁，传播了社会主义核心价值观，弘扬了社会正能量，增强了大学生爱国主义精神。

一、高校校园新媒体在大学生思政教育中的作用

（一）新媒体架起学校与学生和家长联系的桥梁

新媒体时代，微信、微博、手机端接收新闻信息成了大学生读取信息的普遍方式。大学生思政教育突破传统课堂思政教学和校园思政教育的局限，疫情居家隔离期间，新媒体充分展现了传播和更新速度快、时效性强、覆盖面广、内容丰富、形式多样、信息量大、互动性强的特点，维系了学校与学生和家长之间的联系，开展大学生思政教育。辅导员统计学生信息、线上课堂教学均通过新媒体平台，师生在屏幕上会面交流。一是疫情数据统计，如学生所处地区

---

[*] 俞珂瑶，浙江艺术职业学院党委宣传部（统战部）干事；马向东，浙江艺术职业学院党委委员、宣传部（统战部）部长，教授。

和流动轨迹情况,学生每日健康检测报告等,使学校及时全面了解学生动态;二是宣传信息发布,党和国家、上级部门和学校有关疫情防控的工作部署、通知倡议、注意事项、返校须知、应急流程等,通过新媒体发布,使学生及其家长及时掌握信息;三是"云课堂"教学,各类专业课、文化课线上授课,使学生做到"停课不停学、学习不延期",特别是抗击疫情思政课和课程思政都通过新媒体发挥了显著作用。

(二)新媒体传播对大学生有示范引领作用

新媒体传播对大学生的教育既有增强其认知能力的显性作用,又有示范引领的隐性作用。而传统媒体与新媒体的融合,使新闻传播时效性有了更大提升,新闻报道更加鲜活,可读性和趣味性更强,对大学生的教育影响即隐性作用发挥也更明显。比之于传统校媒、校报、校网,新媒体平台数量不断扩大,如微信公众号、微博、新闻客户端、抖音、B站等,线上与线下传播使校园媒体宣传有了更广阔的空间。抗疫一线一批优秀青年的事迹是对大学生开展思政教育的最贴近的"身边素材",新媒体及时报道他们"舍小我为大家"的家国情怀,彰显了逆行而上、不畏险阻的青春正能量。为服务地方经济复苏,高校组织学生通过新媒体开展网络直播销货,如浙江艺术职业学院戏剧系联合省直机关仙居帮扶组开展"青春闪耀 浙艺有戏"精准助农,为仙居高山水蜜桃直播带货,收到了很好成效,同时提升了学生的自我认同感。浙江师范大学官微《八一建军节,致敬最可爱的人!@浙师学子:趁青春,参军去!》,浙艺官微《超燃!这就是浙艺军人!》宣传在校大学生中的退伍老兵,鼓励在校大学生积极参军,使大学生受到鼓舞。新媒体对优秀师生的宣传,对大学生的示范引领作用更为明显,如浙江大学官方微信发布的《11人保研,12人拿到世界名校 offer,浙大这个班级的优秀离不开她……》,新媒体宣传身边的先进典型,营造出良好的宣传先进、学习榜样的氛围。

(三)新媒体利用线上传播使思政教育更接地气

随着融媒体时代的到来,微信、微博、抖音等新媒体平台所具有的短、平、快的特点,让新闻传播更接地气,也使思政教育更接地气、更接近民生,读者既是受众,也是创造者、传播者。思政教育是高校教育必不可少的一课,这不仅在课堂,更在课堂之外。习近平总书记的从政经历和讲话金句成为师生开展政治理论学习的丰富资料,浙江外国语学院创建了"青年学子学习青年习近平"思政品牌,官微公众号持续推出《"青年学子学青年习近平"学习教育》栏目,掀起了大学生学习青年习近平走进基层"撸起袖子加油干"、不怕吃苦、拼搏奋斗的精神热潮。新媒体发布的演艺资讯、讲座预告等各类信息，有助于丰富大学生的课余生活，拓展知识面。新媒体也是锻炼学生的平台，对写作和摄影有兴趣的学生加入校学生记者团，通过采写报道、发表作品，增强信心，提高学生参与社会活动的积极性，从而提高学生的综合能力。

二、高校校园新媒体存在的问题

（一）新媒体队伍建设不够完善，学生记者积极性不够高

新媒体形式多样、信息量大、工作任务重，比之于校报、校网等传统校媒，新媒体的时效性、创新性、可看性和信息量有很大提高。因工作难度增加，学生记者积极性有所下降，工作能力提升不明显。据调查问卷统计，学生记者因为兴趣爱好加入记者团的占86.47%，为了加学分和累计志愿者时数的占7.52%，为准备今后从事记者职业的占6.02%。有不少学生记者热情过后就要退出，或只挂名不工作。多数学生记者自我要求不高，没有事必尽善的态度，政治素养不高，责任心不强。学校对学生记者队伍培养存在问题，学生记者从事校媒工作持续一两年的只占59.86%，近一半不能持续正常参加记者团工作，致使学生记者队伍不稳定，凝聚力下降。教工通讯员队伍作用发挥有待提高，教工通讯员只写新闻稿件，言论、人物通讯很少，网评员队伍没有真正发挥作用。究其原因，适应新媒体发展的新闻宣传管理制度，包括激励机制、招新和退出机制不完善，新闻工作仅凭兴趣和责任心难以提升。

（二）新媒体推文主题策划较弱，尚未形成一整套完整的策划体系

高校新媒体主要宣传学校重大工作和活动，主题策划较少下功夫，没有形成完整的策划体系，不时出现"囤粮"不足、无米下锅的现象，较难形成新媒体品牌栏目。高校新闻宣传重点向新媒体转型后，对报道内容提出更高要求，若一味发布学校重大活动和会议新闻稿，读者会出现抵触心理。学校重大活动新闻一般只有本校师生关注，阅读量很难得到提升。微信标题不同于传统新闻，如果不够灵活有趣，就不能吸引读者。每天发布的微信条数需要控制，一次性发布数量过多，会使内容混杂，没有重点。微博、抖音等同样也讲究时效性，有的新媒体仅仅是转发微博，或者是闲置，几个月发一条甚至一整年都不发，成为"僵尸"微博。

（三）新媒体创新和服务意识不强，新媒体作用发挥有待提高

高校新闻宣传工作比之于社会媒体专业要求不高，发布频率不高，新闻工作压力相对较小，不利于融媒体时代从业人员的创新能力提高和服务意识提升。

学校新闻宣传工作按规定动作做的多，一些常规工作和活动报道年年相似，没有新鲜感。作为校媒主管部门的党委宣传部，日常工作事务繁杂、工作线多、人员较少，有限的校园媒体从业人员日常要同时维护校报、校网等传统媒体和微信、微博、视频号等新媒体的采编制作，疲于应付各级各类新闻报道采编，媒体工作热情容易受到影响。一些高校对新闻宣传工作不够重视，队伍建设、阵地建设和经费支持等不足，新闻宣传工作边缘化，新媒体工作受限。这些因素的存在造成新媒体工作者因循守旧、按部就班、缺少创新，新闻稿写得中规中矩、不够活泼，新媒体平台未能和学生的诉求相结合，不能达到服务效果，对学生缺乏吸引力，从而使新媒体失去了优势，新媒体开展思政育人的效果就不够理想。

三、新媒体思政功能运用的路径

（一）培育和完善以新媒体平台为主体的校媒运作机制

进一步重视新闻宣传工作，将新媒体工作纳入高校治理体系和治理能力现代化的重要内容，使全校各院系各部门重视新媒体工作，在打造建设学校的"枪杆子"的同时，抓好书写学校的"笔杆子"，要在工作理念上和体制机制上，将新媒体工作当作"三全"育人的重点内容，为新闻工作提供广阔的空间。培育和完善以新媒体平台为主体的校媒运作机制，借鉴吸收校报、校网管理制度和工作流程中的有益因素，培育和补充适应新媒体特点和需要的管理制度和工作流程，包括媒体融合、选题策划、采编制作、激励奖惩、准入退出、培训晋升等制度。加大对新媒体宣传工作的经费投入、队伍充实、人员培训和设备投入，引进专业新闻人才，优化现有人员，加强专业培训，整合物力资源，配设专业的新媒体技术人员，配备先进的新媒体设备，以适应现代融媒体发展的需要。

（二）重视和加强新媒体主题策划，打造新媒体宣传品牌

重视和加强主题策划，特别是在微信等新媒体宣传中进行流程设置，使宣传体系呈螺旋状。每周开选题会，根据所选出的学生兴趣点策划制作接地气的微信，如微信出的新功能"拍了拍你"，许多高校以此做策划，山东师范大学微信《"山师"拍了拍你》，宣传学子们的收获，展现学生勤奋努力、勇于拼搏的精神风貌，阅读量颇高。组织学生用家乡话录制新春祝福视频，借助节日气氛开展宣传，效果良好。挖掘学校亮点，关注学生需求，如新学年校历、选课、高考盘点、招生政策等，都可以成为特色内容。打造有影响力的新媒体品牌栏

目,定期推文,让品牌栏目成为社会了解学校成果亮点的重要窗口,如浙江外国语学院开辟《多语种空中课堂》,每期推出不同语种的一个生词,让各小语种专业学生录制音频;浙江商业职业技术学院推出《立德树人50人谈》《小峰微观察》栏目,邀约学校教师撰写育人心得,支部书记网络讲微党课,发布网络评论文章,将线上思政课办得有声有色。宣传方式可视化,需要多制作富有趣味性的视频,如浙江艺术职业学院《精彩一课》栏目用纪实方式展现艺术课堂的教学情景。微信还要注重与读者的互动,线上举办活动,增加阅读量和转发量。

(三)加强新闻宣传队伍建设,培育兼职联动的师生新媒体队伍

重视培养新媒体队伍。从学生记者团招新开始,选拔有热情、有责任心、专业技能强、文化基础佳的学生。精心配备记者团指导老师,保持与学生记者的经常性沟通,充分调动学生记者的积极性,带领他们不断增强脚力、眼力、脑力、笔力,提升业务水平。定期邀请媒体资深记者、编辑、新闻专家、作家等为学生记者做讲座,组织学生记者深入媒体、高校、企业、乡村参观调研,拓展学生记者的眼界和思路,促进交流合作。

为学生提供实践平台,组织安排优秀学生记者到媒体实习锻炼,参加各类新闻比赛。老记者做好"传帮带",带动整个团队。每学年评选和表彰优秀学生记者,增强荣誉感。对学生记者进行就业指导,有83.33%的学生表示希望得到新闻业务指导。对有志于从事记者行业的学生记者可推荐其到社会媒体实习,指导他们参加大学生职业生涯规划大赛等各类提升自我的比赛。及时为学生记者提供招聘信息,让学生记者感受到参加学生记者团不仅可以锻炼各方面能力,还能得到最前沿的信息资讯。

优化教工通讯员队伍和二级院系新闻工作管理机制,党委宣传部统筹全校两级新闻队伍管理和培训考核工作,每年评选新闻宣传先进集体和个人,评选优秀微信公众号。从新闻稿件投稿量、新闻线索提供和稿件录用情况以及二级微信公众号的阅读量和发布数量等,对二级院系和教工通讯员进行业绩评价和考核。教工通讯员除了完成本单位新闻宣传任务,还要承担本单位新闻队伍管理工作,培育团学干部成为院系宣传主力军,带动团学干部运营院系微信公众号,办好院系新媒体宣传阵地。

四、结语

综上所述,思政教育不仅限于课堂,还在于无形的广阔的新媒体平台,应

充分利用好新媒体平台这个线上课堂,使思政教育更加深入人心,使高校立德树人的影响更为深远。大学生的思政教育是动态的,新媒体宣传也是动态的,新媒体与思政教育之间是循环的,理应找到融合点,使两者互相促进、共生共长,让"云宣传""云思政""云课堂"飞入寻常百姓家,让高校师生在疫情防控期间和后疫情时代更加"心连心",更加"一家亲",更加凝心聚力,共同战胜疫情。

参考文献

[1] 马明亮. 关于大学生网络思想政治教育的几点思考 [J]. 科教文汇, 2020 (5).

[2] 胡治华. 让政协新闻"新"起来、"实"起来、"活"起来 [N]. 广西政协报, 2020-04-21 (01).

[3] 王旭丽. 融媒体时代新闻宣传面临的挑战和机遇 [J]. 试听, 2020 (4).

[4] 张伟. 县级融媒体在疫情防控中的舆论宣传作用 [J]. 试听纵横, 2020 (2).

[5] 秦晓钟, 信永华. 全媒体时代高校新闻宣传的转型 [J]. 教育现代化, 2019 (86).

[6] 邵亭亭. 高职院校新闻宣传的理念与实践创新研究 [J]. 职业教育, 2019 (20).

[7] 吴姝丽. 新闻宣传中新媒体的有效运用策略探索 [J]. 科技传播, 2019 (23).

[8] 侯正旸, 贾曼婷. 面向青年进行新闻宣传时应注意的几个问题 [J]. 山西青年职业学院学报, 2019 (4).

[9] 姚臻. 融媒体时代高校新闻宣传工作者的"四力"锤炼 [J]. 传媒, 2019 (23).

[10] 刘纳. 浅谈高校网络新闻宣传舆论引导力 [J]. 中国报业, 2020 (4).

重大突发事件下高校新闻舆情引导机制研究

顾 儒[*]

摘要：信息大爆炸时代，越是在重大突发事件下，我们越是要发挥新闻舆情的重要引导作用。高校作为重大突发事件的易感"窗口"，更是要担负起新闻舆情内外引导的双向使命。本文通过剖析在重大突发事件下，当前高校新闻舆论引导的短板，多层次研究探讨高校新闻舆情引导的有效路径，针对性构建在重大突发事件下高校"供""给""侧"新闻舆情引导机制。

重大突发事件的战场不仅仅在于事件本身的处理推进，更在于新闻舆情这一无形抓手的民心所向。新闻舆情本身对于作为客体的社会管理者的政治取向产生并持有政治态度，高校作为立德树人的育人主场，自是重大突发事件新闻舆情引导不可或缺的重要一环。高校学子多处于价值取向不稳定的成长期，此时高校新闻舆情引导机制的构建对于大学生价值引领、思政教育有着重要意义，应矢志让高校新闻舆情引导机制担负重大突发事件的双向传导，让高校学子成为新闻舆情正确信息的接收者、正向发声的传播者。

一、重大突发事件下高校新闻舆情引导的现状

（一）舆情引导方向多样

目前高校尚未形成较为成熟的新闻舆情引导机制。校党委宣传部、组织部、学工部、团委以及各院系均可进行新闻舆情的引导。各部门从自身"主阵地"视角出发百家争鸣，加之网络传播技术的不断突破，舆情"二次传播"现象常态化。因此在重大突发事件这一外部环境因素的变化之下，高校新闻舆情的引导方向云集景附。[1]

---

[*] 顾儒，浙江艺术职业学院产学合作处干事。

（二）舆情引导媒介多元

5G 时代的到来，打破了高校新闻舆情仅通过校报、官网、官微进行信息速递的传统媒介引导模式，高校新闻舆情媒介正朝着多样化的趋势发展，并引起了越来越广泛的关注度。[2] 如何在这个信息传递媒介推陈出新的时代，在重大突发事件背景下选择有效媒介，快、准、狠地击中高校新闻舆情的靶心，是在大数据、人工智能等新型技术不断突破的背景下对高校新闻舆情引导带来的全新挑战。

（三）舆情引导诉求多变

重大突发事件本身就有紧迫性、不确定性等特点。不管是新冠肺炎疫情等公共卫生事件，或是校园师生安全事件等，都涵盖在自然灾害、事故灾害、公共卫生事件和社会安全事件等重大突发事件之中。新时代大学生处于世界观、人生观、价值观的不稳定成长期，容易被重大事件的"信息源"影响，且越来越多的高校学子在个性化的成长中有了话语发声的诉求。目前高校在重大突发事件下，面对大学生主体不同程度的价值诉求尚未能做到面面俱到。

二、重大突发事件下高校新闻舆情引导存在的问题

（一）舆情引导边界过于清晰

在新冠肺炎疫情这一重大突发事件的"大考"之中，高校新闻舆情引导的不足得以凸显。新冠肺炎疫情发生以来，各高校积极响应进行疫情防控宣传教育等多方面新闻舆情的引导，但往往是各部门各司其职、分线作战，学工部做好学生云防控舆情引导，宣传部做好疫情防控师生正能量事迹报道，乍看之下引导分工清晰，却存在边界感过重问题。高校各部门分头推进该项工作，却未能将高校各部门舆情引导融合起来，形成真正能温暖师生的高校新闻舆情的最大合力。

（二）舆情引导非中心化显著

随着高校视频号、微博平台、微信公众号等新闻舆情媒介的不断增加，舆情引导的非中心化现象日益加剧。习近平新闻舆论观的核心是坚持党对新闻舆论工作的领导，即"党媒姓党"的基本原则。[3] 高校作为意识形态工作的前沿阵地，越是在重大突发事件下，越是要肩负起践行社会主义核心价值观，为实现中华民族伟大复兴做好重要人才培养保障的责任。因此，高校舆情引导肩负着"党媒姓党"的中心化责任。但新闻舆情媒介的增多，造成了高校间甚至同一高校的不同媒介对于同一重大突发事件的发声侧重点各不相同，过多的媒介杂音

会使得高校学子在新闻舆情接收的末端，无法准确地接收到有效的信息，造成高校新闻舆论导向的偏差。

（三）舆情引导诉求研判被动

"高校教师学术抄袭""高校教师师德师风偏差""高校学生微博言论不当"，在这个信息纷杂、消息透明、受众诉求不明的舆情大环境下，任一高校微小信息点都可能会使其站上风口成为重大突发事件。从重大突发事件发生后，各高校的新闻舆情处理的时间节点可看出，高校新闻舆情引导存在前期对于受众的诉求把握较少，在新闻舆情的处理过程当中研判错误且进行无效重复引导等问题。另外，高校在重大突发事件新闻舆情的引导过程中，存在不少学生甚至教师持续发表不当言论，或通过公众媒体平台为自身诉求发声等新闻舆情管控不精准的现象。

三、重大突发事件下高校新闻舆情引导机制的构建

（一）"供"端，应需打破新闻舆情条块

1. 建立重大突发事件新闻舆情专项小组

当前高校重大突发事件新闻舆情的引导机制构建的基石便是建立"专项小组"。专项小组的构建将重大突发事件新闻舆情引导跳脱出高校本身的条块式职能运行，从重大突发事件所涉及的宣传部、组织部、人事处、学工部等部门中设定专人成为专项小组成员。在日常高校职能本职工作的基础上，常态化致力于高校重大突发事件新闻舆情专项工作的监控及研究，以此打破在重大突发事件下高校职能部门界限过于清晰且各部门云集景附的新闻舆情现状，在专项小组成员的联动下形成高校各职能部门间对于新闻舆情的最大合力。

2. 建立重大突发事件新闻舆情管理制度

在成立"专项小组"的基础上须进一步建立高校重大突发事件新闻舆情管理制度。对于舆情引导的基本处理流程以及专项小组内每个小组成员负责的具体事项建章立制。管理制度的建立在一定程度上可以提前对于各类型重大突发事件进行提前预设，以此应对目前重大突发事件下高校新闻舆情引导速度较慢、引导方向存在偏差等问题。高校新闻舆情引导的本质及初衷在于对高校学子在重大突发事件背景下的价值观引导以及思想政治教育，建立管理制度本身能使高校在重大突发事件及紧急情况下，其新闻舆情引导不背离"党媒姓党"之根本方向，不背离服务师生之大局。

(二)"给"端,予以强化舆情中心导向

1. 抓好信息管控,提升硬件数据监测

重大突发事件下高校新闻舆情引导机制的构建,不仅仅是细化、完善内部软体系的过程,同时更是高校对于自身新闻舆情引导硬实力的一次自检。目前新闻舆情的引导重心逐步从传统媒介向以微信、微博、短视频平台等新媒体传播媒介偏移,在引导机制构建的过程中,各高校根据自身学情以及学校信息化建设程度,逐步在引导机制中提升大数据技术这一新闻舆情分析硬件智能管控设施的构建。通过贴合实际的硬件升级助力高校对重大突发事件新闻舆情的科学监测与引导。

2. 抓好媒介管控,提升软件融媒体建设

2019年5月,教育部启动开展教育系统融媒体建设试点工作,中央多次聚焦媒体融合,高校融媒体中心建设势在必行。在高校教育媒体融合的大潮中,高校重大突发事件新闻舆情的引导须紧跟融媒体时代改革的步伐,将传统媒体的权威性、专业性与新媒体的即时性、多样性在引导机制构建中充分凸显,使得高校"引导发声"的线上报道与线下舆论相统一,消融突发事件下传统媒体的滞后以及新媒体的信息发布非中心等问题。在高校内部融媒体中心软实力的提升过程中,提升媒介管控,全面提升突发新闻舆情的引导能力。

(三)"侧"端,重于提升舆情引导主动性

1. 加强高校新闻舆情研判精准度优化

高校学子作为高校新闻舆情引导的主要受众,普遍保有个性张扬、价值观尚未形成等鲜明特点,因此,在重大突发事件下,高校应根据受众本身特点进行新闻舆情引导研判,进而优化高校舆情引导的精准度。在事前研判时构建以高校学生党员团队、学生会学生干部等优秀学生代表为主体的学生队伍,以此加大高校引导的研判维度;在事中研判时,高校须构建深入教学一线的教师队伍力量,对于新闻舆情的发展进行即时研判;在事后研判过程中,要针对在突发事件中有明显不当言行的师生进行单独建档及长效新闻舆情工作的跟踪研判。抓紧重大突发事件发展不定等特性,进行事前、事中、事后新闻舆情全阶段研判,把住高校新闻舆情引导的主动权。

2. 加强高校新闻舆情的诉求传递革新

新闻舆情的重要任务是澄清谬误、明辨是非,但随着信息化发展,高校在重大突发事件的引导时,情况变得更加复杂难控,一味地"封堵""回避""删帖"等已无法进行有效引导。我们在不断健全引导机制全面性的同时,更要抓住受众的诉求，认真倾听接收高校新闻舆情引导主体在突发事件中的诉求。高校可以通过选树师生新闻舆情引导先进代表在重大突发事件中进行专项发声，在信息化硬件支持下开设高校内部新闻舆情互动专区，通过新闻舆情诉求的双向革新传递，在高校可控范围内，更好地倾听受众的诉求，更好地于第一时间解决新闻舆情的负面反馈，以达到突发事件下高校新闻舆情受众的整体素养的全面提升。

四、结语

本文从"供""给""侧"三个层面出发，夯实高校新闻舆情在重大突发事件下的引导机制，助力重大突发事件下高校新闻舆情细化宣传教育，稳定师生心理状态，充分发挥新闻舆情对大学生思想政治教育的作用力，引领新时代大学生在重大突发事件中的使命担当。在新冠肺炎疫情高校防控工作常态化的今天，真正发挥高校新闻舆情的引领作用力。在重大突发事件下做到"作战"与教育两手抓、两手赢，构建好高校新闻舆情引导场，为党和国家事业发展、为学生成长成才汇聚强大精神动力。

参考文献

［1］吕静. 全媒体时代高校舆情危机应对机制的建立［J］. 今传媒，2015，23（5）.

［2］王辉. 融媒体时代健全高校新闻舆情引导机制研究［J］. 法制与社会，2019（11）.

［3］孙穗，王莹妹. 习近平新闻舆论观指导下高校网络舆情引导机制研究［J］. 中州大学学报，2017，34（3）.